蔡定剑，江西新建县人，法学博士，中国政法大学教授、博士研究生导师，宪政研究所所长；兼职北京大学人民代表大会与议会研究中心执行主任等。曾务农，有多年军旅生涯，曾任中国人民解放军总政治部干事，曾供职于全国人大常委会机关。第三届全国“十大杰出青年法学家”。

主要从事宪政制度和中国法制建设理论与实践研究。先后出版专著《国家监督制度》（1991年）、《中国人民代表大会制度》（1992年出版，2003年第四版共8次印刷），《历史与变革——新中国法制建设的历程》（1999年），《宪法精解》（2004年，2006年再版），主编人民代表大会与议会研究丛书：《人民代表大会20年发展与改革》(2001年)、《国外议会及立法程序》（2002年）、《中国选举状况的报告》（2002年）、《监督与司法公正》（2004年）、《国外公众参与立法》（2005年）等。在《中国社会科学》、《中国法学》、《法学研究》、《战略与管理》等杂志发表论文100多篇，在《南方周末》、《法制日报》、《中国新闻周刊》、《南风窗》、《财经》等媒体发表评论200多篇，评论集《黑白圆方——法治、民主、权利、正义论集》于2003年出版。是许多重要报刊杂志的特约评论员和撰稿人。

曾先后在美国哥伦比亚大学、耶鲁大学、新加坡国立大学做访问学者，并去哈佛大学、乔治华盛顿大学、世界银行法律部、美国国会会计总署、美国国际法协会、卡内基和平基金会、威尔逊中心、加利福尼亚大学洛杉矶分校、瑞典隆德大学、德国外交协会、汉堡大学、杜依斯堡大学、巴黎高等政治学院、香港大学、台湾中央研究院、台湾大学、台湾政治大学等世界著名大学和研究等机构进行访问讲学。在海外发表过多篇论文。

中国10大杰出中青年法学家文丛

一个人大研究者的探索

蔡定剑 著

WUHAN UNIVERSITY PRESS
武汉大学出版社

图书在版编目(CIP)数据

一个人大研究者的探索/蔡定剑著.—武汉:武汉大学出版社,2007.6
中国十大杰出中青年法学家文丛
ISBN 978-7-307-05504-9

Ⅰ.一… Ⅱ.蔡… Ⅲ.人民代表大会制—研究—中国—文集
Ⅳ.D621-53

中国版本图书馆 CIP 数据核字(2007)第 042917 号

责任编辑:胡　荣　　责任校对:刘　欣　　版式设计:支　笛

出版发行:**武汉大学出版社**　(430072 武昌 珞珈山)
(电子邮件:wdp4@whu.edu.cn 网址:www.wdp.com.cn)
印刷:武汉中远印务有限公司
开本:720×980 1/16 印张:28.625 字数:438 千字 插页:2
版次:2007 年 6 月第 1 版 2007 年 6 月第 1 次印刷
ISBN 978-7-307-05504-9/D·724 定价:45.00 元

序

议会在中国的历史也不算太短，如果从中华民国临时政府开始，也有近百年的历史。人民代表大会作为中国议会制的一种形式，我作为一个普通工作者，见证了它过去20年的发展。也许在漫长的中国民主发展史上，人民代表大会的这一段历史还不算太长，但对我个人无论如何都是十分重要的。

1986年9月的一天，我怀着刚结束北大法学硕士学位答辩的喜悦，骑着自行车飞快地从解放军总政治部北太平庄宿舍出发，赶往庄严雄伟的人民大会堂上班。我当时的心情是那么轻松、愉快和充满着憧憬。这是以前我这个曾在海防前线当兵、出身农村的孩子做梦也没有想到过的。记得大学高考填志愿的时候，出于对首都的向往，我没有选择我们那个时代最热门的也是我喜欢的文、史、哲专业，而是毫不犹豫地选择到北京读书，读了我过去完全不了解的法律专业。今天，我读完了大学、读完了研究生，脱掉我穿了多年的军装——那曾是当时年轻人最羡慕的服装，来到国家最高权力机关——全国人大常委会机关上班！而且是常委会的智囊机构研究室，我对我的选择非常满意。

从大学本科开始我就发表文章，并获得过全国性大奖，显示出我在理论研究方面的偏好和能力。但我并不喜欢毕业后就立即呆在大学、研究所书斋里做研究。在最高国家权力机关专门从事法律和人大制度的研究是我所喜好。尽管我的有些同学喜欢去中央办公厅或者国务院部委那些真正有实权的部门，全国人大常委会这个仅仅是“法律上”的最高权力机关并不是很多学生青睐的地方。我喜欢来全国人大常委会，不仅是因为它更接近我喜好的法律研究，而且在天安门广场和人民大会堂上班多少给我带来了一些自豪感或者说虚荣感。记得我在申请工作后被通知来面试时，第一次走进人民大会堂办公室的感觉，高大、宽敞、明亮的办公室比一般楼房的两层还要高，虽然里面办公设施有些陈旧，但宽大的办公桌和纯牛皮大沙发，显得非常庄重和气派，当时我想能在这里上班多神气！

事实证明，我的职业选择是对的。大学本科毕业后，我去解放军总政治部工作，当时也是很令人羡慕的。之所以读完研究生转到地方工作，就是为了更好地运用我的法律专业知识。我一到研究室工作，如鱼得水，很适合我的特点，能充分发挥我知识理论和需要探索创新的特长。进入 80 年代中期，刚结束“文革”，我国民主法制建设处于恢复时期，全国人大也属于重建恢复时期。时任委员长彭真是一个在“文革”中深受无法无天之苦的领导人。所以，他在“文革”后头脑清醒，反思也比较深刻，决心在党的领导下发展社会主义民主、健全人民代表大会制度，发挥人大的作用。他首先从立法开始，认为法制建设立法是基础，非常重视立法和人大制度的理论研究。全国人大常委会的研究室就是在他的亲自提议下，并向中央书记处打报告成立的。他强调研究室要为全国人大立法和人大制度建设服务，研究法理要善于研究借鉴外国民主法制理论。我到研究室时研究室才成立一年多，我就是在这样的背景下开始人大理论研究之旅的。

人民代表大会制度是中国的根本政治制度。但是，这个制度在它建立以后到 80 年代末以前基本是没有理论的。什么是人民代表大会制度，它的理论来源基础是什么，什么是立法权，什么是监督权等，这样一些基本概念、基本问题都没有人研究过，更没有成型的理论。可以说，人大制度的理论研究完全是空白的。当时的学界，包括宪法学界和政治学界，对人大制度的理论除了法律层面规定的东西外没有更多的东西。而人大制度在恢复重建后要发展、要健全、要完善，就是人大要做事，就需要有理论支持；人大要向前进，就需要有人对道路进行探索。这个任务很大程度不是由学界而是由全国人大常委会的机关及各地方人大的理论研究者承担的。就是说，人大制度的理论研究是由人大实际工作部门中的学者从无到有一点点探索创建、发展的。这些理论对人大制度建设和宣传人大制度起了重要作用。我作为中国人大制度理论建设学者中的一员，感到非常自豪，因为它完全是个探索创造性的过程。在过去 20 年中，人民代表大会从无到有、从恢复到发展，从形式大于内容到在中国政治制度中扮演重要角色、产生越来越大的影响，我是一个尽过一份微薄之力的理论的亲历者。

从 1986 年 9 月到 2003 年 12 月 30 日，我在全国人大常委会工作了 18 个年头，先是在常委会研究室，1998 年后在常委会秘书处秘书组工作，主要是从事加强和完善人大制度研究，进行立法工作调研，为领导提供人大工作和立法问题的咨询意见，为全国人大常委会领导和中央领导起草有关人大工作的讲话和文件，等等。在 10 多年的工作中，我参与了许多重要文件、讲话和法律的起草、调研和咨询工作，参与了许多重要法律的制定和修改工作，如宪法修改、选举法和地方组织法、全国人大议事规则和常委会议事规则、全国人大常委会加强执法检查的若干规定等，为全国人大常委会撰写了大量的研究报告和工作报告。

在这个过程中，我结合工作和研究的需要，也同时撰写了一些理论文章。有些文章就是为了工作而进行的理论探索。如《关于立法从实际出发的指导原则》一文，就是因为 1992 年领导交代我给万里委员长起草的一个讲话，要求我在讲话中要有创新，如何解决当时立法严重滞后、不能适应体制改革和经济发展需要的问题。但是，如果讲话要解决这个问题，必须突破过去 10 多年一贯奉行的“立法是过去经验的总结”，立法要“‘摸着石头过河’，成熟一个制定一个”的立法指导思想。所以，过去领导关于立法工作的讲话一直有一种提法就是：“立法要规范、保障和巩固改革成果。”在这个口号下，立法当然是滞后的。我在讲话稿中写上立法要指导、规范和保障改革。加上立法“指导”改革两个字，意味着立法功能的根本转变，法律不仅对改革起到“保障”作用，而且对改革有“指导”作用。就是说，法律有超前性。这涉及重大的法律理论问题：如何理解立法从实际出发的指导原则。为了在讲话中加上两个字，转变立法指导思想，我写下了《如何理解立法从实际出发的指导原则》一文，从理论上证明法律有超前性，能指导现实的发展。立法从实际出发不是只能从自己的经验出发，而可以从国际经验，从一般的规律出发等。

本书中大多数文章都是对人民代表大会实践工作中碰到的问题进行的理论探索，也有文章是对人大制度基本概念理论的阐释，有的是工作调研报告。

最令我难忘和值得自豪的是，我刚到机关工作不久就接到了彭真委员长交办的《村民委员会组织法》的立法调研任务。当时《村民委员会组织法》提交常委会议后引起了很大争论，很多常委会组成人员不赞成村民自治制度，认为它会动摇党和政府在农村政权的基础。委员长彭真极力主张制定该法，在很多人不支持该法的情况下，为了给立法提供有力的依据，委员长要求研究室派出有力的研究人员进行调研，向常委会提交研究报告。我被要求负责这个研究，带调研组先后赴黑龙江、江苏等省的基层调研后，撰写了两篇研究报告。报告从实证分析的角度论证了在我国实行村民自治制度是可行的，为坚持村民自治立法提供了有力的论证。在《村委会组织法》（暂行）颁布后，我撰文主张推进村民自治制度的落实，当时并没有人关注这个法。这本书中的很多文章都是针对人大工作当时面临的实际问题而写的，所以，从中可以看到人大工作发展的历史轨迹。

过去有朋友常说我，你在最高国家权力机关工作，每天上班，还写了这么多文章，而且很有个人见解。有的言外之意似乎说我有点不务正业，都去研究、写文章、写书去了。或者说我思想太开放，不适合作为一个官员。我想这得益于我的工作性质和过去全国人大常委会领导一直很开明。我所在的研究室过去曾是一个高学历单位，80 年代中期去的大多是刚从名牌大学毕业于不同专业的研究生，毕业不久到机关都有些热情，不少人愿写点东西发表，研究气氛十分浓厚。我是学法律理论并主要从事宪法问题研究的，我的专业兴趣与我们所从事的工作使我如鱼得水。地处最高国家权力机关有大量的信息，而人民代表大会处于发展过程之中，不断面临新的问题，正合我喜探究问题的德性，运用我的专业知识进行研究、解答实际问题和提出对策建议。这样的开拓性研究工作需要领导的重视、开明和宽容的政治环境。当年的彭真委员长非常重视、并提倡、鼓励人大理论研究，由于这种传统一直到八届全国人大研究风气还是相当浓。我的工作职责就是研究人民代表大会制度，我的很多文章都是结合工作写的，大多都是先在内部材料刊登，再公开发表。当时领导也鼓励大家多写东西，所以，我是太务正业了。我写得多点，就在于我比别人勤奋，并一直坚持下来。至于有人认为我作为一个官员是不是思想太开放了？作为一个最高国家权力机关的智囊机构，当时面临的是人大制度方面没有系统的理论和知识，需要有人作研究、思考、探索性的工作。领导也提供了一个较宽松的环境，是我得以做点开拓性研究成果的重要条件。没有一定的政治环境和工作条件，特别是一些领导的宽容和保护，我要身在仕途而仍保留学者的头脑和自我的身心，是不可能的。当一旦要我在自由和官场之间抉择时，我发现我喜欢自由。

收集在此书中的是我从1986年到2005年写的有关人大制度的论文和研究报告。文章涉及人大制度和人大工作的主要方面，如人大制度的基本理论，立法、监督等方面，在每个方面也涉及基本理论和具体制度研究。对选举制度改革我也写了一些东西，但考虑到本书的篇幅有限就没有收集在内，等有机会再将它出版。书中的有些理论现在看来已成为常识，但在当初并不是都很明确。长期以来，到人大常委会来工作的领导大多是党政领导，他们在党政领导岗位时，人民代表大会制度是根本政治制度只是一个概念，对人民代表大会的性质、它的特点和如何开展工作所知并不多。所以，这些文章也曾对各级人大工作的领导和工作人员有过一点点指导和启发。

2003年最后的一天，我怀着留恋和沉重的心情离开了人民大会堂，离开了我为它付出青春的最高国家权力机关。我要感谢这段经历，是它提高了我的理论水平、锻炼了我的政治能力和社会观察力。在这里，从最高国家领导人，到普通工作人员，到人民大会堂外的上访者，我都终生难忘！中国的人民代表大会制度发展的这20年历史，像条涓涓细流的小河，在草原上流淌，虽然偶尔有一点风浪，总还是奔流向前。它不可能平直，曲折总是有的。但它仍浇灌了草原上的绿草和鲜花。我的人大工作生涯结束了，但我们曾辛勤浇灌的绿草和鲜花不是白费的。我将继续关注和浇灌这片草地，只是以一种不同的身份和方式。

当我编完过去这些文字以后，这些文章的粗浅和幼稚，以及当年不顾及学术规范使我不安。但如果重新加工使它达到现在的学术水平和标准是不可能的。所以，还不如保留原样更好。虽然粗浅但不能说它的出版是没有意义的，人们毕竟可以看到作为一个人大工作者记录的一些人民代表大会发展的痕迹。感谢武汉大学出版社和我约稿，使得这些并不太成熟的、但带有历史感的文字得以奉献给读者。感谢武汉大学出版社郭园园女士和责任编辑胡荣女士为此付出的心血！

谨以此书献给为推动中国民主制度发展而耕耘的同志和朋友们！

作　者

2006年岁末

目　录

人大制度基本理论

立法理论与实践

人大监督研究

人大自身建设研究

一…个…人…大…研…究…者…的…探…索

人大制度基本理论

人大与人大制度辨析[①]

随着人民代表大会制度研究的深入，对人民代表大会制度定性定量的研究被首先提了出来，本文试图对人民代表大会和人民代表大会制度的概念和性质作一点探究。

人民代表大会既是我国各级人民代表会议的名称，又是一个国家机构。它是依照宪法和法律行使国家和地方权力的各级国家权力机关。人民代表大会这个概念在使用范围上有广义和狭义之分。在广义上，它不仅指代表大会全体会议，而且还包括由它产生的常委会和专门委员会。在狭义上，这个概念仅仅指它的全体会议而不包括常委会和专门委员会。两种意义的概念在实际中往往是交互运用的，这要视谈话对象而定。在外部关系上，讲人民代表大会，一般就是广义的；在内部关系上，讲人民代表大会往往是狭义的，是相对常委会而言的。

人民代表大会制度，是指以人民代表大会为核心和主要内容的国家政权组织体系，这一制度的主要内容有两个方面：一是关于人民代表大会本身的产生、组织、职权和行使职权程序的一套规定和制度；二是关于人民代表大会与公民、人民代表大会与其他国家机关相互关系的一套规定和制度。这些关系包括：人民代表大会与人民的关系，人民代表大会与其他国家机关的关系，以及中央政权和地方政权的关系。人民代表大会由人民选举产生，代表人民行使国家的一切权力，它对人民负责，受人民监督；人民代表大会组织产生国家行政机关、审判机关和检察机关，这些国家机关对人民代表大会负责，受它监督；国家实行中央的统一领导，同时注意充分发挥地方的积极性和主

① 原载《人大研究》1992年第10期。

动性，在少数民族聚居地区实行民族区域自治制度。这就是人民代表大会制度的基本内容。这一制度的核心是保证国家的一切权力属于人民。人民通过人民代表大会这一组织形式参与国家事务的管理，行使当家作主的政治权力。

可见，人民代表大会和人民代表大会制度是两个不同的概念，前者是指一个具体的国家机关，后者是指以这一机关为核心和主要内容的一套国家政权组织制度，它不仅包括这套机构本身的组织、职权，还包括这一机构与公民和其他国家机关的关系。需要提醒注意的是，这里讲的是与其他国家机关的关系，而不包括其他国家机关各自的具体制度。就是说不包括国家行政、审判、检察机关的具体制度，而仅仅是讲人民代表大会与它们之间的关系。如果把各国家机关的具体制度包括进来，那就把人民代表大会制度与国家政治制度和与国家机构体系等同起来。这样就会把人民代表大会制度内容搞得庞杂不堪，不利于加强人民代表大会制度的研究，也不利于它的建设。在实际中，研究人民代表大会制度，主要还是研究人民代表大会本身的组织、职权和活动方式，因为人民代表大会与公民和其他国家机关的关系，从本质上都反映在人民代表大会本身的产生、组织、职权和行使职权的方式上。否则，把其他国家机关的组织、职权和活动方式装到人民代表大会制度这个筐里，就会在研究这一制度时引起混乱，它和宪法学的研究范围就会相混淆重叠。

由于人民代表大会与人民代表大会制度是两个不同的概念，所以，它们两者的性质也不同。

人民代表大会的性质。世界各国对代议机关的性质规定，大致有以下三种情况：一是代议机关为国家最高权力机关。如英国、日本、澳大利亚以及社会主义国家。日本国宪法明确规定，“国会是最高权力机关”。英国的宪法原则是“议会至上”。二是代议机关为最高立法机关。美国国会即是如此，规定国会为最高立法机关，而不是最高权力机关。三是确定代议机关是立法机关，而非最高立法机关，这种国家的代议机关权力较小，地位较低，法国就是如此。在这种情况下，国会的立法权都是有限的，有些法律当议会不予通过时，法国总统可以将法律直接提交公民表决。

我国宪法规定，人民代表大会的性质是国家权力机关。“中华人民共和国全国人民代表大会是国家最高权力机关。”“地方各级人民代表大会是地方国家权力机关。”所谓最高国家权力机关，是指它代表全体人民在全国范围内全面、独立地行使国家主权或统治权。所谓地方权力机关，是指它能在所辖行政区域内代表人民全面、独立地依法行使地区的统治权，说人大是国家权力机关，一方面是针对国家机关的行政、审判、检察机关而言，一方面又是针对外国议会而言。

人民代表大会是国家权力机关，是因为它掌握了国家的根本政治权力或者说统治权，由它来产生其他国家权力，它是其他国家权力的直接源泉，其他国家机关如行政、审判、检察机关只是根据它的意志制定法律，进行具体行政管理和执法活动。严格地说，它们不能执掌国家权力，而只是执行国家权力。人民代表大会则只是执掌国家权力，而不具体执行国家权力。

人民代表大会是国家权力机关，还因为它比西方三权分立体制的国家的议会权力更大：它有广泛的、最高的几乎不受约束的立法权，它制定法律又监督法律的执行。人事选举任免权的范围也相当宽，它还可以随时决定国家的各项重大事情，《宪法》还赋予了它行使它认为应该由它行使的其他职权。除了少数国家以外，西方国家议会权力主要限于立法，有些议会也有监督政府和人事选举弹劾权，但范围有限。从法律意义上讲，我国的人民代表大会是的的确确的国家权力机关。

为了更好地理解人民代表大会国家权力机关的性质，有必要对称呼代议机关的有关概念进行一些区分说明，概括各国对代议机构的一般称呼有：代表（或代议）机关、民意机关、立法机关、权力机关等。这几个概念指的是一个东西，只是在不同场合和语言环境下，根据不同对象而强调的意义不同而已。下面就此分别加以说明。

（1）代议机关。是从代议制民主的角度，当强调议会的代表性质和议事性质时，常常使用这一概念。是在比较抽象意义上对议会的统称。在对各种不同性质的议会进行概括、统一称呼时，就常常使用这一概念。它比较不带政治色彩和感情色彩。

（2）民意机关。它侧重强调议会代表民意、反映民意这一特性和功能。任何议会都有民意机关的性质和作用，但又都不仅仅是民意机关。在对议会使用民意机关这个概念时，应注意与其他民意机关相区别。现在有不少国家建立了官方或民间的民意调查机构，也称民意机关。所以要注意同一概念不同内容的区别，它们的性质是不同的。

（3）立法机关。世界上任何国家议会的首要的也是最主要的职能就是立法。而人们平常使用立法机关概念时，主要是从下面两个角度：议会从性质上说就是立法机关，议会职能仅仅为立法，或最根本的职能就是立法。西方主张三权分立的国家，把国家权力分为行政、立法、司法三权，那么从这个角度，议会自然也就应称为立法机关。当把性质上属于权力机关的代议机构叫做立法机关时，是相对于其他国家机关强调代议机关的立法职责和立法特点的意义而使用的。

社会主义国家的议会一般都称为国家权力机关，但不能认为资本主义国家议会都不是国家权力机关。在宪法上，英国议会和日本国会也都是国家最高权力机关。英国是个责任内阁制国家，政府对议会负责，受议会监督。英国议会首先是唯一的立法机关，同时又享有对行政、财政和司法的监督权。议会还可以做认为有必要的事情。英国是个不成文宪法国家，议会行为不受宪法约束。它可以像制定普通法规一样制定宪法规范，从这一意义上说，英国议会比我国人民代表大会的权力还要大。所以，不能从权力性质来判断议会的优劣，并以此来区分是社会主义的还是资本主义的。

人民代表大会制度的性质。人民代表大会是国家根本政治制度。所谓根本政治制度，顾名思义，就是国家制度的根本点和出发点，它决定国家的其他具体制度。之所以说人民代表大会制度是国家的根本政治制度，是由以下几方面的内容决定的：

第一，这一制度能全面、直接反映国家的本质，从根本上实现人民当家作主的权力。我国是人民民主专政的国家，它的本质是人民当家作主，国家的一切权力属于人民。而人民代表大会制度这种政权组织形式就全面、直接、充分地反映了这一点。它由人民选举产生，代表广泛地来自人民群众之中，由人民选举的代表机关掌握国家的一切权力，但它要受到人民的监督。人民代表大会保证人民意志的实现，监督其他国家机关按人民的意志办事，人民也只有通过这种途径才能实现自己当家作主的权力。

第二，这一制度决定国家的其他制度和政治生活各方面。在人民代表大会制度下，还有许多其他方面的制度，如司法制度、行政管理制度、人事制度、教育制度、军事制度等。人民代表制度对这些制度起着决定性的作用。人民代表大会通过立法决定这些制度的范围和内容，人民代表大会与其他国家机关的关系也决定这些制度的形式和实现方式；人民代表大会制度能以各种方式保证具体制度的运转。人民代表大会制度还决定公民政治生活的各个方面，公民自由民主权利的内容和行使方面，社会民主生活的各种形式和渠道。

第三，这一制度使国家机关得以组织、运转，国家权力得以正确、有效行使，从而保持国家和社会的秩序。我国国家机构都是按人民代表大会制度的原理组织起来的，并根据人民代表大会制度的原则进行活动。按人民代表大会制度原则组织起来的国家政权就能从人民中取得权力，人民成为国家权力的源泉，从而使其权力获得合法性。通过这一制度，使国家政权得到人民的有力支持，国家权力就会最有效地行使。它充分保障最大多数人民的最大利益，充分保证公民的政治、经济权利，从而使社会获得持续稳定的基础。它保证国家权力在法制轨道上运行，这一制度不能正常运转，国家就会处于混乱和无是非秩序状态。

论人民代表大会权力的特性①

人类社会的进步，在创造物质文明的同时，也创造了制度文明。而这种制度文明的重要体现，就是国家权力已不再是混沌一团，立法与行政不分，行政与司法不分，都为君主所独揽。现代社会，人们根据国家权力不同的价值目标和所承担的不同任务，对国家权力进行明确分工，使之发挥不同的职能作用，这就是国家权力的特性。不同的国家权力分工合作，并且相互监督制约，以充分有效地发挥其作用，使政府按民意高效、有序地运作，社会纠纷依秩序的程序解决。了解国家权力的特性，对掌权者合法、有效地行使权力是十分必要的。对公民监督国家权力更是必要。

但在我们这个缺乏分权文化传统的国家，对权力特性的了解是非常模糊的，或者说只有行政权的观念而缺少其他权力观念。今天，当人民代表大会在国家政治生活中发挥越来越重要的作用的时候，若不能正确地认识人民代表大会权力的特性，权力行使起来可能偏颇，如人民代表大会权力越来越带有行政化和司法化倾向。其实，人民代表大会建立以来就一直存在行政化倾向，只是过去人民代表大会权力在不能充分发挥作用的情况下，即使有些行政化倾向也不太要紧。而现在情况有些不同了，近年来人民代表大会开始发挥越来越大的作用，如果人民代表大会不依其权力范围和特性行使，产生危害的可能性就会越大。所以，权力越大的时候，认识权力的特性就越重要，强调依法行使权力就越重要。

国家权力有不同特性，是由权力的价值目标和任务决定的。行政权的价值是效率，它行使权力的方式就是首长负责制。行政权是一种

---

① 原载《中国人大》2001 年第 4 期。

执行权，它执行代议机关制定的法律或作出的决定；行政权是一种命令权，有上级指挥下级的功能；行政权是一种行动权，它必须不断地采取实际有效的行动，而不可坐而论道；行政权是一种管理权，它通过不断采取措施对社会进行有效管理；行政权是一种强制权，它可以通过直接采取强制手段达到目的。

司法权是一种裁判权，它的价值目标是公正。司法权首先是一种判断权，它要按法定的标准判断是非曲直；司法权是被动性权力，它由控方提起诉讼才行使权力，而不能主动去行使；司法权是一种程序性权力，必须严格按诉讼程序行使，否则，因违法而结果无效。司法权是一种中立权，它在国家权力体系中相对立法、行政权来说是中立的，它相对国家机关与公民、法人，以及公民、法人之间来说，也是中立的；司法权是一种终局权，它对社会纠纷的裁判具有终局性效力，除非特别情况是不可改变的。

从上可见，每一种权力，都有它特定的性质和特点，发挥着不同的作用。只有充分了解权力的特性，才能正确地行使它，使它有效地发挥作用。那么，人民代表大会的权力特性是什么呢？

1. 人民代表大会的权力是一种表达权。人民代表大会作为代议机构，就是代表人民行使国家权力，它必然的形式就是通过议事方式表达人民的意志。代议机关成员的首要责任就是充分、真实地表达人民的意志，而不是采取行动来执行人民的意志。开会议事是代表表达人民意志的基础，也是人大行使权力作出决定的基础。

2. 人民代表大会的权力是一种集合权。代议机构是一个众多代表组成的议事体，这个议事体有决定社会行为规则的权力，这是一个社会最大的权力。所以，它要由这个社会全体人民选出的代表组成。这个议事体是一个整体，需要集体共同行使职权。每一个议事体成员都有在议事体中表达和作出决定的权力，但每一个代表不能按照自己个人的意志决定问题，而必须按少数服从多数的原则决定问题。在议事体以外，任何代表没有作为议事体个人的权力，而只有一种影响力和号召力。

3. 人民代表大会的权力是一种程序权。虽然人民代表大会权力行使的目的是决定实体问题，但是，决定任何实体问题都必须按既定的程序进行，否则，它决定不了任何问题。人民代表大会权力的程序性是由它的集合体性质决定的。在这个组织中，每个人都具有平等的权利，每个代表的背后可能有不同的利益或因为认识差异会有不同的声音。在这种情况下，没有严格的程序安排，会议怎么开，按谁的意见决定问题呢？否则，代议机关议事就会引起混乱或效力低下。所以，人民代表大会权力的每一步行使都必须在程序中运作。程序使每个代表既能充分表达出意见，又能按多数人的意见决定问题，没有程序就没有权力。

4. 人民代表大会的权力是一种创制权。它的职责就是为整个社会创制行为规范。它的机制和组织功能是为了创制符合民意和便于实施的好规范。创制权需民意起支配作用，因而需有群众广泛参与的渠道，代表只需按民众意志和利益表达意见。创制权需要公众的广泛参与，代表意见通过程序一致起来。这种组织机制很不方便采取执行行为，因为执行规范与创制规范是完全不同的两种价值和机制，创制规范的价值是民主，它需要越多的人参与越好。执行规范的价值是效率，它需要精干有效，个人有很大的权利并肩负明确的责任。

5. 人民代表大会的权力是一种会议权。它的一切权力都必须通过会议的方式行使，而不可以在会外，以非会议的方式行使，会议成为了人大行使权力的一个必要前提条件和必要方式。如果以非会议的方式行使权力，就必然导致个别人或少数人擅权，必能会篡夺和盗用代议机关的权力。所以，只有开会，人大权力行使才是有效的。不仅要开会，而且开会必须达到法定的人数，权力行使才是合法的。

彻底了解人民代表大会权力的特性，不仅应知道它是什么，还要知道它不是什么。人大的权力不是执行权。代议机关制定社会行为规则，并不同时又去执行它，因为代议机关不便于行动。当然，孟德斯鸠说它有很严重的后果：当立法权和行政权集中在同一个机关手中，自由便不复存在了。因为人们将要害怕国王或议会制定暴虐的法律，并暴虐地执行这些法律。当然这是资产阶级的理论。马克思说过，人民的政权要议行合一，立法权同时又可以是执行权。但实践证明这不利于人民的政权发挥作用，其实践结果是行政权取代了立法权，立法权难以运作和发挥作用，因为行政权总是不太喜欢立法权为它制定规则，约束它的手脚，干脆自己为自己制定规则，导致行政权膨胀和缺乏约束，这就是我国过去的实践。人大作为一个人员众多的议事体，是很不适合采取行动去执行法律或决定，因为议事和行事是两种机构的价值目标，组织方式是完全不同的。

人民代表大会权力不是一种裁判权。孟德斯鸠曾说，如果把司法权与立法权混淆了，则将对公民的生命和自由施行专断的权力，因为法官就是立法者。

人民代表大会行使不了司法裁判权，由于代议机构是个庞大的议事体，行使司法裁判权有复杂的程序，使它难以充当纠纷的裁判者。司法纠纷的裁判依据法律要随时及时作出，而不可等到议事机关经过漫长的程序、冗长的讨论（或辩论后）作出。如果让议事机关充当裁判必然耽误裁决。司法机关适用法律裁决纠纷不是民主问题，而是对事实的查证、对法律的理解和准确适用的问题。裁决纠纷需要对法律的深刻了解和丰富的经验。可见，代议机关肯定不会比专业法官熟谙法律知识的裁决纠纷更合适。代议机构如果有了裁决权，必然会落入少数个人或某个办事机关之手。当然，并不是代议机关绝对不可以行使司法权。如果需要代议机构行使某种司法权，也必须让代议机关按特定的司法组织和特定的程序组织某些代表行使司法权，而不可将决定权与裁决权混为一体，导致人大权力的滥用。

人民代表大会权力不是一种命令权。一般来说，除了人事权外，代议机关只对社会一般行为提出规范，而不对具体、特定的个人下达命令。就是说代议机关行使权力的主要对象是群体，而不是特定的个人。人大不能像行政机关或司法机关那样，对某件事某个人下达命令，要求怎么做。在行使监督权的情况下，监督对象也应是一般的事件，采用如听取工作报告、审批预算、检查法律实施等方式，而不应是对特殊的事情进行处理。

就人民代表大会权力特性而言，它是制定社会行为规则的工作，而不是一种直接发号施令或者处理问题的工作；它是一种决定重大事情的工作，而不是自己去办事的工作。人民代表大会如果依此原则行使权力，就会处于一种超然而有权威的地位。反之，它就像个办事员忙忙叨叨，却大大降低了自己的身份和地位。

人民代表大会上下关系论[①]

无论在中国还是外国，国家机关总是有上下之分，领导与被领导之尊，命令与服从之序。许多领导干部特别是那些刚到人大常委会工作的领导干部，对人民代表大会的上下级之间关系不很清楚、也很不习惯，他们习惯于党组织和行政机关那种上下级的领导服从关系，不习惯于人大上下级之间的相对独立、平等关系。于是，常有人呼吁人大上下级之间也应建立领导关系。针对这种模糊认识，下面就谈谈人民代表大会上下级之间的关系。

人民代表大会上下级不能是领导关系。

根据宪法和有关法律规定的精神，了解人民代表大会上下级之间的关系要从两方面出发：一方面，县乡两级人民代表大会由选民直接选举产生，对选民负责，受选民监督。县级以上各级人民代表大会都由下一级人民代表大会选举的代表组成，代表受选举单位的监督。另一方面，全国人大是最高国家权力机关，全国人大常委会监督宪法和法律的实施，它有权撤销省、自治区、直辖市国家权力机关制定的同宪法、法律和行政法规相抵触的地方性法规和决议。地方各级人大是地方国家权力机关，上级人大常委会有权撤销下一级人大及其常委会不适当的决定。

以上表明，人民代表大会的权力来源是自下而上的，上级人民代表大会的权力来自下级人民代表大会的授权，下级人大对上级人大代表有监督关系。人民代表大会的权力大小又是自上而下的，因为它代表更多的人的意志和利益。从这个角度说，人民代表大会自上而下形成权力梯度，下级人民代表大会要服从上级人民代表大会的决定，上

---

① 原载《江西人大工作》1993年第9期。

级人民代表大会对下级人民代表大会有法律监督关系。从它的权力性质上说，人民代表大会的地位是平等的，都是国家权力机关。只不过各自行使权力的层次、范围不同，但都代表所属区域范围内人民的意志，对人民负责，受人民监督。可见，人大上下级之间没有领导关系。

人民代表大会运转的力量和动力来自下面，来自群众，人民代表大会各自独立依法行使职权，接受上级人大的法律监督。同时，代表又要服从人民的意志，接受选民和选举单位的监督。代表制的精神就是对所代表的人民负责，而不是对上级负责。这一点是人民代表大会制度运行的重要特点，也是代议制的性质决定的。把握这一点，对理解代议制这种民主制度是很重要的。

实践中，有相当多的领导干部对人民代表大会上下级之间的关系和人民代表大会制度的运行特点认识是模糊的。于是，有人“建议”人民代表大会上下级之间实行“领导关系”。殊不知，人民代表大会上下级之间是不能存在领导关系的，领导关系与人民代表大会制度的性质是相悖的。其道理在于以下方面：

人民代表大会是现代代议民主制的一种形式。所谓代议民主制，就是一定区域的人民，以地域为单位，按人口平等比例的原则，由民主选举产生代表，组成代议机构，代表人民的意志和利益，来讨论决定本地区内的一切重大事情。它要完全对所代表的人民负责，受人民监督。这一民主制的实质，就是人民自己的事务由自己来决定，而不是由别人决定。代表机构不论高低都是代表人民在本地区内决定一切事务的最高机关。在我国，它就是《宪法》规定的“一切权力属于人民”的最高原则在全国和地方的最高体现。地方代表机构在宪法法律下全权决定本地方的事务。所以，对每个代表机关来说，唯一应该服从的是本地区人民的意志和利益，而不是要服从什么其他的意志。当然，这决不是说一个地方的代表机关是绝对独立的，而可以不服从整体或全局利益。问题是代表机关服从整体或全局利益与行政机关不同，它是通过保证宪法、法律和上级人大决议、决定在本地区内贯彻实施的方式来实现的。上级代表机关要想把整体和全局意志利益在所属行政区域内贯彻实施，就只能靠制定法律、法规或作出决定的方式实现，而不是靠指挥命令的方式来实现。倘若上级代表机关靠行政式的指挥命令行使职权，就有违代议制人民的事情由人民自己来决定的民主旨意，就有悖代议制对下负责对选民负责的精神实质。

从人民代表机关行使职权的科学性说，代表机关最有权决定本地区内的事务。从理论上说，只有本地区内的人民及其代表机关最清楚其利害关系所在，只有他们才能作出最符合实际、最正确的决定。假如说，人民代表大会实行上下级领导关系，势必遇到的问题是本地区内的大事要请示上级人民代表大会决定，这就等于要把本地区内的大事让不太熟悉、不太了解本地区实际情况的人来决定，这种决定未必比本地区内人民或其代表机构决定更符合本地区人民的要求和利益。

人民代表大会实行上下级领导关系，必然违背代议机构集体行使职权的原则，违背民主集中制原则。代议机构与其他机构相比，还有一个显著特点，就是一切职权都必须集体行使，任何个人包括代议机构的领导人都没有权力，作出实体性决定。一切有法律效力决定的作出，都必须按严格的民主程序，最终通过大会表决以少数服从多数的方式作出。假如人民代表大会上下级实行领导关系，那么下级人民代表大会工作中碰到问题和困难，不可避免要通过请示上级人大常委会来解决。上级人大常委会怎么回答、解决？必然采取：或是依法集体行使职权，通过讨论表决方式处理；或是由常委会领导机构或个人处理。若依前者，靠常委会两个月一次会议来处理众多下级人大迫切需要解决的问题，几乎是不可能也不及时的，即使可能，上级人大常委会也岂不成了处理下级人大常委会事务的机构，这就会影响到人大常委会处理本行政区域内的大事；若依后者，靠常委会领导机构或领导人来处理下级人大提出的繁多事务，这样，人民代表大会上下级之间的关系就变成下级人大服从上级人大少数人或个人的决定，这就有违代表机关集体行使职权的原则，代议制就变成了行政领导负责制了。可见，人民代表大会上下级之间是不能实行领导关系的，它是由代表机关的性质和它行使职权的特点决定的。

人民代表大会上下级究竟是什么关系？

人民代表大会上下级不是、也不能是领导关系。那是什么关系呢？概括地说，是法律上的监督关系，业务上的指导关系，工作上的联系关系。具体表现在：

一、法律监督关系

人民代表大会上下级之间的法律监督关系，是各级人大依法独立地按本地区内人民的意志和利益行使职权，维护国家法制的权威和统一，保证全国人民意志和全局利益的实现，也是保障各级人大依法行使职权唯一、有效的机制。

人民代表大会上下级之间的法律监督关系，是由宪法、地方人大和地方政府组织法明确规定的。这种法律监督关系表现在：全国人大常委会有权撤销省级国家权力机关制定的同宪法、法律和行政法规相抵触的地方性法规和决议。为便于进行此项审查，要求省级人大和它的常委会在制定地方性法规时，报全国人大常委会备案。县级以上的地方各级人大常委会有权撤销下一级人民代表大会不适当的决定和命令。地方各级人大都有责任保证国家的宪法、法律、行政法规和上级人民代表大会的决定、决议在本行政区域内的遵守和执行。县级以上地方各级人大及其常委会通过的决定、决议在本行政区域内具有法律约束力，下级人大及其常委会都应保证贯彻执行。省会城市和国务院批准较大市的人大及其常委会制定的地方性法规，需报省级人大常委会批准，并由省级人大常委会报全国人大常委会和国务院备案。民族自治区和自治州、自治县在制定自治条例和单行条例时，需报全国人大常委会和省级人大常委会批准后生效，并报全国人大常委会备案。人民代表大会上下级之间的法律监督关系还包括，下级人大对上级人大代表的监督。县以上地方各级人大（含县人大）是上级人大代表的选举单位，它可以监督、罢免自己选出的上级人大代表，这些都是上下级人大之间法律监督关系的表现。

二、业务指导关系

人民代表大会上下级之间存在业务指导关系，是为了使本行政区域内人民意志和利益的实现，各级人大都要制定法律，法规或作出决议、决定。为保证下级人大更准确地执行法律和决定，就需要上级人大提供有关实施法律和决定方面的业务指导和帮助。还由于上级人大在更广的层面上工作，更了解人大制度建设的全面情况，积累了更多的经验，上级人大的指导对下级人大的工作是十分必要的。

人民代表大会的指导主要是业务性的，特别是法律业务方面的。其主要表现在：

1. 选举业务指导。实际工作中，上级人大的业务指导大量是选举方面的。选举法规定，省、自治区、直辖市、设区的市、自治州的人大常委会指导本行政区域内县以下人大代表的选举工作。所以，地方各级人大在选举组织中碰到的大量选举组织问题，都要请示上级人大常委会，直至请示全国人大常委会，要求给予解释或解答。每次全国性的县乡换届选举和省、市级人大换届选举，全国人大常委会有关工作机构为指导选举，都要对选举和组织工作中提出的普遍性问题，作出法律解释或解答。另外，上级人大常委会工作机构还通过召开选举工作座谈会，编发选举工作简报等方式，指导下级人大的选举工作。

2. 日常工作指导。这方面的指导是广泛的，形式也是多样的。就全国人大常委会来说，有的是回答地方人大工作中提出的问题，如全国人大办公厅 1983 年《关于县级以上地方各级人大及其常委会工作中的一些问题的解答》；有的是发表人大领导人讲话或人大常委会委员长会议就有关问题的意见，以指导地方人大工作，如全国人大常委会通过报纸、《工作通讯》等新闻媒介，登载委员长或副委员长就有关人大工作的讲话，1983 年和 1989 年两次公布全国人大常委会委员长会议纪要等做法，都是为了指导地方各级人大的工作；还有的方式是，人大常委会办事机构就某一专门问题发布通知，提出指导性意见。如全国人大常委会办公厅 1987 年先后印发《关于全国人大常委会加强同代表联系的几点意见》、《关于全国人大代表持视察证视察的意见》、《关于健全人大机关工作和机构的报告》等，这些文件都对指导地方人大工作起了重要作用；另一种指导下级人大工作的方法是，上级人大常委会转发下级人大工作的一些好经验和做法。如 1981 年全国人大常委会办公厅《工作通讯》转发了安徽省、四川省人大常委会办公厅《关于县级以上地方各级人大及其常委会工作中的一些问题的解答》，就是这方面的例子。还有上级人大常委会领导机构或工作机构通过召集地方人大常委会负责同志的座谈会，提出工作意见，交流经验，从而起到指导工作的作用。

3. 信息、理论指导。上级人大通过提供各种信息理论服务，起到指导、影响地方人大工作的作用。如人大常委会或工作机构举办有关人大干部培训班、人大理论研讨班，培训下级人大常委会领导人和工作人员，出版有关刊物和内部资料，指导下级人大工作。全国人大常委会向地方人大发行《全国人大常委会公报》、《工作通讯》，向省级人大印发《研究室材料》、《议会研究》、《联络动态》、《法制参考资料》、《法制工作简报》等数10种材料，都对指导地方人大工作发挥了很好的作用。

三、工作联系关系

各级人民代表大会都是在本行政区域内代表人民行使国家权力的机关。但上下级人大之间在法律上的地位都是平等，独立的，都各自直接根据宪法和法律行使自己的职权，而不能越俎代庖。上级人大除了通过制定法律、法规和作出决议、决定，要求下级人大保障贯彻实施外，上级人大及其常委会不得向下级人大及其常委会发号施令，也不得代行下级人大及其常委会的职权，更不得侵犯或干预下级人大及其常委会行使宪法规定的职权。人民代表大会之间的联系关系是由代议制的性质决定的。

上下级人民代表大会之间联系关系的内容更是非常广泛。全国人大常委会通过总结过去人大工作联系关系的经验，将其主要内容集中规定在1987年发布的《关于全国人大常委会加强同代表联系的几点意见》中。这些联系关系的主要内容包括：上级人大常委会邀请下级人大常委会负责人列席常委会会议；居住在地方的上级人大常委会委员向所在地人大常委会介绍上级人大常委会的有关情况，听取地方人大常委会对有关问题的意见和建议；上级人大代表列席下级人大常委会会议或参加下级人大常委会组织的有关活动，上级人大常委会委托下级人大常委会从事某些协助性工作，如委托组织代表视察、进行专题调查、召开座谈会等；上级人大常委会、专门委员会或工作机构亲自组织下级人大常委会、专门委员会（或工作委员会）或有关办事机构，召开座谈会、经验交流会或专题研究会，沟通情况、交流经验、探讨问题。

总之，由代议制性质决定的各级人民代表大会上下级之间形成的法律监督关系，业务指导关系和工作联系关系，既保证各级人大及其常委会依据宪法和法律，忠实于自己所代表的人民的意志和利益，独立地行使职权；又能使各级人大及其常委会保持统一、协调和法律上的一致性，保证国家的宪法、法律和上级人大的决定、决议得到贯彻实施；同时下级人大也能得到上级人大的适当指导和帮助。这样，各级人民代表大会都能依法、独立、自主地发挥自己的作用。

人民代表大会制度建设的重要进展①

——从1979年到1990年人大工作扫描

十一届三中全会以来，中国民主政治建设的主要成就表现为人民代表大会制度逐步健全和完善。实践表明，民主建设必须从人大制度建设着手。总结人民代表大会制度建设取得的进展，对进一步完善和发展人民代表大会制度，推进制度建设的主要进展有以下几个方面。

一、人大的组织、职能大大加强

1979年以后通过修改宪法，制定和修改全国人大组织法，地方人大和地方政府组织法，使人民代表大会从组织上得到加强，在职能上得到强化，表现在下列方面：

1. 加强了全国人大常委会的组织，扩大了它的职权

1982宪法总结了我国过去30多年人大制度建设的经验，着重加强了全国人大常委会的建设，将原来属于全国人大的部分职权改由它的常委会行使，使全国人大常委会在组织上强化，职权人为扩大。1982宪法扩大全国人大常委会的职权有：改变了1954宪法关于全国人大是“行使国家立法权的唯一机关”，全国人大常委会只能制定法令的规定。赋予全国人大常委会制定除应由全国人大制定的法律以外的其他法律，并可以在全国人大闭会期间对全国人大制定的法律进行部分补充和修改；可以审查和批准国民经济和社会发展计划、国家预算在执行中所作的部分调整方案；可以根据总理提名，决定部长、委员会主任、审计长、秘书长的人选，根据军委主席提名，决定军委其他组成人员人选（以前只能决定上述人员的个别任免）。还规定，全

---

① 原载中国法学会《法学研究动态》1991年第10期。

国人大常委会组成人员在常委会开会期间，有权根据法定程序提出对国务院或国务院各部委的质询案；人大常委会组成人员不得担任国家行政机关、审判机关、检察机关职务，从而使人大常委会组成人员向专职化方向发展。

这些规定，是原来宪法没有的，它使全国人大常委会的地位和作用更加突出，使常委会成为全国人大闭会期间经常有效行使国家权力的机关，从而使全国人大的作用能得到经常发挥。

2. 县级以上人大设立常委会

1979 年，第五届全国人大第二次会议修改 1978 宪法，决定县以上地方各级人大设立常委会，1982 宪法把这一制度进一步确定下来。

地方人大常委会的设立，是我国人民代表大会制度健全和完善的重要标志之一。宪法赋予县以上各级人大常委会有权讨论、决定本行政区域内各方面工作的重大事项；监督本级人民政府、人民法院和人民检察院的工作；撤销本级人民政府不适当的决定和命令，撤销下级人大不适当的决议；依法定权限决定国家工作人员任免；在本级人大闭会期间、罢免和补选上一级人民代表大会的个别代表等。

10 多年来，地方人大常委会从无到有建立、发展起来，并做了大量的工作，在摸索中前进，取得了许多人大制度建设的有益经验。实践表明，县以上地方人大常委会的设立，健全和加强了地方人大制度建设，有利于保障人民当家作主行使管理国家的权力。地方人大通过常委会经常讨论、决定本地区内重大事项，开展对“一府两院”的监督，保障它们更好地依法行使职权。认真行使人事任免权，从而强化了国家工作人员对人民代表大会负责，对人民负责的精神。地方人大常委会的建立，加强了地方人民代表大会的自身建设，改变了过去由本级人民政府召集代表大会的做法，保证了代表大会按时召开，并能充分做好各项会议准备工作，提高代表大会的效率和水平。在代表大会闭会期间，有了经常行使国家权力的机关、代表与人民代表大会，人民代表大会与人民群众的联系加强，人民代表大会能更好地反映人民群众的意见和要求，及时处理群众建议、批评和意见，加强了人民群众对国家机关的监督。

3. 赋予省级人大及其常委会行使地方立法权

新宪法根据权力下放的精神，赋予省级人大及常委会享有制定地方性法规的权力。在此之前，省级人大只有依照法定权限通过和发布决议的权力。省级人大立法权的确立，大大加强了省级人大及常委会的职能作用。从1982年至1989年底，省级人大已制定地方性法规1 600多件。这些法规对加强地方政权建设，保证发挥地方自主权和积极性，加强地方国家机关管理本地事务，促进地方经济、文化建设，起了良好作用，从而使省级人大的作用得到更好发挥。

4. 专门委员会得到健全和加强

专门委员会在国外是行动中的国会。专门委员会建设，是人民代表大会制度建设的重要方面。这对保障人大及常委会经常、有效地开展工作，从而发挥人大作用是十分重要的。

10多年来，全国人大和地方人大专门委员会建设逐步健全和加强。根据1954宪法，第一、二、三届全国人民代表大会只设立了民族委员会、法案委员会、预算委员会和代表资格审查委员会。而其中只有民族委员会和法案委员会是大会闭会期间的常设委员会。根据1978年宪法规定，"全国人大可根据需要设若干专门委员会"。第五届全国人民代表大会了设立民族、预算、法案、代表资格和提案等5个委员会。只有民族委员会为常设委员会。根据1982年新宪法和《全国人大组织法》，增加和改进了专门委员会的设置，第六届全国人大第一次会议开始设立了民族、法律、财经、教科文卫、华侨、外事六个专门常设委员会，第七届全国人大第一次会议又增设了内务司法委员会。另外，根据1982年全国人大组织法，从第六届全国人民代表大会开始将代表资格审查委员会改设在常委会中，成为全国人大常委会的代表资格审查委员会，以便于平常增选代表对代表资格的审查。

地方人大专门委员会也从无到有逐步建立和发展。1979年《地方人大和政府组织法》只规定地方人大在举行会议时，可设立代表资格审查委员会、议案委员会和其他需要设立的委员会。这都不是常设委员会。1979年县以上地方人大设常委会后，部分省级人大常委会开始设立有关工作委员会或专门性办公室。它属于常委会办事机构，为常委会提供专门服务。1982年全国人大设专门委员会后，1983年省级人大换届时，少数省级人大根据宪法精神，将工作委员会改为专门委员会。1986年修改的《地方人大和政府组织法》明确规定地方人大可以设立法制、财经、教科文卫等专门委员会，其他地方人大仍保留工作委员会。

与此同时，专门委员会职权也得到加强。全国人大专门委员会职权，原来只是审查议案，或提出有关的议案和意见。只有法案委员会可根据全国人大或常委会决定，拟定法律和法令草案。现在，人大专门委员会的职权扩大为：研究、审议、拟定议案。《七届全国人大常委会工作要点》① 和有关委员长会议纪要②强调要进一步加强专门委员会建设，专门委员会除履行好上述职权外，还要协助人大常委会做好监督工作，可听取“一府两院”工作汇报，把审查备案法规工作承担起来，有选择地开展对一些重要法律实施情况的检查。这些工作各专门委员会正在逐步开展，并取得初步成效。

由于从上述几方面加强了人民代表大会的组织职能，使人民代表大会制度的作用得以初步发挥，人民代表大会的形象开始改变。

二、选举制度朝民主化方向迈了一大步

选举制度是人民代表大会制度建设的组织基础。1979 年以来，全国范围内进行了四次县乡直接选举，两次县以上的间接选举的换届选举。在这个过程中，选举制度不断改进，选举民主化程度逐步提高。从而推动了人民代表大会制度建设和民主政治建设的发展。

我国新《选举法》和《地方人大和政府组织法》是 1979 年制定的，这两个法律与 50 年代的“两法”比，有两点重大改革：一是将代表的等额选举改为差额选举；二是把直接选举人大代表的范围在农村由乡镇一级扩大到县一级。尔后，又分别于 1982 年和 1986 年对“两法”进行了两次修改，使选举制度总体上朝完善和民主化方向前进。

当然，前进并不是一帆风顺的。1982 年对《选举法》的修改主要有两点：第一，将 1979 年《选举法》规定的联合提名候选人推荐

---

① 参见刘政、于友民等主编：《人民代表大会工作全书》，中国法制出版社 1999 年版，第 888 页（补充注释）。

② 参见刘政、于友民等主编：《人民代表大会工作全书》，中国法制出版社 1999 年版，第 884 页。

者可用各种形式宣传代表候选人，改为选举委员会应向选民介绍情况，推荐者可以在选民小组会议上介绍候选人。二是简化另行选举程序，规定对需要进行另行选举的，以最低得票不少于选票的1/3者当选，从而改变了过去以获得全体选民或代表的过半数票当选，有时多次得不出选举结果的弊病。在《地方人大组织法》的修改中，主要将部分国家机关领导人员和常委会组成人员的选举，由过去确定的“一般应差额选举”的原则，改为“可采用候选人多于应选人的办法，也可以经过预选产生候选人，进行选举”。即实际上可通过预选进行等额选举。可见，1982年对“两法”的修改，在选举制度的民主化方向是有所后退的。这主要是受1980年前后一些高校搞自由竞选的影响而作出的修改。

根据民主法制发展需要和政治体制改革精神，1986年再次修改“两法”，使选举程序大为完善，选举的民主程度大大提高。这次修改“两法”的主要内容有：完善和加强了选举组织体制，改变了过去选举工作在县以上由民政部门主持，在乡由乡政府组织的选举工作体制，改为县以上各级人大常委会组织选举工作，并指导县以下（包括县级）人大代表选举工作，乡镇选举委员会受县级人大常委会选举委员会领导，选举机构逐步走向常设化和专门化。确立了优先按居住状况划分选区，其次按生产单位、事业单位和工作单位划分选区的原则；简化选民登记手续，实行一次登记长期有效的办法；将选民或者代表联合提名候选人的人数由3人改为10人，使代表候选人提名更加严肃认真；直接选举代表候选人差额数由1/2至1倍，改为1/3至1倍，使选举效率提高；取消了通过预选确定正式候选人的办法，由选民小组或全体代表反复酝酿，讨论、协商确定正式候选人；增加人大主席团应向代表介绍候选人情况的规定；限制委托投票不得超过3人；将直接选举当选代表的票数，由全体选民过半数改为“两个过半数”当选，即全体选民过半数参加投票选举有效，候选人获参加选举选民的过半数当选；确定对国家机关领导人员实行差额选举的原则，取消了对国家机关领导人员可通过预选等额选举的做法；明确了副职领导人和常委委员选举的差额幅度和比例。从以上可见，1986年“两法”的修改是朝着工作简便、程序完善、制度民主的方向发展的。

为保证选举工作依法办事，中央于1985年和1989年两次转发过三个有关选举工作的文件，文件强调选举要充分发扬民主，严格依法办事，尊重选民意志。改变为照顾代表面而规定代表构成比例的做法，限定同级党政部门领导人推荐为代表候选人一般为3~5人。要重视提高代表素质，改变代表和常委组成人员的知识结构、年龄结构，更好地发挥各级人民代表大会权力机关的职能作用。同时，为保证选举法的实施，省级地方人大都根据本地情况制定有较详尽的选举细则。上述措施，促进了选举工作的民主化、程序化。

总括10多年来我国选举制度民主化的重大进展，主要表现在：

第一，改进代表候选人提名办法。修改后的《选举法》和《地方人大和政府组织法》规定，政党，团体可联合或单独提出候选人，选民或代表10人以上联名也可提出候选人，并有同等的法律地位，都必须列入初步候选人名单，经充分酝酿、协商根据较多数选民或代表意见确定正式候选人。大多数地方在实际中注意尊重选举人意愿，让选民或代表放手依法推荐候选人，不划框框，不定调子，不要求保证某人当选，使提名推荐候选人空前广泛、活跃。

第二，改进了代表候选人介绍办法。实践中，群众创造多种多样的形式，广泛、充分介绍候选人。如一些地方组织候选人同选民或代表见面和对话，回答选民或代表提出的问题，使选民或代表能充分了解候选人，深受群众欢迎。

第三，普遍实行差额选举。我国差额选举是1979年开始确立的，但当时法律对实行差额选举规定不彻底，差额与等额选举并存。实际执行中，除对代表实行了差额选举外，国家机关组成人员的选举基本上还是等额。1986年修改“两法”后，明确了差额选举原则、不允许经过预选再搞等额选举。各地在代表和国家机关组成人员选举中，注意按法定比例进行差额选举，让选民或代表在较大程度上按意愿挑选候选人，选出比较满意的代表或领导人。这样，我国地方国家机关领导人除一部分正职没有实行差额选举外，其他一律都实行了差额选举。

第四，县级人大代表实行直接选举。把直接选举从乡级扩大到县级，提高了人民群众直接参与管理国家事务的程度，便于人民群众对县级国家机关和国家工作人员实行有效的监督。

三、立法工作取得显著成就

10 多年来，人民代表大会的立法职能得到加强，立法工作取得了令人瞩目的成就。

1. 建立了一套以全国人大常委会为主导的，既统一、又能发挥多方面立法主动性、积极性的立法体制

1982 年宪法改变了 1954 年宪法以全国人大为我国唯一立法机关的高度集中的立法体制。强化了全国人大常委会在立法中的地位和作用，下放了立法权，从而调动了国务院和地方人大立法的积极性。过去 30 年，我国立法工作进展缓慢，从中华人民共和国成立后直到 1979 年，国家一些重要的基本法律，如刑法、民法等都没有制定出来。国家社会生活的重要领域基本上无法可依。其主要原因，除指导思想存在问题外，与缺乏能调动多方面积极性的立法体制有关。1979 年以后，全国人大根据十一届三中全会“从现在起要把立法工作摆到全国人大常委会的重要议事日程”的精神，为加快立法步伐，在 1982 年宪法中确立了新的立法体制，全国人大有权修改宪法，制定刑事、民事、国家机构和其他的基本法律；全国人大常委会与全国人大分享立法权，有制定全国人大上述立法范围以外的其他法律的权力；国务院有制定行政法规，省级地方人大有制定地方性法规的权力。此外，为了某种特殊需要，也可以进行授权立法，如为适应经济体制改革和对外开放需要，全国人大曾授权国务院在经济体制改革和对外开放方面，可以制定暂行规定或条例。在这个立法体制中，全国人大常委会处于主导地位，它不但自身进行大量的立法起草、审议工作，并且要协调、监督国务院和地方人民代表大会进行立法工作。10 年来，正是这种集中又多元的立法体制，既保证法律的统一，又发挥了多方面立法的积极性，使许多法律经各方面努力，能较快制定出来。

在新的立法体制中，专门委员会积极参与立法，在立法工作中发挥越来越大的作用。各专门委员会不但参加法律议案的审议和调查、研究，根据七届人大常委会工作要点的精神，进一步参与立法草拟工作。现在，由专门委员会牵头，组织有关部门草拟法律的工作广泛开展。专门委员会参与立法，大大提高了全国人大及常委会立法工作的能力。

为适应新时期立法工作的需要，1979 年 2 月五届全国人大常委会第六次会议设立了全国人大常委会法制委员会。① 10 多年来，法制工作委员成为全国人大及常委会立法工作的重要参谋助手，有力地协助立法工作的发展。

2. 制定了一批保障公民基本权利，保证国家机器运转，促进国家经济建设和改革开放的重要法律，从而推动了国家民主建设的发展和社会主义法制的健全

概括全国人大常委会 10 多年来的立法，主要有下列四类：(1) 保障公民基本权利的法律，如《刑法》、《民法》、《刑事诉讼法》、《民事诉讼法》、《行政诉讼法》、《继承法》、《义务教育法》等。(2) 健全国家基本组织制度的法律。如《宪法》,《选举法》和《地方组织法》、《全国人大组织法》、《国务院组织法》、《法院组织法》和《检察院组织法》、《村民委员会组织法》和《居民委员会组织条例》、《全国人大议事规则》和《全国人大常委会议事规则》等。(3) 大批保障经济建设方面的法律。如《森林法》、《环保法》、《经济合同法》、《商标法》、《食品卫生法》、《文物保护法》、《统计法》、《专利法》、《工业企业法》、《破产法》、《水法》、《城市规划法》、《海关法》、《技术合同法》、《会计法》、《草原法》、《计量法》、《土地管理法》、《破产资源法》、《邮政法》,《渔业法》等。(4) 促进改革对外开放方面的法律。如《合资企业法》、《合资企业所得税法》、《外资企业所得税法》、《外资企业法》、《合作经营企业法》、《涉外合同法》等。此外，还完成了为实现"一国两制"的重要法律——《香港基本法》的立法。这些法律的制定，对保障公民基本权利，加强人民代表大会制度建设和国家政权建设，对保障经济建设、促进改革开放都有重要意义。

3. 积累了立法工作经验，总结出一套立法工作的程序

这些立法工作经验是：立法必须以宪法为准则，以建设民主法制为目标，充分发挥民主，体现人民群众的意志和利益；从实际出发，广泛调查研究，要总结自身的经验，并根据实践中的新情况，不断修

① 1983 年 9 月六届人大常委会二次会议改为法制工作委员会。

改完善法律；要以加强法律理论研究指导立法实践，借鉴古今中外立法的有益经验；采取积极慎重的立法方针，把有把握，成熟的东西制定为法律；立法技术上注意简明扼要，明白易懂，立法起草工作实行立法工作者、实际工作者和理论工作者相结合。

立法实践中，还摸索了一套成文和不成文的立法工作程序，使立法工作初步走向规范化、程序化。其基本程序是：法律草案一般由人大常委会（委托法工委或办公厅）专门委员会和国务院有关部门起草。然后提交常委会听取说明，作初步审议。再交有关专门委员会审议和法律委员会统一审议。同时把草案发各地方、各部门广泛征求意见，对重要的、意见比较多的法律草案，深入调查研究，召开各种专门会议讨论修改，再交常委会审议。在人大常委会审议中进行充分讨论，特别注意听取不同意见。对重要法律条款有争论或有较多代表或委员对法案有不同意见时，暂不付表决，进一步进行调查研究，补充修改，待大多数人意见一致后，再提交会议审议表决。有的法律草案要经多次审议才表决通过。① 提交给代表大会审议的法律，都事先经过常委会审议。对审议中有重要不同意见的，法律委员会必须在审议结果报告中予以说明，对重要的基本法律案，全国人大常委会可公布全民讨论征求意见，涉及审议专门性问题的法律案，不但事先反复征求有关专家意见，还邀请有关方面代表、专家列席人大或常委会会议发表意见。以上这些程序和做法，保证立法发扬民主，更好地反映人民的意志和要求，使法律更周到。

总之，十一届三中全会以来，我国立法组织机构得到健全，立法制度逐步完善，取得了丰富的立法经验，形成了一套立法工作程序。这是过去立法工作的结晶，也是我国今后立法进一步发展的基础和条件。到 1990 年底，全国人大及常委会已制定法律 90 多个，国务院制定行政法规 500 多个，省级地方人大制定地方性法规近 2 000 个。在国家生活的一些重要方面，不能说无法可依了。

四、人大的各项职能初步发挥

人大除立法职能外，还有监督、决定重大事项和人事任免权。近

---

① 如《企业法》和《村民委员会组织法》都经过四五次审议。

年来，人大的监督工作受到重视，监督机制大力加强，初步摸索了一些行使人大监督权的经验。从1979年修改宪法，决定县以上设人大常委会和改变人民公社政社合一体制，设立乡政府，为从组织上加强人大监督工作奠定了基础。1982年宪法在从制度上加强人大监督职能方面有大的发展。

首先，确立了立法监督体制。宪法规定立法权下放的同时，也随之加强了对立法的监督措施。如全国人大有权改变或撤销全国人大常委会不适当的决定；全国人大闭会期间对全国人大制定法律可进行部分补充修改，但不得同该法律的基本原则相抵触；赋予全国人大解释宪法和监督宪法的职权。全国人大常委会有权撤销国务院和省，直辖市、自治区国家权力机关制定的同宪法、法律相抵触的行政法规和地方性法规。这些规定，确立了我国的法律监督体制。

其次，加强了全国人大常委会对财政的监督职能。全国人大常委会在闭会期间可审查和批准国民经济和社会发展计划，国家预算在执行中所作的部分调整方案。乡镇人大有权审查本行政区内的预决算。这从法律上保证了人民代表大会对国家计划、预决算的经常监督。设立国家审计机关加强对国家财政、财务活动的监督。另外，还规定全国人大常委会组成人员不得担任国家行政机关、审判机关和检察机关职务，有利于从组织上加强对“一府两院”的监督。

最后，在监督方式上，赋予全国人大常委组成人员在常委会开会期间，有权提出对国务院及各部委的质询案。

1986年修改地方组织法，又进一步加强了地方人大及常委会的监督职权。赋予县以上地方人大及常委会在本行政区域内保证宪法、法律、行政法规和上级人大常委会决议的遵守和执行；撤销本级政府不适当的决议和命令；可组织特定问题调查委员会；对国家机关领导人员的罢免程序作了进一步规定；常委会开会期间可对“一府两院”提出质询案；人大常委会在人大闭会期间，可撤销其任命权限内的国家机关领导人员的职务；赋予人大代表和委员的发言免责权，是对代表和委员行使监督权的法律保障。

监督工作受到重视，把监督工作提上了各级人大常委会重要议事日程。全国人大常委会自1986年开始成立监督问题研讨小组，做了大量调查研究工作。1990年，根据许多代表提议，委员长会议根据中共中央决定，成立了监督立法起草小组，起草监督法。地方人大在如何加强监督、将监督权具体化方面，作了许多有益的探索，不少地方人大制定了专门的监督条例。

实践中，监督工作稳步前进。全国人大常委会和专门委员会开展了对法律实施情况的检查，执法检查工作在地方人大也已广泛开展。各级人大常委会还支持和督促了一些地方对不符合宪法和法律的做法作出必要处理，纠正了一些违宪违法事件：如湖南邵阳县委追查人大代表发言事件，河南长葛县委违法任免法院院长事件等。全国人大常委会还加强对国家建设、改革开放中的重大问题和人民群众普遍关心的问题的监督，如听取审议了一些重大问题的报告和汇报，如质询“渤海二号”事件，听取大兴安岭森林火灾的汇报，听取经济发展情况、农业生产情况、工业产品质量和改进措施的报告，还听取物价、工资改革，劳动制度改革，教育工作情况和改善知识分子待遇，打击严重经济犯罪，清理整顿公司等情况的报告，等等。通过听取报告，督促有关部门改进工作。现在，全国人大常委会会议将国家建设的重大问题和群众关心的问题列入审议议程已形成制度。

各级人大还通过受理人民群众来信来访，加强对司法工作监督。全国人大常委会成立信访机构，1988 年又设立群众来访接待室。督促纠正了大批冤假错案，1988 年全国人大常委会经过多年努力，纠正台安“三律师案”，博得了广大人民群众的赞扬和信任。

各级人大还通过行使重大问题决定权，加强了对国家和地方重大事项决策的监督。10 年来，全国人大决定了一批重大事项，如批准国民经济“七五计划”，决定开放一批港口，批准国务院机构改革方案，决定建立海南省和建立海南经济特区等。过去中央和地方党与政府不把有关国家和人民利益的重大问题提交给人大审议的做法已逐步得到改变，党政联合发文的情况也大为减少。

各级人大及常委会认真依法行使人事任免权，加强对人事任免监督。不少省级人大及常委会成立了选举人事任免专门委员会或工作委员会，协助人大及常委会做好人事任免监督工作。中央曾发布文件，要求各级党组织任免国家机关领导人员必须严格依法办事，对纠正人事任免中的违法现象起到了良好作用。过去党委不经人大选举任免就随意宣布任命或调动干部的做法大为减少。1981 年全国人大办公厅作出县以上地方人大常委会对通过任命的干部发给任命书的规定，对保证人大常委会行使人事任免权，强化干部对人大负责，对人民负责的精神，起了很好作用。现在，一些地方人大及常委会能做到依法行使任免权，对少数提交任命群众反映不好的人选，行使了否决权，实际效果是好的。一些地方人大制定了人事任免条例，使人事任免工作更加程序化、制度化。地方人大常委会在如何行使人事任免方面，摸索了许多好的经验，如让被任免的人到会见面，述职，等等，收到了良好效果。

五、人大工作逐步走上程序化

程序是人大依法行使职权的保障，也是人大制度完善的重要标志。10年来，人大在行使职权过程中，注意总结经验，把工作中一些成熟的、定型的好做法固定下来，形成制度，有的用立法加以法律化。一批重要的落实人大制度和职权的程序法得到制定，如《代表选举法》、《地方组织法》、《法院组织法》和《检察院组织法》、《全国人大组织法》、《国务院组织法》、《民族区域自治法》、《全国人大议事规则》和《全国人大常委会议事规则》等，都在这10年中得到制定不断完善修改。近10年来，人大工作程序的完善，主要有两次。

第一次，1986年修改地方组织法，有关程序的完善有：

1. 代表大会召开程序。将县以上地方各级人大预备会的做法固定下来，规定了开预备会的议程，预备会的主持和召集。规定了每届人大一次会议必须在代表选举完成后两个月内召集，乡镇人代会中过去由人民政府召集，改为由人大主席团召集。这些规定，使地方各级人大会议召开更规范和更有保障。实践表明，这些年来，县、乡无故不召开或不按期召开人大的现象已大大减少。

2. 完善提案程序。扩大提案范围，专门委员会可以在人代会期间提出议案，有提案权的人都可以在常委会上提出议案，提高了代表联名提案的人数，使代表提案更为慎重，提案的提交和审议程序更具体化。

3. 完善了有关监督程序。对人大的罢免、质询权作了更具体的规定，增加了常委会撤销职权的程序规定。

4. 完善了国家机关领导人离职和不能行使职务时的替换程序。

对因正常原因需要离职的，作了辞职程序规定；对国家机关领导人因故不能担任职务的，规定了代理人选的程序。

第二次，1987 年后全国人大及其常委会制定了两个议事规则，委员长会议、各专门委员会也都分别制定了议事程序，从而带动了一些地方人大纷纷制定了议事规则和内部工作程序。议事规则是人大工作实践中好的经验总结，它对程序的完善主要有：

1. 开会时间固定化、法律化。五届全国人大期间开会时间很不规则，代表大会有时在 2 月举行，有时在 8 月举行，有时又在 11 月举行。能不能按时开会是人大发挥作用的起码条件。人民代表大会建设史上，人大不能按时开会，国家政治生活就不正常。总结以往经验，六届人大开会时间开始固定化，从六届全国人大第二次会议开始，开会时间固定在每年 3、4 月召开。全国人大议事规则进一步明确规定，全国人大会议于每年第一季度举行。同时，人大常委会会议也由过去比较随意召开，确定为每两个月举行一次例会。

2. 人大会议的召集举行有比较具体的程序规定。规定了常委会为大会所作的必要准备工作，代表团的组成，预备会的召集、议程，大会主席团的组织和职权，会议公开举行的必要措施等。为提高代表和委员对议案的审议水平，议事规则还规定，全国人大开会前 1 个月，常委会开会前 7 日，应将会议的主要议程通知代表或委员。

3. 开会的基本形式，会议发言、表决方式固定化。全国人大开会的主要形式是全体大会、大会发言、代表团会议、小组会议。常委会开会的主要形式是全体会议、联组会议和分组会议。为提高开会效率，对大会发言时间、主席团会议发言时间，会议表决主要方式作了规定。

4. 议案的提出和审议程序有了具体规定。这些程序包括：提出议案的主体范围，提交审议时间、审议保障（有关部门提供必要资料和询问），审议方式，法律议案的修改、撤回议案、暂不付表决等。

5. 对人大监督职权的程序化有所完善。对人民代表大会听取审议工作报告、质询、罢免、任免和辞职、常委会和专门委员会委员职务的撤销、调查委员会的组织等监督方式，都有不同程度的程序规定。当然，这些程序远不够完善。

人民代表大会工作的逐步程序化、制度化，保证了人大制度的运行，人大各项职能的初步发挥，有利于发扬民主。

六、人大自身建设大为加强

人民代表大会的自身建设主要是指人大代表和人大常委会机关的工作。这方面的进展有：

1. 适当减少了各级人大代表数额，代表素质有所提高，人大的组成向精简、效能方向合理化。

为使各级人大能有效地行使宪法赋予的职权，便于开会和讨论问题，全国人大和地方人大代表都作了适当减少。全国人大代表由五届时的3 497名减为现在的2 978名。地方人大代表1979年后曾呈上升趋势。由于各级人大代表名额太多，会议难以组织、开会效率低，花费大，不便于行使职权。鉴于这种情况，1986年全国人大常委机关党组，向中共中央提出减少地方各级人大代表名额的建议。提出了确定人大代表名额的“基数加人口”的计算法，即对各级人民代表确定不同的基数，然后按每加增若干人口，再增加一名代表的做法，确定各级人大代表数额，中共中央批准了这一建议。根据这一原则，各省级人大常委会对减少代表名额作出具体规定。1986年以后，地方各级人大代表数额大为减少，全国各级人大代表总数由过去600万减少到380万。省级人大代表减少了17%～48%，县级人大代表减少了53%～79%，乡镇人大代表多的减少了63%，人大代表少的地方略有增加。在减少代表数量的同时，重视代表素质提高。改变了代表知识结构、年龄结构，使代表的社会活动能力和议政能力都有所提高。由于代表数量的减少，议事效率有所提高，还为各级人大代表数额更科学、更合理化制造条件。

2. 人大常委会组成人员和专门委员会委员专职化程度提高，知识结构趋于合理，议政能力逐步提高。1982宪法规定人大常委组成人员不得担任“一府两院”中的职务，从而确定常委会组成人员专职化原则。实践中，常委会组成人员专职化程度是逐届提高的，全国人大常委会专职程度已达60%以上。

3. 改进了代表活动方式，加强了全国人大常委会同代表和地方人大常委会的联系。为发挥代表的作用，全国人大常委会在制度建设上主要做了两件事。第一，1985 年全国人大常委会提出《关于改进全国人大代表视察办法的意见》，并随后制定了《关于全国人大代表持证视察的意见》，这两个文件总结了以往代表视察的经验，对下列问题作了规定：视察方式——小型、分散、灵活多样、业余、就近就地视察；视察内容——了解法律、计划、预算的执行和群众意见要求、会前围绕问题视察；视察时间——每年脱产视察为半个月，等等。第二，全国人大常委会重视加强代表联系工作，在总结经验的基础上，1987 年制定了《关于全国人大常委会加强同代表联系的几点意见》，使代表联系工作逐步走上制度化轨道。这些制度主要有：全国人大常委会和省级地方人大常委会共同联系全国人大代表；联系内容主要是围绕会议议题，征求代表意见，省级人大常委会负责同志列席全国人大常委会制度，扩大同代表的直接联系；邀请代表列席常委会会议等。这些制度在实践中取得了良好效果，促进了全国人大及常委会的立法和决议更符合人民意志和利益、更符合实际。

4. 培养了一支人大工作队伍。人大机关工作队伍建设，是人大行使职权和发挥作用的重要条件。10 年中，各级人大工作队伍有很大发展，到 1990 年底全国各级人大常委会机关工作人员总数达近 9 万人，比 1980 年地方建立人大常委会之初至少增加了两倍。尽管有些地方仍存在机关人员编制不足等问题，但是，地方人大常委会机构还是从无到有发展起来了，并根据人大行使职权的需要设置了必要的机构。全国人大常委会工作机构人员发展到 900 多人，设置了办公厅、法制工作委员会和各专门委员会的工作机构，它们能为“三会”提供较齐全的服务，干部队伍素质逐步提高，并且在工作实践中培养了一批有法律知识和人大工作专门知识的人才。这些为我国民主法制建设和人大制度建设的未来发展打下了基础。

政治体制改革中的人大改革

1986 年，邓小平意识到，经济体制改革的发展没有政治体制配套不行。于是，邓小平多次提出要把政治体制改革摆上重要议事日程。① 因此，政治体制改革在中国拉开了序幕。中共中央决定在十三次全国代表大会上全面筹划政治体制改革。于是中共中央成立了政治体制改革研讨小组，其中社会主义民主专题就对健全人民代表大会制度问题进行了专题研讨。②

与此同时，理论界和人大实际工作部门对人大制度的研究非常活跃，积极探索完善人民代表大会制度的途径。1986 年，中共全国人大常委会党组向中共中央提出了《加强人大工作的请示报告》，直接向中共中央提出了许多加强和改进人民代表大会工作的建设性意见。

概括当时政治体制改革研究中有关完善人大制度的建议和实践主要有以下方面：

理顺人大同党与政府的关系。政治体制改革的一个重点和关键问题，就是党政分开。当时提出，党政分开就是党不能代替国家权力机关的职能，涉及全体人民遵循的事，党提出建议主张，要通过人大会议的方式作出。当时做人大工作的许多人都认为，人大常委会在国家机关中的地位不高，要提高人民代表大会的地位，就应提高人大常委会负责人在党内的地位。政体改研讨报告中建议，人大常委会负责人

---

① 参见《关于政治体制改革问题》，载《邓小平文选》第三卷，人民出版社 1993 年版，第 176～180 页。

② 我当时在全国人大常委会研究室政治组工作，被抽调到中共中央十三大报告起草组“社会主义民主专题组”进行政治体制改革的研究，为起草中共十三大报告作准备。

在党内任副书记为好。在涉及党与人大重大事项决定权问题上，政体改研究报告提出，应明确由人大行使重大问题决定权，中央应充分尊重人大多数代表的意见。过去习惯由党中央作出的决议，建议今后凡关系到国家利益和要全体人民执行的事情，党中央只提建议，具体决定由全国人大及其常委会作出。

在加强监督方面，研究报告提出，人民代表大会可对党组织的决定文件和党的领导人的讲话与宪法和法律相抵触的行为进行监督。强调人民代表大会的监督应以加强财经监督为重点，当时设想成立财政预算审议委员会。报告还建议在全国人民代表大会中增设宪法委员会和司法委员会，以加强对宪法的解释和对司法方面的重大问题进行法律监督。

在改善选举任免权方面，研究报告强调，党委向人民代表大会提名也要差额提出候选人，同时保障代表联合提名候选人的权利，并具有与党委提名候选人的同等地位。人大及其常委会对不称职的候选人，可以不通过。有些人还建议，设人事委员会负责对党委提交人大常委会决定任免的人进行必要的了解和任命后的监督。

在人民代表大会常委会组织、程序建设方面。为扩大民主，使常委会有更广泛的代表性和反映人民意见，研究中曾提出过改革人大及常委会的设想。有人主张代表名额应大大减少，以便于它议事和发挥作用，研究中曾提出过把全国人民代表大会代表减少到 2 500 名，最好是 1 500 名的方案。也有人认为，代表大会名额一时不好减少的话，但可把常委会做实，因此应增加人大常委会的人数，使人大常委会能真正承担起立法和其他职责。建议将全国人大常委会组成人员人数增加到 250 人。增加社会团体、各个方面和地方的代表参加到常委会中来，同时，降低常委会组成人员的年龄，改变都是老同志的局面。改革过去由党包办提名国家领导人员候选人的工作，让民主党派、人民团体和各界代表也能提名自己的候选人。提高常委会和专门委员会的专职化程度。

在政体改研讨中，对人大工作的公开化提出了一些具体建议。如建议有选择性地播放全国人大及其常委会会议的实况；公开报道委员长会议；公开报道常委会议案的审议和讨论意见；公开会议的发言和表决结果；公布全国人大代表的工作单位和通讯地址等。

以上关于完善人民代表大会制度的研究建议，虽然只有部分为中央采纳，但这些研究对人大工作还是起到了极大的推动作用。

在政治体制改革的背景下，人大工作有几点进展是值得肯定的。1987～1988年人大制度有史以来举行了一次最民主的选举。促使这次民主选举有两个最重要的因素，其一，1986年在政治体制改革背景下修改的《选举法》和《地方组织法》。对选举的民主程序有很大改进，它确立了地方国家机关领导人实行差额选举的原则，① 所有副职领导人必须差额选举。其二，中共中央办公厅转发了全国人大常委会机关党组《关于县以下人民代表大会换届选举工作若干问题的意见》的通知。中央书记处要求从政治体制改革的高度搞好选举。要求选举中充分发扬民主，不要搞层层照顾代表面的做法。在选举中坚持实行民主推荐、充分酝酿、反复协商、差额选举的要求。所以各地在选举中注意尊重代表的意愿，放手让代表提名、推荐候选人，保证代表的民主权利，依法进行差额选举。对代表大会主席团提名和代表联合提名一视同仁，最后以选举结果为准，使选举真正发扬了民主。在1988年全国省级国家机关领导人员的选举中，第一次出现了数量不少的由主席团提名的候选人落选，代表联合提名的候选人当选的情况。全国省级领导班子换届选举中，副省职领导都依法一律实行了差额选举。正职领导人的选举中，11个省级的人大常委会副主任、8个省的省长（主席）、13个省的法院院长和11个省的检察院检察长都实行了差额选举。结果代表联合提名的候选人中，有12人当选。这是有史以来没有过的。

在政治改革的背景下，人民代表大会工作的公开化被等到空前并有实质性进展。政务公开化和增加透明度是当时政治体制改革的热门话题。根据政体改研讨设想，应扩大人民代表大会工作公开化范围，虽然有些设想没有完全实现，但人民代表大会的公开化确实在那时迈出了一大步。1986年以后开始实行对委员长会议公开报道制度；公布法律草案全民讨论；人民代表大会会议旁听制；② 制定五年和每一年的人大常委会工作要点、立法规划，使公众能更多地了解人大常委

① 过去法律规定是可等额，也可差额，实际上各地都通过预选搞差额选举。

② 限于人民团体等组织旁听。

会工作和立法情况。在政治体制改革研讨中提出全国人大增设宪法委员会和司法委员会等若干委员会的设想，经中央同意落实了在七届全国人大设内务司法委员会的意见。设宪法委员会问题，中央建议由新一届七届全国人大常委会进一步研究后拿出意见报中央。后来七届全国人大常委会党组曾为此作过专门研究，因有人对设立宪法委员会有不同意见，这一建设就被搁置下来了。

80 年代中期开始，人大常委会工作机构获得迅速发展。80 年代初，地方县以上人大常委会建立后，它的机构设置和人员编制没有统一的要求，人大常委会工作机构力量薄弱，地方人大常委会对此呼声很高，要求全国人大常委会为加强地方人大机构向中央说话。全国人大常委会机关经过几年的创建，也面临一个如何发展的问题。在这种情况下，1986 年 9 月到 1987 年 5 月全国人大常委会委员长会议委托彭冲副委员长对健全人大机关工作和机构进行调研，提出了《关于健全人大机关工作和机构的报告》，经委员长会议批准付诸实施。

该报告明确人大常委会机关的指导思想是要为发展民主、健全法制、完善人民代表大会制度积极工作。人大机关工作主要是为“三会”作准备，① 具体是做好会议准备工作；加强调查研究；更好地为立法工作服务；加强对选举工作的指导；认真做好处理议案的工作；加强人民代表的联系；搞好信访工作；加强外事工作。报告提出，要制定、完善一系列工作制度，包括制定人民代表大会和常委会议事规则；人民代表大会监督条例；人大代表提出议案办法；法规备案程序；人大代表工作条例等。为健全人大常委会工作机构，加强机关的统一领导，设立全国人大常委会秘书处，它作为全国人大常委会委员长会议下处理全国人大常委会日常工作的协调机构。② 办公厅研究室

---

① 指人民代表大会、代表大会常务委员会和常务委员会委员长会议。

② 设立全国人大常委会秘书处是彭真委员长的意见，由于委员长会议人员组成和职能的原因，不太可能处理常委会的日常工作，而常委会下有办公厅、法工委和人大各专门委员会，仅由秘书长难以领导和协调整个机关的工作。所以彭真提出设秘书处，秘书处是由秘书长、副秘书长、法工委主任和各专门委员会负责人参加的一个协调机构，由常务副委员长领导秘书处的工作。2003 年十届全国人大常委会宣告撤销秘书处。

升格为研究部，① 设立新闻局、人事局、出版社等。机关工作人员从当时500多人发展到近千人。这个健全人大机关工作和机构的报告，在人大工作机构发展中起到了重要推动作用，具有里程碑意义。它明确了人大工作的指导思想和工作职责，推动了人大工作制度的完善，人大和常委会的议事规则和代表法在这以后的日子都得以制定。就全国人大常委会工作机构的发展来说，基本上是按照这个报告健全的。报告上述提到的这些目标，到80年代末、90年代初基本得到实施。上述机构得到设立和工作到1990年已超过千人的计划，直到现在，全国人大常委会的工作机构仍保留在这个程度上。

这个报告没有涉及地方人大常委会机关工作和工作机构的问题。但是，它对地方人大工作和工作机构的发展产生了巨大影响。因为人大系统上下级之间没有领导关系，全国人大常委会认为向地方党委和人大常委会发号施令不妥，所以没有涉及地方人大常委会的内容。但是，全国人大常委会的一举一动都会对地方产生影响。1988年后地方人大常委会工作机构编制迅速发展、健全、完善。这时除原设立办公厅外，法制专门机构，独立于办公厅的研究室，选举、人事任免联络等工作机构也在一些省建立起来。地区人大工作机构和乡镇人大常设机构也在此时设立。30个省的人大常委会机关工作人员达4 700多人，比1983年增加了1倍多。今天地方人大工作机构的格局初步是在那个时候形成的。

促进人大常委会工作机构发展的因素主要有两个：一是正是政治体制改革背景下，强调发展社会主义民主、加强人大制度建设，使人大机构得到发展的良好机会。二是全国人大常委会委员长会议对重视人大工作机构的调研，对完善人大常委会工作机构提出设想，对地方人大常委会工作机构的发展起到了推动作用。不少地方人大常委会争取地方党委支持人大工作，按报告的精神增设了一些人大常委会工作机构。如许多省级人大研究室的设立并成为局级单位就是按照全国人大常委会完善人大机构的报告精神做的。

这一时期，人民代表大会制度的重要进展是许多方面的工作制度和程序都逐步从无序走向有序，从主要依靠经验到主要依靠制度。

---

① 后来中央编委只批准研究室为副部级单位。

在立法方面，全国人民代表大会重建之初，制定法律没有很固定的程序。有关方面提出法律议案，一次会议听取说明，然后分组审议后就通过了。1982 年，全国人大常委会就提出立法要注意的几点原则：第一，立法要从我国的实际情况出发，按社会主义法制原则，逐步建立有中国特色的独立法律体系。第二，立法要走群众路线，面向10 亿人民；立法要慎重，法律要有稳定性和连续性。1983 年五届全国人大常委会委员长会议为避免仓促通过法律草案，商定了法律草案的审议程序，明确了法律草案要进行两次常委会审议的二审程序。

1984 年常委会提出了审议制定法律的必要制度，使民主更加有序化：

（1）法律调查研究、广泛听取意见，特别听取不同意见，包括找起草部门和执行单位研究；听取主管部门、有关部门和地方的意见；同专家和实际工作者座谈。

（2）建立两审制，在一审后，法律草案由法律委员会和有关专门委员会听取各地和各方面意见。

（3）委员长会议要求，常委会审议法律草案，法制工作委员会和提出法律草案机关，应提供有关基本资料，反映法律草案的主要问题和主要不同意见，说明问题的焦点。

1987 年，六届全国人大常委会第五次会议进一步总结立法经验，提出：

（1）常委会审议的法律草案要进行系统的调查研究。

（2）对审议的法律草案，印发各省和中央有关部门征求意见外，还对重大的意见比较多的法律草案，召开专门座谈会。审议时充分展开讨论，注重听取不同意见。在意见不一致时不急于提交表决。认真吸取各种意见中的合理因素，对草案反复修改完善。当时制定破产法、企业法、村民委员会组织法都经 3 次以上的常委会审议，企业法经过 5 次常委会审议。

（3）审议法律议案有关方面必须提供法律资料。加强常委会工作的计划性和工作制度建设。七届全国人大常委会开始制定《七届人大常委会工作要点》（以下简称《要点》），对全国人大五年立法监督等方面的工作做了规划，提高常委会工作的计划性，有利于常委会工作制度。便于人大代表和全国人民对常委会工作的监督。根据这个

《要点》，全国人大常委会第一次制定了自己的立法规划。提出重点要制定和修改的法律有40多部。为加快立法步伐，《要点》提出发挥各专门委员会作用的问题，要求各专门委员会一方面开展审议和拟订议案工作，一方面要加强同国务院有拟订议案的部门联系，做好拟订议案准备工作。

《要点》还需进一步完善法律案的审议程序。凡提请全国人大常委会审议的法律案，由秘书长交有关专门委员会和法律委员会审议。审议结果经秘书长报委员长会议决定，再提交常委会审议或交有关专门委员会继续审议。法律委员会和有关专门委员会在审议时要互相沟通密切协作。法律委员会统一审议的法律案，向常委会提出审议结果的报告，报告中要充分反映其他有关专门委员会的不同意见。有关专门委员会的不同意见要印发会议。立法要从实际出发，同时注意借鉴外国有益的经验。要加强法理研究，加强对实际情况的调查，注意听取各地方、各部门、各方面的意见，对重要的法律草案由常委会决定提交全民讨论。

全国人民代表大会每届制定五年工作要点和立法规划的做法已成为习惯制度。八届和九届全国人大常委会都分别制定了五年工作要点和五年立法规划，并且每年都制定具体计划。

人民代表大会制度建设的改进，反映人民代表大会在工作中一步步走向成熟、规范和民主化。

1987年和1989年分别制定了《全国人大常委会议事规则》和《全国人大议事规则》，将人民代表大会及其常委会的议事程序法律化。

在代表工作方面，制定了代表法，对代表的地位、权利、义务作出了规定。建立了全国人大常委会同地方人大常委会共同联系全国人大代表的制度，每次常委会邀请部分全国人大代表列席会议的制度，人大及其常委会审议的重要议案征求全国人大代表意见的制度。如1998年又发出《征求全国人大代表对法律草案意见的通知》。

制定了各项工作规则和守则。《委员长会议议事规则》，《常委会组成人员守则》，各专门委员会分别制定了工作规则；还制定了《全国人大常委会秘书处工作规则》，《秘书长办公会议议事规则》。全国人大常委会新闻发布工作规则，建立新闻发布制度，会议制度已形成。过去全国人大常委会和代表大会会议时间和会期都很不确定。这样使工作缺少计划和规律性。80年代初常委会会议很不确定。1987年常委会议事规则正式规定常委会一般2个月举行一次。但时间也不固定，近2年已形成习惯，常委会固定于双月月底举行，每次会议1周左右。代表大会过去一般在3、4月举行，等计划预算批准时执行已年近过半。考虑到此因素，现全国人大会议已基本固定于每年春节后举行，会议十天半个月左右。这样有规律的会期，有利于安排工作、开好会议。

完善人民代表大会制度的思考①

——为人民代表大会成立40周年而作

人民代表大会是组织人民当家作主和人民群众参与国家管理的适当形式，人民代表大会制度是我国民主政治的核心内容。在建立社会主义市场经济体制的过程中，要进一步完善人民代表大会制度，加强人民代表大会及其常委会的立法和监督职能，更好地发挥人民代表大会制度在国家民主政治建设中的重要作用。

一、提高对人大作用的认识

人民代表大会40年来的经验表明，要加强人大制度建设，首先必须提高全党、全国人民对其作用的认识。人民代表大会的作用，我认为至少有以下几点：

第一，人民代表大会是实现社会主义民主的根本途径。人民代表大会是立法机关，它把人民的意志变成法律，国家通过依法办事，从而在根本上实现人民当家作主。人民代表大会又是监督机关，它产生其他国家管理机关，同时又监督这些机关按自己制定的法律和所作的决定行事，从而保证人民的意志在国家管理中得以实现。国家大事按人民意志决定，国家权力按反映民意的法律行使，并受到民意机关的监督，这就是权力属于人民，这就叫人民当家作主，这是最基本的民主制度和形式。在我国，实现民主还有许多其他途径，如地方自治、基层民主等，但都不能像人民代表大会制度那样从根本上保证和实现公民管理国家的权利，而只能实现其某方面的权利。因此，在中国，离开发挥人民代表大会的作用去谈民主，就会舍本求末，陷于空谈。

第二，人民代表大会是国家权力产生的根据，它使政府权力具有

---

① 原载《人民日报》1994年9月16日第5版。

合法性，并保证政府依法管理。合法的政府就是由人民选举产生，得到民意承认的政府。在我国，人民代表大会是人民选举产生的，而政府又是由人大选举产生的，这就使得政府具有合法性和人民性。人民政府之所以有力量，就是因为它的权力来自人民，来自法律，遵从民意，并维护人民的利益。人民通过代表大会支持政府，同时也监督政府，使政府依法办事。这一切都需要以人民代表大会的形式来实现。

第三，人民代表大会是维护国家统一、民族团结、保护少数民族权利的有效形式。我国是多民族的单一制国家，各少数民族除依法实行区域自治外，还要参与国家大事的管理。这种参与不可能靠选派各民族人士直接到国家各领导机关行使管理权来实现，而只有通过人民代表大会的组织形式实现。因为法律规定，地方各级人民代表大会都应有少数民族代表参加，在全国人大，各少数民族，不论人口多少至少应有一名代表。这样，就使人民代表大会具有广泛的代表性，能反映各民族人民的意志和利益，保证各族人民当家作主的权利。这种能包容各民族代表的国家组织形式，使它具有维护国家统一和民族团结的功能。

第四，人民代表大会是联系群众，反映、体现民意的重要渠道。人民代表大会是国家机关广泛联系群众的一条最重要、最有效的法律渠道。由于人民代表大会是由各政党、各阶层、各地区、各民族、各行业的人员组成，并且他们当中相当多的人来自基层，与人民群众有直接的联系，因而具有最广泛的人民代表性。而人大有许多联系群众，反映民意的渠道，在代表大会和常委会会议上，代表和委员通过发言和提议案，反映大量群众的意见、批评和建议。还有常委会联系制度、视察制度、接待群众来信来访制度等多条渠道同群众保持密切联系，这就保证了人大这条渠道能广泛、经常、准确地反映民意，并使民意体现到国家法律和政府活动中去。

第五，人民代表大会是保证国家稳定的重要机制。国家稳定要靠民主和法制这两根重要的支柱。实践证明，在我国只要人民代表大会制度能有效运转，实现决策民主化，失误就会减少，政治、经济就会稳定发展；只要人民代表大会这条最大的民意渠道能畅通，群众的意见和要求能得到反映和表达，群众的不满情绪在这里能得到及时排解，就不会产生周期性的政治振荡。近代世界政治发展的历史经验已经证明，议会民主是政治发展的稳定器，它使国家权力能通过选举的方式和平过渡，不至于因最高国家权力的争夺而使国家陷于混乱和战争。

二、发挥立法监督职能

立法和监督是人大及其常委会两项最基本的职权。充分发挥这些职能，人民代表大会就能真正显示其国家权力机关的功效。

当前，发挥人大立法职能主要是努力建立起社会主义市场经济的法律体系。为此，应转变立法观念，处理好以下关系：

（1）要正确认识法律超前性和经验性的双重特性，改变只重经验立法的观念。对那些认准了的改革方向，只要有国际经验可借鉴，应以立法指导和规范改革，而不必全都等待自己反复实践后再立法。对认不太准的改革，可先试点，在总结经验的基础上及时立法。这样便于处理好立法指导推动改革与立法总结改革经验、保障改革成果的关系。

（2）要正确认识法的普遍规律性和本国具体特色的双重特性，改变封闭立法观念。马克思主义认为，法是客观规律的反映，是人类一般行为规律的概括，有关市场经济的法律是市场行为的共同准则，所以立法具有很强的可借鉴性。同时，法又具有很强的实践性，必须面对现实解决各种社会矛盾，因而立法必须从各国的实际出发，体现各国特点。立法要处理好学习借鉴国外立法经验和成果与从实际出发的关系。

（3）要正确认识法的原则性和可操作性的双重特性，改变原则立法的观念。法作为普遍规则，应具有原则性和灵活性以适应不同的情况，但法律要用于解决具体案件，故而需要有其确定性和可操作性。因此，片面强调立法原则性、灵活性大一点的观念是不妥的。

加强人大立法，需要发挥全国人大常委会在立法中的主导作用，在划清立法权限的基础上，发挥有关立法部门的积极性。全国人大常委会要加强对立法的规划、统一协调和监督工作。专门委员会和有关部门对国务院及其各部门起草的法律应尽量提前介入，做到心中有数，而不是被动接受议案。常委会还要加强对授权立法的控制，保证市场经济立法协调有序地进行。

我国人大作为国家权力机关，加强对其他国家机关的监督是其不可推卸的责任。当前，加强人大监督应着重从监督政府权力对市场的运行入手，以推进和保证社会主义市场经济体制的建立。实施这一监督，人民代表大会要一手抓对政府宏观经济行为的监督，一手抓微观执行法律的监督。前者主要是强化对各级政府的计划、预算和重大经济决策的监督，保证政府严格按计划和预算办事。后者主要检查政府及其所属部门执法中有无违法行为，对执法中的突出问题（如因地方保护主义抵制法律执行、庇护假冒伪劣商品、公安部门非法干预经济纠纷进行押扣人质活动等），要严厉追究有关地方政府及其部门的责任，以保证法律执行，维护法律权威。

三、搞好自身建设

人民代表大会的自身建设是人民代表大会发挥作用的基础和条件。搞好自身建设主要有以下方面：

第一，人大常委会和专门委员会建设仍应朝逐步提高专职化方向发展，使更多的委员把主要精力放在人大工作上，同时为他们提供必要的工作条件，包括配备工作人员或助手。还可以通过立法赋予常委会和专门委员会组成人员必要的监督了解权，如对人民群众的申诉控告有权要求有关部门作出解释和答复，就人大职权范围内的事有权向有关部门了解情况，索取资料和进行调查研究，以充分发挥常委会和专门委员会组成人员的作用。

第二，完善人大工作程序。过去，人大及其常委会在工作程序方面有过一些立法，但都比较粗，有的交叉重复甚至不协调。要在总结自己的经验和借鉴国外经验的基础上，对有关议事程序方面的立法在统盘考虑后进行修改，使之更加具体、协调和科学。

第三，要加强作为代表大会和常委会行使职权的参谋部、咨询部和后勤部的常委会办事机构的建设，以建立一支具有良好法律素养和专业知识的稳定的干部队伍。由于我国干部管理和经费管理体制的原因，人大常委会机关干部队伍的稳定和发展都受制于许多具体因素。因此，为适应人大制度建设和保持一支稳定的人大干部队伍的需要，应由全国人大常委会对各级人大常委会办事机构和编制进行统一立法。

人民代表大会20年发展与改革①

——理论讨论会综述

1999年12月11日，在北京大学法学院召开了由“人民代表大会与议会研究中心”和《中外法学》杂志社联合举办的“人民代表大会20年发展与改革理论讨论会”。本次会议有来自全国人大、地方人大以及教学、研究机构的30多位同志参加，还有部分海外、国外学者向会议提交了论文。现将会议主要观点综述如下。

一、人大20年来的成就及存在的问题

十一届三中全会以后，是我国人民代表大会制度恢复重建和发展的新时期。总的来说，20多年来人民代表大会制度的发展取得了世人瞩目的成就。

陈寒枫（全国人大外事委办公室主任）指出，20年来，我国人民代表大会制度发展与完善的历程是与以下三方面密切相联的：第一，人大制度的发展与民主的发展紧密相联，人大制度是我国民主政治发展的主要内容；第二，人大制度的发展与法制建设密切相联，它是法制建设的动力；同时，人大制度的发展与我国政治体制改革的进程紧密相关，从党的十三大到十五大，完善人民代表大会制度都是政治体制改革的重要内容。

王亚平（湖北省人大常委会研究室处长）认为，20年人民代表大会有以下几方面制度性的发展：第一，通过党中央的一系列决议和人大立法巩固了人民代表大会制度，使其作为国家根本政治制度的地位得到复归。现在人大虽然还没有成为“钢印”，但早已不再是单纯的“橡皮图章”和“表决机器”，而变成了“塑料章”、“木头章”。

① 原载《中外法学》2000年第2期，发表时署名蔡定剑、傅静。

第二，对选举制度进行了改革和完善，扩大了直接选举范围、实行选民或者代表联名推荐候选人、实行了差额选举，这些措施使选举制度中的民主性进一步增强。第三，对国家的政权体制进行了改革，如扩大了人大常委会的职权、在县级以上人大设立了常务委员会等，使国家政权体制的运行更为顺畅。第四，人大内部的工作机制不断创新，设立了专门委员会并在立法制度、监督制度、议事制度、代表制度以及组织制度等各个方面不断完善。

在对人大制度的发展给予充分肯定的同时，与会同志也清醒地认识到目前仍然存在许多需要改进的问题。比如：虽然从宪法和法律的角度而言，人大是国家权力机关，拥有许多法定职权。然而在现实当中，有些权力并未落实，比如对法律法规的违宪审查、对政府工作报告和预算的审查就流于形式，质询权、罢免权就很少行使。同时，与其他国家机关相比，人大在事实上的地位很低，不能充分有效地行使其法定职权。

郭道晖教授评论：人大的权力是否到位，是人大制度是否到位、是否健全的主要标志。人大制度的进步相对于自身而言是有的，但相对于法治、民主的要求来说还远远不够。另外，“依法治国”由党的十五大提出并通过修改宪法得到确认，从党的角度来看，是将宪法作为党治国的工具，还是用来约束党？现在看来，首要的问题是党的方针政策应当宪法化、法律化，用来约束自己。人治、党治不但违反十五大精神，而且违宪。政治体制改革需要完善人大制度，也要解决党与人大的关系问题。

路江通（浙江省人大常委会研究室处长）对郭道晖教授的观点表示赞同并进一步提出：人大职权不到位的原因是由于党委运用权力太具体、太直接，党应当通过人大管理国家事务，在观念上把人大放在最高位置，落实宪法、法律的规定；在组织上，把最得力的干部派往人大；在决策上，通过人民代表大会中的党员代表发挥作用；在制度上，坚持民主集中制和委员会制。他认为，解决人大职权不到位问题是依法治国中应解决的关键问题。

如何处理好党与人大的关系、解决人大权力虚置的问题引起了与会者的热烈讨论。蔡定剑博士分析了造成这一问题的原因指出：党与人大的关系以及人大在整个政治制度中的位置不顺，党的决策权与人大的重大事项决定权、党和政府共同决策与人大行使监督权之间都存在某种冲突，导致人大难以发挥应有的作用；历史上长期重视党的建设，不重视国家制度建设，忽视民主法治建设；人大自身的组织制度也有不适应履行宪法职权的地方，如代表大会人数多、会期短，人大常委会委员非专职化，难以认真行使决定权和适应立法的需要。为了解决这一问题，最重要的是：第一，理顺党与人大、政府的关系，尤其是党与人大的关系。过去政治体制改革主要解决党与政府职能分开问题，今后应主要解决党与人大职能分开问题。为此要深化政治体制改革，进一步改善党对国家机关的领导。第二，加强人大自身建设，对人大制度进行一些改革和完善（如选举制度改革），加强人大常委会建设和专门委员会建设，同时人大自身要提高素质，应坚持严格依法办事。

龚刃韧教授对这一专题总结性指出，目前人大制度的发展已经到了关键时刻。我国人大制度尚未走出苏联模式（斯大林模式），我们应当有勇气反思历史、正视未来，建立适应社会发展趋势的人民代表大会制度。

二、人大立法工作的发展

（一）20 年立法工作的总体发展

20 年来，人民代表大会制度建设最突出的成就，就是立法成果丰硕。20 年间，全国人大及其常委会制定和修改了法律 257 件，作出有关法律问题的决定 108 件，共 365 件（截止 1999 年 10 月底），使我国从一个完全没有法制的国家变为基本有法可依的国家。

蔡定剑博士（全国人大常委会秘书处副局长）认为，20 年来，全国人大立法权的发展经历了两个阶段：第一个阶段从 1979 年到 1992 年，立法以计划经济为基础、在工具主义思想指导下进行，立法的主要任务是强化行政权力和加强对经济的管理，政府在立法中起主导作用，法律主要是政府管理型的法律。

第二个阶段从 1993 年至今，国家处于由计划经济向市场经济的急剧转变之中，法律转型要适应建立市场经济和法治社会的需要。立法的主要任务是建立市场经济法律体系，进而建立有中国特色的社会主义法律体系，实现依法治国。为了适应这一变化，全国人大立法职能和观念也发生了三大转变：

1. 在立法观念上，由经验立法转变为超前立法。所谓经验主义的立法思想就是认为立法要在总结经验的基础上，成熟一个制定一个，它产生于经济立法以及对法律的工具主义认识。经验立法思想是一种片面的法律观念，导致了实践中的立法滞后和人大立法权旁落。它反映了法制重建初期对立法的慎重态度，但面对市场经济中的全新问题，这一思想显得捉襟见肘。现在，已经认识到立法具有超前性，“用法律引导、推进和保障改革的顺利进行”，已经成为新形势下的立法指导思想。

2. 在立法中的地位，从被动的角色转变为起主导作用。20 世纪 80 年代，立法主动权都掌握在政府手中，人大完全是被动接受议案，积极审议、保证顺利通过。80 年代末 90 年代初，人大在立法中角色开始转变，逐步发挥主导作用，具体表现在：（1）制定立法规划，立法规划对法律起草和提案有约束作用；（2）重要的、综合性的法律议案由全国人大常委会工作机构或专门委员会自行起草；（3）委员长会议加强了对法律案的协调；（4）加大了对法律案的实质性审查力度。最后需要说明的是，全国人大在立法中起主导作用并不是指立法完全由它说了算，而是指它与国务院等提案单位的关系已经形成一种互动关系。

3. 在立法指导思想上，由法律工具主义转变为权利保护主义。法律工具主义就是把法律视为强化社会管理和控制的工具，把立法看成是加强行政管理的手段，表现在立法之中就是重视政府权力而忽视社会权利，重视政府管理而忽视对公民权利的保护。20 世纪 80 年代末期以后，人大立法思想开始转向保障公民权利，强调市场主体的自主、独立、平等，强调政府行为的合法性，强调公民与政府之间权利义务的平衡。《行政诉讼法》、《消费者权益保护法》、《国家赔偿法》、《行政处罚法》以及新《刑法》、新《刑事诉讼法》等一系列法律的制定和修改很好地说明了这一趋势。

人大立法工作在取得丰硕成果的同时，也暴露出了一些问题：

1. 立法质量急需提高。有的法律部门利益倾向严重，忽视对公民权利的保护，甚至把一些阻碍市场经济发展的内容用法律固定下来；有的法律过于原则，操作性差、难以执行。

2. 立法过程需要改善。(1) 目前的立法程序具有强烈的行政色彩;(2) 立法的公开程度不够;(3) 立法的专业化程度不高,国外立法中往往有律师或法律专家的参与,值得我们借鉴;(4) 立法程序本身缺乏规范。

3. 法律之间相互冲突、缺乏协调,损害了法律的权威。

(二) 关于地方立法

20 年来,地方立法的数量大幅度增加,地方人大在立法中的作用逐步上升,这对推动社会主义市场经济、民主政治的发展以及全国性法律的制定、完善,起到了极大的作用。

孙潮教授(上海市人大常委会委员)运用社会学的方法,对地方(上海)立法中人大地位提高的原因作了实证分析,指出这一变化之后的深层次背景是:其一,当前整个社会的语境发生了变化,法律与个人生活之间的关系越来越大,人们对法律无论是在数量还是质量上的要求都有了很大提高,立法机关的地位也相应得到了提高;其次,人大常委会的人员结构发生了变化,委员的平均年龄呈下降趋势,平均学历、专职化程度呈上升趋势,使得人大常委会有能力发挥更大的作用;其三,人大代表掌握的有关法律案的信息量发生了变化,有可能对法律案进行实质性的审查而不是走过场,这就进一步提高了人大的权威;其四,对人大议事程序的改进,有利于增加法律案的修改量,从而直接巩固了人大的权力。

在数量大幅度增加的同时,地方性法规的质量还亟待提高。崔伟(山西省人大常委会法工委副主任)对地方(山西)立法进行了回顾后指出,目前地方立法质量存在的问题有:(1) 在制定地方性法规的过程中照抄照搬法律的情况严重,许多地方性法规内容雷同;(2) 实践中存在着利用地方性法规保护部门利益和地方利益的情况;(3) 地方性法规与法律、行政法规相抵触的问题仍未解决;(4) 地方性法规的形式与结构需要完善;(5) 地方性法规修订的随意性过大,影响了它的权威性。

(三) 关于立法解释

我国的法律解释制度可以分为立法解释和具体运用的解释,前者的主体是人大常委会,后者的主体包括最高人民法院、最高人民检察院、国务院及其工作部门。

王晨光教授（香港城市大学）和陈斯喜（全国人大常委会法工委国家法室副主任）在提交的论文中，对我国法律解释现状作了考察，指出目前我国法律解释存在如下问题：人大常委会很少行使这一职权，立法解释的数量极少，而具体运用的解释则非常活跃。此外就立法解释本身而言，不但缺乏对解释机关的组织形式和解释程序的规范，而且在“立法解释”和“对法律的补充规定”之间也没有明确的界线。立法解释的问题随着“居港权案件”的出现开始凸显出来，从这一案件中可以看出这样一些趋势：（1）立法解释的程序性规定将显得日益重要；（2）立法解释将由主动型解释转变为被动型解释；（3）法律的可诉性将日益增强。

为了完善立法解释，陈斯喜提出立法解释应遵循以下原则：（1）尊重立法原意；（2）维护法制统一；（3）适应客观情势；（4）弥补立法缺陷。王晨光提出完善制度的建议：第一，应适当扩大立法解释权的提案权单位；第二，改革人大常委会内部机构的设置，以便有效地行使立法解释权，如设立法律解释委员会；第三，制定人大常委会行使立法解释权的程序规则；第四，通过立法解释，强化宪法和法律的可诉性，使法律成为更有效的规范。

三、20 年人大监督工作的发展

（一）20 年监督工作的总体评价

总体上看，监督工作在地方人大取得了长足的发展，在全国人大主要是立法，监督工作进展不大。地方监督工作 20 年来可以说经历了两个阶段：20 世纪 80 年代不太敢直言监督，形式多于内容，口头多于行动，开展了一些监督工作的尝试；90 年代以后，监督内容逐步具体，监督方式逐渐增多，监督程序开始规范，监督工作从讳言监督到正视监督、从不重视监督到重视监督，并大量展开了对监督工作的探索，至于这些监督的实际效果还不好评价。

目前在监督工作中还存在许多问题，这些问题都可以归结到一点：监督工作流于形式，缺乏实际效果，“认认真真走过场”的现象大量存在。

导致监督不力的原因有很多，比如（1）监督工作缺乏法律规范，在监督机关、监督内容、监督方式、监督程序、制裁手段等方面还需要用立法加以规定；（2）监督者与被监督者之间的关系没有理顺，在如何处理监督工作与党的决定权的关系、监督机关与被监督机关之间的关系等问题上还需要进一步明确；（3）一些同志的观念需要转变，一是认为监督就是找麻烦、设障碍，导致在实践中对监督工作有顾虑、不支持，二是对“监督就是支持”的提法没有正确理解，导致在实践中回避问题、不敢监督；（4）监督越权、甚至违法的情况时有出现，监督行政化、司法化的现象也令人担忧。

此外，还有一些同志提出应当从宪法的高度看待监督工作，建立违宪审查制度。

（二）如何评价地方人大监督中的新形式

这一专题是本次会议讨论的热点之一。

董珍祥（全国人大常委会研究室副处长）对地方人大常委会监督工作的新探索作了介绍，80 年代以来，一些地方人大常委会在开展法律监督的过程中创造了几种新的监督形式。进入 90 年代以后，有的做法逐渐成熟完善，有的被赋予了新的含义，有的仍在探索之中。这些做法包括：执法检查，代表评议和述职评议（即“两评”），个案监督，监督法律文书，执法责任制和错案追究制等。其中，执法检查已经成为县级以上各级人大常委会监督法律实施情况的普遍形式。

各级人大在监督方面进行的探索和实践，正在改变长期以来人大监督被动呆板、走形式的状况，然而这些监督方式的制度化、规范化程度还比较低，在实践中表现出较大的随意性和不统一性，不利于人大监督职能的充分发挥。因此，应当首先认真探讨人大监督权的实质和内涵，然后“对症下药”：

1. 人大监督权的实质，是一项具有法律效力的国家性监督权力。它超越于其他监督权并具有明显的间接控制特征，在人大各项职权中处于核心位置。一个健全的监督系统，应当包括监督权的适用范围和条件、组织形式与实施程序以及后续机制三方面内容。

2. 完善人大监督方式，应当：（1）切实做到“一不失职，二不越权”，坚持依照法定程序进行监督、着重增强控制能力、以督促引导为主避免直接作出处理决断，同时监督行为自身应有一定的约束机制并接受民众的监督；（2）立足人大会议进行监督，工作可以在会下做，问题要在会议上解决；（3）从细化程序入手增强监督力度；（4）保持各种监督方式的综合配套。

为了实现监督方式的综合配套，一要实现监督方式的规范化和法制化，对宪法和法律规定的监督方式要在实践中进一步健全完善；对正在探索的监督方式应有明确的态度，其中行之有效的部分要尽快用立法加以规范；对现有的一些方式需要进行改造；二要保证监督方式的系统化和有效配置，使现有的监督方式一环扣一环，形成一个完整的监督系统；三要注意寻求外部力量的配合，比如新闻舆论监督、社会监督等。

对于人大监督中的新形式，也有不少同志表示了担忧。汪铁民（全国人大常委会研究室政治室处长）提出，现在一些地方热衷于监督制度的创新而忽视其实际效果，导致工作中高成本、低收益。在实践当中，监督工作的运作效果取决于党委是否放权而不是人大自身的努力，一些法律规定的手段党委不让用、人大不敢用、代表不会用，导致在监督工作中出现了“大路不通走小路，正路不通走歪路”的怪现象。我们应当清醒地认识到目前监督工作中的繁荣局面可能只是一种表面现象，地方人大的同志应静下心来多做一些依法行使职权的实事。

孙丙珠教授（中国政法大学）提出，对于人大能否监督党委的问题，宪法虽然没有明确的规定，但仍可以从中推测出肯定的答案；此外，应当先把宪法和法律规定的监督方式用好。她还对“监督就是支持”的说法提出质疑，认为监督就是纠正违法的行为，支持就是支持合法的行为，两者不可混为一谈。郭道晖教授指出，一些监督形式（如代表评议）缺乏法律依据，这就意味着监督法律实施的行为本身就可能造成损害法律的权威的后果。

还有同志认为，在目前有关监督权行使的法律规定尚不完备的情形下，一方面要尽可能地运用现有法律规定的监督方式，另一方面也不能忽视制度创新的作用。

（三）关于预算监督

李诚（全国人大常委会研究室经济室处长）把当前人大财政监督存在的问题归纳于四类十八个问题，对此提出加强财政监督的相应建议。他说，议会制的历史发展表明，监督财政是议会监督权的核心，从发达国家的经验来看，随着社会的发展，财政监督在议会对政府的监督中将占据越来越重要的地位。我国1982年宪法和1994年预算法初步建立了“政府理财，人大监督”的预算监督模式，1998年全国人大常委会成立了预算工作委员会，全国人大常委会审议了《关于加强中央预算监督的决定》。可以预见，财政监督在各种监督方式中的地位逐步上升，也将是我国人大监督工作的发展趋势。

安晨光、刘来宁（甘肃省人大常委会副秘书长、研究室处长）对地方（甘肃）人大预算监督工作进行了回顾后认为，地方人大预算监督工作在取得很大进展的同时也存在一些问题，比如：现行法律规定不完善，导致人大难以充分行使职权；人大的机构设置、人员配备和议事程序难以适应提高预算审批质量的要求；预算草案提交的时间太晚，人大没有足够的时间审议；预算编制的内容存在缺陷，人大审查难以深入；预算约束软化，不能严肃执行，影响了预算的权威。

对此，一些同志提出了如下建议：（1）完善预算立法，改革预算监督体制，追究预算违法行为的责任，将审计机关划入人大序列；（2）规范预算编制程序，将提前编制预算的时间延长（如美国是在提交国会审议前18个月开始编制），并确定预算报告的法定形式；（3）改进预算监督工作，监督机关提前介入以便充分收集信息、听取意见，对预算编制后的调整和预算的执行应当严格控制；（4）加强人大内部预算审查机构的建设。

四、人大制度的改革问题

（一）选举制度的革新

20年来，我国的选举制度进行了三项重大改革：一是将直接选举人大代表的范围由乡、镇、市辖区、不设区的市扩大到县，扩大了人民群众直接参与政治生活的权利。二是实行选民或者代表联名推荐候选人，与主席团提名的候选人具有同等效力。三是实行差额选举，充分地体现了民主、择优的原则。随着我国民主化的进程，在实践中出现了一些新情况，比如有的地方进行了乡镇长的直接选举。有同志认为，这些情况属于制度创新，代表了选举制度的发展方向，应当肯定。也有同志认为，这种选举就当前而言是不合法的，任何选举都应当依法进行，没有明确的授权不能随意突破。

（二）关于政党与人大的关系

随着改革进入攻坚阶段，一些深层次的矛盾开始暴露出来。如何处理好党的领导与人大行使各项权力的关系，成为能否完善人民代表大会制度的关键。

吕泰峰教授（河南大学）从党在整个国家制度中的地位的角度分析了党与人大的关系，他认为：国家制度是有关国家本质和形式的制度的总和，主要包括国体、政体、政权组织形式、国家结构形式等内容。国体由其经济、政治、文化（意识形态）三个方面来表现和决定，而不仅仅决定于其阶级性；政体是指统治阶级把国家权力委托给谁以及如何委托的问题，政体是一个国家的根本政治制度，它不同于政权组织形式；政权组织形式是指国家权力在受托者及其执掌的国家机关之间如何分配和行使的问题，采取何种政权组织形式与社会制度的性质之间并无固定联系；政党是由政权组织形式所派生出来的，通过具体的政权组织形式发挥作用，因此在我国，党必须通过人民代表大会发挥其执政作用。具体地说：（1）党只有通过选举才能进入人大，并进一步控制其他国家机关；（2）党只有在人大依照法定程序，才能使其路线方针政策体现于国家宪法和法律之中；（3）党只有在人大依照法定程序，才能使其主张和决策转化为权力机关的决议或决定；（4）党只有在人大依照法定程序，才能使其推荐的人选被任命为不同国家机关的领导人；（5）党只有在人大监督下，遵守宪法和法律，才能保持在国家生活中的合法地位。

从领导革命到全国执政，党经历了一个根本性、历史性的转变。与革命时期不同的是，党在执政当中应当处理好两个关系：就与人民的关系来说，应当还政于民，还政于人大；就与政权机关的关系来说，应当实行党政分开，党不能直接行使国家权力。

基于权利和义务、权力与责任相一致的原则，必须有国家机关从法律上对权利或权力的行使进行必要的制约和监督。在我国，党在行使权力的同时必须接受人大的监督，这不但有其宪法、法律以及党章的依据，还有其实际生活上的理由：（1）共和国建立以后，党在执政和决策中有过一些重大失误，发生这些失误的一个重要原因，就是党的有关决策与活动没有经过人大的审议和确认，更没有受到人大的法律监督；（2）共和国成立以来，对各项国家职权特别是党代替政权机关直接行使的各种权力，始终没有建立起一套严格而又行之有效的法律监督制度，导致体制性的腐败日益严重并引发了一系列社会问题。

为了实现这种监督，首先，党必须清醒地认识到党政不分、以党代政而党的活动又不受宪法和法律约束的危险性；其次，人大急需制定有关政党的组织、权利、活动方式与法律责任的法律；最后，人大还急需制定有关宪法监督的法律，对宪法监督机构的设置和职权、宪法的解释与修改、宪法诉讼程序以及违宪责任等问题作出明确的规定。

无论是党政分开还是人大对党进行监督，最终都是为了完善和加强党的领导。只有这样，国家的民主、富强和人民的幸福才有希望。党与人大的关系的发展，需要经历一个历史的过程，应当循序渐进、不能操之过急。

（三）关于对司法活动的监督

随着法律对公民和社会的影响日益扩大，法院在适用法律解决社会争议中的作用也在逐步上升，司法不公、司法腐败开始成为一个备受人们关注的话题。人大在减少司法腐败、维护社会公正之中能够发挥什么作用，如何处理人大监督法律实施与法院独立行使审判权之间的关系，这些问题在实际工作者和学者之中引起了热烈的讨论。由于议题和时间的限制，本次会议未能对这一问题进行深入探讨，但仍然提出了一些有价值的观点。

1. 人大监督与法院独立审判权的关系

王利明教授（中国人民大学）在提交的论文中指出，人大监督与人民法院独立行使审判权并不矛盾。我国实行的是“议行合一”的人民代表大会制度，人民代表大会是国家最高权力机关，行使国家主权。司法机关由权力机关产生，必须在权力机关的监督下行使职权，自觉接受权力机关的监督。同时，“议行合一”的制度并不排斥国家权力的合理分工。宪法明确区分了立法权、司法权和行政权，由不同的机关分别行使，超越权力的界限就是违宪。宪法和法律虽然没有明确规定监督权与司法权的界限，但并不能就此认为立法机关可以行使司法权。

王磊副教授（北京大学）对当前监督工作中的一些做法表示了

困惑，他提出：从国际上看，议会监督主要是监督政府，而我们现在似乎把监督政府与监督“两院”混在了一起。就人大监督法院而言，首先必须看到这里有两种机关、两种权力，即立法机关与立法权（及其他权力），司法机关与司法权。根据宪法原理中权力定性定位和不能越权的原则，人大监督必须依照法律进行、不能越权。现在一些地方人大的做法，实际上已经违法或者没有法律依据。此外，人大在监督过程中能否给“一府两院”设定新的义务（比如任命前的法律考试）也值得研究。人大工作要向前发展，但必须看清方向有没有错误，如果方向不对宁可停在原地。

孙潮教授则不赞同此观点，他说当前我国人大职权不到位、监督工作一直不力是主要问题。现在出现了一些新的监督形式，有些可能不太规范，有些可能越权、不合法，对此不要过于苛责。人大只要向前走就是好，走比不走好。

2. 关于对司法案件的监督

王利明教授认为，人大对司法机关的个案监督不能一概而论，应当将其区分为以下三种情形：第一，对法院的审判活动是否合法进行监督；第二，对审判人员在审判活动中是否有徇私舞弊、枉法裁判的行为进行监督；第三，对裁判的结果进行监督。前两种情况中，人大监督并未介入司法过程、直接行使司法权，而最后一种情况人大监督将对裁判的结果产生影响，意味着人大在事实上分享了司法权，这与宪法的规定不符。因此，不应进行第三种意义上的个案监督。

应当看到，要求人大对司法进行监督，是由于司法腐败、裁判不公的现象非常严重。但是，这一问题应当通过提高司法机关和司法人员自身的素质来加以解决。实现司法公正，最终还是要依靠建立能够独立行使职权的司法机关和拥有高素质的司法人员。从外部干预司法过程，可能与这一结果背道而驰。

（四）人大制度的研究

人民代表大会制度的研究，就其理论层面而言，属于宪政问题研究的范畴。参加本次讨论会的，既有在实际部门工作的同志，也有从事宪法学研究的学者，这种人员构成可以形成优势互补，对于研究的继续和深入很有益处。但同时也应当看到，与其他法律部门相比，20年来宪法学的研究不仅没有长足的进步，更有进一步衰落的趋势。这一现象，无论是与建立法治国家的要求相比，还是与其他法学部门欣欣向荣的局面对照都不相适应。蔡定剑博士指出，如果说人大制度是政治体制改革的最后堡垒，宪法学就是法学研究的最后堡垒。宪法学也应当像其他法学学科一样繁荣起来。

实践中的停步不前，也制约了理论研究的推进。在这次讨论会上，就是从理论层面进行深入研究的论文较少，多数探讨仍然停留在实际操作层面。如何使人大制度研究提高理论水平，如何吸引优秀的人才从事人民代表大会制度的研究，是应引起关注的问题。

论人民代表大会在法律实施中的作用[①]

议会在法律实施中发挥作用，这在国外议会中是很少见的。议会是立法机关，按照分权制衡的原则，它不可能又在实施法律中发挥作用。但是，中国的人民代表大会不仅是立法机关，它在宪法上是最高国家权力机关，从理论上说，它根据民主集中制的原则组织，掌握国家的一切权力，由它选举产生行政机关和司法机关，② 行政和司法机关对人民代表大会负责，并受它监督。所以，人民代表大会在宪法上的权力通常被概括为四大权力：立法权、重大事项决定权、选举任免权和监督权。

监督权是人大及其常委会的重要职权之一。根据《宪法》、《全国人大组织法》、《地方人大和地方政府组织法》对人大及其常委会监督权的规定，概括有以下方面。

全国人大：(1) 解释宪法和监督宪法的实施；(2) 解释法律，撤销同宪法法律相抵触的行政法规和地方性法规；(3) 监督行政机关和司法机关的工作；(4) 监督国家经济计划和财政预算的执行情况。

地方人大：要保证宪法、法律、行政法规在本行政区域内的实施；也有上述第 (3)、(4) 项方面的权力。

从上可见，监督法律的实施，是人大监督权的重要组成部分。本文试图对全国人大常委会和地方人大常委会在法律实施中的作用进行

---

① 本文是2001年提交给荷兰莱顿大学“法律实施在中国”理论讨论会的论文，该文的英文版作为《法律实施在中国》一书的文章2002年在荷兰出版。根据近年来的新情况，对文章作了小的修改。

② 司法机关在中国指法院和检察院，有时还包括公安机关。

阐述并作简要评述。

20多年来，人民代表大会的权力在不断加强，在国家中的作用和影响不断扩大，主要表现为监督权的强化。各级人大在加强监督方面进行了不懈的努力和探索，并创造了多种监督形式。各级人大通过在监督保障法律实施方面的作用，主要有三方面：一是对法律的解释，解决法律实施中提出的问题；二是执法检查，通过组织检查发现执法中存在的问题，并督促执法机关改进执法工作，纠正违法；三是对司法机关的工作实施监督。

一、解释法律

法律实施离不开解释法律。在西方国家，法律制定后，最终由法院作出解释。而中国的全国人大常委会被宪法赋予解释法律的权力。支持人民代表大会有权解释法律的理论是：从人民代表大会的性质上讲它是权力机关，不允许最高人民法院有最终法律解释权，否则，就会形成对立法权的制约，这不符合人民代表大会的民主集中制原则；这一理论还认为，只有立法者最了解法律的原意，才能作出准确的解释。在中国，只有全国人大常委会的法律解释才是最权威、最终的。从法律实施的过程看，全国人大常委会的法律解释权具有对法律实施的监督作用，中国是个统一的单一制国家，这种集中的法律解释权会起到维护法制统一和高度集中权力的作用。

1. 有关法律解释制度的规定

1954年宪法就规定了全国人大常委会有权解释法律。1955年6月23日，全国人大常委会作出《关于解释法律问题的决议》，该决议对法律解释和审判中应用法律的解释作了区分：(1) 凡是法律本身需要明确界限或作补充规定的，由全国人大常委会进行解释。(2) 凡是关于审判过程中如何具体应用法律问题，由最高人民法院审判委员会进行解释。根据这一决议，全国人大常委会在50、60年代进行了11次法律解释。①“文化大革命”时期，人民代表大会停止行使职权。

---

① 参见刘政、于友民等主编：《人民代表大会工作全书》，中国法制出版社1999年版。

1978年中国法制重建以后，全国人大常委会在1980年又发布了《关于加强法律解释工作的决议》，该决议在50年代法律解释决议的基础上，对法律解释作了进一步规定。主要内容是：

（1）凡是关于法律条文本身需要进一步明确界限或作补充规定的，由全国人大常委会进行解释。

（2）凡是属法院审判工作中具体应用法律的问题，由最高人民法院进行解释；凡属于检察院检察工作中具体应用法律的问题，由最高人民检察院进行解释；最高人民法院和最高人民检察院的解释如有原则性的分歧，报请全国人大常委会解释或决定。

（3）不属于审判和检察工作中的其他法律如何具体应用的问题，由国务院及主管部门进行解释。

（4）凡属地方性法规条文本身需要进一步明确界限或作补充规定的，由省级人大常委会进行解释，地方性法规具体应用的解释，由省级人民政府主管部门进行。①

这个决议对法律解释的主体及其它们的权限和内容作了规定，扩大了法律解释的范围。在理论上，通常把全国人大常委会的法律解释称为立法解释，其他机关的解释称为具体运用解释，包括审判解释、检察解释和行政解释。立法解释是在法律条文含义不明确或者条文有缺陷的情况下阐明法律条文的意义，它可以对法律条文增加补充含义。具体运用解释，是在具体执行法律时，遇到法律条文含义不清楚的，在不改变法律条文含义的基础上，说明它的意思。可见，尽管理论上这两种解释内容不同，但实践中有时并不好区别。全国人大的立法解释与法律有同等的效力，能对执法机关的执法活动产生直接的影响，从而对执法机关形成一种监督势态。

2. 法律解释的实践

实践中，全国人大常委会很少行使法律解释权。偶尔有时行使这项权力，也未明示为法律解释，所以较难判别哪些是法律解释。根据有关学者的研究，从1955年发布法律解释问题的决议后，共作出过

---

① 参见刘政、于友民等主编：《人民代表大会工作全书》，中国法制出版社1999年版，第791页。

20 多个法律解释，其中 50 年代有 11 件，1979 年以后有十几件。①这些解释中，只有 1996 年以后的被明示为法律解释。

全国人大常委会很少行使法律解释权，使法律实施中许多应该作出法律解释的问题而得不到解释，实践中一些法律相互矛盾、冲突的问题得不到解决。法律的冲突、不一致，引起法律实施的混乱，影响法律的权威性。这使常委会的工作机构法工委不得不行使“解释法律”的权力，由于法工委不是权力机关，而只是工作机构，它的解释不具有法律约束力。鉴于法工委在立法方面的作用，它的解释一般会受到执法机关的尊重。大量在司法实践中碰到的法律问题，由最高人民法院、最高人民检察院作出解释。最高人民法院实际上成为主要解释法律的机关。② 实践中，全国人大常委法工委、最高人民法院和最高人民检察院的解释常常受到来自法律界的批评：一是指责它们越权解释；二是批评它们的解释经常出现矛盾、不一致。例如对公共汽车的乘客受到汽车公司过失造成的损害，受害者是适用《消费者权益保护法》，还是适用《合同法》？适用不同的法律，所得到的赔偿差别巨大。像这样的问题，人们都希望全国人大常委会作出法律解释。在刑事诉讼法的实施中，公安、检察、法院等部门曾对诉讼中的许多问题有不同的解释，如律师会见当事人，有的部门解释要经过批准才可会见，有的解释则不需要批准。为了消除矛盾，由全国人大常委会法制工作委员会联合最高人民法院、最高人民检察院、公安部、司法部等六部门统一发布了《关于刑事诉讼法实施中若干问题的规定》，③ 才消除了该法律实施中的问题。以上说明，全国人大常委会长期以来忽视了它的法律解释权，直到《香港基本法》在香港实施遇到挑战时，才使全国人民代表大会常委会的法律解释权得以激活。

但是，近几年来，全国人大常委会开始重视法律解释工作，运用法律手段解决法律实施中的问题。

① 参见刘政、于友民等主编：《人民代表大会工作全书》，中国法制出版社 1999 年版，第 792～847 页。

② 最高人民法院已出版解释法律的书已有数千页之厚。

③ 参见刘政、于友民等主编：《人民代表大会工作全书》，中国法制出版社 1999 年版，第 821 页。

下面，我们用法律解释的例子，来看看人大常委会法律解释所起的作用。

例一，1996 年 5 月，全国人大常委会作出《关于〈国籍法〉在香港特别行政区实施的法律解释》。这一解释变通了《国籍法》不承认双重国籍的原则，承认香港的中国同胞，可持有“英国公民护照”或者“英国国民（海外）护照”，这样解释法律既维护了中国的主权，又对持有英国护照的中国香港公民以灵活的规定。从技术的角度看，这种法律解释既节约了立法资源，又解决了法律实施中的难题。

例二，1999 年 6 月 11 日，全国人大常委会对《香港特别行政区基本法》第 22 条第 4 款和第 24 条第 2 款第（3）项进行了解释。1999 年 2 月 29 日，香港终审法院就香港居民在大陆所生子女的居港权案作出判决，认为香港居民所生子女，包括在其父或母成为香港永久居民之前或之后所生子女。而且这些子女进入香港不需经内地批准。中央政府认为，上述判决违反基本法的精神，干涉了中央政府对香港事务的管辖权。于是，全国人大常委会对基本法的上述条款进行了解释，确认香港居民在香港以外所生的中国籍子女取得居港权，须是本人出生时，其父母双方或一方是香港特别行政区永久性居民。这样的解释就大大限制了香港居民在内地所生子女取得居港权的人数。可见，全国人大常委会的法律解释对正确行使司法权起着监督作用。

例三，2000 年 4 月，九届全国人大常委会第十五次会议对《刑法》第 93 条作出解释。该条文规定：“依照法律从事公务的人员”，利用职务便利获取国家、集体财物或受贿，以国家工作人员贪污受贿论处。对这句话实践中有不同的理解。近些年，农村中村民委员会的工作人员非法侵占集体财物、收受贿赂现象严重。由于村委会是村民自治组织，村干部非国家工作人员，但村委会也有一部分职能是受政府委托从事公共管理事务的，如救灾、救济款物的发放，土地的经营、管理和宅基地的管理等。这算不算依法从事公务？如果不算，村委会人员非法占有这些财物的，只能按侵占财产罪论处。如果算，则应按贪污罪论处。针对实践中如何适用法律问题，全国人大常委会对此作出法律解释，认定村委会组成人员依法或受政府委托从事公共管理工作的，是“依法从事公务行为”，如果犯上述罪的，按贪污罪论处。这一解释对法律条文含义作了明显的扩大解释，在没有修改刑法的情况下，使贪污、受贿罪的主体扩大了。

以上例子说明，全国人大常委会解释法律会对法律实施产生巨大影响。通过解释法律，可以指导、监督法律实施机关适用法律，也可以纠正法律实施中的错误，还可以使法律灵活运用，以适应现实和发展的需要。

3. 对人大法律解释的评价

在过去轻视法制的年代，全国人大常委会的法律解释权显得无关紧要，全国人大常委会也很少运用这一手段，因为法律制定后是否实施并不重要。随着法律在社会生活中越来越发挥作用，社会对法律解释的需求增加。当人们把法律实施中碰到的许多问题和矛盾提出来要求作出解释时，人大常委会一时不能适应这种需要，所以，法律解释仍然很少。由于全国人大常委会实际上放弃了部分法律解释权，使得执法机关在实施法律第一线不得不大量越权解释法律。

对全国人大常委会法律解释的“失职”行为，法学界多有批评。同时，也引起了一些学者对人大法律解释权的反思，有学者提出质疑：全国人大常委会是否应该解释法律？能否行使好法律解释权？有人认为，全国人大常委会不应承担法律解释的职责。在立法机关表明法律条文含义之后，如何执行法律，保证执法符合立法原意，是执法机关的事。执法中发生的事不能再回到立法程序中来，立法中法律条文不明确使执行碰到问题，再让立法机关来明确含义是强立法所难，立法中不明确的条文是因为立法难以明确，就是要让执行机关根据具体情况去解决。全国人大常委会很少解释法律，就是立法解释不可行的证明。①

正是由于全国人大常委会解释法律不到位，而最高人民法院不得不进行大量的审判解释，学者和法律界对审判解释有超越立法解释之嫌提出不少批评，有鉴于此，2006 年制定的《中华人民共和国各级人民代表大会常务委员会监督法》（以下简称《监督法》）对最高人

---

① 这方面的讨论文章有蔡定剑：《论立法解释》，载《中国法学》1993 年第 6 期；袁吉亮：《论立法解释之非》，载《中国法学》1994 年第 4 期；周振晓：《也论立法解释》，载《中国法学》1995 年第 1 期；袁吉亮：《再论立法解释之非》，载《中国法学》1995 年第 3 期。

民法院和最高人民检察院的司法解释作了备案审查的规定，最高人民法院、最高人民检察院作出的属于审判、检察工作中具体应用法律的解释，应当自公布之日起30日内报全国人大常委会备案。国务院、中央军事委员会和省级人大常委会认为“两高”作出的具体应用法律的解释同法律相抵触的，或“两高”之间认为对方作出的解释同法律规定相抵触的，可以向全国人大常委会书面提出审查要求，其他国家机关、公民和社会组织也可以向全国人大常委会提出审查的建议，全国人大常委会必要时对司法解释进行审查。①

全国人大常委会具有解释法律的权力，是人民代表大会制度特点决定的。在这种制度下，全国人大是最高国家权力机关，这种“最高权力”表现为它有权制定法律，同时还有权监督保障法律的执行。由于全国人大是按民主集中制原则建立的，不是按分权制衡原则建立的，所以，它不允许法律解释权最终掌握在司法机关手里，否则，就等于承认司法机关有监督制约人大的权力。

笔者认为，让人大常委会行使法律解释权确实勉为其难，因为，解释法律与制定法律是两种不同的机制，制定法律是集中反映民意的过程，它需要的是民主的程序和工作方法。法律解释则是在确定的法律条文之下，理解和阐明法律含义的过程，它需要法律知识和专家的智慧。所以，民意机关不宜解释法律，也难以解释好法律，解释法律最好是由有丰富法律知识的专家来做。再说，解释法律的请求大都是法律实施中碰到的问题，急需回答，而人大常委会会议每2个月举行一次，每次时间只有1周左右。可见，人大常委会这种会议的工作方式难以适应急迫需要解释法律的要求，这也是人大常委会很少行使法律解释权的原因。如果审判中碰到问题需要解释法律时，等全国人大常委会开会来进行解释，审判程序就要中断，人大常委会的法律解释远水难救近火。

当然，全国人大常委会解释法律，作为人民代表大会制度的一种产物，能在监督执法和司法方面起一定的作用，但这种监督的作用到目前为止还是非常有限，这是因为它的适用不方便，而又非专业性的特点所决定的。笔者认为，在人民代表大会制度下，如果要改革立法

---

① 《中华人民共和国各级人民代表大会常务委员会监督法》第31、32条。

解释权的话，全国人大常委会可以保留法律解释权，但应由全国人大常委会设立一个专门机构来行使，而不应由常委会本身来行使。如果全国人大要设立宪法委员会，可由宪法委员会来解释法律。

二、执法检查

人民代表大会的执法检查，是指由人大常委会或专门委员会组织委员对本级行政、审判、检察机关执行法律的情况进行检查的一种专门监督活动。通过检查，发现法律实施中的问题，提出改进法律实施的意见和建议，以促进执法司法机关改进工作，从而保证法律的实施。

1. 执法检查的产生

执法检查权的产生是人民代表大会在“曲线救国”似地寻求加强自己的权力过程中创造的一种监督方式。之所以这样说，是因为宪法和法律并没有明确规定人大常委会有执法检查的职权。执法检查的法律依据间接来自宪法，全国人大有权监督宪法和法律的实施，地方人大应保证宪法、法律、法规在本行政区域内的实施。执法检查也产生于现实的要求。1979 年中国重建法制是从立法开始的，因为当时国家无法可依。经过 20 年的努力，中国已基本有法可依。随着法制逐步健全，执法问题愈显突出，许多法律制定了不能很好地执行，有的公然违法现象还十分严重。针对有法不依、法律得不到很好实施的状况，人民群众对法制的信心在动摇，希望人大常委会能加强监督，改变法律实施不力的状况。人们把建立法制的信心寄托在人大法律监督上。出于社会和人民群众的这种强烈要求，各级人大逐步开展对法律实施情况的检查工作。

执法检查最早产生于 80 年代中期，是从人大代表视察制度发展而来的。代表视察制度是人民代表大会一项传统的制度。早在 50 年代，为了让人民代表了解实际情况，组织人大代表深入工厂、农村、机关、街道进行视察。后来形成一种制度，每年人民代表大会召开前组织一次集体视察。到 80 年代中期，出于人民群众加强法律实施监督的呼声日高，一些地方人大组织代表专门视察法律执行情况。90 年代初，执法检查在全国许多地方人大常委会都开展起来，并得到全国人大常委会的肯定。1993 年，全国人大常委会制定了《关于加强对法律实施情况检查监督的若干规定》，在总结以往执法检查工作经验的基础上，把全国人大常委会的执法检查更规范化、法律化。虽然这个规定是针对全国人大常委会的，但在这个规定颁布以后，执法检查几乎在全国所有的地方人大都开展起来了，全国人大常委会和各省、市、县的人大常委会在每年人代会后，都要确定几个法律作为执法检查的内容，执法检查已经成为一种最广泛、普遍开展的一项制度化的监督活动。2006 年的《监督法》对执法检查作出了规定，使各级人大常委会都具有了执法检查的法律权力。

2. 执法检查的内容和程序

根据《监督法》和《关于加强对法律实施情况检查监督的若干规定》，对执法检查工作的对象、内容、程序和发现违法问题的处理方式等作了规定：

（1）执法检查的内容和重点。执法检查是针对法律实施的情况进行的。要求围绕改革开放和社会主义现代化建设的重大问题，社会主义市场经济法律的实施，以及人民群众反映强烈的问题，确定为一个时期检查的重点。

（2）关于执法检查的对象。主要是检查监督法律实施主管机关的执法工作，如全国人大常委会主要是督促国务院及其部门、最高人民法院和最高人民检察院执法情况，解决法律实施中存在的问题。而不是像过去的许多检查那样只检查下级和基层是否违法，而不敢检查本级政府的违法。

（3）执法检查的工作计划。全国人大常委会和各专门委员会在每年 3 月份人代会后都要制定当年的执法检查计划，每年计划检查的法律不应太多，一般检查三五个法律。计划制定后要事先通知被检查的机关。

（4）执法检查的组织。规定要求按精干、效能、便于活动的原则组织执法检查组，执法检查组常委会组成人员一般不超过 7 人组成，指定 1 人为组长，全国人大常委会的执法检查组至少有 1 名副委员长任组长。执法检查组还可以邀请全国人大代表、有关专家、法律实施主管机关和地方人大常委会的有关负责人参加工作。

（5）执法检查组的工作程序：

① 首先，执法检查组要收集有关法律实施情况的材料，听取执法主管机关的汇报。

② 然后，执法检查组要深入基层、深入群众，采取多种手段了解和掌握法律实施的真实情况，研究法律实施中存在的问题。

③ 检查结束后由组长写出执法检查报告。报告的内容应包括：对所检查法律实施情况的全面评价；指出法律实施中存在的问题及分析原因；提出改进执法工作的建议；对法律本身需要修改、补充、解释的建议等。

④ 常委会议要对执法检查报告进行审议，听取检查组组长的汇报。法律实施主管机关负责人应到会听取意见，回答询问和质询。必要时，常委会可对执法检查发现的问题作出决议。

⑤ 常委会审议后的执法检查报告和提出的意见，由委员长会议以书面形式交法律实施主管机关。有关机关按常委会提出的意见，切实改进执法工作，并在6个月内将改进的措施及取得的成效，向常委会作出书面汇报。

（6）对执法检查情况的处理。执法检查中发现重大、典型违法案件，委员长会议可以交由专门委员会或常委会工作机构调查，调查结果应向委员长会议报告。委员长会议可根据情况，要求有关机关限期处理，并及时报告处理结果。对特别重大的典型违法案件，常委会可直接依法组织特定问题调查委员会。

新闻媒体的配合。经验表明，执法检查活动能否搞好，有赖于媒体的参与监督。对全国人大常委会的执法检查活动，要求新闻媒体及时进行宣传报道。对执法检查中发现的重大、典型违法事件及处理结果，应通过媒体公布于众。

3. 执法检查的实践和评价

执法检查已成为全国人大常委会除了立法工作以外一项最主要的工作。现在全国人大常委会在每年3月开完全国人民代表大会以后，就要作出全年的执法检查计划，选择三五个法律进行检查。同时，全国人大有的专门委员会也要选择一、二个法律进行检查。有时常委会连续几年抓住一个法律进行检查，如对农业法，连续5年都进行检查。从1993年八届全国人大常委会至2003年九届全国人大常委会，共检查了43部法律和有关法律问题的决定的实施情况。检查的内容涉及工业、农业、环保、教育、科技、产品质量、社会治安等广泛领域的法律。①

从开展执法检查的情况来看，《农业法》、《环境保护法》、《产品质量法》和《消费者权益保护法》被列为全国人大常委会的执法检查重点，多年都进行了检查。从检查的效果看，有的检查确实起到了推动法律实施的作用。执法检查比较成功的例子是对《环境保护法》的检查。从90年代初以来，全国人大环境与资源保护委员会汇同国务院环保局连续多年开展“中华环保世纪行”活动，配合执法检查，先后对17个省开展了环保法的执法检查。全国人大常委会又在1995年、1996年先后两年组织执法检查组对海南、山西、辽宁三省，北京、天津、上海三市的环保情况进行了检查。如1995年全国人大常委会在对上述“三省”的环保执法检查中，就分别听取了“三省”人大、政府以及21个市、地、县贯彻环保法的情况汇报，实地考查了140多个工矿企业、开发区、自然保护区、污染治理设施和公共场所，与基层干部、企业厂长经理、科技人员、管理人员进行了多次座谈。在开展执法检查前，媒体都要对环保法进行大量宣传。执法检查组每到被检查的省、市，都要在当地媒体公布检查组的驻地和电话，欢迎群众对环保问题进行投诉。它们接受了大量的群众来信、来电、来访。通过各种途径了解环保法实施的大量信息，执法检查组找出环境保护法实施存在的主要问题，提出改进环保立法、执法工作的意见，向常委会汇报，并向国务院领导反映。

通过几年对环保法的检查，对环保立法和执法都产生了重大

---

① 如八届全国人大常委会执行检查的法律情况：1993年检查的法律有《全民所有制工业企业法》，《关于加强社会治安综合治理的决定》，《关于惩治生产、销售伪劣商品犯罪的决定》，《环境保护法》等。1994年检查的法律有《反不正当竞争法》，《消费者权益保护法》，《产品质量法》，《关于惩治生产销售伪劣商品犯罪的决定》，《农业法》。1995年检查的法律有《妇女权益保护法》，《环境保护法》，《关于禁毒的决定》，《“二五”普法决定》，《农业法》，《台湾同胞投资保护法》。1996年检查的法律有《劳动法》，《关于加强社会治安综合治理的决定》，《农业法》，《环境保护法》，《教育法》。1997年检查的法律有《森林法》，《食品卫生法》，《产品质量法》，《科技进步法》，《水法》，《农业法》。参见全国人大常委会办公厅秘书局编：《八届全国人大常委会执法检查报告》，中国民主法制出版社1993年版，第579页。

影响。

第一，促进了环境保护的全国性法律和地方性法规的完善。全国人大环资委在1995年执法检查报告中提出建议，要修改《大气污染防治法》、《水污染防治法》、《环境保护法》、《海洋环境保护法》等法律。到2000年，这些法律的修改都已完成。执法检查提出的关于刑法中增加严重破坏资源犯罪的建议，也已在1997年修改刑法时采纳。地方人大也根据全国人大常委会执法检查报告的建议，加快了地方环境保护立法步伐。如山西省制定《山西省大气污染防治条例》、《放射环境管理办法》。辽宁省发布了《关于进一步加强工业污染防治的通知》、《石油勘探开发环境保护条例》等。

第二，通过对北京、上海、天津"三市"的检查，对环境治理起到了促进作用。根据常委会建议，"三市"提出了加强环境保护的具体政策措施。如北京市、上海市都提出调整产业结构，加快第二、第三产业发展的措施。对工业企业都要进行治理，对污染严重的企业进行技术改造或搬出城区。北京市加大了大气污染治理力度，改变以煤为主的燃料构成，引进天然气，发展集中供热，减少分散燃煤锅炉，加强烟灰和粉尘防治，加大了对机动车尾气污染防治。还坚决关闭了36个污染严重的企业，北京最大的企业首钢总公司压缩停建了一批生产项目。

第三，督促查处了严重污染和破坏环境资源的事件。如1995年全国人大环资委执法检查发现河南与陕西交界的小秦岭地区出现淘金热，严重破坏了资源和污染环境，环资委督促国务院紧急采取措施制止了这一行为。1998年8月，全国人大环资委先后就水污染防治法开展了淮河、太湖的执法检查，发现淮河严重污染，向国务院提出了治理淮河的紧急建议。要求淮河沿岸省市在规定的时间内进行治污达标。这一建议引起国务院高度重视，于是采取有力措施，关闭淮河沿岸几百家污染严重的小企业，使淮河开始恢复生态环境。

第四，大大提高了民众的环保意识。在过去，无论是普通百姓、企业领导，还是政府官员，完全缺少环保意识。80年代以前，环境保护只是少数专家和专业工作机构的语言。今天，环保已成为全民关注的热点和焦点问题，在短短的10年时间，公民的环保意识大大加强，与全国人大常委会的执法检查和大力宣传环境保护法有很大关系。特别是持续几年进行“中华环保世纪行”活动，在全体国民中产生了巨大影响。通过揭露一些严重环境污染的违法事件，使公民认识到加强环保的重要性，增强了环保的自觉性。

当然，像《环保法》的执法检查取得这么明显效果的并不是很多。《消费者权益保护法》、《产品质量法》等法律的执法检查也取得了一定的成效。应该承认，大多数的执法检查并没有取得应有的成效，而是流于形式。下去检查造的声势很大，轰轰烈烈，“雷声大，雨点小”但收效甚微。没有查出法律实施存在的问题，更没有查处和纠正违法行为。如对《农业法》的执法检查，连续搞了5年，没有解决《农业法》存在的突出问题，如农民负担过重、农业资金投入不足等问题。

执法检查中存在着形式主义和缺乏实际效果的原因。有执法的大环境问题，有些法律难以实施是体制性问题，如对农民乱收费造成负担过重，这就需要政府机构改革和税制改革等措施解决。但从执法检查本身来看，主要是检查者不敢监督，怕得罪政府，缺少责任心；还有执法检查采取的方法不当，执法检查组人数太多，下去检查有关部门和地方政府层层陪同，难以深入实际了解真实情况。对查出的问题不敢揭露批评，发现了违法问题，不敢采取有效的措施追究违法者的责任。经验表明，要使执法检查取得实效，就是要对执法检查中发现的严重违法的单位和领导追究责任，并一追到底。同时让新闻媒体对违法事件曝光。

三、对司法的监督①

人民代表大会能监督审判、检察机关②是人民代表大会权力与西方国家议会权力很不同的特点。奉行“三权分立”的国家，议会的立法要受到司法的审查监督。而中国的人大，宪法规定它有最高的权力，所以，司法机关不能监督人大，而只有人大可以监督司法机关。

1. 监督司法的理论

---

① 指人大通过受理公民申诉等方式发现可能的错案，通过调查了解认定错案后，要求法院、检察院纠正重大违法案件。

② 在中国，审判、检察机关被称为司法机关。

理论上人民代表大会是可以监督司法，但人大怎么监督司法？却一直是颇有争议的。过去人民代表大会监督司法只是听取法院、检察院的工作报告，选举罢免院长、副院长，任免法官、检察官等。近10多年来，人大在加强它的权力过程中，把眼光投向对司法机关具体案件的监督。地方人大积极开展了所谓“个案监督”的活动。产生人大个案监督的原因是：随着司法权在社会生活中发挥越来越大的作用，司法权的滥用和腐败现象日益严重。公民把越来越多的被认为司法腐败和判决不公的案件投诉到人大，认为司法机关是人大产生的，只有人大有权“管”司法机关，希望人大能维护司法公正，反对司法腐败。从人大的角度看，它处于权力扩展过程之中，目前监督政府还比较困难，所以它也乐于把监督对象对准权力比较薄弱的司法机关。

主张对司法机关“个案监督”的理论主要有：（1）司法机关对人大负责、受人大的监督，这种监督不能仅停留在工作报告上，还应体现在对司法机关的具体办案上。如果不对具体案件进行监督，就不能真正落实司法机关对人大负责，人大对司法机关的监督权。（2）人大是民意机关，近些年来，由于司法腐败严重，群众强烈要求人大加强对司法的监督。如果人民群众有冤屈找到人大，人大不管，对老百姓的申诉一推了之，或不了了之，人大就会有负人民的期望。（3）当前司法腐败、审判不公、侵害公民权利的现象严重，人大监督有利于遏止这种现象。人大比较公正，加强监督有利于落实人大的宪法职权，树立人大的权威。

2. 监督司法的实践

人大实施个案监督大概自80年代中期开始。但在全国各地人大广泛开展此项监督是近四五年的事。全国人大常委会有过两起监督司法个案的案例。一起是监督“三律师案”。1989年，辽宁省某地三律师在一起刑事诉讼辩护中，被检察院指控为包庇犯罪而被逮捕。三律师和全国律师协会申诉至全国人大常委会，前全国人大常委会委员长彭真亲自指示，要求检察机关调查处理此案。在前后经过4年反复调查和专家论证后，于1992年此案得到纠正，三律师被宣告无罪。另一起案件是1997年，辽宁省朝阳市市长李朝东被指控犯有受贿罪被逮捕，引起不少市民上告，说市长是个好市长，有人诬告市长。此案反映到全国人大常委会，常委会通过信访部门的调查，督促有关部门纠正错误，市长被司法部门宣告无罪。从全国人大干预的这两起司法案件的情况看，是比较成功的案例。

近些年来，地方人大广泛开展个案监督的情况远比这要复杂得多，其中不乏成功的例子，但也有相当多的做法是不规范的。个案监督的一般做法是，地方人大常委会通过群众的申诉控告，或在执法检查、评议司法机关工作时，发现一些被认为可能有错误或徇私枉法的案件，由常委会主任会议或常委会领导决定，将其中重大或群众反映强烈的案件，交由信访部门或有关机关进行调查，或要求有关司法部门调查了解情况后，向常委会主任会议或内务司法委员会汇报。如果认为是违法的，由主任会议或有关专门委员会向违法机关提出纠正违法案件的要求，并要求将错案纠正的情况向人大常委会汇报。也有的地方通过代表评议的方式监督个案，评议法院的做法是由常委会工作机构组织人大代表到法院了解办案情况。有的对法院一段时间以来办理案件的情况进行检查，甚至查阅案卷，从中发现错案，然后要求法院汇报这些案件，由代表对案件进行评议，如果代表认为是错误的案件，法院应予以纠正。现在，地方人大开展个案监督非常活跃，形式也多种多样。

3. 对监督司法的讨论和评价

地方人大开展“个案监督”的实践，对司法机关产生何种影响，难以作出全面评价。因为各地做法很不一样，效果也大不相同。应该说搞个案监督的目的是好的，有的个案监督确实起到了纠正错案、维护司法公正、防止司法腐败的作用，保护了公民的权利，得到人民群众的赞扬。但有些地方人大的个案监督由于监督者的不正确理解，使监督出现偏颇，有的地方人大监督存在地方保护主义倾向；有的个案监督成了领导的“个人监督”，办“关系案”，有的干扰了司法机关独立办案和正常的司法程序。

1999 年 5 月，全国人大内务司法委员会向全国人大常委会提出《关于对审判、检察机关重大违法案件实施监督的决定》的议案。该议案在全国人大常委会审议中出现不同意见，同时，法律界也开展对个案监督的讨论，有的要求加强对司法机关个案监督，有的则坚决反对搞个案监督。①

反对人大开展“个案监督”的主要理由有：

（1）开展个案监督有悖于司法制度改革的方向。司法制度改革的方向是使司法更加独立，人大的监督会造成对司法机关办案的干涉，这不利于司法独立。

（2）开展个案监督并不一定能实现司法公正。司法是一门专业性很强的工作，需要专门的法律知识。而人大代表大多缺少法律知识，如果代表只凭个人感觉监督案件，是很容易出错的，结果不但不能维护法制，反而会损害法制。②

（3）人大个案监督容易形成个人监督。人大是集体行使职权的机构，而现在各地人大个案监督常常是人大常委会领导批案，办事机构查案。监督的案子一般都没有经过常委会的讨论，这样，人大的监督就会成为个人监督。

（4）人大的监督可能产生新的腐败。本来应由人大集体行使的职权成了个人行使职权，一旦某个人有了帮人纠正错案的权力，就会有人把腐败之手伸向这个人，这样所谓人大的监督也可能成为新的腐败点。

（5）人大代表的监督可能形成利益冲突。我国的人大代表都是兼职的，他们有不少是企业家或事业单位领导，他们的单位也会发生经济纠纷和其他纠纷，成为法院的当事人，如果人大代表又可以监督司法，就可能自己成为自己案件的监督者，造成新的司法不公正。据最高人民法院反映，在近年全国人代会期间，人大代表带到人代会上

---

① 1999年8月，全国人大工作通讯转载了两篇观点截然不同的文章。在“个案监督，一督到底”一文中，介绍了某地人大对一起房屋租赁纠纷案的监督，说明人大监督的必要性和监督的艰难。同时刊登的另一篇文章批评这种监督有滑向“党委办案”的老路，容易造成领导人的个人干预。有不少文章对此进行了讨论。

② 1997年，四川省夹江县发生一起行政诉讼案，此案引起省人民代表大会代表的关注，在人代会期间，人大代表向省高级人民法院院长提出质询，有代表质问院长，为什么要受理造假者的告状？人大代表对法律的无知引起了社会的反映。被处罚者有权告处罚者是法律赋予被处罚者的权利，法院有义务受理控告，而不论被处罚者是否有理。据最高人民法院反映，这一质询案曾一度使行政诉讼案大幅度下降。

要求法院解决的申诉案件多达数百件，最高人民法院不堪重负。在这些案件中，有些案件就是人大代表本人的案件，或者是关系人的案件。

（6）个案监督会影响司法机关的权威性。法律赋予司法机关对案件有终局裁决的权力。如果人大随时可以对终局裁决的案件进行监督，提起再审，或纠正过来。那么，法院就没有终审的权威，因为人们知道法院的终审也是可以推翻的。司法判决也处于不稳定的状态，这也不利于社会经济关系的稳定。

上述意见对全国人大常委会审议“个案监督”的法律议案产生了很大的影响，使这个在1999年下半年可能被通过的法律议案被搁置起来了。但是九届全国人大常委会领导还是谨慎地赞成对司法进行“个案监督”。但十届全国人大常委会也不同意搞“个案监督”，基于对“个案监督”的不同争议，2006年全国人大常委会制定的《监督法》没有对个案监督作出规定。原则上，本届全国人大常委会的个案监督工作几乎停止。

当前，中国正处于法制变革和司法改革时期，人大对司法机关的监督实质上涉及人大与司法机关权力调整。地方人大在实践中探索，开展对司法机关的监督，对加强人大的权力，发挥人大在国家政治社会生活中的作用是有积极意义的。但是，这种监督如果不规范，不但不能达到维护司法公正和消除司法腐败的目的，而且可能对司法制度的改革产生深远的不良影响。实践中也确实有不少地方人大通过监督纠正司法错案有成功事例，人民群众也有不少期待于人大对司法的监督，但是，这是一种难以规范的权力，需要在人民代表大会与司法的权力关系总体上来考虑它们的改革，这种改革有法律和政治性的双重意义。

论人民代表大会制度的改革完善[①]

我们在纪念人民代表大会制度建立50周年，赞颂人民代表大会取得伟大成就的时候；在大讲要坚持和完善人民代表大会制度的时候，我们不要忘记：人民代表大会制度取得的成就，主要是1978年党的十一届三中全会后对人民代表大会制度进行了系列重要改革的结果。应该看到，人民代表大会的宪法职权还远没有充分落实，人民群众还不够满意。在新的形势下，人民代表大会又面临许多新的越来越大的挑战，不对人民代表大会制度进行改革，人民代表大会制度理想的优越性就不能发挥出来，也就不可能很好地坚持和完善人民代表大会制度。所以，本文想谈谈人民代表大会当前面临的问题、挑战和如何改革的问题。

一、改革的必要性

根据马克思主义的基本原理，经济基础决定上层建筑。经济基础发生变革也必然带来上层建筑领域的变革。

中华人民共和国建立以后我国实行高度集中的计划经济体制，即国家掌握了全部社会资源，与此相适应的是把全体公民都组织在某一国家或集体的单位之中，公民成为有组织的集体这一大机器上的镙丝钉。公民没有独立的经济地位和经济利益，没有独立的人格和人身自由，因而也就没有独立的政治利益和诉求。就像计划经济体制下的生产过程一样，产品的生产、流通、消费过程都是由国家靠行政权力在指挥调动。公民的政治参与和利益表达也带有国家计划的性质，国家

---

① 原载《政法论坛》2004年第6期。对原发表稿作了修改，增加了一些内容。

政治制度设置和政治结构安排也是集中性的有组织、有计划的。这种政治制度的关键词就是集中、统一、安排、协调一致、服从、监督，当然就不能谈个人的意志、利益和政治诉求了。我国人民代表大会的产生和组织就反映了这种高度集中组织化的政治结构，都与计划经济体制和集体组织的社会结构有关。

如从人民代表大会的权力设置看，1954 年宪法规定了立法权的高度集中，全国人民代表大会是国家唯一的立法机关。人民代表大会遵循民主集中制和“议行合一”的组织原则，地方人民代表大会不设常委会，人民代表大会闭会期间只有人民政府，以便集中、统一、高效地行使权力。

又如选举制度。选举是代议制度的基础，它决定代表的素质、责任心和议会作用的发挥。过去一直实行的是计划性、指派性的选举：选民登记按户口所在地进行；选区划分以行政、企事业单位为主；代表名额分配有计划地分派，① 直至由谁当代表，谁不当代表，都是事先计划好的，不需要个人意愿表示，不由个人做主。可见，选举制度从选民登记、选区划分，到选举程序、代表产生都带有明显计划指派性的痕迹。

由于人民代表大会制度高度集权的权力结构的一些方面不适应国家建设事业发展的需要时，曾适时地作出调整和改革，才使得人民代表大会制度得以不断完善。如由于立法权的过分集中在全国人民代表大会不适应国家立法的需要，1955 年全国人民代表大会授权全国人大常委会制定法令的权力。1978 年后，为适应国家发展社会主义民主，健全社会主义法制的需要，对人民代表大会制度作出三项重大改革：

第一，改革选举制度。扩大直选、实行差额选举、赋予代表或选民以候选人的提名权；

第二，改革人民代表大会的组织制度。在县以上地方人民代表大会设立常务委员会，在全国人民代表大会和较大的市以上的地方人民代表大会设专门委员会；

---

① 通常是要这个选区选一个女性，那个选区选一个民主党派人士；这个选区要选一个年轻的，那个选区要选一个老的。

第三，进行职能改革。扩大全国人大常委会的立法权和监督权，全国人大常委会可以制定除基本法律以外的其他法律，大会闭会期间可以任免政府官员等；赋予地方人民代表大会及其常务委员会以立法权。

正是由于这些改革，成为20多年来人民代表大会制度发展的基础和条件。可以肯定地说没有这些改革，就不会有人民代表大会制度举世瞩目的成就，也就不可能有我国民主法制建设今天的大好局面。

实践证明，是改革给人民代表大会制度增强了活力，带来了人民代表大会制度的发展和完善。人民代表大会制度确立50年以来，我国经济基础发生了巨大变化。特别是市场经济改革以来，经济体制产生了根本性变革，建立在计划经济体制上的政治结构不能不面临着许多问题，这就是我国人民代表大会制度当前正面临的许多新问题和挑战，改革势在必行！否则，政治体制的某些方面将不能适应经济基础的需要，人民代表大会将更难以发挥作用。

二、人民代表大会制度面临的问题和挑战

市场经济改革对政治发展提出了新的要求。这些要求很多直接触及人民代表大会制度建设问题。市场经济发展和社会财富增加，产生的利益多元、公民社会、独立人格、利益诉求和权利保护要求加强，政治参与必然强化。这些现象明显地表现在近两年我国社会生活和政治生活中。它使我们越来越强烈地感到，来自社会民间的力量正在强烈地冲击着我国的政治体制和人民代表大会制度，呼唤着人民代表大会制度的改革。这些力量主要有以下方面：

一是公民自主自发的政治参与，形成对选举和代表制的挑战。公民利益保护的要求、政治表达的要求、政治参与的要求越来越强，呼声越来越高。如：2003年换届选举中，广东深圳出现一些以居民小区的业主“白领”为主的公民自荐、自发性站出来要竞选人大代表的现象；浙江省一全国人大代表在人代会之前，在媒体做广告征求公民的意见；湖南省一全国人大代表自费10万元起草法律草案提到全国人大会议上，等等，这种群体性自发自主的、出于维权和自身利益诉求的政治参与，反映了市场经济发展对民主政治，对代议制度提出了新要求。

2003年首先在深圳市人大代表选举中出现的由公民自觉站出来自荐竞选①人大代表的壮举，不是个别人，而是一群有产业、有知识的人。这种行动不仅在深圳，它播及北京、湖北等省市。这种公民自主、自发的政治参与反映了什么问题呢？它实际上是公民对我们现行选举制度提出了选举改革的要求。它对过去由组织上安排当代表的做法发出了“我要当代表”的呼喊。对这一现象有分析指出：深圳特区出现的民间自发的竞选的冲动，又在率先激活我国现行体制和文本制度中的内在民主因素，表明随着“中等收入者”阶层的不断增长，他们在我国政治发展中要求参与政治的主动性和维护政治权利的自觉性正在日益提高。“深圳竞选”现象预示着社会主义市场经济的发展，它以其不可抗拒的规律影响和改变着中国政治的发展进程，为民主政治奠定坚实的社会基础。经受市场经济洗礼的深圳人，正以崭新的姿态为进一步改革和完善人民代表大会制度，为深化中国的政治体制改革作出贡献。②

二是媒体和公众舆论（包括互联网的声音）高度参与对政府的监督和对公民权利的保护，直接考问人民代表大会的职责和人民代表大会的作用。在近两年我们看到接二连三的以媒体为引导的公民监督政府和维权行动，如：2003年由孙志刚案引起的三公民上书全国人大常委会要求对国务院《关于对流浪乞讨人员收容遣送办法》进行违宪审查，并由此而引发的一系列公民申请违宪审查的请求，数以千计的公民纷纷向全国人大常委要求对《国务院房屋拆迁管理办法》和地方制定有关房屋拆迁规定涉嫌侵害公民私有财产权的内容进行违宪审查；数以万计的乙肝病毒携带者要求对《国务院公务员暂行条例》有关公务员体检标准涉嫌对乙肝病毒携带者歧视的规定进行违宪审查；女性公务员提出要对《国务院公务员暂行条例》关于女性与男性退休年龄不平等的内容进行违宪审查等。我们看到，媒体和公

---

① 这种公民“自荐竞选”举动是公民主动报名，联系选民签名，作为候选人提出，由自荐者组织选举班子进行选举宣传，与组织提名的候选人和其他候选人竞争。

② 参见黄卫平：《深圳竞选实录》“前言”，西北大学出版社2003年版，第2页。

众舆论越来越成为一种有影响的社会力量，它能影响政府的决策和改变一些事情。媒体（舆论）干预有影响的重大事件有沈阳刘涌审判案,① 沈阳宝马撞人案,② 河北农民企业家孙大午非法融资案,③ 河北廊坊市警察非法拘禁杀人埋尸案,④ 湖南省嘉禾县县委县政府集体违法拆迁侵犯公民权利案,⑤ 等等，这些都是通过媒体（舆论）的介入改变了一些事情。还有很多责任灾害事故的揭露，都是由于媒体、公众的舆论监督引起的。过去我们从来没有发现中国来自民间的社会舆论、媒体有如此大的力量，能改变政府的行为和法律。

还有，在建立官员问责制的制度中，一些政府官员因承担各种责任事故纷纷落马。在 2004 年 6 月国家审计署向全国人大常委会报告审计工作中，揭露大量政府部门财政违法行为引起国人的严重关注。舆论批评为什么多年来审计揭露的问题得不到解决？它暴露了我国预算批准审查和公共财政制度的严重缺失。在大量的城市房屋拆迁和农村土地征用中，不仅出现了严重侵犯宪法保护的公民私有财产权的现象，也存在大量的土地使用严重违法情况。面对这些严重的违法现象，各级人大常委会似乎都少有反映。

在这些媒体监督政府和公民维权的行动中，它反映出人民代表大会行使职权的严重缺位，如违宪审查制的缺位，政府对人民代表大会负责制的缺位，以及人民代表大会对预算审查制度的缺位，法律监督

---

① 尽管媒体和公众舆论在对司法的影响上会产生某种副作用甚至出现违反理性和法制的坏作用，特别是在中国这种司法不独立，法官素质不高，领导和政治都会干预司法的情况下，这种作用尤为严重。刘涌案就是这种坏作用的典型，但是，我们还是要肯定媒体和公众的这股力量。

② 沈阳公民刘秀文驾宝马车撞死与其争执的农民，被轻处理被媒体怀疑是权贵在起作用，在此案中被媒体反映后引起领导的重视对案件进行了复查，媒体没有改变司法结果，但处理该案中的有关违法人员被查处。

③ 农民企业家孙大午是一个慈善企业家，他因非法融资获罪逮捕，但由于舆论的同情，在舆论的呼吁下，他被从轻处理获释。

④ 廊坊市警察非法拘禁打人致人死亡之后埋尸灭迹，被媒体披露后，司法机关进行了迅速查处，罪犯按故意杀人定罪被判无期徒刑，过去这样案件中的警察最多按非法拘禁罪判三五年徒刑，还可能是缓刑。

⑤ 在这个案件中，强大的舆论压力，使中央政府派重要官员督查，导致县委书记、县长双双落马。

不力等，都涉及人民代表大会的机构和职权的行使。

三是以法律界人士为主导作用的社会力量以法律诉讼的方式敲打着宪政制度之门。如山东“齐玉苓教育权案”，这个案件是挑战宪法司法适用的第一个案例，尽管这个案件与宪法没有什么直接关系，没必要直接适用宪法。但是，它的意义在于最高人民法院第一次解释，法院可直接引用宪法判决，从而使宪法走向司法实践和公民生活迈开了一步。由此案引发了一系列宪法诉求：山东高考落榜生诉讼教育部侵犯教育平等权案，①四川大学学生诉中国人民银行四川分行招工录用中的身高歧视案，大学生张先著（乙肝病毒携带者）诉芜湖市人事局招录公务员歧视案等。这些案件虽然没有什么具体成就，但是它使宪法的意识得以传播，宪法精神得到弘扬，从而起到推动制度改进的作用。它对公民、特别是对领导干部的宪法意识增强胜过百堂法制教育课。而由孙志刚事件引起三个法学博士向全国人大常委会提起违宪审查的建议案，是公民以法律的方式导致国家的一项法规被废除。尽管法学家仍感到遗憾，因为没有通过这个案件看到违宪审查制度的建立，但它导致的结果还是非常令人高兴的。它的意义在于给国家机关上了一堂深刻的宪法课，它敲打着违宪审查制度的大门。在这一系列的以诉讼和违宪审查诉求的行动中，我们看到法学家们，法律工作者，法学学生，包括司法人员②的活跃身影。为什么过去许多类似孙志刚案的事件也报道过不少而没有改变什么，而以孙志刚案为代表的事件却改变了制度，这就是法律学者特有的方法和从事制度建设的力量。从这些案例中可以看到全国人大常委会监督解释宪法的制度正在受到挑战。

四是在一些地方、特别是基层政府自主自发的进行民主改革的探索，也反映出人民代表大会的某些制度不适应民主法制发展的需要。自 1987 年我国建立村民自治制度以来，经过实践发展，以民主选举、民主管理、民主监督为核心的基层民主建设在农村得到蓬勃发展。中

---

① 高考落榜生认为考生各省分数线不平等，有的录取分数相差上百分，是由于教育部的有关政策造成的。

② 如最高人民法院对齐玉苓案可适用宪法的积极回应，司法机关进行的一系列改革，反映了司法工作者的这种努力。河南洛阳“李慧娟法官案”也反映了这种要求。

国农民正在进行一场广泛的民主训练，他们在民主实践中爆发出来的民主参与热情，引发了我们对中国民主发展的深思！人们开始了对乡镇长、县长民主直选的追问，农民能选村委会，为什么不可以直选乡镇长和更高级的政府官员？并且一些地方自发地进行了这种民主选举改革，包括直选人大代表的竞选，乡镇长直选，乡镇党委书记和乡镇长的公推公选，甚至有些地方还进行了县级领导干部的公推公选。但是，基层民主建设碰到了来自地方恶势力的破坏，上级政府少数干部的打压，如村民的民主决策、民主监督管理难以进行，理财小组开展不了工作，有的甚至被打和被危害，而造成这种现象的原因有一些是出自法律和制度本身的缺陷。为了民主，不少农民和普通公民进行了顽强的抗争，上访，甚至群体性行动，影响到社会稳定。完善这方面的法律制度建设，帮助基层民主发展是各级人大的重要职责，但是，各级人民代表大会很少为之行动，有关立法机关在完善法律制度，保障、推动民主发展方面反映迟缓。如基层竞争中的违法现象——贿赂买票、操控选举等有关的法律完善迟迟没有跟进，而现行《村民委员会组织法》、《选举法》和《地方组织法》在防止选举违法行为方面早已显得力不从心。

又如，还有一些地方开始进行预算制度的改革，做部门预算和细化预算，把政府提交人大审查的预算由过去的一张纸变成一本书。但是，如果人民代表大会其他相应的制度没有改革，使得细化预算改革难以奏效。过去预算太简单的一张纸使人大代表读不懂，现在预算成了一本书后人大代表会议期间根本读不完。不改革人代会的会议制度延长会期，不实行有关专门委员会的预先审查制，不进行预算逐项辩论，不实行预算审查的公开化，细化预算的改革就没有实质意义。还有河南洛阳“李慧娟法官案”也反映了一些地方人大失职不作为的现象。①

经济的发展，需要政治制度相适应；民主的发展，需要法制铺轨

---

① 法官李慧娟在一个判决中宣布，河南省的种子实施办法与国家的《种子法》相冲突，自然无效。就触及国家的人民代表大会制度问题——法官没有权审查人大的立法是不是与宪法或上位法抵触，而司法实际中则需要判断哪些法律能适用和不能适用。河南省人大不是检查自己的法律是不是与国家的法律抵触，而是要求追究法官损害人大的责任。

道。作为中国民主法制建设的主要责任者，人民代表大会负有重要的责任。必须以改革完善来应对这些挑战。

三、人民代表大会制度可行性改革

（一）改革选举制度

选举制度是人民代表大会制度的基础。当前社会转型利益调整，诉求多元，首先对人民代表大会选举制度形成挑战。为适应这种挑战，需要对选举制度进行以下改革：

1. 扩大直接选举范围

从1979年扩大直接选举改革已经20多年了，20多年来，我国经济社会文化发生了根本性变革。根据我们组织的中国选举状况的调查研究，我国公民已经完全具备了在县乡两级实行行政首长直接选举的条件，将人大代表的直接选举扩大到较大市和省级也是完全可行的。理由是：

第一，实行直接选举是马克思主义民主选举理论的应有之义。今天我国正在建设高度民主和政治文明的国家，而公民还只能选举基层的县乡人大代表，这与马克思主义直接选举的民主理论和我国建设社会主义政治文明很不相称。

第二，由农村村民自治的民主选举实践表现出来的极大的民主热情和民主智慧证明，农村村民完全有能力、有动力、也有愿望进行这种选举。① 在深圳、四川、江苏等地进行的人大代表竞选，乡镇长直选改革和县乡两级政府领导人的公推公选改革，充分证明扩大直接选举的改革完全可行。

第三，选举不仅不会造成社会混乱和影响稳定，② 而且规范、公开、公正的民主选举，使很多地方由乱走向了治，③ 民主极大激发了公民的选举热情和提高了公民的参与能力。民主实践是最好的民主培

---

① 一种流行的观点认为，中国农民的素质太低，所以不能搞太多的民主，不能提高直接选举的程度。

② 有一种流行理论就是选举会把社会搞乱，会不利于社会稳定。只有在那些违法选举，选举程序不公开、不公正的地方，选举才会越选越乱。

③ 参见蔡定剑主编：《中国选举状况报告》，法律出版社2002年版。

训班，公民的政治参与能力和选举水平也只有在民主实践中不断提高。不给予实践，永远不能提高民主水平，国家的民主就永远不能发展。

第四，扩大民主选举是解决官员腐败，建立真正对人民负责的责任制政府的根本途径，也是解决当前我国各种社会矛盾的根本措施。当前我国政府官员腐败严重，少数地方官员为了提升政绩，只对上负责，而疏于对老百姓负责；为了 GDP 竭泽而渔的发展观；忽视人权保护，片面强调打击的社会治安观，随意对公民收容劳教，对犯罪嫌疑人常常超期羁押等；无视公民私有财产，随意侵占农民土地，拆迁公民住宅；还有官僚主义、不负责任，对老百姓冷漠，对人民利益的漠视等，都可通过民主选举，产生对人民负责的官员和政府，通过竞争产生优秀的政治官员，而从根本上解决或遏制上述当前官场之恶疾。

2. 对国家机关正职领导人实行差额选举

1979 年以后，我国选举制度改革的最大成果之一是实行了人大代表和政府副职领导人的差额选举。但是，国家机关正职领导人没有完全实行差额选举。按《地方组织法》的规定，地方国家机关正职领导人一般实行差额选举，但也可等额选举。由于法律规定有意留有余地，而各地方实际做法都在搞等额选举。这种正职的等额选举不符合民主选举的性质，不符合建立真正责任制政府的要求，不符合政治体制改革和提高党的执政能力的需要。① 所以，建议修改《地方组织法》，对国家机关正职领导人一律实行差额选举，只有通过民主的有差额竞争的选举，才能产生对人民负责的官员和政府。

3. 实行以竞争为中心的公开、公正的选举程序

其一，参选候选人要以自荐为前提。过去要当人大代表或政府领导人的候选人不需要公民自己申请，而是靠组织安排。人大代表和国家机关领导职务是一种服务公职，没有自觉自愿主动和热衷于服务，就不可能做好代表或官员。所以，选举的第一环节必须是以候选人自荐报名为前提，没有自荐报名的公民不能作为候选人，这是民主选举

---

① 政府领导人不通过公开的、平等竞争的民主选举，就不可能有真正的权威和产生有能力的人执政。

的起码要求。

其二，实行以居住地为选民登记地的选民登记办法，从而解决市场经济改革后大量流动人口的选举权得不到落实的问题。从政治上保障广大农民和其他流动人口参与国家事务，实现当家作主的权利，这关系到我国人民民主的性质问题。据有关专家推算，在基层人大代表选举中，我国应参加选民登记而未参加登记的人员约 1 300 多万人，在户口所在地名义上登记而实际上未参加选举的选民约 4 700 多万人，虽在户口所在地登记在外工作而委托他人投票参加选举的约 4 600多万人，总共约有 1 亿人因采取户籍所在地选民登记制而不能参加选举或没有亲自参加选举。在县一级没有参加选民登记的人约 2 200万人，在户口所在地名义上登记而未参加选举的人为 5 100 万人，以委托方式参加投票的为 6 600 万人，约有 1.4 亿人因户口登记选民制没有参加选举或没有亲自参加选举。① 由于外地打工者不能参与当地政府的选举和政权建设，使得外地人口进入较多的地方政权性质也发生变化，政权只是当地人的政权，而不是全体市民的政权。② 尽管在当地长期居住和纳税，外地人的利益根本上还是得不到保障，这会严重影响国家有关法律的执行。如此经济发达的地方，由于当地政府完全偏向了投资者，当地政府就不可能很好地执行劳动法，社会保障方面的法律，劳动者权利得不到维护。

其三，取消城市以工作单位划分选区的办法，完全实行以居住地的方法划分选区。我国现行选举法规定选民以居住地或工作单位划分选区，是居住地和工作单位两种方式并用的选区划分办法。实际上城市划分选区是以单位为主，如果选民没有工作单位的才会在居住地进行登记选民。工作单位划分选区带来诸多弊端：

一是人大代表选举成了不同单位之间的相互协商，实行单位选区往往会造成大单位“吃”小单位，小单位的选民难以当选代表，实际上是不平等的选举。

---

① 参见《新京报》2004 年 9 月 19 日。

② 在广东东莞有的镇外来打工人口已超过当地居民的一倍甚至两倍，当地居民者都成了企业经营管理者，外地人员都是打工者，他们在当地没有选举权和任何政治权利。他们成了真正的被统治者了。所以政府肯定就是维护经营管理者的政府。

二是单位选举使选举行政化。一个单位就有行政隶属关系，领导决定指派代表候选人的现象就难以避免，就鲜见有选民自荐联名推选代表候选人的情况，不太可能做到真正平等的民主选举。实践也证明，所有工作单位选举都是形式化的，所有选举民主气氛比较活跃的都是居住地选区，而不是单位选区，单位选区不利于发扬民主。

三是单位选区选出代表与基层人民代表大会没有利益关系。选民要求人大代表所代表的利益都是些与公民社区生活有关的事务，如小区管理、道路交通、环境建设，基层人大管的这些事与工作单位无关，而与居住地有关。还由于工作单位选出的代表不少都是领导，这些人对参加当地人大会议没有太大的意义和兴趣，所以单位代表出席人大会议的出席率也较低。

四是取消以协商方式确定正式候选人的方法，实行以公开、公平，按多数票决确定候选人的方法。现行选举法规定在提出初步候选人后，如果超过法定差额人数，可采用酝酿协商方法确定正式候选人。酝酿协商在实际操作中往往变成了少数人的暗箱操作，大多数由选民或代表联名推荐的候选人一般都在这个环节被“协商”下去。因此，必须取消酝酿协商办法，代之以公开、公正的预选票决制。

五是实行公开、平等的竞选。现行选举没有活力，选民和代表对选举没有兴趣，投票带有盲目性，选出的代表或领导人不是优秀者，都与缺少选举竞争机制有关。要解决这些问题，最好的办法是让候选人自我介绍，相互竞争，以充分展示个人的能力。竞选是解决选民厌选，从而搞活选举，激发选民热情，并产生对人民负责的代表或国家机构领导人的最好途径。那么，选举竞争必然产生优秀的人才，这一点已经被民主选举的实践证明。很多人担心竞选会产生种种弊端从而会污染政治。民主国家实践证明，竞选的弊端完全可以通过法律的规范加以消除或控制，只要制定公正、透明的选举规则，是完全可以做到公平、平等有序的选举。①

（二）改革代表制度

让代表真正成为人民利益的代表，成为民意的重要管道。当前我

---

① 如1998年和2001年在四川遂宁市中区步云乡的直选乡长的选举中，落选的候选人都认为竞选是公平的，没有金钱选举和对选举不公平的反映。

国人大代表制度最大的问题是人大代表谁也不代表，选民找不到代表，代表也没有自己真正的选民。所以，人大会议上，有的代表是“哑巴”代表（不发言）；有的是“个人”代表（凭个人的认识水平，发表一通个人见解）；有的是“观风”代表（看别人怎么发言，怎么投票画圈），这都是因为他们没有选民，不需要对谁负责，代表与选民脱节造成的。要使代表真正与选民联系起来，最根本的办法就是让选举变得真实，这需要在改革选举制度的同时对代表制度进行改革。

需要改变代表的身份结构。现有制度下特别要实行代表与企业家身份脱离，消除代表身份的利益冲突。曾有一种观点认为，提高私营经济的地位就是让更多的企业家参政。另一方面出现私营企业家积极参政争当人大代表，但多数人当代表是为了戴上红帽子。它不仅可增加企业的光环，从而为企业带来潜在的利益，还可利用代表身份增加对企业的保护。如不少私营企业家借开人代会之际作为与政府领导社交的极好机会；① 有的借人代会之际宣传企业产品；有的代表把自己的司法案件带到人代会上作为议案提出或作为个案监督向法院提出；甚至有的以人大代表的身份打官司；有的代表在企业受到行政监管执法检查时亮出人大代表的身份抵制执法；有的借人大代表的人身特殊保护权为犯罪增加保护层，② 等等。

中国随着非公有制经济的发展，需要提高非公有经济的地位。需要有反映他们利益的政治代表。但是，提高非公有经济的地位不等于企业家自己亲自参政。市场经济条件下的企业家参政，会产生新的“政企不分”、“公私不分”，带来诸多的利益冲突，会出现利用公职身份为自己谋利问题。所以，不能提倡企业家参政，人大代表作为公意代表，不能与私营企业家的身份混同。所以，就提出职业代表制问题。实行职业代表来代表不同的利益，是现代市场经济民主制国家必需的。

实行各级领导干部与人大代表身份相脱离，行政机关和司法机关

---

① 有的企业家把借此机会与领导人的合影挂在公司以光辉企业形象，增加企业的信誉度。

② 根据法律规定，人大代表有人身特别保护权，司法机关进行或逮捕审判时必须报人大常委会批准。

领导不兼任人大代表职务。为什么进行此种改革？因为官员当人大代表弊端丛生：

一是现在各级人民代表大会几乎成了干部会。由于人大代表光环很好看，使许多各级领导都纷纷争当人大代表，在全国人民代表大会有干部身份的代表达到41.6%，在有的地方人民代表大会，这个数字可能超过50%。由于各级领导干部与会，使人民代表大会会议的性质发生变化。会议行政化，如领导干部要分别担任大会的各代表团团长、副团长，小组会的组长等，他们主持会议，有时就像领导在当地组织行政会议一样，人代会有时成了书记、市长的工作布置会和下面官员、企业领导的汇报会。

二是官员代表影响会议效率和普通代表行使权利。会议审议发言往往领导长篇大论占去了有限的时间，领导也给会议定调，约束了代表的畅所欲言，形成实际上代表成分不平等，普通代表缺少话语权。领导干部太多也是人民代表大会会议难以延长的原因之一，因领导都很忙，全国人民代表大会即使开10多天的会议，领导也难以坚持，缺席率高。

三是领导干部当代表不利于人民代表大会开展监督。人民代表大会监督政府，政府官员同时就是代表，形成自己监督自己。如省长是代表，审议政府工作报告时省长到各代表团看望代表，代表感激都来不及，让普通代表给他提意见，很难！

四是领导干部兼人大代表，大量占据了基层代表和普通代表的名额。现在各级领导干部争当人大代表风气越来越强，使有限的代表名额越来越集中到干部身上，使人民代表大会的代表性和民意成分大大降低。

可见，官员兼任人大代表，不利于强化人民代表大会对政府的监督，不利于减少人大代表，不利于延长会期，不利于改变行政化的会风，不利于发扬民主。

进行代表制改革有两条思路，一是把人代会建成真正的权力机构，一是代表大会保持广泛的代表性，仍只是象征性权力机构，把人大常委会充实扩大加强。按第一种方案要进行代表制改革，必须减少代表名额。不减少代表名额，就不能建设一个有能力的代表机构，要把代表大会造成一个有能力的机构就必须专职化。代表太多不仅会使会议效率大大降低，成本大大增加，而使会议难以发挥作用。根据代议制原理，代议机关代表的多少，取决于人口数量和会议议事有效的程度，在西方国家，国家级议会一院超过600名议员的只有英国、德国、意大利和朝鲜、古巴等少数几个国家，议员太多，议会难以有效议事行使职权。国外州或地方省一级议员不超过一二百人，县一级议员一般几十人或十几人，乡镇级议员几人或十几人。我国人口多，情况特殊，全国人大代表也不应超过1 000人，最好在600人左右。省级人大代表不应超过400人，地级市人大代表不应超过200人，县级人大代表应在100人以内，乡级人大代表最多50人。如果按第二种思路，走扩大常委会权力的路，就要增加常委会的名额，使它成为一个有广泛代表性的权力机构。

（三）调整人民代表大会与常委会的功能

第一，进一步扩大常委会立法权。全国人民代表大会不再行使立法权，使全国人大常委会成为一个完全的立法机关。我们知道，由于全国人大代表太多，每年会期有限，每次会议一般十天半月。而每次会议议程太多，每次会议如果要审议法律草案一般只安排一天或半天时间讨论。一个作为全国人民行为准则的法律在一个近3 000人的会议上只有一天讨论时间就表决通过，实在不太严肃、慎重。可见，法律很不适宜在全国人民代表大会这么大的会议上来审议通过。为了让代表大会更好地进行选举权，听取审议有关工作报告，有更多时间审查预算等，所以，建议取消代表大会的立法议程，把立法权完全交由常委会行使。这样更有利于提高法律质量，因为常委会更有能力对法律进行审议，常委会组成人员有更多的专职人士和各方面的专家，它也有较充分的时间对法律案进行反复的审议。① 实际上，现在提交代表大会审议的法律也是先经过常委会审议，代表大会审议法律很大程度上只是个形式。所以，应该让全国人大常委会成为一个名符其实的完全的立法机关。

第二，为了使全国人大常委会成为一个完全的代表民意的立法机关，需要对全国人大常委会作出相应的改革，主要是要扩大全国人大

---

① 常委会审议法律草案一般采取三审制，常委会每两个月开会一次，一个法律草案在常委会通过，需要半年时间内进行讨论和调研。

常委会的代表性，增加常委会组成人员名额，使之达到三五百人左右，从而能使立法机关较广泛地代表民意。

第三，实行常委会的专职化。要使常委会成为真正有能力的立法机关，必须实行专职化。专职化包括常委会组成人员专门从事常委会工作，不兼其他职务，为常委会组成人员配备办公室和专门的助理人员。常委会专职化了，常委会组成人员才有充分的时间对法律草案进行调查、研究，才有可能延长常委会会期，才有时间通过全体会议的形式审议法律草案，并采取逐条辩论的方式，通过提修正案的方法讨论通过法律，从而提高立法质量。第十届全国人民代表大会第一次会议增加若干名专职的年轻委员，这只是常委会专职化试验性的探索。但是，只有全部常委会组成人员实行专职化后才能发生整体效应。

（四）加强人民代表大会及其常委会的职权

要通过改革，使人民代表大会各项职权更好地落实。有人为当前人大工作编的顺口溜是："制定别人已经制定了的法律，决定人家已经决定了的问题，任免组织已经确定了的人员，监督领导让你监督的问题。"这种状况必须改变，否则，有负人民的期望。

在立法方面，立法部门利益长期困扰着立法质量的提高。立法缺乏"问题"意识，立法计划回避重要立法，具体立法回避主要矛盾，法律条文回避解决问题的措施。有些地方人民代表大会的监督避重就轻，不讲实效。有民谣说："审议报告唱赞歌，述职评议表扬多，执法检查走过场，一听二看三通过。"还有讽刺人大常委会检查走形式的顺口溜说：坐着车子转，隔着玻璃看，问题当着希望谈，临走时拍着肩膀说"好好干!"而各级人民代表大会基本上没有行使或极少行使重大事项决定权。

要改进立法，提高质量，要从根本上实行立法民主化。全国人大常委会为提高立法质量采取过一些措施，如实行立法"三审制"，实行法律议案的统一审议，加强立法的统一审议和协调等。但是，这些措施都是治标不治本之策。提高立法质量，消除立法部门化的治本之策是改变人大代表的产生机制，让真正代表社会各种利益的人进入立法机关。

因为立法的过程就是个利益博弈的过程，如果没有代表各方面的利益博弈，没有真正代表各种利益的人参与立法过程，就会只剩下政府部门之间的博弈。在立法人员的产生机制上一时难以改革的情况下，有两项措施可促进改变现状，推动立法民主化：

一是立法普遍实行听证。立法听证是实现公众直接参与立法的好途径。但是，如果听证只是作为工作人员听取意见的程序，而不是作为立法主体代表本身立法决策的依据，听证就只能像以往立法征求意见一样，由立法工作部门决定立法，立法听证就失去了真正的意义。要让立法者普遍直接参与听证，并实行立法听证反馈重要意见制度，对立法听证中没有采纳的重要公众意见，应通过媒体向社会作出反映，并说明没有采纳意见的理由，以增强立法听证的公开性和实效性。立法听证还应成为一项普通化的制度，而不能成为只在豪华场所演示的奢侈品。要使立法听证成为普遍制度就必须简化听证，实行廉价听证，听证一般在立法机关办公地会议室举行即可，只有普通化才能平民化，太奢侈的立法听证难以成为常制。

比立法听证更简单易行的立法民主化措施，就是立法公开、阳光化，让电视转播或直播常委会审议法律过程。这样有利于激发公众对立法的关注和参与，从而主动向立法机关反映他们的意见；也有利于公民了解法律、学习法律，从而更好地遵守法律。公开立法审议表决过程，也有利于广大人民群众了解人民代表大会的工作，监督人大代表。公开立法是立法的应有之义，各级立法机关的立法过程不向人民公开是不尊重人民的表现，人民有权知道自己的代表在干什么，他们在怎么制定法律。电视直播或转播立法审议过程是最简单不过的，都谈不上是改革的改革，但是十分必要的。

为提高立法审议质量，从立法技术的角度看，二是应该采取对法律草案提修正案的审议方法和逐条辩论表决的办法，只有这样，对每一法律条文的审议才会认真精细，产生高质量的法律。现在如果代表对某一法律条文有意见就难以表达出来，只能赞成、反对或弃权。由于很多代表出于对法制建设迫切需要法律的理解，对一些有瑕疵条文的法律也只好投赞成票，质量不高的法律就是这样产生的。① 对条文采取修正案的方式和逐条表决是轻而易举可以做的事，只需改变做事的习惯方法。

在落实人民代表大会职权方面，必须破除一种错误观念，认为人民代表大会主要是监督机关。我国人民代表大会有监督职权，但是，它主要还是决定机关，代表民意决定重大事情。而现在由于人民代表大会决定权基本没有得到行使，地方人民代表大会更多地进行了一些监督工作的探索。所以，在人们的眼中人民代表大会越来越成为了一个监督机关，各级人民代表大会也在这样定位自己，这是对人民代表大会职权的误解！

人民代表大会首先是决定机构，国家和地方的一切重大事项应提交人民代表大会决定。不提交人民代表大会决定，是对人民代表大会的不尊重，是对人民权利的不尊重，也是对宪法不尊重的表现。人民代表大会权力要回归到决定权的位置上，不能滑到监督机关的位置上去。人民代表大会要决定重大事项，对税收财政预算问题，对城市的规划和发展，城市的拆迁和改造政策，国有企业的改制和对涉及国有资产的处理问题，国家大型的建设工程项目，涉及人民群众关心的重大问题，等等，都是应该由人民代表大会决定的问题。如果理解为这些事项都由政府决定，人民代表大会只有监督的份，那就错了，那就会改变我国人民代表大会是国家权力机关的性质。所以必须转变错误观念：人民代表大会是决定机关而不仅是监督机关。

（五）改革人民代表大会的议事程序和议事方式

改革会议的议程。这里只提有限的几项议程的改革建议。代表大会应适应市场经济改革的变化，取消对国民经济和社会发展计划报告的听取和审议。因现在不搞计划经济，即使政府还需要作出一些计划，都是指导性的，也不必通过代表大会审议通过，因为代表大会审议通过的东西是有一定的法律效力，现在的计划不应有这样的效力。

---

① 一位深资立法专业人士说：人大立法时有时有几种选择方案，但往往最后选择不是最优的，而是次优的，甚至是最劣的方案。如果哪个法律中哪个条款有明显的不当或错误，那么很可能这个条款是领导拍板定的。因为领导一拍板，法律条款中再有问题也就没有人敢提了。

每次人代会审议政府工作报告和审议计划报告也往往是重复的。如不再审议计划报告，如前所建议的代表大会也不审议法律，这样就能在有限的会议时间把议题集中于对政府政策的讨论和对预算的审查上。这样使代表大会主题更明确，精力更集中。

人民代表大会要真正行使权力，就必须让它有充分的时间讨论决定问题，所以首先要延长会期。常委会主要议程是审议法律，现在由于采取笼统审议的办法，委员们又缺少对法律草案的了解，所以，审议时委员们发表不出什么意见，一个法律草案审议一天半天只要是稍专业一点的法律草案委员们就没有话说。如果在增强常委会组成人员能力的基础上，对法案采取逐条审议和辩论的办法，必将大大有利于提高审议质量。而这样做必然要延长会期。

取消常委会分组审议法案的方法，一律采用全体会议的审议方法。从过去的经验看，小组会审议议案时，代表发言比较随便，很少准备，而大会审议发言都比较慎重，认真准备。小组会各说各的，有的自弹自唱，整个会议缺少相互交流。大会审议能在广泛的范围交流，产生火花，形成辩论。小组会不容易集中意见，而为工作机构掌控修改权提供方便。大会发言辩论意见大家都清楚，可直接反映到法律草案中去，可大大减少工作人员集中意见的随意性。总之，大会审议发言辩论有利于提高会议的审议能力，提高审议质量。

这里虽然只提有限的几项议程改革建议，但这些改革也将大大有利于提高常委会和代表大会的工作能力，从而有利于发挥人民代表大会的作用。

（六）改革人大常委会工作机构的工作方式

现在人大常委会工作机构的工作方式基本上是一种行政化的组织和工作方式。由于工作机构行政化的运作，使人大常委会在某种程度上成为常委会领导和常委会工作机构的木偶。行政机构服从于常委会秘书长，秘书长服从于常委会主要领导。所以，整个常委会的工作机构在为秘书长和常委会主要领导少数人服务。从而使常委会工作机构成为一个高度集权的行政化机构，它提供的服务作为一种资源集中在少数人手里。而常委会审议或代表大会审议议案都是一种分散状态，代表就是由于他们缺少资源信息难以提出议案和对议案发表很充分的意见。这就给工作人员和领导取舍意见提供方便。这种服务机构实际上为常委会领导决定着整个常委会的运作和会议的程序创造了条件。

之所以产生立法机关行政化的问题，与人民代表大会会议开会的方式和人大常委会工作机构提供的服务有关。从开会方式上看，如审议法律草案由常委会组成人员在会上发表一通意见后，由于没有实行修正案的方式和逐条表决的方式由委员们来决定怎么修改，而是由法制工作机构根据大家发表的意见来取舍吸取哪些意见，不吸收哪些意见。这样会使法律议案的具体修改掌握在常委会工作机构手里。代表或委员们的意见实际上只起着一种参考作用。要改革开会方式，采用科学民主的集中意见的方式，才能避免工作机构和领导个人操控会议，改革常委会工作机构的服务方式也很重要。

现行常委会的工作机构都是为常委会领导提供服务的，而对人大代表或常委会组成人员基本上不提供服务。于是出现一些有责任的代表自行做广告征求民众意见和自费起草法律议案情况。要增强代表的能力就应给代表或委员提供服务。在人大代表目前兼职制的情况下，难给常委会组成人员或代表专门配备工作人员。可以通过改变现行常委会工作机构工作方式的方法改善这种情况。让常委会的工作机构由只面向领导改为面向全体常委会组成人员，为他们提供公共服务，如提供信息咨询、研究报告和起草、审议法律议案等服务。常委会除了现有的联络局为他们提供服务外，常委会的法制工作委员会、研究室、图书馆、信息中心等机构都对代表实行开放性服务，人大代表或常委会组成人员都可以要求常委会机构的工作人员为他们提供与人大工作有关的各种服务。这样常委会的立法、研究等服务机构的人员就要成为某方面的专家，由他们直接面对代表和常委会组成人员，而不只是在行政机构为领导服务。这样工作人员的业绩留给服务对象——代表评定，哪个工作人员提供多少服务和服务好坏通过评定就可看出来，从而使常委会摆脱行政化的工作方式。只有提供有效的服务，使他们全面了解情况，才能增强每个代表或委员的工作能力，从而增强整个常委会的能力。

要使我国人民代表大会真正成为人民的代议机关，实现人民主权的宪政设置，不断进行改革和完善是绝对必要的。要落实它的权力，发挥其作用，还有很长的路要走，这里提出的一些改革建议，仅仅是很现实、充分考虑其可行性后才提出的。尽管有些改革是很细微的，但是每一步的改革都会给人民代表大会带来变化和活力。而千里之行始于足下。

一…个…人…大…研…究…者…的…探…索

立法理论与实践

立法权与立法权限[①]

——立法问题系列研究之一

立法权与立法权限，是立法理论研究与立法实际工作中遇到的一个重要理论和实践问题。在理论上，由于对立法权的理解、认识不一，引起长时期的关于立法体制的争论，如我国是一元立法体制，还是多元立法体制等。在实践中，由于有关国家机关的立法权力界限不清，引起立法工作一定程度的混乱，以致影响了国家法律的统一。应高度重视解决这些理论和实践问题。本文试图就此作一点探索。

一、立法权

宪法对立法体制作了以下规定，全国人大和全国人大常委会行使国家立法权；省、直辖市的人大和它的常委会，在不同宪法、法律、行政法规相抵触的前提下，可以制定地方性法规，报全国人大常委会备案；民族自治地方的人大有权依照当地民族的政治、经济和文化的特点，制定自治条例和单行条例。自治区的自治条例和单行条例，报全国人大常委会批准后生效。自治州、自治县的自治条例和单行条例，报省或者自治区的人大常务委员会批准后生效，并报全国人大常委会备案；省、自治区的人民政府所在地的市和经国务院批准较大市的人民代表大会根据本市的具体情况和实际需要，在不同宪法、法律、行政法规和本省、自治区的地方性法规相抵触的前提下，可以制定地方性法规，报省、自治区的人民代表大会批准后施行，并报省、自治区的人大常委会和国务院备案。

上述规定引起了一个理论问题的争论，上述提到的立法机关都有

① 原载《全国人大常委会办公厅研究室材料》［1992］第5号，后发表于《法学研究》1993年第5期。

立法权吗？国家的立法权是一个还是多个，我国是一元立法体制还是多元立法体制？弄清这个问题，需要从立法权的含义开始研究。

什么是立法权？立法权就是以国家名义制定法律的权力。立法权是国家的一项权能。《宪法》第 58 条规定，全国人大和全国人大常委会行使国家立法权，可见，立法权是全国人大及其常委会的一项专有权力。

这一观点可能会引起一些人的异议，现在法理学界普遍流行的观点认为，我国存在两元或多元立法体制，因此，国务院有立法权，地方有立法权，甚至中央军委也有立法权，等等。我们认为，按严格的法律意义讲，这些说法是很不确切、很不科学的。

我们知道，法律一词在法理学中有广义和狭义的两种解释。广义的法律是指由国家机关制定或认可的，由国家强制力保证执行的行为规范的总称。狭义的法律是专指国家立法机关（即国家最高代表机关）制定的，由国家强制力保证执行的行为规范的总称。人们为区别两者和准确地使用概念，通常把前者称为“法”，把后者称为“法律”。然而，根据宪法规定的确切含义，法律就是指由全国人大及其常委会制定的行为规范。由此而得出，严格科学意义上的立法权就是指全国人大及其常委会制定法律的权力，这一观点基于以下理由：

第一，立法权是国家的一项权能，它是国家主权的表现。一个国家（单一制国家）的立法权只有一个，它是由主权的代表机关行使的。当然，我们说立法权是统一的一个，不等于说立法机关也只能是一个。立法工作可以是由不同机关行使的，但我们不能反过来说，从事立法的机关都握有立法权，就好比我国的土地归国家所有，但可以由农民集体或个人耕种一样，我们不能说使用这些土地的农民都有土地所有权。

第二，立法权这一概念是相对司法权和行政权而言的。立法权只能由国家主权的代表机关行使，这是早期启蒙思想家们阐述得非常明白的观点。这一理论仍在各国的实践中，并没有过时。现代国家事务复杂，立法工作已不像过去那样为议会专有，政府和地方也从事大量的立法工作，但没有根本改变议会是国家立法机关的性质和地位，也不能因此而得出结论：国家立法权被分解。在世界许多国家宪法上和理论上，仍坚持立法权是议会的专有权力，不承认政府有立法权。例如，日本宪法第 41 条规定，“国会是最高国家权力机关，是国家唯一的立法机关”。美国宪法第 1 条规定，“本宪法所授予的立法权，均属于由参议院和众议院所组成的合众国国会”。法国宪法第 34 条规定，“所有法律均须议会通过”。比利时宪法第 26 条规定，立法权由国王、众议院和参议院共同行使。西班牙宪法第 26 条规定，总议会执行国家立法权，意大利宪法第 70 条规定，立法职能由两院集体行使。上述国家都存在政府立法的事实，但并不因此认为政府就享有立法权，而认为政府立法是从属于议会，是议会委托给它的权力，并受议会严格控制的，政府立法只不过是议会立法权的一部分。所以，政府立法被称为“授权立法”或“委托立法”。在我国，全国人大是国家最高权力机关，享有国家立法权，我们更没有理由谈论立法权已分解为政府立法权和地方立法权，这与宪法规定的全国人大和国务院的性质不相符合。

第三，我国虽然存在国务院、省级人大、民族自治地方人大和较大的市的人大的立法活动，但它们都没有独立的立法权，其立法工作都只是全国人大立法权的一部分。表现为：这些立法都要以宪法和法律为依据；立法目的是把法律具体化，使法律得到实施；这些立法规范不能创设法律没有规定的新的权利和义务，而只是把法律局部化、地方化、具体化；这些规范没有独立的强制力保障，而是依靠法律设定的强制力才能保障实施，政府和地方立法在涉及对公民和社会组织进行处罚的时候，都必须有法律根据，不得超出法律处罚的严重程度，并且由国家统一的司法和执行机关保障实施；这些立法在违反宪法和法律时，要被全国人大常委会改变或撤销。以上都说明，国务院、省级人大虽都可以从事立法活动，但不能说它们具有立法权，我国的立法权就是一个，它是统一的，不可分割的，并且只属于全国人大及其常委会。当然，如果把政府立法权和地方立法仅仅看成是它们有这么一项工作或职能，也不是不可使用政府立法权和地方立法权的概念。但必须明确的是，它们不具有独立的立法权，国务院的立法活动，只是它行政管理权的一部分。我国不存在“二元立法”或“多元立法”体制。

二、立法权限

主张国家立法权是统一的，属于最高国家权力机关，但不等于说我国行使立法权和从事立法活动的机关也只能是一个。相反，立法工作可以由不同的国家机关承担。就像财产的所有权可以权能分离一样，所有、占有、使用、处分权可以分开行使，立法权也可将其分为所有权与使用权。根据法律，我国立法权只归全国人大及其常委会所有，但是，国务院、省级人大、民族自治地方的人大和较大市的人大，都不同程度地享有立法使用权。既然立法使用权可由不同机关行使，那么，就会产生各立法使用机关立法权限的划分问题，我们讲立法权的划分，是讲立法使用权的划分。

（一）全国人大与常委会的立法权限

《宪法》规定，全国人大有权制定刑事、民事、国家机构的和其他的基本法律；全国人大常委会有权制定除应当由全国人大制定的法律以外的其他法律。在全国人大闭会期间，全国人大常委会可以在不得同该法律的基本原则相抵触的情况下，对全国人大制定的法律进行部分补充和修改。这样，全国人大与它的常委会在立法权限上的误区至少有以下三点：一是应由全国人大制定的“基本法律”的范围是什么，特别是基本法律中的“其他基本法律”包括什么内容？二是全国人大常委会有权对全国人大制定的法律进行部分补充和修改，其中“部分”的含义是什么？补充修改多少才是“部分”？三是“不得同该法律的基本原则相抵触”的确切含义是什么？

第一个问题，关于全国人大制定“基本法律”的范围。《宪法》规定，有关刑事、民事、国家机构方面的法律是“基本法律”。所谓“刑事法律”，就是所有有关涉及犯罪、刑事处罚和刑事处罚程序的法律。刑事处罚是指剥夺公民人身自由，剥夺生命和财产，以及剥夺政治权利的法律。“民事法律”是指涉及处理公民财产和亲属关系等的法律，如规定公民民事权利义务、所有权、债、婚姻、家庭和继承等，以及民事诉讼程序的法律。“国家机构的法律”，就是所有关于国家机构的选举、组织、职权和行使职权程序，以及自治方面的法律。应该说，上述这些基本法律规定是明确的，不会有太大的异议。问题是“其他的基本法律”的范围是什么呢？这就需要加以认真地分析和研究了。

从以往立法实践看，全国人大制定了以下一些“其他基本法律”，如《国籍法》、《兵役法》、《中外合资经营企业法》、《中外合资经营企业所得税法》、《个人所得税法》、《外资企业所得税法》、《外资企业法》、《中外合作经营企业法》、《工业企业法》、《经济合同法》、《义务教育法》、《行政诉讼法》、《村民委员会组织法》（全国人大授权常委会制定）等。

从法律的重要性看，应该说以上多数法律是很“基本”的，如涉及公民的国籍、兵役义务、纳税义务和对国家机关的诉讼权利等方面的内容，当属基本法律，还有关于对外开放方面的法律，涉及国家主权和国家利益，也属于基本法律。但有些法律，是否属于基本法律，就值得讨论了。如果把这些法律同全国人大常委会制定的法律相比较，就会发现以下问题：

第一，有些宪法明确指明是“基本法律”范围的，却由全国人大常委会立了法。如《民事诉讼法》（试行），属于民事程序的法律；《惩治军人违反职责罪暂行条例》，属刑事法律；《人民解放军选举人大代表的办法》，属国家机构方面的法律。

第二，从事物的性质和重要性看，有些相对重要的法律由全国人大常委会制定了，而有些相对次要的法律却由全国人大制定了。涉及公民宪法基本权利和自由的法律，如《游行示威法》、《逮捕拘留条例》、《治安管理处罚条例》等，却由全国人大常委会制定，而《经济合同法》纯属经济关系的技术性法律，却由全国人大制定。

第三，有的法律性质和重要性差不多，但有的由全国人大制定，有的又由常委会制定。如《企业法》与《破产法》，其重要性应该说是差不多的，甚至后者更重要。因为《企业法》主要涉及企业的登记管理和企业内部关系等问题，基本属于政府管理职能问题，而《破产法》不仅涉及企业破产宣告、财产清算等国有财产的处理，而且涉及公民的劳动权利、生活保障等公民基本权利问题。但是，前者由全国人大制定，而后者却由全国人大常委会制定。村民委员会组织法和居民委员会组织法同属基层群众自治法律，前者列为全国人大立法范围，后者列为常委会立法权限。

以上情况说明，全国人大与常委会立法权限目前尚不十分明确，实践中，哪些法律草案提交由全国人大审议通过，哪些法律草案提交全国人大常委会审议通过，由委员长会议判断，看来目前还缺乏具体准确的判断标准。根据有关法律精神和事物的性质分析，我认为“其他方面的基本法律”的范围应包括：

1. 涉及宪法规定的公民基本权利义务的立法。直接落实宪法第二章公民的基本权利和义务的立法主要内容有：为保障公民政治权利和自由而制定的有关言论、出版、集会、结社、游行示威方面的法律；为保障宗教信仰自由、人身自由与安全的法律；直接保障实现公民的社会经济、文化权利方面的法律；制定公民履行宪法义务等方面的法律。

2. 重要的经济立法。据有关资料，1982 年制定宪法时，曾考虑明确将“经济的”法律列为基本法律内容，但考虑经济法的内容不很明确，且十分广泛，当时理论界对经济法的范围也存在争论，故没有这样做。可是，经济方面的法律是全国人大制定基本法律的重要内容，但把所有经济法列入“基本法律”范围也似显不当，只有重要的经济法律才可列为“基本法律”之列。这主要应是涉及国家经济计划、财政预算、税收、所有制和国家所有权的转移，以及重要的涉外经济方面的立法。

3. 涉及国家公职人员权利义务方面的立法，如规定公务员的地位，公务员身份的取得和待遇方面的法律。

4. 有关司法诉讼方面的法律，如行政诉讼法，或若要制定宪法诉讼程序方面的法律，都属此类。

这样，全国人大制定基本法律的范围就是以下七个方面：刑事的，民事的和国家机构的法律，公民基本权利义务的立法，重要的经济立法，以及关于公务员制度和司法诉讼制度方面的立法。

第二个问题，“部分”补充和修改的范围有多大。为弄清这个问题，不妨还是从全国人大常委会对“基本法律”的一些修改补充的情况分析入手。全国人大常委会比较大规模补充修改的法律有：《刑法》、《刑事诉讼法》、《选举法》和《地方组织法》。据统计，对《刑法》的补充修改至少有 13 次，这些补充和修改，不仅涉及犯罪、刑事责任、刑罚的具体运用、法定刑等内容，而且对诸多罪名，甚至对《刑法》的某些原则如溯及力原则也进行了修改，如果算修改补充涉及的条文，恐怕至少占刑法条文的30%以上。1979年制定了《选举法》和《地方组织法》后，进行过两次修改，1986年由常委会“对两法”所进行的修改补充条文，分别占36%和44%，这些都算是“部分”补充修改吗？

我认为，确定是否属于“部分”补充修改范围，应至少有两项标准，一是内容标准，二是数量标准。内容标准要求，全国人大常委会在对基本法律进行补充修改时，既不得修改法律的指导思想、基本原则，也不能修改根本性的条文。什么是根本性条文，它是法律中最重要的，修改它会影响其他许多条文，甚至影响整个法律。例如，《逮捕拘留条例》第3条，规定了逮捕的条件和例外情况。这就是最根本的条文，其他条文只是规定怎么逮捕，没有这一条就没有这个法律。又如对刑法修改补充不能改变罪行法定、不溯及既往、罪刑相应、罪责自负等原则，不能改变刑罚的种类和增减罪名。对《刑事诉讼法》的修改就不能改变公检法三机关分工制约、相互监督，以事实为根据、以法律为准绳，适用法律平等，公开审判，上诉不加刑等原则，不能剥夺被告人的辩护权、上诉权等。对《选举法》、《地方组织法》的修改就不能改变选举权平等原则，差额或等额选举原则，扩大或缩小提名候选人范围等。数量标准要求，全国人大常委会对基本法律的修改不能把它改得面目全非，“部分”补充修改应有个总量限制，如所补充修改的法律条文总数不得超过1/3。总之，“部分”应该有个量的规定，不能是无限制地修改，使基本法律经几次修改后全换了一遍条文，或换了一半以上的条文。

第三个问题，“不得同法律的基本原则相抵触”的含义是什么。每个法律都有些基本原则，这些原则，在有的法律中是明确规定的，如有的专章规定基本原则，有的在“总则”中规定了基本原则。在有的法律中是暗含的，这在具体分析每个法律时也不难找出。修改补充法律时，不得相抵触的方面并不仅仅限于“基本原则”，还包括法律的“指导思想”、“基本任务”。关于“相抵触”的含义，在下面地方立法权限中要专门讲到。

（二）全国人大与地方人大的立法权限

中央与地方的立法权限，在不同国家，根据不同的国家权力来源理论和国家结构确定。

地方主义的国家权力来源理论认为：国家是由组成它的基本行政区域构成，国家的权力由地方转让或赋予，由此而得出划分国家权力的原则是：中央只能行使法律明确规定的权力，法律没有明确规定给中央行使的权力由地方或人民保留，与此相应的制度，一般是实行以地方分权自治为基础的联邦制国家结构形式。

国家主义的权力来源理论认为，国家权力由人民直接赋予，地方权力来自中央，由此而得出，地方的权力由法律明确规定，法律没有明确规定给地方的权力，地方不得行使。在一些权力归属不明确的时候，原则上由中央确定。与此相应的制度，一般是单一制的中央集权式的国家结构形式。

在划分中央与地方的立法权限时，世界各国一般有以下几种方式来确定：一是宪法明确列举中央与地方的立法范围，把中央和地方的立法范围在宪法中一一列举，有的还明文规定，哪些事项由中央专属立法，哪些事项由地方专属立法，哪些事项由中央和地方共同立法。共同享有立法权的哪些事项，中央没有立法的，地方可以先立法。中央已经立法的，地方不得立法。地方先行立法的，中央立法后取代地方立法。

二是所有法律都由中央确定立法原则，地方再根据法律原则制定适合本地方的具体法律、具体措施和实施细则。这实际上是地方与中央共享立法权，地方立法权是中央立法权的一部分。

三是用列举加推定方式确定，有些国家宪法只列举中央的立法事项，把未列举的推定为地方的立法权限。这样规定的目的是为限制中央的立法权力。有的国家只列举地方的立法事项，把未列举的推定为中央的立法权限，目的是限制地方的立法权力。

不论上述哪种情况，都不可缺少地要采用根据有关原则来确定中央与地方立法权限的方法。因为，不管是否列举立法范围，都不可能把立法内容列举穷尽，所以，需要按地方与中央两种不同的权力来源理论来处理那些不明确的立法权的归属。

在我国，确定全国人大与地方人大立法权限的依据是：民主集中制原则指导下的统一的、单一制国家结构；中央与地方国家机构职权划分遵循在中央统一领导下，充分发挥地方的主动性、积极性的原则；地方人大的职权主要是保证宪法、法律、行政法规的遵守和执行；审查决定地方的经济建设、文化建设和公共事业建设计划。根据上述原则，对中央和地方立法权限可作如下划分。

中央的立法范围是：

1. 有关国家组织机构、政治制度建设、国防、外交方面的法律，由中央专属，不得由地方行使立法权。如国家机构的组织、公职选举和公务人员制度、司法制度、地方国家机构和地方自治制度的原则等方面，由中央立法，地方不得染指。这些法律除少数法律外（如选举法），甚至都不用地方制定实施细则，由中央立法一次完成。

2. 涉及落实宪法确定的公民基本权利的法律。如对公民人身、生命、自由、财产等方面的限制和设定义务，对公民参与国家事务的政治权利，对享有社会经济文化权利的限制和剥夺等方面的法律，也只能由中央制定，地方只能依法制定实施细则。

3. 有关经济制度、商品流通、财政金融等方面的立法。包括国家经济政策和经济活动原则、财政金融体制、国家经济社会发展计划、预算决算体制、各种税收法律、宏观经济调控手段、货币信贷制度、价格工资制度、度量衡制度、涉外经济贸易体制、国营企业制度、交通通讯、土地制度、公共资源的管理和利用的原则等，都应由中央行使立法权，地方可依法制定实施办法或地方性规定。

4. 社会方面的立法，在中央确定一般原则下，主要由地方立法。这些方面主要是教育、卫生、市政建设、公共福利、慈善公益事业、环境保护等。

地方立法权范围是：

1. 为在本地区实施法律，制定法律实施细则，如政治方面的法律，都只能在中央制定法律的情况下，由地方人大制定适合本地的实施细则和办法等。如为保证选举法的实施，制定选举法实施细则。为保证游行示威法实施，制定各地的实施条例，为贯彻民族区域自治法而制定实施条例。

2. 根据本地区的实际需要和特殊情况，依法定职权自主制定法规。这主要是有关地方政治、经济、文化建设和公共事业建设方面的法律，如各地有关人大自身建设的问题、议事规则、任免办法、代表联系办法等都可由地方自行立法。地方经济发展政策、集资管理办法、普及义务教育、市政建设、文物保护、文化建设、环境卫生、民政事业、公共福利、妇女儿童、老人和残疾人保护等，都可在中央确定的原则下，地方自行立法，在中央没有立法的情况下，地方可先行立法。

3. 对法律不应当也不可能涉及的一些问题，由地方专属制定法规。如市场管理、城市交通管理、河流湖泊的管理、房屋拆迁、城市绿化等，这些完全属于地方、城市的具体事务，国家法律不必去涉及这些具体问题，也没有必要去制定这些法律，由地方完全自主立法。

4. 根据授权立法。五届全国人大常委会第二十一次会议作出授权广东省、福建省人大及其常委会，可根据经济特区的具体情况和实际需要，制定特区有关单行经济法规。授权的意义表明，在授权范围内的立法权原应属中央行使的，在授权后中央没有立法的，被授权单位可以先行制定这方面的法规。

5. 民族自治地方人大根据当地和本民族政治、经济和文化的特点，颁布自治条例和单行条例。民族自治地方立法有三种情况：一是自治条例，是民族自治地方人大依宪法和法律规定的权限，为实现少数民族的自治权，结合本民族特点而制定的管理地方事务的条例，可规定自治区域内政治、经济、文化等方面的内容。二是单行条例，是民族自治地方人大解决自治某方面的问题，从当地民族特点出发，保护民族特殊利益而规定某一方面的事务。三是为实施法律，根据本民族地区的特点和实际情况，对中央立法采用变通办法和补充规定，这些规定部分可突破中央的法律规定。

地方人大在进行上述方面的立法时，应遵循总的指导原则是，“不得同宪法法律、行政法规相抵触”。什么叫相抵触？地方性法规违反宪法法律和行政法规，或者与它的规定不一致时，就叫“抵触”，有以下几种情况：（1）违反。法律规定可以或应当为某种行为，地方性法规禁止该行为，或者完全相反的情况。（2）超越。法律已对某事作出规定，地方性法规超出法律规定，设定新的权利义务，或限制其权利，增加或减免义务，或增加法律对某违法行为的处罚种类或处罚幅度。（3）没有法律依据，有些问题，中央没有立法，地方能否自行立法？对此不能一概而论，如果地方立法超出以上所说的地方自主立法权的范围，行使了应由中央专属立法权的范围，就是没有立法根据，也是一种“相抵触”。

（三）全国人大与国务院的立法权限

议会与政府立法权限的划分，在国外是严格按三权分立的原则进行的。在过去，议会根本不承认政府有权制定法律。只是20世纪初以后，议会面临大量的，复杂的社会、经济问题和急需解决的社会紧急问题而无能为力，政府趁机而入，公布大量的规章和命令，以解决这些问题，获得成功。于是迫使议会放弃了对立法权的垄断，承认政府可制定法规的权力，但让渡给政府的立法范围是有限的，并且根据宪法三权分立的原则，立法权属于议会，政府的立法只是议会授予或委托的，政府还可发布规章。这样就出现政府与议会立法权限的划分问题。

各国的做法大致有两种：在多数国家，议会的立法范围是不受限制的，行政立法只限于对议会立法的实施、补充，纯行政管理的具体措施和议会的明确授权。少数国家，对政府立法范围有比较明确的规定，限定议会立法只能在一些领域制定原则，具体法律由政府制定。如法国宪法规定，有关国防总的组织体制、地方单位的行政自主权及其管辖范围和财源，教育、财产权、商业债权制度、劳动权、公共权等方面，在议会确定基本原则的情况下，由政府立法。总之，现代各国政府立法权限基本还是限于授权立法，技术性立法，紧急问题立法和纯行政管理措施等方面。

确定国务院制定行政法规的权限只能根据宪法的有关规定。宪法的表述是，国务院有权“根据宪法和法律制定行政法规”，因此，得出它的立法权限是：

第一，依法律。为实施全国人大及其常委会的法律而制定行政法规或实施细则，就是说在法律已作出规定的情况下，国务院才可根据法律，并旨在贯彻实施该法律而制定行政法规或实施细则。这类立法只能从法律原则出发，对有关法律具体化，立法应符合原法律的基本含义和精神，遵循法律所指示的目标，不能超出原法律规定再设立法律未规定的新的权利和义务。立法实践中，凡是有关经济建设、教育、科学、文化、卫生、民政、公安等属国务院行政管理权范围内的问题，由全国人大制定法律时，一般都规定由国务院制定行政法规或国务院及其主管部门制定实施细则。

第二，依职权。《宪法》第89条对国务院职权作了规定，其中属国务院职权范围内纯具体行政管理性事务和技术管理事务的，国务院可自主立法，而不需要以全国人大及其常委会的法律为依据。行政管理事务诸如：工商管理、工业产品购销、农副产品购销、生产许可证、交通管理、集市贸易政策、医药管理、广告管理、物资管理等方面。有关技术性很强的立法，由全国人大立法比较困难也无必要，也由政府自行制定。如建设工程勘察设计合同、技术引进的设备进口条例、外贸仲裁程序、产品质量监督、排污标准等。这些方面国务院可自行制定行政法规，并且也只能由国务院来制定这些规定。

第三，授权立法。除上述依宪法取得的立法权外，国务院制定行政法规的另一权限是根据全国人大及其常委会综合授权或专门授权取得。综合授权有，1985 年六届全国人大第五次会议授权国务院在经济体制改革和对外开放方面可以制定暂行规定或者条例。国务院获得两次专门授权是，1983 年六届全国人大常委会第二次会议授权国务院对职工退休退职办法进行部分修改和补充。1984 年六届全国人大常委会第七次会议授权国务院改革工商税制发布有关税收条例试行。授权立法就是说被授权的立法范围本属于全国人大及其常委会的立法范围，如果没有授权，国务院不能在这些方面作出设立实体权利义务的规定，授权后国务院在这些方面可在没有法律规定情况下，先行作出设定权利义务的规定。授权对象必须遵循授权范围和授权时限进行立法，否则，超出授权范围的立法是无效的。

这里，综合授权立法的范围是比较含糊的。“经济体制改革和对外开放方面”的范围是非常广泛的，这等于把有关经济方面的立法都下放给国务院，国务院在这方面进行的自主立法都是合法的。就是说，在这方面，国务院可以创设一些法律没有规定的社会新规范，但不能认为国务院有权违反或超越法律已有的规定。实际上，经济体制改革和对外开放方面的一些重要法律，仍然还是由全国人大或常委会制定。所以，究竟哪些已授权给了国务院，哪些法律仍由全国人大或常委会制定，由人民代表大会决定。

正确理解“立法从实际出发”的指导原则①

——立法问题系列研究之二②

“立法从实际出发”是我国制定法律的一项重要指导原则，也是立法工作一条行之有效的经验。近10多年来，我国立法工作取得了重大进展，制定了一批适合我国国情、具有中国特色的社会主义法律，是同遵循这一原则分不开的。但是，在实践中，有的同志对这一原则往往作狭隘的肤浅的理解，给立法工作带来了一些不利影响。在加快改革扩大开放的形势下，要使立法工作更好地为社会主义现代化建设和改革开放服务，就有必要对立法从实际出发的原则作出正确的阐述，并剔除某些错误的理解。

立法从实际出发原则中所讲的实际，不是静态的，而是动态的。不是简单地指现实存在，而是既包括现实的实际，也包括历史的实际，重要的是从历史和现实的矛盾运动中寻找事物发展的客观规律。我认为，下述几点对该原则的理解是不恰当的，应加以澄清。

---

① 1992年中共中央提出建立社会主义市场经济体制的目标。时任委员长万里多次提出要加快立法，以适应市场经济改革的需要，他提出大力借鉴、移植外国立法经验的问题。八届全国人民代表大会乔石委员长提出建立社会主义市场经济法律体系，必须改变长期以来经验主义的立法观念。我接到研究室领导交待的任务，给领导起草一个讲话稿，对立法工作提出点新思路，改变当前立法严重滞后的状况，使立法能指导、推动改革。但当时前经验主义立法，即法律是实践经验的总结和是政策的法律化的观念非常深。要使法律起指导推动改革的作用，必须打破经验主义的立法观念。本文就是在起草那个讲话中所作的理论思考和论证。乔石在八届全国人大常委会第二次会议上提出法律有引导改革的作用，这与过去法律保障、规范改革的提法有很大的不同。乔石《关于社会主义市场经济立法的问题》，参见刘政、于友民等主编：《人民代表大会工作全书》，中国法制出版社1999年版，第1048页。

② 原载《全国人大常委会办公厅研究室材料》［1992］第7号，后发表于《中国法学》1993年第1期。

其一，把“立法从实际出发”简单地等同于从现实出发，把法律看成是现实的写照和确认，只有现实能做到的东西才能立法，否则，就指责立法“超前”，不符合实际而反对立法。

应当说，主张立法必须从现实出发并没有错，法律的一个重要任务就是把某些现实的社会关系规范化、制度化，使社会有良好的秩序和稳定性。但法律的功能不仅限于确认现实、保存现实社会的秩序和稳定。法律还有超前性，具有指导现实发展、变革社会的功能。这点被古今中外社会发展史和法制发展史所证明。中国古代史上有名的几次社会变革，如商鞅变法，王安石变法，包括清末变法等无不以制定、修改大量的法律开始。正是由于这些变革以立法为标志，所以给这些社会改革赋以“变法”之名。在西方，近代资本主义的发展，除经济这一根本原因外，还有三个重要杠杆：文艺复兴、宗教改革和恢复罗马法运动。中世纪后期罗马法的复兴，促进了资本主义经济的发展。资产阶级革命后又在“制定民法典中把古代罗马法——它差不多完满地表现了马克思称为商品生产的那个经济发展阶段的法律关系——巧妙地运用于现代的资本主义条件。以罗马法为中心内容的大量的商品经济法律的制定，有力地推动了现代资本主义的发展。任何社会、任何国家的法律都具有超前性，有指导现实社会发展和变革社会的作用。若法律没有这一功能，它就会成为一条僵死的绳索，束缚社会、窒息社会。正是因为它有这一功能，才使法律对人类文明社会具有如此永恒的魅力。

我国现行法律也是如此，大量的法律是指导社会发展的。譬如我国制定宪法时，宪法所要建立的一套民主制度已经完全成为现实了吗？宪法与其说是对民主的确认，不如说它是民主的目标。任何国家制宪时确定的民主制度，都不能说是当时现实的写照，而是把这个社会人们对民主的共识和理想确定下来，从而指导人们不断地为实现这种民主目标而奋斗。各国宪法与现实都是有距离的，只不过是距离的长短而已。宪法本身的特点就是纲领性和指导性的。彭真同志在谈到我国 1982 年宪法时指出，宪法“第一要着重现实，第二要面向未来，”说明宪法是超前的。又譬如，我国《婚姻法》早在 1950 年就制定了，当时所确立的原则是恋爱自由、婚姻自由、男女平等。显然，这些原则在当时远不是现实，而是一种新社会的理想。即使在这个法律实施40多年后的今天，这些原则也不能说完全实现了。但我们能因此而指责当初这个法律的制定是不符合实际的吗？

其二，把“立法从实际出发”看成只是从经验出发，没有成熟可靠的经验不能立法。法律教科书上还说，法律是党的政策的法律化、规范化、定型化，好像法律只能先有政策，并经过实践检验后才能立法。诚然，为了稳妥，强调立法应该在实践中探索，把成功的经验、政策上升为法律。但是，如果立法都等自己探索总结经验后再进行，就必定不能适应现实生活对立法的需要，更不能适应社会改革对立法的需要。主张“经验立法”的指导思想，是我国立法严重滞后，远远落后于改革开放形势的重要原因。在这种指导思想下，立法缺乏长远计划，头痛医头，脚痛医脚，哪个部门的立法积极性高，哪个法律就先制定出来，哪个法律难度大，即使现实迫切需要，也被长期搁置起来。法律不是积极指导、规范社会，而只是充当经验的尾巴，作为注释政策和补救政策失误的工具。

法律需要从实践经验和政策出发，但不能局限于从实践经验和政策出发。尤其是变革时代的立法是不能单靠以经验政策为基础的。这在古今中外不乏其例。1921年列宁为实行新经济政策而颁布大量的法令。日本明治维新后大量借鉴、移植以德国为主的西方国家法律。在19世纪70、80年代短短的20年内，日本颁布了一系列的法律，使国家的基本法律都得到制定，并通过立法完成了经济、政治和社会制度的全面改革。在20世纪30年代，美国罗斯福总统为摆脱经济危机，振兴美国经济，进行了大量的新政立法，在短短的3个月内向国会提出了70多个法案，成功地推动了美国经济的发展。这些立法变革运动都不可能是经验立法的结果。我国现实也有这方面的实践。1979年制定《中外合资经营企业法》时，就没有这方面的经验，它根据客观需要制定后，有力地推动了改革开放的发展。遗憾的是，10多年来，靠经验立法的观点严重影响立法的进展，使法律不能发挥改革推动社会的作用。

其三，把“立法从实际出发”理解为从现在的、自己的实践出发，而不善于学习、借鉴古代的和国外的各种经验。这样使立法的速度和立法的内容都受到限制。立法是对社会客观规律的总结和反映。在人类社会中，许多经济运行规律、社会生活规律和人们的行为规律，都有共同之处。所以，立法必须善于借鉴古今中外一切有益的经验。以适应客观实际的需要，这也是从实际出发。

彭真同志指出，我们立法时，不论外国的法律、法理，还是中国历史上的法律、法理，都要研究。对我们有用的好的东西要吸取，各种意见都可以“百家争鸣”。立法不能割断历史对外国的经验，不管是社会主义国家的，还是资本主义国家的，不管是英美法系，还是大陆法系，以及我国历史的经验，都要参考借鉴。万里同志也指出，为了加快立法步伐，外国以及我国香港地区一些有关商品经济发展的成熟法律，我们可以移植、借鉴，不必事事从头搞起。① 我国历史留下了丰富的法律遗产，包括各种法律制度、法律思想和法律文献，有的对现行立法有重要的参考价值。如古代刑法和行政法的有关制度，有关廉政、任官、治官、考试等一套制度，对我们的立法都有重要的参考、借鉴作用。西方近代立法有数百年历史，在调整社会关系、解决经济问题和国家管理问题等方面积累了丰富的经验，制定了一些有效的法律制度，其中有不少值得借鉴的地方。

现在的问题是，实践中学习借鉴时带有很多的框框，不敢大胆学习、借鉴、移植古代和国外的法律，往往把借鉴仅限于一种参考资料的性质。要使立法适应改革开放形势的需要，就要进一步解放思想，正确理解从实际出发、从国情出发的原则，大胆学习、借鉴、移植外国法律。即使不成功，走些弯路也没有关系。日本在明治维新后能在很短的时间内把法制建立起来，并通过立法完成对社会的全面改革，其经验就是直接仿效、移植法律。尽管日本在这个过程中也走过弯路，但还是迅速完成了这个过程。在明治维新初期，日本制定民法、商法等法律时，曾直接以法国有关法典为蓝本，有的还直接照搬照抄。由于日本情况与法国有很大的不同，移植的法律不能完全适合日本，因而法律制定不久就酝酿修改法律或宣布延期实施。在制定明治宪法后，日本转向移植德国法律，把各种法典按德国法典模式修订，结果移植获得成功，使日本在短期内完成了法制和社会的重建。当然我国与资本主义国家有着根本的不同。但是，人类社会生活、经济运

① 参见刘政、于友民等主编：《人民代表大会工作全书》，中国法制出版社1999年版，第1048页。

行规律，人的行为方式，人与自然关系的许多方面，有着不以人的意志为转移的共同之处。更何况，现代社会经济和信息的共享性增大，我国改革开放要投入到一个共同的国际经济市场中去，不学习、借鉴和移植某些国际的共同规则，不吸收某些先进的法律文化，就将无法参与经济的共同竞争。

在立法实践中，根据法律性质不同，可采取不同的借鉴方式：(1) 有关国际公法、国际私法和国际经济法的普遍原则和内容，可越来越多地通过批准加入有关国际公约或在立法中直接吸收而成为国内法。(2) 有关民事和经济方面的法律，如有关财产、契约、债务、继承、收养等民事法律；有关商标、专利、版权等知识产权保护的法律；有关公司、破产、防止不正当竞争等经济运行的法律；有关外国投资的登记、管理、税收等外资保护性法律；有关银行、股票、债券等金融方面的法律；有关产品质量、产品责任等消费者权益保护的法律；有关计划、价格、市场、税收等宏观经济调控方面的法律；有关资源的利用、开采、管理和环境保护方面的法律，等等，都可以大胆地学习、借鉴、移植历史的和外国的经验和法律，而不必等待自己的实践，摸索经验后再行立法。否则，让实践先行，迟迟不予立法，会引起长时间的混乱。即使待总结经验后立法，也往往残缺不全，行为短视。这是靠自己的经验立法，而不是站在总结社会普遍规律的高度上进行立法所造成的必然缺陷。(3) 政治方面的法律，也可以在认真研究其原理和精神的基础上，吸收有益的东西。有些政治方面的法律，如公务员管理制度、廉政建设等方面的法律，也有许多可供直接借鉴的地方。

最后，立法从实际出发就是要从客观需要出发，经济关系对立法提出了客观要求，及时立法就是从实际出发。相反，对这种现实生活的客观要求置若罔闻，迟迟不予立法，就不是从实际出发。从实际出发最根本的就是从客观规律出发。马克思认为法律是一种客观规律的表现。客观规律就是最大的实际。这些规律包括人与自然关系的一般规律，经济运行的一般规律，人们行为方式的一般规律，社会生活的一般规律等。由于规律是带普遍性、一般性的东西，它需要站在时代的高度和历史的高度，研究立法事物的规律和利益关系，而不必拘泥于一时一地的现实和实践，也不必事事要靠自己的实践经验才能立法。

立法解释[①]

——立法问题系列研究之三

立法解释是立法的补充形式，对补充、完善、修改法律具有重要作用。但我国的立法解释工作几乎没有开展起来，对立法解释的理论和实际运作的研究也很少。本文阐述立法解释的作用，并对立法解释的内容、方式和程序，以及解释技术作了初步探讨，以期引起对立法解释的重视。

在我国，立法解释是一个目前实践很少，理论研究也不多的问题。它作为立法的补充、修改法律的形式，对完善立法具有十分重要的作用。我国立法机关应大力加强这一工作。

一、立法解释的概念和作用

1. 立法解释的概念

立法解释是指制定法律机关作出的，为使法律准确适用对其条款的立法含义的明确说明。本文所说的立法解释，侧重于立法主体，指凡立法机关对它制定法律或法规作出的解释，既包括全国人大及其常委会对它制定的法律的解释，也包括国务院对它制定的行政法规的解释，以及各省级人大及其常委会对它制定的地方性法规的解释。立法解释严格限于立法机关对自己制定的法律、法规的解释，除此之外就不是我们所说的立法解释。如国务院对全国人大制定的法律进行解释，为行政解释；而学者对法律条文进行的解释则是学理解释。可见，立法解释的主体必须是有法律法规制定权的机关。

立法解释与国外的法律解释不同，国外的法律解释一般由法院进

---

① 原载《全国人大常委会办公厅研究室材料》[1993] 第 8 号，后发表于《中国法学》1993 年第 6 期，原标题为《论我国的立法解释》。

行，立法机关只立法而不负责法律实施的解释。我国立法机关解释法律是中国人民代表大会制度的特点。

立法解释的内容范围，按全国人大常委会关于法律解释问题的决议，是指对法律条文本身需进一步明确界限或作补充规定。所以，立法解释的内容是对不确定或不很确定的法律条文的含义分辨其歧义，明确其界限，补充有缺漏的法律含义，甚至扩充法律条文的基本含义。立法解释不是对法律实施中如何具体把握运用条文所作的说明，也不是对法律条文字面意义的理解说明。这些属于行政解释、司法解释、学理解释或法律解答。

立法解释是法律解释的一种。根据五届全国人大第十九次常委会《关于加强法律解释工作的决议》，把法律正式解释分为以下几种：(1) 凡关于法律本身需要进一步明确界限或作补充规定的，由全国人大常委会进行解释或加以规定。(2) 凡属于法院审判工作或检察院检察工作中具体应用法律的问题，分别由最高人民法院或最高人民检察院进行解释。如果“两院”解释有原则性分歧，报请全国人大常委会解释或决定。(3) 不属于审判和检察工作中的其他法律如何具体应用的问题，由国务院及主管部门进行解释。(4) 地方性法规条文本身需要进一步明确界限或作补充规定的，由制定法规的省、自治区、直辖市人大常委会进行解释或作出规定。凡属地方性法规如何具体应用问题，由制定法规的本级人民政府主管部门进行解释。

根据上述规定，一般把(1)称为立法解释，把(2)称为司法解释（或审判解释和检察解释），把(3)称为行政解释，把(4)称为地方解释。显然，这种分类只是简单从解释主体进行区分，而没有揭示法律解释的性质，而且法律解释的内容也偏窄，没有说明国务院对自己制定的行政法规解释属何种解释。如果对所有法律解释从内容和性质上加以分析的话，正式法律解释实际上只有两种：一种是立法者对由自己制定的法律需明确界限或作补充规定的解释，另一种是执法（包括司法）机关在执法中对如何具体应用法律问题所作的解释。前者称立法解释，包括全国人大常委会对宪法、法律的解释，国务院对行政法规的解释和省级地方人大常委会对地方性法规的解释。后者称执法解释，包括审判、检察和行政机关对实施法律中的问题所作的解释，以及国务院各部门、省级政府及主管部门对实施行政法规和地方性法规的具体问题所作的解释。

可见，立法解释是从法律解释的性质上去认识的，它相对执法解释而言，也包括国务院和省级人大常委会对行政法规、地方性法规的解释。之所以按法律解释的性质来划分，是因为同类解释的方法技术是一样的。

实践中，立法解释与法律实施解释的界限是个突出问题。由于立法机关对法律的解释保持沉默，司法机关在实施法律中，不明确的地方实践需要它作出解释，于是目前司法机关存在越权解释法律的现象。对此，只有立法者大力加强立法解释，才可能消除司法机关越权解释的问题。同时，理论上应重视研究立法解释与司法解释的界限问题。

2. 立法解释的作用

我国的立法解释是一种完善、补充法律的重要手段，又是介于立法和法律实施之间促进法律实施的一种技术。在某种程度上，立法解释对于衡量是否为违法行为具有决断作用。具体来说立法解释有以下作用：

（1）完善法律。法律作为一种社会行为的一般规则，有些规定只能是概念性、原则性的，具体操作起来，有些界限不好把握。而一些规则性条文，也会由于各种原因，产生用语不够准确，条文多歧义，含糊不清的问题。通过对法律的解释，可以将条文准确化，充分阐明法律条文的意义，明确行为界限，将原则性的东西具体化，弥补不周全的地方；从而使法律具有可操作性，保证法律准确良好地实施。针对法律在实践中暴露的问题，通过立法解释手段，使之不断完善。

（2）补充法律。法律是在一定的社会客观条件下制定的，不免带有时空的局限性。所以，有些法律规定本来就可能不很周全，有些可能有遗漏。特别是有的法律会随着新的社会关系出现而变得残缺甚至过时。通过法律解释，使不周全的法律得以周全，有遗漏的法律得以填补，并可以根据新的社会关系发展法律含义，对法律条文作比立法原意更广的扩充解释或转义解释，使某些词语和句子更富有包容性，而不用正式补充修改法律，使之适应形势发展的需要。

（3）修改法律。在有些情况下，立法解释实质上起着修改法律的作用，它可以改变法律原意，赋予那些已不适应客观现实的法律条文以新的含义。有些法律条文修改起来非常困难，而不修改又不能适应形势发展的需要，为此有时只有通过解释来打破窘境。当然，通过解释改变法律条文的原意必须十分慎重，应严格遵守解释规则，符合语词与逻辑规范。

立法解释具有修改法律的作用。但笔者认为不能公开允许和提倡以解释法律来代替修改法律，否则会对法制的权威和统一产生不利影响。解释法律和修改法律不是一回事。在国外修改法律是议会的权力，解释法律是法院的事。我国全国人大常委会虽可制定法律，又可解释法律，但是它可解释宪法，就无权修改宪法。显然允许以解释来代替修改法律是有害的。

（4）裁决违法行为。法律解释还有一种十分重要的作用，就是实际上起着对违法行为的裁决作用。法律解释往往是就某个具体问题或案件是否合乎法律而提出的，而很少作一般抽象解释，针对具体案件解释的结果，就必然是对某种或某类行为是否违法作出判断，从而制止违法行为。彭真同志说，“全国人大常委会有解释法律的职责，如果两方对法律的理解发生了分歧和争执，常委会一解释，必然肯定一方、否定一方，所以法律解释也包括有监督的意思在内”。解释法律实质上能起到裁决违法行为，监督、保障法律实施的作用。

二、立法解释的内容

1. 宪法解释。这是一项特殊的立法解释，与其他法律解释不同的是，宪法解释机关的专一性。它不存在对宪法的立法解释和执法解释的区分问题，对宪法的解释是最终性的、具有最高权威。宪法解释通常只能由一个专门的权威的机关来实行。宪法解释机关专一性，并不意味着只能由立法机关进行解释，相反，在西方国家，有权解释宪法往往不是议会，而是专门宪法法院、普通最高法院或者宪法监督委员会。在我国，解释宪法的机关是全国人大常委会，此外，任何机关都无权对宪法作出最终的有法律约束力的解释。

宪法解释的必要。解释宪法是宪法实施和发展的重要手段。这主要是因为：宪法虽然有些规则条文，但宪法规范的特点是原则性和概括性，其含义比较不确定，实施起来就特别需要解释。同时，宪法与其他法律相比具有更长的适用性，就是说，宪法需经得起历史发展的考验。一部好的、稳定的宪法，要能适应时代的发展，除了宪法制定得好以外，充分运用宪法解释手段是使宪法有生命力和宪法发展的一门重要技术。可见，要实现宪法规范的直接适用性和规范性，使宪法具有较强的适应现实能力，宪法解释是不可缺少的。

我国的宪法解释与宪法监督是一体。解释宪法就是为了使宪法得到适用实施。宪法实施很大程度上表现为按宪法原则精神去制定法律和规范，从而保障宪法得以落实。所以，实施宪法的关键是监督审查法律规范是否与宪法的原则精神一致。而要审查判断法律规范是否与宪法一致的前提，就要阐明宪法条文的含义。所以，宪法解释与宪法监督是不能分开的，各国情况大致如此。美国和日本的宪法解释与宪法监督都由联邦最高法院行使。德国和法国的宪法解释与宪法监督分别由宪法法院和宪法委员会进行。我国宪法解释与宪法监督由全国人大常委会进行。

宪法解释一般是因宪法实施过程中碰到具体的案件提起，通常不是事先抽象解释，而是事后的，随具体案件进行的。就宪法中原则性条文的立法精神、含义、行为的界限作出确定的说明，使人们能根据这个说明准确判断某一行为或法律文件是否符合宪法。

2. 对法律的解释。这里的法律是狭义的，指全国人大及其常委会制定的法律。法律从它在整个法律体系中的地位看，处于中间层次，上有宪法，下有行政法规和地方性法规。它的这种地位决定法律解释的重要性和广泛性。法律对社会规范的广泛性和它承上启下的地位，决定法律规范有双重特点。一方面，对社会行为作出具体规定，能直接适用，这是规则性条文。实践中，对规则性条文提出的解释，大量属于法律实施中对条文理解不同和具体应用性的解释，应主要由司法和行政部门解释。有些法律不是由司法和行政机关执行，而是由全国人大常委会及其工作机关直接实施的，如选举法、代表法、议事规则和有关国家机构的组织法等，实施中的具体问题，一般由全国人大常委会委员长会议或法制工作委员会解答。在法律的规则性条文中，也有少量涉及明确法律界限、含义和补充意义的解释。这才是真正意义上的立法解释。另一方面，由于法律适用广泛性要考虑各地方、各部门的具体情况和技术性问题，法律有时只能作比较原则的规定，因而有些原则性条文的适用往往需要解释。这些条文适用大多又是间接的，它依赖于其他法规和实施细则来落实。法规和实施细则与法律不协调和矛盾时，需要对法律进行解释。这方面的解释主要是立法解释。通过解释，以确定行政法规、地方性法规和其他规范性文件是否符合立法原则和精神。

对法律的立法解释权，宪法明确规定由全国人大常委会行使，所以在法律的附则中一般不规定解释权条款（许多行政法规和地方性法规都有解释权条款），常委会也很少将法律解释权授予他人。由于对法律解释权缺乏充分认识，加上两个月一次常委会难以适应实际中经常提出法律解释的要求，常委会实际上很少行使法律解释权。实践中，不管是对法律条文界限的阐明，还是法律适用中的具体理解问题的解释，都由执法部门和全国人大常委会法制工作委员会进行。于是，不断有学者批评全国人大常委会法律解释失职，最高司法机关、行政机关和法工委解释越权。全国人大常委会应重视解决这个问题，把立法解释权行使起来。解决这个问题有个相关的技术问题，就是区分法律解释和法律实施中具体问题解答的界限。当然，要想弄清这个问题的绝对界限是不可能的。目前，人大常委会能做到对一些重要的，特别是对有关国家机关和组织提交的对法律条文意义有争议的问题进行解释就可以。

3. 对行政法规的解释。国务院承担两种法律解释任务，一是对全国人大及其常委会制定的法律，国务院在实施中对具体问题所作的解释叫行政解释。另一种是国务院对自己制定的行政法规所作的解释，叫立法解释。我们现在研究的是后者。大量的行政法规是基于国务院行政管理职能而制定，一般比较具体，可直接执行，它不需要再制定具体规章或法规来贯彻实施，操作性比较强，因而需要作的立法解释较少一些。但实际上，由于立法的指导思想、经验和技术等问题，一些法规制定得比较粗，因而也需要国务院大力加强对行政法规的解释。

对行政法规的立法解释权法律没有明文规定，但根据法律解释体制的推论，毫无疑问是属于国务院的。根据现行的国务院颁布的行政法规情况看，凡国务院自行制定颁布的法规，有些在附则中明文规定由国务院解释；有的没有规定由谁解释；有些主要涉及部门管理和专业性较强的行政法规，明确授权由部门进行解释，如股票发行与交易管理暂行条例，在附则中明确该条例由证券委员会负责解释。如果是部门制定报国务院批准颁布的法规，大多都规定由制定部门解释。凡没有明确授权部门解释的行政法规，都由国务院解释。

4. 对地方性法规的解释。对地方性法规的立法解释权，法律没有明文规定，根据全国人大常委会关于加强法律解释工作的决议，省、自治区、直辖市的人大常委会对地方性法规条文本身需要进一步明确界限或作补充规定的进行解释或作出规定。可见，地方性法规的解释权由省级人大常委会统一行使。因为，这里的地方性法规包括：省、自治区、直辖市人民代表大会制定的法规和它的常委会制定的法规；省级人大常委会批准的省会所在地的市和较大的市制定的法规；民族自治州、自治县制定的自治条例和单行条例。

然而，在实践中，对地方性法规的立法解释并不是这么统一的。地方性法规对法规解释权现有四种情况：一是在地方性法规的立法程序法中规定立法解释权属省级人大常委会；二是在法规附则中规定法规解释权属人大常委会；三是在法规的附则中没有规定解释权条款；四是将法规解释权明确授予其他国家机关行使。笔者认为，不管在专门法规还是在具体法规中有没有规定立法解释权属省级人大常委会，根据全国人大常委会的决议，它都是属于省级人大常委会的。所以，如果不是对某一法规解释权进行授权，地方人大制定法规时，可以不必规定解释权条款。对解释权进行授权的，现在一般有这几种情况：对自治州、自治县的自治条例，一般明确规定解释权属于该自治地方的人大常委会。如贵州省的自治法规都对此作了规定。对省会所在地的市和较大市的法规的解释权，有的地方在制定法规程序的规定中，或者在具体法规中规定，由报批法规的市的人大常委会行使，如山东省人大常委会的法规制定程序法作了此规定。有的地方规定报批法规的市的人大常委会只有法规应用问题的解释权，如宁夏的地方性法规制定程序规定中有此规定。而四川省对成都、重庆两市制定的法规，有的附则中规定解释权是市人大常委会，有的规定解释权是市人民政府，有的规定为市政府的某个部门。有的地方将常委会议事规则的解释权授予主任会议，将常委会联系代表工作条例的解释权授予省人大代表工作委员会，有的直接将解释权授予政府及有关部门。可见，地方性法规的解释权各地实际做法是很不一致的。

三、立法解释的方式和程序

虽然我国法律和人大常委会的有关决定对立法解释权的权限范围作过规定，但是至今为止，我国立法解释工作还没有形成制度。全国人大常委会还没有宣称进行过某项解释。实际上作的一些解释也没有规范的形式和程序，这就给我们研究立法解释问题带来困难。如根据全国人大常委会关于法律解释问题的决议，立法解释可以以补充规定的方式进行。这样立法解释与补充法律的决定就难以区分。所以，下面的研究带有很大的探索性。

我国现行立法解释有几种形式：一是立法时，在法律附则中对法律条文中的一些名词进行解释。二是根据法定的立法解释权，由立法机关针对法律实施中提出的具体问题或带普遍性的问题进行解释。笔者研究的立法解释主要是指这种解释。三是有的法律在提请审议时的说明中，对法律的原则或条文进行解释说明，这也是具有一定法律效力的解释。

关于立法解释的方式，笔者认为，解释机关应明确宣称是对某法律条文进行解释。但从分析全国人大常委会至今为止进行的一些立法解释情况看，都是以专门决定或决议的方式进行的。下面就把笔者认为全国人大常委会作过的有关立法解释的决定作一列举：

（1）1955 年 3 月 10 日，全国人大常委会第八次会议作的第一届地方各级人民代表大会任期问题的决定，可以认为是对 1954 年宪法第 57 条关于地方人大任期问题的解释。因为第一次全国基层选举前后经历了一年多，时间参差不齐，如果不对任期作统一的解释，必然造成每年不断进行选举的状况（因直辖市、县、市、区、乡镇人大任期为两年）。这次解释确定地方各级人大任期一律从宪法公布那一天算起。

（2）1955 年 11 月 8 日，一届全国人大常委会第二十三次会议关于地方各级人民委员会组成人员是否限于本级人大代表问题的决定，可以认为是对 1954 年宪法第 63 条的解释。该条规定地方各级人民政府委员会的组成人员范围。但没有规定政府组成人员是否应该是本级人大代表。该解释明确政府组成人员正职应从本级人大代表中选举产生，副职一般也应从本级人大代表中选出，个别的可以不是人大代表。乡镇人民委员会成员应该都从人大代表中选举。

(3) 1955 年 11 月 1 日，一届全国人大常委会第二十六次会议关于地方人民法院院长和人民检察院检察长可否兼任人民委员会组成人员问题的决定。这是对宪法、人民法院和人民检察院组织法有关条文的补充说明。

(4) 1956 年 5 月 8 日，一届人大常委会第三十九次会议关于自治州人大和政府每届任期问题的决定。这是对《宪法》的补充解释，《宪法》第 57 条和第 69 条没有规定自治州一级人大和政府的任期。

(5) 1955 年 12 月 28 日，一届全国人大常委会第三十次会议关于国家主席和副主席休假或者外出期间，由全国人大常委会委员长接见外国使节的决定。这相当于对委员长职责的一个补充规定。

(6) 1983 年 9 月 2 日，六届全国人大常委会第二十次会议关于国家安全机关行使公安机关的侦查、拘留、预审和执行逮捕的职权的决定。这可以认为是对《宪法》第 37 条、第 40 条的解释，也有人认为这仅是对刑事诉讼法的解释和补充。

从上述情况可以发现，50 年代对宪法、法律的解释，比 1979 年以后还要多一些。其原因主要是，1979 年以后有关方面向人大常委会提出的法律问题大都由法制工作委员会作出答复，这其中包含了许多立法解释，由于法工委没有立法解释权，它的解释只能作为一般的法律解答，不具有法律效力，但对实际工作起指导作用。

这表明，以往人大常委会的法律解释均以决定的方式进行。由于决定未指明是解释哪一条法律，因而它的解释性并不明显。人们也往往把它作为法律的一般补充决定。

立法解释是全国人大常委会的一项宪法职权。行使此项职权，应明确以法律解释的名义进行，而不必以一般决定的方式出现。否则，法律解释与一般补充立法无法分清。

立法解释一般是针对法律实施中遇到的具体问题进行个案解释。针对有关问题，由有关机关向人大常委会提出法律解释议案。除现行法定的有提案权的单位外，笔者认为下列单位向常委会提出要求解释法律的建议，常委会应予以考虑：全国人大常委会法工委、办公厅、国务院各部委、省级地方人大常委会和人民政府。就一般来说，法律解释是针对具体问题提出，但常委会也可就法律实施中普遍存在的问题，主动进行一般抽象的解释。

由有关机关提出的议案和建议经法律委员会审议后，报委员长会议决定是否列入议程。列入议程后，由常委会审议通过。

法律解释议案的规范形式：首先，一定要指出被解释的法律条款；其次，指出需解释的问题；然后，说明需解释的原因；最后，提出解释建议。

法律解释的公布形式应该是：全国人大常委会对××法××条（款）的解释。

四、立法解释技术

立法解释技术是立法机关对法律进行解释的方法手段。掌握法律解释技术，运用巧妙的解释，能使行将死亡的法律条文重获生机，使落伍的法律跟上时代步伐，甚至指导社会发展。

法律解释的方法技术主要有以下几种：

1. 字面解释。对法律条文的词义作通俗的、符合其字面意义的解释，它严格按字面意义进行，从而使人们准确地理解把握法律条文的基本含义。这是法律解释的一般方法，这种解释主要用于有些语词多义、歧义的或是模糊的法律条文，解释在于确定它某一种含义，明确它的词义界限。字面解释的例子如药品管理法在附则中对什么是“新药”解释为：我国未生产过的药品。这种解释就是对词的字面含义、范围作出说明或界定。字面解释着力于字面的含义，不扩大、也不缩小，但解释时要注意把握整个法律条文的精神实质，防止断章取义。

2. 原意解释。着重从立法原意来解释法律的方式。采用这种解释是为防止解释法律时依现实对法律作随意发挥，从而确保法律的“本来面目”和真实性。很有名的例子是美国联邦最高法院布莱克法官对美国宪法第1条修正案规定保护公民宗教自由、言论、出版、集会自由，以及向政府请愿的权利的解释。该修正案通过后，美国政府屡屡想通过政府法规来对这些自由作必要限制。联邦最高法院法官布莱克1859年受理这一争端时，按立法原意严格解释宪法，坚持言论和出版自由的宪法保护，绝对禁止政府有权通过法规来对此加以限制。可见，运用立法原意解释在于维护法律的一些重要原则，以保证法律的权威性和严肃性。

3. 创意解释（又称扩充解释）。在法律原有含义的基础上，通过解释赋予法律新的含义。这种解释要遵守法律的基本原则和精神，要符合语言的一般规范，能为公众普遍接受，不可作随意、不合规则的解释。创意解释是以弥补法律条文原来的某些不足，使法律适应时代的发展，使法律充满现实生命力的有效手段。例如，在 1993 年修改《宪法》的讨论中，有人提出在第 6 条中增加规定按劳分配以外的其他分配形式。《宪法》修改起草小组办公室的同志认为吸收这条意见可不必修改宪法，而通过从宽解释《宪法》实现。《宪法》规定的是社会主义公有制实行按劳分配的原则，可解释为：在公有制中实行按劳分配，其他所有制形式中可以不实行按劳分配，允许其他分配形式。再说《宪法》只规定公有制实行按劳分配"原则"，这个"原则"下，也不排除其他分配方式存在。这样解释既避免了修改，又使宪法具有包容性。

4. 系统解释。就是从法律的总体精神和意义来解释法律，从而确定某一条文的准确意义，或者得出具体条文所没有的一种新的含义。系统解释通过系统的分析，运用逻辑推理，对法律作出融会贯通的解释。下面举一个假设的例子来说明此种方法：有人提出全国人大专门委员会的组成人员能否担任政府部门的副部长？按宪法规定，全国人大常委会的组成人员不得担任国家行政机关、审判机关和检察机关的职务。但没有明文禁止专门委员会组成人员担任这些职务。专门委员会成员能兼任政府官员吗？回答这个问题，就需要运用系统方法来解释宪法，根据法律总体精神、相互联系的条文和相类似的条文来推导出某种意思。宪法规定常委会组成人员不得担任行政机关、审判机关、检察机关职务的意图主要有两个：一是有利于加强常委会对这些机关的监督，避免常委会组成人员与政府部长一身二任，否则，形成自己监督自己的状况。二是有利于常委会组成人员专职化，使之能集中精力从事人大工作。专门委员会是人大闭会期间的常设专门工作机构，它有协助常委会从事立法、监督工作的职责。平常有大量的立法、监督的日常工作要做，更需要集中精力专门从事人大工作，从这个意义上讲，专门委员会成员更不能担任行政机关、司法机关的职务。这个结论是宪法条文没有明确规定的，但符合宪法有关精神。系统解释要注意把握法律条文的基本精神和法律条文的相互联系，不能随意发挥，歪曲法律原意。

5. 历史解释。从法律制定的历史背景，或通过与过去同类法律进行对照、比较，或运用过去曾经处理类似问题的习惯政策等，来阐明法律的含义。有些法律含义，必须借助历史方法来说明，例如，在英国，要解释宪法文件中英王和议会权力的划分，就不得不从他们的权力发展源流上分析。要解释现代民法中债、契约、继承、抵押等基本概念，就不得不从拿破仑民法典、甚至罗马法中去寻解。在伊斯兰国家中，要解释刑法和民法的许多基本问题，借助于古兰经，甚至摩奴法典是不可少的。如果我们要解释《宪法》第 1 条国家性质是“人民民主专政”的社会主义国家，恐怕不可避免地要把过去几部宪法关于这一国家性质的规定加以阐述，才能说明现在这个规定的含义是什么。这些都是历史解释的方法。

6. 限制解释（或从严解释）。对法律条文作出窄于字面含义的解释。限制解释在于限定法律条文的适用范围，有时是为防止滥用权力。这种方法在美国宪法史上有个典型的例子。宪法制定初期，由联邦主义者操纵的联邦最高法院，确立了州最高法院的某种判决案可以上诉联邦最高法院的宪法性原则。由此产生的后果是以各州为被告的案件挤满了联邦法院，引起了各州的反对。在共和党人的斗争下，国会于 1795 年通过了宪法第 11 条修正案，对宪法的司法权作了限制解释：“系众多的司法权，不得被解释为适用于由他州公民或任何外国公民或国民对合众国一州提出的或起诉的任何法律或衡平法的诉讼。”通过解释宪法，约束了联邦司法管辖权。我国法律中需作限制性解释的法律词语是很普遍的。例如，《婚姻法》第 15 条规定：“父母对子女有抚养教育的义务，子女对父母有赡养扶助的义务。”这里的“子女”都应作限制性解释，前者应指未成年或丧失劳动能力的子女；后者限于成年和具有劳动能力的子女。

上述各种方法技术，在解释法律时必须综合运用，才能使法律得到准确适用，又富有灵活性、包容性，使法律符合现实，又适应时代变化的需要，还能保证法律的稳定性。明智的立法者应该善于运用这些法律解释技术，来完善自己的法律。

立法监督①

——立法问题系列研究之五

随着我国立法主体的多元分工，特别是国务院和省级地方人大以及较大城市立法迅速发展，各方面立法的积极性和主动性得到发挥，在建立市场经济过程中，各方面立法的任务更加繁重。越是要发挥各方面立法的积极性，就越要加强对立法的宏观监督控制，保证国家法律的统一和协调。这方面的研究和工作应予以重视和加强。

一、立法监督的概念

立法监督是至今还缺乏专门研究的问题。从有关著述对这个概念的使用情况看是比较乱的。如有的著述把立法监督说成是立法机关实施的整个监督，即指与人大立法权并列的人大监督权。给立法监督赋予这样的含义很容易产生歧义并引起混乱，也与实际工作中的用法不一致。工作中习惯把人大的监督称为国家权力机关的监督或简称人大监督权，它与人大的立法权、决定权相并列，概念明确，内容清楚。如果称人大监督为立法监督，与立法权相并列就使人不知所然。

我们所说的立法监督，是指对立法活动的监督，主要是指对立法文件的监督。有权制定法律法规的机关会对有关机关制定的法律性规范性文件是否违反法律、法规，是否相互矛盾和协调，进行检查并作出处理。立法监督的目的是为了消除法律、法规之间的抵触和不协调现象，维护国家法制的统一。概括地说，立法监督是为保证国家立法横向上的协调、统一和纵向上的一致性，对立法活动和立法文件进行宏观控制和调节的手段和技术。

---

① 原载《全国人大常委会办公厅研究室材料》［1993］第23号，后发表于《全国人大工作通讯》1994年第17期。

根据法律规定，立法监督的内容范围主要包括：（1）全国人大和省级人大有权改变或撤销其常委会不适当的决定。（2）全国人大常委会有权撤销国务院和省级人大制定的与法律相抵触的法规和其他规范性法律文件，地方人大常委会有权撤销本级人民政府不适当的规章。（3）上级人大常委会有权撤销下一级人大及其常委会制定的不适当的法规。（4）国务院有权改变或撤销部委发布的行政规章和地方人民政府不适当的规章。集中一点，立法监督是有立法权的机关，对下属或下级立法机关制定的法律、法规、规范性文件进行检查纠正的活动。其中最主要的内容是，全国人大常委会对国务院行政法规和地方性法规是否符合法律和相互协调进行检查、处理；国务院对各部门规章、地方政府规章和地方性法规是否合法和协调一致进行检查。

立法监督的必要。立法监督是我国立法权力下放，行使立法权的机关多元化提出的必然要求。在 1980 年以前，国家立法权高度集中。在高度集中的立法制度下，法律都由全国人大及其常委会制定，立法监督当然就无多大必要。1979 年底通过地方人大和地方政府组织法，确定了省级人大的立法权，特别是 1982 年全面修改宪法，确立了以全国人大及其常委会为核心，国务院和地方人大多层次的立法体制后，加强对立法活动的监督就显得尤为必要。一方面，国家权力下放，使各方面各地方通过立法自主地管理本地方事务，以充分发挥它们的积极性、创造性。另一方面，国家权力又要相对集中、统一和协调。于是对立法既要放开，又要控制，唯有加强对立法活动的监督才能达到此目的。把立法权集中而不放开，就死而不活，法制难以建立起来，各方面的积极性、自主性难以发挥。把立法权放开而不加强监督控制，就可能出现权力分散，法制会产生矛盾和混乱。特别是在改革开放的大变革时期，国家权力下放，各方面立法的积极性、自主性非常高，为加快市场经济立法，我们鼓励国务院和地方人大大胆探索立法，在此种情况下，加强对立法监督，对保证国家的宏观控制，维护国家法制的统一和协调，促进依法办事，使改革开放顺利进行具有重要意义。

二、立法监督内容

我国立法监督是多层次的结构体系，根据我国国家制度的特点，立法监督体制反映了权力隶属关系和权力等级体系，是多层次而又集中统一的体制，监督体制与国家立法体系中的法律效力等级体系相关，在这个监督体系中，全国人大常委会在监督中起主要作用。立法监督的内容包括以下方面。

1. 对法律的监督

狭义的法律分两个层次，全国人大制定基本法律，全国人大常委会制定非基本法律。从法律效力等级看，全国人大常委会制定的法律应该与全国人大制定的法律相协调，全国人大对其常委会的立法有权实施监督。宪法规定，全国人大有权改变或者撤销全国人大常委会不适当的立法。这是1982年宪法构建的我国立法体系的显著特点。

1982年宪法为加强全国人大的作用，扩大了全国人大常委会的权力，主要体现是，规定全国人大常委会可以制定和修改除应当由全国人大制定的法律以外的其他法律；在全国人大闭会期间，全国人大常委会可以对全国人大制定的法律进行部分的补充和修改。为避免全国人大常委会的职权超过全国人大，才又规定全国人大有权改变和撤销全国人大常委会不适当的决定的内容，这样既保证了全国人大常委会有较大的制定和修改、补充法律的权力，又保证了全国人大对常委会的立法进行有效的监督控制，使之不得与全国人大制定的法律的基本原则相抵触，从而使法制的统一得以维护。可见，上述宪法条款主要是为扩大常委会的立法权限，同时又为加强对常委会立法的监督而设立的。

然而，实施这种监督的实践中还有些问题需要解决。一是内容方面的问题。宪法规定，全国人大常委会对全国人大制定的法律进行部分补充和修改，但不得同法律的基本原则相抵触，全国人大有权改变和撤销全国人大常委会不适当的决定。这里什么是“部分”、什么是“相抵触”、什么是“不适当”，都包含着一些不确定的因素，这给全国人大实施对常委会的立法监督增加了困难。当然，从理论上说，全国人大有权对这些问题作出自己的判断，但操作起来还是需要有些硬性的规定才好。

二是程序方面的问题。虽然法律规定了全国人大有权改变或撤销全国人大常委会规定的不适当的法律和修改补充法律的决定。但在议事程序上，常委会实际上主导着代表大会，代表大会的议程都是由常委会事先安排的。常委会的领导人员也是代表大会的领导人员。因而，代表大会要对常委会不当的立法提起监督程序比较困难。从形式上说，除非代表大会期间，有法定代表提出有关议案，并且议案由本次大会主席团列入议程，代表大会才有可能实施对常委会不当立法的监督。然而，目前就全国人大的实践看，这个程序还没有运转过。代表在代表大会上提出的议案是很难列入本次会议议程的，只是留待会后去处理。

可见，宪法规定是一回事，实践起来又是一回事。要真正实施对常委会的立法监督，需要对人大制度方面作出一些改革，也需要对议事规则作出些修改。当然，全国人大对常委会的立法监督，只是一种可能的防范，还不是一种现实的威胁。有些问题值得研究，如全国人大常委会对刑法的大量补充修改是否恰当。但要实行监督还为时太早。

2. 对行政法规的监督

全国人大常委会对国务院制定的行政法规实施监督。《宪法》第67条第7、8两项规定，全国人大常委会有权撤销国务院制定的同宪法、法律相抵触的行政法规、决定和命令。

10多年来，我国行政机关的立法活动一直比较活跃。从1979年到1992年底，全国人大及其常委会制定法律近130个，而国务院制定的行政法规达600多个，后者是前者的约5倍。国务院制定的大量行政法规涉及范围广，调整社会关系深入，对强化国家事务管理，保障公民权益，促进经济建设和社会全面发展，起了重要作用。由于体制的原因和政治的原因，行政机关的立法活动有很大的主动性，甚至长期以来一直处于主导地位。在许多社会关系领域，它立不立法，立什么法，往往都自行决定。所以，行政立法权限不清，在国家生活的许多重要领域，行政法规取代了法律；还有某些具体法规或实施细则与法律不协调，甚至不一致；行政立法的片面性和局限性有时影响到社会利益和公民利益的保护。加强对行政法规合法性的监督，对保证行政机关依法行政，维护公民权益，有特别重要意义。这些情况都要求全国人大加强对行政立法活动的监督。

对国务院行政立法的监督，主要应通过全国人大常委会受理告诉而引起。由于国务院制定的行政法规不报全国人大常委会备案或批准。这说明全国人大常委会全面主动审查行政法规是不可能的，也是不必要的。国务院有广泛自主制定法规的权力，只有当有关机关、组织或公民控告法规不适当，与法律相抵触时，全国人大常委会才对其实行审查，作出处理。这是全国人大常委会监督国务院行政法规的主要方式。当然，常委会认为必要时，也可以主动审查行政法规是否与法律相冲突。现实中，这种监督制度还没有实施起来。

3. 对地方性法规的监督

笼统地说对地方性法规的监督包括复杂的内容。从监督主体上分，有全国人大常委会和国务院分别实施的对省级人大及其常委会制定法规的监督；有省级人大对其常委会法规实施的监督；有省级人大常委会对较大城市制定法规的监督。这里即有中央对地方的监督，也有地方人大对自身立法的自我监督。从监督方式上看，有全国人大常委会和国务院对地方性法规的审查；有省级人大对较大城市人大制定法规的批准；又有省级人大和较大城市的人大制定的法规报送全国人大常委会和国务院备案。

我国地方立法是近10多年发展起来的。地方立法数量大（1979年至1992年已报送备案的法规有2 300多个），范围广，内容庞杂，立法的客观情况千差万别，立法人员素质参差不齐。加上立法者有时为地方局限和地方利益所困，容易出现与法律和上级法规不一致的情况，加强对地方立法的监督，使之与法律和上级人大的法规相协调，是我国立法监督的重点，是全国人大常委会立法监督的主要任务。

全国人大常委会对地方性法规的监督有两种，一种是对自治性法规的审批和备案（下面专门谈到），另一种是对省、自治区和直辖市制定的法规和由它们批准的较大城市制定的法规的备案，以及必要时的审查。全国人大常委会通过对地方性法规的备案，全面了解地方性法规的制定情况，并通过必要审查，发现地方性法规是否与法律相悖，以及法规之间是否矛盾、不协调，对有问题的法规给予必要的纠正或要求其纠正。

国务院对地方性法规的监督也是通过备案和必要的审查来实现的。地方人大和地方政府组织法规定，省级人大及其常委会和较大城市的人大及其常委会制定的法规要报国务院备案。但是，国务院不能对其作出改变或撤销的处理。地方性法规报国务院备案制度，是民主集中制的体制决定的。地方服从中央，地方性法规既不能与最高国家权力机关的法律相抵触，也不能与最高国家行政机关的法规相抵触。国务院有权了解地方性法规的制定情况，并进行必要的审查。但是，发现地方性法规与国务院的行政法规相抵触或与部门规章矛盾时，可以通告地方人大，建议作出修正或撤销，或请求全国人大常委会对其改变或撤销。为什么国务院不能直接对其作出处理？因为从国家机关的性质来说，国务院只是中央国家权力机关的执行机关，省级人大是地方国家权力机关，是人民意志的代表者，代议制民主要求行政机关不能凌驾于代表机关之上。地方代表机关只服从当地人民的意志和国家权力机关制定的法律和作出的决定，不能服从于行政机关的命令。所以，国务院只能通过最高国家权力机关来纠正地方性法规的错误。

由上可见，对地方性法规是否与行政法规相抵触的监督工作，是人大常委会与国务院结合进行的。一方面，地方性法规是否与行政法规相抵触，主要由国务院进行审查，而不是由全国人大常委会进行审查。因为国务院的行政法规不向全国人大常委会备案，全国人大常委会无从审查地方性法规是否与行政法规相抵触。再说，全国人大常委会也不堪负担那么多地方性法规与行政法规的审查任务。由国务院来判断地方性法规与行政法规是否抵触，从立法背景和立法原意看都会更合适。另一方面，国务院没有权力撤销地方国家权力机关制定的法规，撤销权由全国人大常委会行使。所以，地方性法规与行政法规是否抵触的监督工作和审查由国务院来做，处理由全国人大常委会作出。

省级人大常委会对较大城市人大立法的监督。1982 年修改《地方人大和地方政府组织法》规定，省、自治区人民政府所在地的市和国务院批准的较大的市的人大常委会可以拟定本地地方性法规草案，提请省、自治区的人大常委会审议制定，并报全国人大常委会和国务院备案。这时较大城市实际上没有立法权，只有法规草拟权。随着经济体制改革和地方自主权的扩大，根据实际需要，1986 年再次修改地方人大和地方政府组织法时，赋予了较大城市人大及其常委会制定地方性法规权，但要报省、自治区人大常委会批准后施行，并由批准机关报全国人大常委会和国务院备案。之所以对较大城市的立法采取较严格的事先批准的监督手段，主要是为了防止地方立法权过于分散，同时也考虑到较大城市立法的局限性和立法人员的素质，不加强控制监督，恐怕会造成立法繁杂、混乱，立法质量低下等问题。

较大城市立法要报全国人大常委会和国务院备案，是因为这些法规的效力同省级人大制定的法规的效力是一样的，只是适用范围不同。而且省会城市和较大城市不少是改革试点和开放城市。国务院给予了一些特殊优惠政策，它们的立法不少涉及改革政策的运用。国务院加强对它们立法的监督，对保证改革开放政策的正确运用是必要的。

根据法律，省级人民代表大会对常委会制定的不适当的法规有权改变或撤销。由于常委会实际主导着代表大会，使这种监督难以实施。所以，对省级人大常委会不适当的法规，主要靠全国人大常委会监督纠正。较大城市的人大常委会制定的法规如有不当，不应由本级人大常委会改变或撤销，因为法规是由省、自治区人大常委会批准的，也只能由省级人大常委会来改变或撤销。

4. 对自治法规的监督

民族自治地方的人民代表大会有权依照当地民族的政治、经济和文化的特点，制定自治条例和单行条例。自治区的自治条例和单行条例报全国人大常委会批准后生效。自治州、自治县的自治条例和单行条例，报省或者自治区的人大常委会批准后生效，并报全国人大常委会备案。对自治地方制定的自治性法规，主要采用事先批准的监督方式，是因为：一是从内容上看，自治地方立法涉及宪法赋予地方自治机关自治权的行使，这些自治权有比其他地方国家机关更广泛、更独立的管理地方财政、经济建设、教育科学、文化、卫生、体育事业的权力，行使这些权力政策界限性强，立法由全国人大常委会或省级人大常委会批准，更有利于把握这些界限。二是从法制角度看，自治地方制定法律的实施细则时，可对法律或法规作必要的变通规定，就是说可以与法律的有些规定不一致。这就涉及法制的统一性和严肃性问题，所以，这些法规在制定之前应得到全国人大常委会或省级人大常委会的批准同意。三是从立法主体看，制定自治法规的机关不但有自治区，还有自治州、自治县两级，考虑到立法权的相对集中和保证立法质量，自治法规公布之前要获得批准是必要的。

需要说明的是，对不同的法规适用不同的监督手段，需要把自治区制定的自治性法规与其制定的一般的地方性法规区别开来，因为对这两种法规的监督方式是不一样的，前者要经过全国人大常委会批准，后者只是报送备案。实践中，什么是自治性法规，什么是一般的地方性法规，界限不是十分清楚。到目前为止，还没有一个自治区制定自治条例颁布实施，主要原因是宪法赋予自治地方的自治权没有真正落实，自治权与地方国家机关的一般权力范围不清，因而曾出现有的自治区将制定的自治法规报全国人大常委会批准，全国人大常委会有关部门认为它不是自治法规，退回自治区按一般地方性法规自行颁布实施。解决自治法规出台问题，要求中央在法律上能真正落实自治地方的自治权。在理论上要研究划清自治权与一般地方国家机关权力的界限。

5. 对行政规章的监督

对行政规章的监督主要是国务院的职责，它的监督范围包括国务院各部委规章、省级人民政府规章。省级人大常委会对本级政府制定的规章实施监督也是对行政规章监督的一部分。行政规章是我国立法体系中比较低层次级的立法，它的内容涉及贯彻执行法律、法规，主要是实施细则和办法，部门、行业管理的规定等。它涉及面广，解决的问题比较具体复杂，又容易受到部门和地方视野和利益的牵扯，规章与法律、法规相抵触，相互矛盾重复，不协调的现象是比较严重的。现在反映立法混乱主要是指规章之间的混乱。因此，加强对行政规章的监督，是立法监督中一个很重要、工作量很大的工作。国务院在实施此项监督中起着主要作用，因为国务院最了解它们的职权范围和工作任务，由它实施监督是最合适的。现在，国务院法制局已把对法规的监督审查工作列入重要议程，需要进一步加强和完善这一工作。

部门规章和地方规章都要报国务院备案，对众多备案的规章一一进行审查是不可能的，所以，对规章的监督主要通过告诉审查的方式进行。就是说，监督机关通过有关机关或公民告诉法规不当，或主动通过有关渠道了解有不当的法规时，再进行调查处理。一旦认定规章不当，国务院法制局通告有关制定单位自行修正，或报国务院作出改变或撤销的决定。另外有一种形式是值得研究的，即有些部门规章在实施前报国务院审批，在法律上没有规定这种性质和效力的法律文件。法律规定，行政法规由国务院制定，经国务院全体会议或常务会议审议通过，由总理签署，以国务院名义发布；部门规章是由部委制定，以部委名义发布。由部委制定，由国务院批准实施是传统的做法，但不是规范的制定规章的方法，它的法律效力是行政法规还是部门规章不清楚，这种情况应予以改变。改变这种情况需要研究划清行政法规与部门规章的各自制定范围。是行政法规，按行政法规的制定程序办；该制定部门规章的，按部门规章制定程序办。这样有利于分清立法责任，明确法规性质、效力，从而便于对法规、规章分别实行监督。否则，对这种国务院批准的文件不好实施监督。

6. 对授权立法的监督

授权立法是指立法机关对没有立法权的国家机关授予某种立法权，或对只有某种立法权的机关授权扩大其立法权限。从实践看，似乎只有最高立法机关才能进行授权立法，其他立法机关不能再将自己的立法权授予下级机关，因为国家立法权是统一的，由全国人大掌握。1979 年后，全国人大常委会进行过三次授权。一次是 1984 年六届全国人大常委会第七次会议决定，授权国务院改革工商税制、发布有关税收条例草案试行。第二次是 1985 年，六届全国人大常委会第三次会议授权国务院在经济体制改革和对外开放方面可以制定暂行的条例或规定。第三次是 1992 年，七届全国人大常委会第二十六次会议根据全国人大决议授予深圳市人大及其常委会和深圳市人民政府分别制定深圳经济特区法规和深圳经济特区规章。对授权立法的监督，原则上由授权机关进行，只有授权机关才知道被授权机关是否按授权的目的和范围进行立法。对上述头两次对国务院的授权立法，当然是由全国人大常委会进行监督。但是，对深圳市人大的授权立法如何实施监督，是值得研究的问题。深圳市本是没有立法权的市，由全国人大常委会直接授予它相当于省级人大的立法权，而作为它的上一级人大广东省人大，能否对深圳市制定的法规实施监督？我们认为，对深圳市立法的监督，原则上还应由全国人大常委会实施。因为，对深圳市授权立法是比较特殊的，作为改革试点的特区，对它进行授权的原则是其法规遵循宪法的规定以及法律和行政法规的基本原则。它的立法带有很强的试验性和探索性，就难免出现与广东省人大制定的法规不一致或者超出省人大的地方性法规的内容。如果广东省人大需要深圳市人大立法都不得超出它的立法范围，要与其保持一致，深圳市的改革试验和探索性立法就会受到极大限制。所以，广东省人大常委会关于授权立法的决定没有规定深圳市的立法必须与省人大的地方性法规保持一致。从授权来源看，其立法权是全国人大直接授予的，只有授权者才知道被授权者是否按其意图进行立法。因此，只有全国人大常委会才能对深圳市立法实施监督，主要监督它是否违反宪法、法律，是否按授权目的、范围进行立法。

我们说深圳市立法可以超出广东省制定的地方性法规，但不等于说深圳市就可以不遵守广东省制定的地方性法规，在广东省人大和政府已有地方性法规和政府规章明确规定的情况下，深圳市人大和政府不宜、也没有必要去制定与之相同或相抵触的法规和规章。毫无疑问，广东省制定的地方性法规和规章的地域效力范围是包括深圳市的。但是，在很多改革的探索领域，国家和省都没有法律规定时，深圳市完全可以自主地根据本地实际情况，借鉴国外经验进行立法。一旦出现深圳市法规、规章与广东省的法规和规章矛盾、不协调，并在不能自行解决的情况下，应该提交全国人大常委会来解决。

三、立法监督方式

立法监督方式是立法监督机关为保证法律和法规的统一、协调，预防和消除法律、法规之间的矛盾、冲突而采取的措施或手段。我国的立法监督方式主要有：法规批准、法规备案、法规审查、法规清理。下面分别加以介绍。

1. 法规批准

下级立法机关制定法规时，需报上级立法机关批准后才能颁发实施，它既是一种立法程序，又是一种对立法事先监督的手段。根据地方人大和地方政府组织法规定，法规需报请批准的有两种，一是自治地方制定的自治法规；二是较大城市制定的法规。自治区人大和常委会制定的自治条例和单行条例需报全国人大常委会批准后生效；自治州、自治县人大及其常委会制定的自治条例和单行条例，报省、自治区的人大常委会批准后生效，并报全国人大常委会备案，省会所在地的市和国务院批准的较大的市的人大及其常委会制定的法规，报省或自治区的人大常委会批准后生效。

为什么民族自治地方立法和较大城市的立法采取事先批准的监督方式呢？主要是因为：一是保证立法权的适当集中。把立法权下放到省一级，是国家体制的重要改革，对发挥地方管理地方事务的自主性和积极性有重要作用。但若让自治地方和较大城市自行立法，就会使立法权过于分散，不利于国家的集中统一领导和管理。让它们根据自己的特点制定法规，同时由省级人大常委会批准，既能发挥它们管理地方事务的自主性和积极性，又能实现对立法的监督、控制，对维护法制的统一，不失为一种好方法。二是保证自治权的正确行使。较一般地方国家机关，民族自治地方自治权是一种更大的地方自主权，自治机关有权管理地方财政，自主地安排、管理地方经济建设；自主地管理本地方的教育、科学、文化、卫生、体育事业；并可依国家军事制度和当地实际需要，经国务院批准，组织本地公安部队等。此外，自治机关在制定法律实施细则时，可以规定变通办法。自治机关通过立法行使这些权力时，涉及宪法赋予自治地方的自治权范围和国家法制的统一问题。所以，在制定自治法规时，应得到批准是必要的。三是有利于保证立法质量。立法是一项复杂的社会工程，需要站在全局利益考虑问题，超出地方和局部利益的局限。立法者需要有较全面的知识和法律及其他专业技术知识。在较下层工作的同志由于条件所限，难免有局限性。法规报上级人大常委会批准把关有利于提高立法质量。

批准的含义。立法批准机关在批准法规时审查什么？如何行使批准权？要不要像自己制定法规时那样斟字酌句，具体修改？这些都是需要明确的问题。审批法规时必然要涉及法规的合法性和合理性问题。合法性即审查法规是否与宪法、法律、行政法规相抵触，是否超越立法权限和有无违反立法程序。合理性是指法规是否与有关政策相符合，是否有损于全局利益和广大人民群众的根本利益。审批法规还要涉及立法的必要性、可行性和规范性问题。立法的理论和实践根据如何，在实际中是否可行，法规是否符合立法的语言规范，文字表达是否通顺，标点符号是否正确。我们认为，批准权从一般意义上讲，就是一种同意权。是否同意的标准，只看原则性的东西是否对。对照上述审批法规时涉及的四个问题，我们认为，批准法规时只看合法性和合理性两个标准。对立法的必要性、可行性和规范性问题，不是审批机关的事，应由立法机关自己把握，但审批机关的工作机关可以对此提出指导性意见。

运用上述原则审批法规时，审批机关是否可以对报批法规直接修改呢？实际中，不少审批机关都或多或少要进行修改。但从批准权本身的含义看，批准一般不应对报批内容进行修改，只能表示同意或不同意。例如在日常公文中，领导人或领导机关在批准下级的报告时，并不对报告进行修改，而只表示批准或不批准，对不满意的报告退回修改后再报。可见，日常公文的批准者一般是不对报批文件进行修改的。当然，法规的报批不像一个报告那么简单。如果对不合格的法规都一律采取退回的办法，必然会延误一些急需的法规出台，影响立法效率，是不可取的。从提高立法效率的角度看，审批机关适当地对一些报批法规进行修改是必要的。对此，全国人大常委会法制工作委员会曾有过法律解答："省人大常委会对较大的市报批的地方性法规，对原则性问题有权修改，同时应简化审批程序，不要因一些非原则性问题影响及时批准。"

根据上面的论述得出的结论是，立法批准机关在审批法规时，只从大的原则方面进行审查，主要审查其合法性和合理性，作出批准或不批准的决定，一般不作具体修改。如果报批法规的基本原则和重要条款与宪法、法律、行政法规和有关政策相抵触时，应不予批准；如果报批的法规基本原则和内容可以，但具体问题较多，需作较大修改时，应暂缓批准，退回制定机关修改；如果报批法规总的精神和条文都还可以，只是个别的重要原则或条文内容不妥当，可以对法规修改后批准。另外，有一种方式拟可采取，就是有条件的批准，当法规基本成熟时，但有些方面需要修改，而批准机关又不便直接修改时，为不至于因一些非原则性的问题延误法规的出台，批准机关可提出修改意见，要求报批机关对法规进行修改，若制定机关依批准机关意见进行修改，则法规视为批准。当然，这种方式必须严格限制使用，若滥用起来就会使批准流于形式。总之，批准机关审批法规时，主要在大的原则性问题上把关，常委会审批不应像自己制定法规那样全面、具体、斟字酌句地审议，不要以审批代替制定机关本身应做的工作。

对报批法规的必要性、可行性和规范性方面存在的问题，应由审批机关的工作机构（专门委员会或工作委员会）通过工作程序解决。

审批机关的专门委员会或工作委员会在提请常委会审议之前的初审时，可对法规进行技术加工。如初审发现问题较大时，即可向常委会委员长会议或主任会议建议，报批法规不列入常委会议程，退回制定机关加工修改后再报审批。这样，审批机关实际上还是全面把关，只不过常委会会议审批时只审查原则问题，其他问题和技术性问题由其工作机构审批前处理。

批准法规的效力和责任。法规经批准后，是具有审批机关的效力还是只有制定机关的效力？我们认为，是具有批准机关的效力，只是适用范围限于制定机关的行政区域。从实践看，自治州、自治县制定的自治法规与较大城市制定的法规同省级人大制定的法规一样，都是地方性法规，有同等的地位和效力。有些省的立法程序法规定，经省人大常委会批准的法规的修改、废除，按制定法规的程序报批，制定机关不能随便修改或废除。可见，制定机关对自己认为不适当的法规，不能自行改变或撤销，还必须报原批准机关才能改变或撤销。法规一旦经批准，其法规中若存在问题的责任也应由批准机关承担。

批准法规的程序。在现行宪法体制下，全国人大常委会还没有批准法规的实践，有关程序的规定就谈不上完善。从一些省级人大的规定和实践看，批准程序有以下过程：（1）报请批准。制定法规的机关将会议通过的法规的书面报告和法规文本及说明送省级人大常委会，同时还应将立法的有关资料和征询意见等情况一并上报。（2）决定列入议程。由审批机关的专门委员会或工作委员会初步审查，并可作适当技术加工，再向人大常委会主任会议提出列入议程的意见，再由主任会议决定列入议程。（3）审议法规。由报批机关向常委会会议报告法规的制定情况和法规的基本内容、主要问题，审批机关的常委会进行审议，报请机关派员到会听取意见，并回答询问。（4）决定批准。在经主任会议决定后，常委会全体会议对报批的法规进行表决，以全体组成人员的过半数通过批准，作出批准决议。

2. 法规备案

根据法律规定，立法机关或立法批准机关将通过或经批准颁布的法规报上级立法或行政机关存档备查。备案的目的是加强对立法的监督管理，以使备案机关在必要时进行审查，消除法规之间的冲突；备案还能使备案机关全面了解地方和部门的立法情况和执法情况；同时还有利于加强对下级立法工作的指导。

全国人大常委会是我国法规备案机关，报全国人大常委会备案的法规是：省、自治区和直辖市人大及其常委会制定的地方性法规；省会所在地的市和国务院批准的较大的市的人大及其常委会制定的地方性法规，报省级人大常委会批准后，报全国人大常委会备案；自治州、自治县的自治条例和单行条例报省或自治区的人大常委会批准生效，并报全国人大常委会备案。报国务院备案的法规有：较大的市的人大及其常委会制定的地方性法规经省人大常委会批准后，报国务院备案；国务院各部门规章和地方人民政府规章（包括省级人民政府和较大的市的人民政府制定的规章）。

对法规备案实践中有两种做法。一种是登记、统计、存档。另一种是除进行登记、统计、存档外，同时进行审查。全国人大常委会法规备案以前曾采取过后者的做法，但现在采取的是前者的做法。地方性法规备案工作是1979年后开始的。1983年以前，法规备案工作由办公厅政法室承担，当时对备案工作规定的任务是：（1）对报送备案的法规进行违宪、违法审查，与国务院法制局及其他有关部门联系，请他们帮助审查，提出意见，经办公厅领导指示后，将意见转告有关省级人大常委会。（2）对备案的法规进行登记、统计、存档。（3）按季度书面向常委会汇报。根据这个精神，1982年6月，全国人大常委会办公厅曾对在这之前报送的约196件地方性法规进行审查，并将审查发现的问题和意见报五届人大常委会第二十四次会议审阅，审查意见中指出，有部分法规在具体规定上同当时国家的法律、政策不尽符合，并请常委会将有关问题转请省、自治区和直辖市人大常委会予以解决。常委会会议审阅后，没有作出决议和采取具体行动。

1984年，政法室由联络局取代，法规备案工作由联络局承担，当时给备案工作确定的方针是：登记、统计、存档。1987年，全国人大常委会办公厅和国务院办公厅联合发出《关于地方性法规备案工作的通知》，它要求地方性法规、自治条例和单行条例应于批准之日起30天内，将法规文本、说明、备案报告等有关材料一式15份，并加盖省级人大常委会的印章报备案机关。

1990年，国务院为法规规章备案制定了专门的法规。该法规对报国务院备案的法规的范围、报送程序、对备案法规的审查及处理，备案工作年度报告以及对不及时备案法规的处理等内容，作了明确的规定，使国务院法规备案工作走上制度化、法规化的轨道。国务院法规备案工作具体由法制局负责，它不但负责登记、统计、存档，还要对备案法规是否与法律、行政法规相抵触，是否相互矛盾进行审查，向国务院提出处理意见或进行协调工作。

国务院开展对备案法规的审查工作，是我国加强立法监督工作的可喜进步。这一工作在总结经验的过程中逐步得到完善。1991 年，国务院法制局对备案法规进行全面审查，结果发现，每年到国务院备案的法规、规章约 2 000 多件，审查工作不堪重负。于是，1992 年改变了法规备案方法，对备案法规采取不告不理的办法，把精力集中在受理有关机关和公民对违法、不适当、不协调的法规、规章的处理上，结果有效地解决了十几件与法规、规章相抵触和不适当的案件。实践表明，对备案法规采取不告不理，集中精力受理案件的办法，不但工作量能胜任，而且效果好。

所以，实践中应该正确地理解法规备案的意义。从备案本身的法律意义说，备案就是报送文件，登记在案，使之备而可查。备案本身并不必然引起对备案法规的审查，备案与审查是两回事，尽管备案的目的是为了便于随时审查，发现和消除法律之间的矛盾和冲突。但主张对备案法规都必须进行一一审查的观点，尽管它的愿望是好的，却是不可取的，而且在实践中证明是难以行得通的，不能把备案与审查混为一谈，它们是两种不同的手段。

3. 法规审查

法规审查是立法监督机关为消除法律文件之间的抵触、矛盾和不协调现象，对法律文件进行的审查。这里的审查是对已公布生效法律的检查监督手段，而不是对法律制定过程中的审查、审议活动。审查法规是对立法监督最重要的手段，通过对法规的审查，发现和确认法规存在的问题，从而及时消除矛盾。

根据法律规定，全国人大常委会可以对行政法规和地方性法规进行审查；国务院可以审查地方性法规和行政规章；有立法权的各级人民代表大会有权审查它的常委会的立法。

法律法规审查的提起主要有以下几种情况：一是因法定职权主动

提起，有权机关认为必要时，随时可对下属立法机关的立法进行审查。二是因有关国家机关、社会组织和公民告诉而提起。三是随法规备案而进行，备案机关对报送备案的法规进行主动审查。

目前，我国对法规的监督审查制度还很不健全，全国人大常委会对法规的审查工作基本没有开展。从国务院进行法规审查的实践看，法规审查内容包括：(1) 地方性法规是否同法律、行政法规相抵触；(2) 规章是否同法律、行政法规相违背；(3) 地方性法规与部门规章之间、规章相互之间是否矛盾；(4) 规章的制定是否符合法定程序及规范化要求。国务院法制局在审查报送备案的法规中，认为需征求国务院有关部门或地方人民政府意见的，被征求意见的机关应当在限期内回复。审查发现法规、规章有问题时，可作如下处理：①地方性法规同法律、行政法规相抵触的，由国务院提出处理意见，提请全国人大常委会处理；②地方性法规同国务院部门规章之间有矛盾的，由国务院提出处理意见，提请全国人大常委会处理；③规章同法律、行政法规相违背的，由国务院予以撤销、改变或责令改正；④地方人民政府规章同国务院部门规章之间或国务院部门规章相互之间有矛盾的，由国务院法制局进行协调，协调不能取得一致意见时，由国务院法制局提出意见，报国务院决定；⑤制定程序和技术上的问题，由国务院法制局提出处理意见，并转告原机关处理。规章的原报机关在接到上述③、④、⑤的有关处理决定或意见的30天内，应将处理结果报国务院法制局。

实践中，国务院法制局对审查法规发现的问题，采取通告制定单位，与制定单位协商或提出要求解释、说明的办法以内部解决，很少正式报请国务院处理。

当前，加强法规审查并不需要建立对法规的全面事先审查制，而只需采取不告不理的办法，建立告诉审查制度，这是加强立法监督可行有效的办法。要求对法规全面事先审查是不切实际，难以做到的。这是因为：第一，备案法规数量多，全国人大常委会若审查地方性法规和行政法规每年有数百件，国务院若审查备案法规、规章每年有2000件左右，要事先一一审查，工作量是难以胜任的。第二，法规的抵触、矛盾和不协调往往难以事先从办公室里审查出来，在实践中则容易暴露出来。第三，从国外的经验看，对法规违宪违法的处理，都采取不告不理的办法，很少有进行事先审查的。第四，采用告诉处理的办法有利于集中精力处理被认为违法、不适当的法规，而不必花大量精力去进行盲目的事先审查。告诉处理能使广大群众参与到立法监督中来，这样做有事半功倍的效果。

建立告诉审查制度，就需要有专门的受理审查机构和审查程序。现在，国务院已有专门工作机构做这项工作，全国人大常委会还没有这种专门工作机构。根据全国人大组织法规定，专门委员会有权审议全国人大常委会交付的被认为同宪法、法律相抵触的行政法规、地方性法规、行政规章和其他规范性文件。就是说，现行法律规定各专门委员会在常委会的交付下可以对被告诉有问题的法规进行审查，向常委会提出处理报告。问题是谁来受理有关机构和公民的告诉再提交常委会，这是关键问题，现在缺少的就是这个机构。另外，由常委会把有问题的法规交付专门委员会审查，如果这里的常委会是指由常委会全体会议决定，这个程序运行起来也很不方便。实际上，由委员长会议决定交付专门委员会审议就可以，而且切实可行。健全法规审查制度，可在常委会下设立一个受理告诉法规违法机构，并主动广泛搜集这方面的信息，一些明显的、问题不很大的不当法规，能与制定机关和法规矛盾双方协调解决的，就直接予以解决。问题比较大，法规矛盾双方冲突严重，争执不下的，再提交委员长会议决定交付有关专门委员会审查。专门委员会审查后提出处理意见，报常委会作出决定。

4. 法规清理

由立法机关对过去制定的法规进行系统审查，以确定哪些法规继续适用，哪些需要进行修改补充，哪些已过时应予以废止。法规清理是立法机关对立法进行自我监督的一种有效手段。它的作用在于通过自我检查，发现和消除法规之间的矛盾、抵触和不协调现象，使法规在纵向上保持一致和协调。前述监督手段可能使法律在一定时间内横向协调一致，但随着时间的推移，因社会经济、政治条件发生变化，一些法规会出现不合时宜、前后矛盾、交叉重复等现象。要维系法律经常性的统一和协调，立法机关要经常进行法规的清理工作，特别是在社会经济、政治发生较大变革的时候。法规清理不但对保持法律纵向统一和现实有效性是必要和重要的，还对不断总结立法经验，改善立法工作，为今后立法提供指导具有重要意义。

中华人民共和国成立以来，我国进行过几次法规清理工作。1954年9月一届全国人大第一次会议召开，颁布了新宪法。国家法制建设步入新的历史时期。这就发生了中华人民共和国成立初期共同纲领制定时的法律效力的问题。于是，这次会议作出了关于“现行法律、法令继续有效的决议”。决议指出，所有从1949年10月1日中华人民共和国成立以来由中央人民政府制定、批准的法律、法令，除同宪法相抵触的以外，一律继续有效。这只是对法律效力作原则性宣告，全国人大常委会并没有对法律进行具体的清理，指出哪些法律有效，哪些法律相抵触。然而，根据这一决议，国务院在1955年对原政务院及其所属各部门发布的法规进行了一次清理，在清理政务院制定和批准发布的250件法规中，确定继续有效的法规42件，继续适用但需要修改的法规64件，需起草新法规代替旧法规的55件，过时法规42件，已废除的法规47件。可见，当时大部分法规已经过时，不及时清理，只能给法制造成极大的混乱。这样清理，使法规的废改立十分明确，使法规的混乱和矛盾现象得以消除。

十一届三中全会以后，为消除“文革”后对法律秩序造成的混乱状况，使国家走向法制化轨道，1979年11月，五届全国人大常委会第十二次会议通过了《关于中华人民共和国建国以来制定的法律、法令效力问题的决议》，宣告中华人民共和国成立以来制定的法律、法令，除同五届全国人大及其常委会制定的宪法、法律相抵触的以外，继续有效。这次，全国人大常委会也没有对法律进行具体的清理，指出哪些法有效，哪些法没有效。随后1983年10月，国务院决定由国务院法制局和经济法规研究中心组织，对国务院和各部门规章进行一次全面清理，截至1988年4月，在清理约3 000项法规、规范性文件中，失效和废止的约占70%，有效和需要修改的只占30%。可见，当时法规和规范性文件的混乱是多么严重。在这次清理的基础上，1985年，国务院办公厅发布41号文件，规定今后国务院各部门和各省、自治区、直辖市人民政府每年对法规清理一次，做到该废的废，该改的改，该立的立。使国务院和地方人民政府清理法规工作经常化、制度化。1988年，国务院法制局根据国务院领导同志的建议，对涉外经济法规进行了一次全面清理，并将清理法规汇编成册，使涉外法规得到协调。

全国人大常委会对法规进行的唯一一次清理是1987年。清理工作由全国人大常委会法制工作委员会具体进行，清理范围包括中华人民共和国成立以来中国人民政治协商会议、中央人民政府委员会、全国人大及其常委会制定、批准的法律。在清理的134件法律中，有111件失效，继续有效或需要修改的有23件。此外，还废除了由全国人大常委会批准的民族自治地方组织条例48件。清理结果报常委会审批。通过这次清理，基本消除了法规的混乱和矛盾现象，维护了法律的统一和严肃性，为立法和法制完善创造了条件。

总结现有的经验，法规清理工作主要有以下技术和步骤：第一，由立法机关工作机构组织专门力量搜集全部或某方面的所有法规，同时要全面掌握现行有关政策，以及了解国家政治、经济和社会生活的实际情况，对法规进行逐个研究。第二，通过认真的分析，提出哪些法规仍然有效，可继续适用，宣布需要废止的意见。第三，找出并说明需要废除和修改补充的法规的原因和情况。第四，详尽列出那些相互矛盾、重复、抵触的法规和条文，提出解决的办法。第五，将清理法规的结果意见报法律制定机关审查作出决定。

四、完善立法监督制度

立法监督在实践中还没有形成统一有效的制度，甚至人们对立法监督的概念还没有形成一致的认识。我们提出这个问题完全是从实际需要出发。随着我国法制建设事业的发展，立法数量将越来越多，法规日益重复、纷繁庞杂，矛盾、不协调的情况也愈加严重，法制的统一协调，需要加强对立法的监督。光讲立法，不重视监督，法律内部矛盾会使立法的效用大大降低。建立有效的立法监督制度有许多事情要做。

首先，各级立法机关要在思想上重视立法监督工作，把它当做与立法同等重要的事看待。由于立法权的下放，法律规定各立法机关的立法界限又不十分明确，加上部门立法严重，许多法规要受到部门利益和地方利益的影响。这样，立法中的矛盾、不协调现象就难以避免。随着我国改革开放事业的发展，对法律的需求越来越大，这就对法律的废改立提出了更高要求，因此，立法和法律清理工作必须同步进行。通过审查、清理法规，及时消除法规的冲突，废除过时的法规，以免引起法制混乱，从而推动立法工作的发展。加强立法监督，是保证法制建设协调、健康发展的有效手段。

其次，要健全专门立法监督工作机构。专门立法监督工作机构包括：法规报批审查机构，法规备案机关，法规告诉受理机关和法规清理机关。全国人大常委会的法规备案由办公厅秘书局（1993 年以前由联络局）承担，法规清理是临时性的，过去由法工委各室去做。对报批法规的审查工作可以由法工委或各专门委员会进行。现在缺少的是对告诉违法不当法规的受理机构。按全国人大组织法规定，专门委员会负责审查常委会交付的被认为同宪法、法律相抵触的行政法规、地方性法规和政府规章等。但是，谁来发现法规之间相抵触的和接受人们控告法规与法律相抵触的案件，并向常委会报告呢？需要有专门机构。常委会会议不可能直接去做这项工作。我们说健全立法监督工作机构，主要是健全对不当法规的告诉审查机构。要以建立这一机构为中心来健全完善整个立法监督工作机构及其工作。若设立这一机构，可考虑法规备案和法规清理工作都由它来统一承担。这一机构可直接设在常委会下面或设在法制工作委员会中，但一定要专门从事这项工作。若今后能设立宪法监督机构，这一机构应同宪法监督工作结合进行。立法监督工作机构的任务是：负责法规备案；受理国家机关、社会组织和公民对法规、规章和其他规范性文件与法律相抵触案件的受理，必要时对法规进行清理，在经初步审查发现法规与法律相抵触或不适当时，向常委会提出审查意见和建议，由常委会交付有关专门委员会审查后，作出处理决定，或直接作出处理决定。

再次，完善立法监督的具体制度。这些制度是：法规报批审批制度，法规备案制度，法规告诉审查制度，法规清理制度。其中有的制度基本建立，如备案制度；有的制度不很规范完善，如法规审批；有的制度还没有建立起来，如法规告诉审查制度和法规清理制度。法规备案制度前面已经介绍，全国人大常委会和国务院都有较明确具体的规定。存在的问题主要是：对有些规范性文件算不算法规，该不该报送备案，界限不清，使有些法规该报的没报。有的地方不能如期报送法规备案，不报漏报的事时有发生。还有的法规备案手续不全，法规文本不规范等。这些问题应在工作中不断改进。

法规报批制度主要涉及民族自治地方的立法和较大城市的立法问

题。现在，全国人大常委会和省级人大常委会还没有形成一套比较一致规范化的审批程序：如报批时间、审批时限、审查批准内容，是对报批法规进行实质性审查，①还是只作程序性审查，②审批法规与制定法规的不同程序等。这都需要全国人大常委会和省级人大常委会作出专门研究，并在议事规则或立法程序法中作出规定，法规的告诉审查制度应在建立专门机构的基础上，规定出一套具体工作程序。要对提起法规审查的机关、受理条件、审查步骤、处理方式和审查效力等作出规定。法规清理要适时进行，并将清理的主要步骤定型化。

① 对法规内容是否正确进行全面审查。

② 只审查法规是否与宪法、法律相抵触。

立法制度的建立、发展和成就[①]

在中华人民共和国建立45周年和人民代表大会成立40周年之际，回顾我国立法制度建立和发展的历史，总结经验教训，对于加强和改进立法制度建设，从而推进社会主义法制建设是有意义的。

立法制度的建立和发展

1949年10月1日中华人民共和国成立，开始了当代立法制度建设。新中国的立法制度几乎是在没有传统的基础上建立起来的，因为国民党政府的旧立法制度被彻底摧毁。虽然中华人民共和国成立前共产党领导的政权有过根据地立法的历史，但这些法律在中华人民共和国成立后几乎没有继续沿用，法律一切都是从头开始。由于中国革命的特点，当代的法律没有获得它应有的独立性，成为政治的附属物，在共和国发展的40多年中，立法制度与国家的政治命运紧紧相连，经历了艰难曲折的历史过程。

一、废除旧法统，创建新法制

新中国的立法制度是在彻底摧毁国民党旧法统的基础上，从无到有建立起来的。

中国是个有五千年文明历史的国家，古代的法律也相当发达，近代的立法也不少，为什么古代的法被彻底否定，国民党旧法统要被彻底摧毁？按马克思主义法律观点，法律是统治阶级的意志，是保护统治阶级利益的工具。因而得出结论，封建社会的法律是保护封建统治

① 原载《全国人大常委会办公厅研究室材料》(1994)第17号。

的工具。国民党的全部法律都是用来保护地主与买办官僚资产阶级反动统治的工具，是镇压与束缚广大人民群众的武器。所以，新的人民政权在推翻旧政权以后，不可能再按旧的统治阶级的意志进行统治，传统的法律必须废除，旧的法制必须摧毁。

1949 年 1 月 14 日，中共中央主席毛泽东发布《关于时局的声明》，在提出与国民党进行和谈的八项条件中，第一次明确提出要“废除伪法统”，“废除伪宪法”。2 月，中共中央正式发布《关于废除国民党六法全书与确定解放区的司法原则的指示》。该指示指出，“人民民主专政政权下，国民党六法全书应该废除，人民的司法工作不能再以国民党的六法全书为依据，而应该以人民的新法律为依据。在人民的新法律还没有系统地发布之前，应该以共产党以及人民政府与人民解放军所发布的各种纲领、法律、条例、决议为依据”。该指示还指出，人民的司法机关应经常以蔑视和批判六法全书及国民党其他一切反人民的法律精神，学习掌握马列主义毛泽东思想法律观及新民主主义政策、纲领、法律等办法来教育和改造司法干部。

新中国的立法制度就是在这样一种理论背景和法律基础上建立的。这一背景包括三点：一是废除旧法统，一切从头开始；二是确立有法依法，没有法律依政策的司法原则；三是要经常以蔑视和批判一切旧法律和资本主义国家法律的精神，建立新的法律观。对旧法律和西方法律基本上采取全盘否认态度。以上三点，对当代中国立法制度的建立和发展产生了极其深刻的影响。第一点决定了新中国立法制度的艰辛。第二点在当时废除旧法情况下，采取这一原则是必要的，但造成在以后的社会主义革命和建设时长期依赖政策，甚至只要政策，不要法律的局面。第三点对旧法的批判也是必要的，但也使新中国立法制度的发展一直处于怕踏入资产阶级雷区的谨小慎微的，对西方全封闭的立法制度建设环境。在一无传统，二对西方关闭的情况下，立法制度建设只能大量照搬苏联东欧的做法。

二、向新的立法制度过渡

1949 年 9 月，中国人民政治协商会议召开，建立了新中国。从制定《共同纲领》开始，到 1954 年宪法制定，是在摧毁旧法的基础上向建立新中国立法制度的过渡时期，这时创立的立法制度为现行立法制度打下了基础。但还不能说现行的立法制度是从那个时候创立的，因为这个时期无论从政权性质、政权体制，还是从立法制度本身，与1954年宪法确立的政权性质和政权体制及其立法制度，还是有很大的不同。我们认为，这时的政权体制和立法制度都只有过渡性质。

1949年9月，中国人民政治协商会议第一届全体会议召开，制定了新中国第一批重要法律。主要有《中国人民政治协商会议组织法》、《中华人民共和国中央人民政府组织法》、《中国人民政治协商会议共同纲领》等宪法性质法律。根据这些法律，选举产生了中国人民政治协商会议全国委员会，选举了中华人民共和国中央人民政府委员会，从而使新中国建立起来。当时，有关法律确立的立法体制是：中国人民政治协商会议全体会议有权制定或修改中国人民政治协商会议组织法；制定或修改共同纲领，在普选的全国人民代表大会召开以前，执行全国人大的职权，包括制定或修改《中央人民政府组织法》，选举中央人民政府委员会，并付之以行使国家权力的职权，就全国革命和建设事业的根本大计或重要措施向中央人民政府提出决议案。中国人民政治协商会议闭幕后设立的全国委员会没有立法方面的权力，只能协商并提出对中央人民政府的建议案，包括立法方面的议案。中央人民政府在当时则是一个常设性的国家权力机关，它对外代表国家，对内领导国家政权。它有权组织政务院、人民革命军事委员会、最高法院和最高检察署。还有权制定并解释国家的法律，颁发法令，并监督其执行；规定国家的施政方针；废除修改政务院与国家的法律、法令相抵触的决定和命令；批准、废除或修改与外国订立的条约和协议等。政务院在立法方面的权力是，颁布决议和命令，并审查其执行；废除修改各委、部、会、院、署、行和各级地方政府与国家的法律、法令和政务院的决议、命令相抵触的决议和命令；向中央人民政府提出议案。法律没有给政务院明确规定立法权，但它制定的上述法律文件都被称做行政命令，政务院还批准了许多地方性法令、条例和规定，另外，这时地方政权也有一定的立法权，按《地方政府组织通则》，大行政区、省、市、县的政府可拟定法令、条例或单行法规；民族自治机关也有权制定单行法规。这时的立法体制是一种过渡性的制度，与后来确立的立法制度有很大的不同。

在这个立法体制下，制定了一些过渡性法律、法令和法规。主要有：为建立国家而制定的宪法性法律，如《共同纲领》、《中国人民政治协商会议组织法》以及《中央人民政府组织法》。还制定了有关政权建设的法律，如《各界人民代表会议组织通则》、《大行政区人民政府委员会组织通则》、《政务院及其所属各机关组织通则》、《人民法院暂行组织条例》、《最高人民检察署暂行组织条例》等。有关保障人民民主和合法权益的法律，如《婚姻法》、《工会法》、《劳动保险条例》、《救济失业工人暂行办法》、《保险发明与专利权暂行条例》等。有关维护社会秩序和治安，打击犯罪方面的法律，如《惩治反革命条例》、《惩治贪污条例》、《关于处理贪污浪费及克服官僚主义错误的若干规定》、《妨碍国家货币治罪暂行条例》、《管制反革命分子暂行办法》、《惩治土匪暂行条例》等。还有有关社会改造和恢复发展国民经济方面的法律，如《土地改革法》、《政务院关于划分农村阶级成分的决定》、《关于统一财政经济工作的决定》、《私营企业暂行条例》、《禁止国家货币出入国境办法》、《新区农村债务纠纷处理办法》等。

据统计，这一时期全国政协全体会议、中央人民政府委员会、政务院以及政务院所属各部门先后颁布在全国范围内施行的重要法律、法令、办法、条例约150多件。上述法律中，相当多的是以暂行或试行的形式出现，这都说明这时期立法制度的过渡性质。

三、立法制度的建立和发展

1954年新宪法制定，确定了我国社会主义政权性质和政权体制，从而也使我国立法体制得到正式确立。从这以后到1957年，我国立法制度有了初步发展。1957年夏季，国家政治形势急转直下，但立法工作仍持续向前发展了一段时间，从立法数量看，1957年到1959年的立法仍然不少。这是因为法律起草通过有个过程。实际上随着1957年政治形势的变化，立法工作就开始走下坡路。

1954年9月，第一届全国人民代表大会召开，制定了国家《宪法》，我国社会主义法制建设开始走上新的历史时期。《宪法》正式确立的立法制度是：全国人民代表大会是最高国家权力机关，是行使国家立法权的唯一机关。它有权修改宪法，制定法律。全国人大常委会有权解释法律，制定法令。国家主席根据全国人大或全国人大常委会的决议颁发法律和法令。国务院根据宪法、法律、法令，规定行政措施，发布决定和命令，还有权向全国人大或全国人大常委会提出立法议案。地方自治机关可依本民族特点，制定自治条例和单行条例，提交全国人大常委会批准。这种主要靠全国人大立法的体制很快被证明不能适应实际的需要。于是，1955 年第一届全国人大第二次会议通过了《关于授权常务委员会制定单行法规的决议》，该决议授权全国人大常委会在全国人大会议期间，制定部分性质的法律即单行法规，这样，使全国人大常委会实际上获得了立法权。

可见，这一时期确立的是高度集中的立法体制，只有全国人大及其常委会才有立法权，最高行政机关只能制定行政措施。地方政权机关在共同纲领时期还有部分的立法权，这时也收归中央。

立法体制确定之后，立法工作迅速开展，制定了一批当时急需的法律，首先，是有关政权建设方面的法律，有《全国人大组织法》、《国务院组织法》、《人民法院组织法》、《人民检察院组织法》，全国人大常委会还批准了内蒙古、新疆民族自治区、湘西苗族、云南白族等自治州、县制定的组织条例十几个。其次，是有关国家管理方面的法律，如《治安管理处罚条例》、《公安派出所组织条例》、《人民警察条例》、《城市街道办事处组织条例》、《城市居民委员会组织条例》、《兵役法》、《军官服役条例》、《国务院关于国家行政机关工作人员的奖惩暂行条例》、《县级以上人民委员会任免国家机关工作人员条例》、《国务院关于工人、职员退休处理的暂行规定》、《国际卫生检疫条例》等。全国人大常委会还批准了国务院关于工业、商业、财政、税收管理体制等方面的法律性决定数十个。再次，在刑事方面制定的法律有，《逮捕拘留条例》、《关于死刑案件由最高人民法院判决或者核准的决议》、《关于对于反革命分子管制一律由人民法院判决的决定》、《关于不公开审理案件的决定》。最后，制定了大量的关于社会主义改造和经济建设方面的法律，如《农业生产合作社示范章程》、《高级农业生产合作社章程》、《公私合营工业企业暂行条例》、《关于在公私合营中推行定息办法的规定》、《经济建设公债条例》、《文化娱乐税条例》、《华侨使用国有荒山荒地条例》、《华侨捐资兴办学校办法》、《华侨投资于国营华侨公司的优待办法》等。另外，这时全国人大常委会着手进行一些重要基本法律的起草，刑法起草了 20 多稿，民法也草拟出初稿并开始征求意见。

这些法律、法令对中华人民共和国建立初期巩固政权，维护革命成果，保障社会秩序，促进社会主义改造和建设事业的进行，起了重要作用。

四、立法制度建设受挫

1956 年生产资料社会主义改造完成以后，国民经济计划开始实施，政权巩固，国民经济得到恢复和发展，这给民主法制建设的发展创造了良好条件，国家建设事业需要有法可依。所以，1956 年召开的党的第八次全国代表大会作出决议："必须进一步加强人民民主法制，巩固社会主义建设秩序，国家必须根据需要，逐步地、系统地制定完备的法律。"① 这时加强立法工作的条件比以往更好了。它不仅有苏联的经验，还有新中国建立后 7 年多立法工作积累的经验可供借鉴。然而，历史并没有按合乎逻辑的方向发展，恰恰相反，立法制度建设向下坡路滑去。

1957 年开始的反右斗争，是党内"左"倾思想发展的结果，"左"的思想付诸国家政治生活，就要影响国家的命运。"左"的思想在法制建设上表现为重政策轻法律，要人治不要法治的思想逐步抬头；以党代政，以党代法，片面强调党的一元化领导；法律面前人人平等，法院依法独立审判，司法机关分工负责等正确的法制原则受到批判；在立法问题上，对立法工作越来越轻视，或者立法时盲目一律排斥历史和外国经验。这一切都对我国立法制度建设产生了严重影响。它的直接后果是：司法部、国务院法制局先后被撤销，检察院的工作大大削弱，立法数量锐减，立法工作逐步趋于停顿，根据《中华人民共和国法规汇编》统计，全国人大及其常委会、国务院及所属部门发布的规范性文件，1958 年和 1959 年分别还有 140 多件，到 1960 年下降到 50 件，1961 年 20 件，1962 年 24 件，1963 年 36 件，1964 年 38 件，1965 年 14 件，1966 年头 3 个月 8 件。如果说立法的

---

① 参见 http：//maobo. Tx. com. cn/mao xuan/wenxian/8dajueyi. html，2006 年 12 月浏览。

数量不能完全反映立法建设走下坡路的情况的话，那么，我们还可以从当时的立法内容来验证这一点。从 1958 年到 1966 年将近 10 年中制定的法律看，全国人大只通过了 1958 年到 1961 年《全国农业发展纲要》，此外没有制定一部正规的法律。全国人大常委会制定的法令也只有：《户口登记条例》、《农业税条例》、《地方经济建设公债条例》、《工商统一税条例（草案）》。修改了《军官服役条例》。此外批准了国务院制定的如《国家建设征用土地办法》、《商标管理条例》、《外国人入境出境过境在留旅行管理条例》等七八个法规，以及一些民族自治地方的单行组织条例。刑法、民法等一些基本法律的起草工作也停顿下来。立法工作的削弱是左倾思想发展、轻视法制的必然结果，它是立法制度遭受全面破坏的开始。

五、立法制度遭受全面破坏

1966 年至 1976 年，是“文化大革命”的 10 年。在“造反有理”、“无法无天”的极左路线下，立法制度受到全面破坏。宪法被彻底废弃，全国人民代表大会和地方各级人民代表大会被停止活动，国家正常的立法工作完全中断，司法机关也被砸烂。林彪一伙大搞个人迷信，使国家的权力完全集中于党的领导人个人手中，个人凌驾于宪法、法律之上，于是，党的领导人的“最高指示”成了压倒一切的“法律”。“中央文革小组”和各地的“革命委员会”发布的非法之法泛滥。直到“文化大革命”结束之前，“四人帮”操纵修改的 1975 年宪法，也是个似法非法的极左路线的产物，它根本无法实施，也没有来得及实施。

六、新时期立法制度的全面发展

1976 年 10 月，“四人帮”被粉碎，结束了长达 10 年的“文化大革命”，随后党提出了新时期的总任务，强调要实行天下大治，必须加强法制，人们从沉痛的历史教训中醒悟到法制的重要。于是，在社会思想、政治、经济条件还很不成熟的条件下，制定了 1978 年宪法。但这是个历史转折时期，人们的思想还没有跳出“文革”的樊笼。因而，法制建设和立法工作都不可能得到很好的恢复和发展。

1978 年党的十一届三中全会召开，开始了思想上的拨乱反正。

这次会议上，中国共产党深刻地总结了历史的经验教训，得出了一个重要结论，就是必须加强立法工作，使国家尽快走上法制轨道，以避免“文化大革命”的悲剧重演。会议确立了“应当把立法工作摆到全国人民代表大会及其常务委员会的重要议程上来”① 的法制建设方针。从此，我国新时期法制建设全面展开，立法首当其冲开始了新的历史发展，并在法制建设中一直起着开路先锋的作用。

根据十一届三中全会确立的方针，要加强立法工作，加快立法步伐，1979 年 2 月，五届全国人大常委会第六次会议决定设立专门立法工作机构——全国人大常委会法制委员会，② 为新时期的立法工作创造了重要条件，法制工作委员会马上开展工作，在短短的 4 个月内，向全国人大提出了 7 个法律草案。7 月 1 日，五届全国人大二次会议通过了十一届三中全会后首批重要法律，即《刑法》、《刑事诉讼法》、《地方各级人民代表大会和地方各级人民政府组织法》、《全国人民代表大会和地方各级人民代表大会选举法》、《人民法院组织法》、《人民检察院组织法》、《中外合资经营企业法》。这 7 个法律的制定，是我国“文革”结束后向社会主义现代化建设转变过程中“人心思法”的结果，是新时期立法工作的开端。

为适应新时期民主法制建设发展的需要，1982 年宪法通过总结中华人民共和国成立后立法工作的经验教训，确立了以全国人大，特别是全国人大常委会为核心的新的立法体制，扩大了全国人大常委会的权限，同时赋予了国务院和省级地方人大制定法规的权力，从而形成了一个一元化多层次的立法体制，并进行了授权立法实践。三中全会后的 15 年来（到 1994 年 7 月），全国人大及其常委会制定法律 175 个，国务院制定行政法规 700 多个。地方人大立法从无到有已制定法规 3 000 多个。我国立法工作出现了前所未有的空前繁荣。

---

① 刘政、于友民等主编：《人民代表大会工作全书》，中国法制出版社 1999 年版，第 918 页。

② 1983 年 9 月改为法制工作委员会。

立法制度建设成就

十一届三中全会确立的把立法工作摆上全国人大及其常委会重要议程的法制建设方针，使立法工作在国家制度建设和法制建设中真正获得了它应有的地位，从而给我国法制建设带来了生机和活力。15年来，我国立法制度建设取得了可喜成就。

一、立法体制基本形成

中华人民共和国建立后，我国立法体制随着国家体制的变化经历了三次大的变化。即从中央与地方分权立法，到全国人大集权立法，又发展为全国人大、国务院和地方分权立法的体制。中华人民共和国建立初期，国家立法权由中国人民政治协商会议、中央人民政府委员会和地方人民政府委员会行使，这是中央与地方分享立法权的体制。1954年宪法颁布后，实行人民代表大会制度，国家立法权由全国人民代表大会行使，全国人大常委会只制定法令和单行法规，国务院和地方政权没有立法权，这是一种高度中央集权型的立法体制，经过30多年国家建设的曲折发展，1982年宪法在总结历史经验教训的基础上，加强了人民代表大会制度建设，加强了法制建设，主要表现在：扩大全国人大常委会的权力，赋予了它较大的立法权和法律解释权；县级以上地方各级人大设立常委会，并赋予省级人大及其常委会以立法权，此外还赋予国务院制定行政法规的权力。这一立法体制是在总结历史经验的基础上确定的。事实表明，我国已基本建立起一个比较适应新时期的民主法制建设，适应改革开放需要的一元化多层次的立法体制。这一体制的结构是：

1. 最高国家权力机关立法。最高国家权力机关立法分两个层次，一个层次是全国人大的立法，全国人大有权修改宪法，制定和修改刑事、民事、国家机构的和其他的基本法律。另一层次是全国人大常委会的立法，它有权制定和修改除应由全国人大制定的法律以外的其他法律，并在全国人大闭会期间，对全国人大制定的法律进行部分补充和修改，但不得同该法律的基本原则相抵触。

2. 最高国家行政机关立法。国务院根据宪法和法律，规定行政措施，制定行政措施，发布决定和命令。此外，国务院各部门可以发布部门规章。

3. 地方国家权力机关立法分二个层次三个分支，一个层次是省级人大其及其常委会在不同宪法、法律、行政法规相抵触的前提下，制定和发布地方性法规，报全国人大和国务院备案，省级人大及其常委会的立法没有分二个层次，是因为它们之间的立法权限不像全国人大及其常委会那样有基本法和非基本法的划分。另一层次是民族自治地方国家权力机关和较大城市的立法。自治州、自治县的人大及其常委会有权依照当地民族的政治、经济和文化特点，制定自治条例和单行条例。自治区的自治条例和单行条例报全国人大常委会批准后生效。自治州、自治县的自治条例和单行条例，报省、自治区的人大常委会批准生效，并报全国人大常委会备案。省、自治区人民政府所在地的市和国务院批准的较大的市的人大及其常委会可以制定地方性法规，报省、自治区人大常委会批准后施行，并报全国人大常委会和国务院备案。民族自治地方的立法与较大城市的立法是两个分支，但同属一个层次，是因为它们制定的法规都要报批准才能生效，而没有独立的立法权。

4. 特别立法权。这主要有两种情况：一是特别授权立法。广东、福建两省的人大及其常委会根据全国人大常委会的授权有权制定所属经济特区的各项单行经济法规。1992 年深圳市人大及其常委会根据全国人大常委会的授权获得制定经济特区法规的权力。二是特别行政区的立法。根据全国人大通过的香港特别行政区基本法，香港特别行政区在 1997 年取得立法权后，将获得在不与宪法相抵触的前提下的独立立法权。澳门特别行政区也获得同样的立法权。

在这个立法体制中，全国人大及其常委会处于核心地位，着重突出了全国人大常委会在立法中的地位和作用。全国人大常委会可以制定除全国人大制定的基本法律以外的其他法律，立法范围十分广泛。为保证全国人大最高立法权的地位，《宪法》规定全国人大有权撤销全国人大常委会不适当的立法，为维护国家法制的统一，《宪法》还规定全国人大常委会有权撤销省级国家权力机关制定的同宪法、法律和行政法规相抵触的地方性法规和决议。撤销国务院制定的同宪法、法律相抵触的行政法规、决定和命令。此外，全国人大常委会可以进行授权立法，以适应复杂的社会需要。这表明，全国人大常委会在我国立法体制中起着重要主导作用。

为保证立法体制的有效运转，立法服务机构逐步建立和健全起来，并培养了一支有专业知识和经验的专门立法工作队伍，全国人大常委会有法制工作委员会作为立法的专门工作机构，各专门委员会也越来越多地参与立法。国务院设立法制局主要承担立法服务工作。各省级地方人大常委会一般也设立专门为立法服务的专门委员会或工作委员会。

经过40年的发展和认真总结经验教训建立起来的立法体制，经过10多年的检验证明比较适应我国现时立法工作需要。它既能保证立法权的集中统一，又能调动国务院和地方立法的积极性。这样，立法工作是能适应改革开放的需要的，并能因时因地制宜。当然，我们说立法体制基本成型，并不是说现行立法体制就很完善，现在有些做法都很恰当。如在市场经济条件下，人大如何适应市场经济立法的需要；国务院与全国人大及其常委会的立法权限，地方人大与中央的立法权限划分问题有许多值得研究的地方；立法的宏观统一和协调；地方立法程序的规范和统一等问题，有待进一步完善。

二、法律体系粗具规模

中华人民共和国成立40多年来，为适应各个时期社会主义革命和社会主义建设的需要，制定了大量法律、法规。这些法律、法规为建立和稳定国家制度，维护社会秩序，调节社会关系，保护公民利益，促进经济发展，起了良好作用。如中华人民共和国成立初期中国人民政治协商会议和中央人民政府制定的大量法律，为建立新中国，巩固新生的人民民主政权，恢复国民经济和进行社会主义改造发挥了重要作用。新政权稳定后，社会主义改造和社会主义建设全面展开，根据1954年宪法确立的新立法体制，又制定了大量的法律、法规和规章，这些法律主要涉及国家政权建设以及社会主义改造和经济建设等方面，它为建立国家机构，促进和完成社会主义改造，推动经济建设的发展，起了重要作用。但是，应该看到，这两个时期的立法是很不完善的，所以，谈不上建立为推动社会全面发展所需的法律体系。50年代制定的这些法律，后经“文革”对法制的全面破坏，加上在进入社会主义现代化建设新的历史时期以后情况的变化，绝大多数已不适用，有的实际上被废弃。在 70 年代末，80 年代初，我国基本处于无法可依的状态。在这种情况下，全国人大常委会根据十届三中全会必须加强社会主义法制，把立法工作摆上重要议程的方针，把立法工作放在首位，在短短的 10 多年时间内，使国家的法律体系建设具有相当规模，国家政治、经济、文化、社会生活等重要方面基本上有法可依。这一法律体系内容包括以下几方面：

第一，有关国家组织机构和国家制度建设方面的基本法律大体已制定。这些法律包括：《宪法》、《选举法》、《地方人大和地方政府组织法》、《全国人大组织法》、《国务院组织法》、《法院组织法》、《检察院组织法》、《民族区域自治法》、《村民委员会组织法》（试行）、《居民委员会组织法》、《全国人大议事规则》、《全国人大常委会议事规则》、《代表法》、《国旗法》等。此外，还制定了《香港特别行政区基本法》、《澳门特别行政区基本法》、《国徽法》。

第二，加强社会管理、维护社会秩序、保障公民基本权利方面的法律也初步制定。包括：《刑法》，《刑事诉讼法》，《民法通则》，《民事诉讼法》，《逮捕拘留条例》，《治安管理处罚条例》，《严惩卖淫嫖娼的决定》，《严惩拐卖绑架妇女、儿童的犯罪的决定》，《惩治劫持航空器犯罪分子的决定》，《婚姻法》，《继承法》，《国籍法》，《居民身份证条例》，《公民出入境管理法》，《律师暂行条例》，《义务教育法》，《行政诉讼法》，《集会游行示威法》，《未成年人保护法》，《收养法》，《妇女权益保障法》，《工会法》，《保密法》，《国家安全法》，《警察警衔条例》等。

第三，加强经济、文化建设和管理，促进改革方面的法律已制定不少，但市场经济的法律还比较缺乏。如《经济合同法》、《修改个人所得税法》、《商标法》、《产品质量法》、《文物保护法》、《教师法》、《档案法》、《食品卫生法》、《专利法》、《统计法》、《会计法》、《计量法》、《土地管理法》、《森林法》、《水法》、《城市规划法》、《渔业法》、《矿产资源法》、《企业法》、《破产法（试行）》、《农业法》、《科技进步法》、《农业技术推广法》、《公司法》、《反不正当竞争法》、《消费者权益保障法》、《注册会计师法》、《修改经济合同法》、《邮政法》、《海关法》、《环境保护法》、《标准化法》、《野生动物保护法》、《烟草专卖法》、《药品管理法》、《水污染防治法》、《水土保持法》、《税收征收管理法》、《矿山安全法》、《测绘法》等。《惩治偷税、抗税犯罪的补充规定》、《修改专利法》、《修改商标法》、《惩治假冒商标》、《生产销售伪劣产品犯罪决定》等。

第四，促进对外开放方面的法律。如《中外合资经营企业法》、《中外合资经营企业所得税法》、《外国企业所得税法》、《涉外经济合同法》、《外资企业法》、《外国人出入境管理法》、《外交特权与豁免条例》、《中外合作经营企业法》、《外商投资企业和外国企业所得税法》、《进出境动植物检疫法》、《进出口商品检验法》、《外贸法》、《国际卫生检疫法》、《海商法》、《领海及毗连区法》等。

第五，还制定了军队管理和国防建设方面的法律。如《兵役法》、《现役军官服役条例》、《军官军衔条例》、《惩治军人违反职责罪暂行条例》、《军事设施保护法》等。

第六，积极参与国际立法。随着改革和对外开放形势发展的需要，我国越来越广泛地参与维护国际社会秩序，特别是国际经济秩序。40年来，全国人大常委会批准的各种国际公约、国际条约数十件。

可见，我国以宪法为核心的调节政治、经济、文化、社会生活等方面关系的法律体系已粗具规模，这一法律体系有不同层次，并能基本适应各地方的实际情况，使我国社会生活在很多方面基本有法可依。但是，随着中共十四大提出建立社会主义市场经济改革目标，社会主义市场经济立法被提上重要的议事日程。现在市场经济方面的法律非常少，可喜的是，全国人大常委会高度重视社会主义市场经济立法，已制定了一个庞大的市场经济立法计划，并着手实施，已颁布《公司法》、《反不正当竞争法》、《消费者权益保障法》、《外贸法》、《房地产管理法》、《证券法》等。在抓立法的同时，建议同时抓法规清理，由于过去的法律是在计划经济体制下制定，有的不适应甚至阻碍市场经济体制的建立，必须按市场经济的要求进行彻底清理改造。

三、立法程序日臻完善

立法程序是立法民主化、科学化，提高立法质量的可靠保证，在建立完善社会主义法律体系中，立法程序在实践中日臻完善，立法工作逐步走向民主化、科学化。所以，10 多年立法不仅数量可观，立法质量也逐步提高，立法程序的完善主要表现在以下两个方面：

第一，立法程序法律化。全国人大及其常委会、国务院和绝大多数地方人大在总结过去立法经验的基础上，将立法程序逐步法制化。近些年来，全国人大及其常委会制定了《全国人大议事规则》、《全国人大常委会议事规则》，将一些在实践中形成的比较成熟的可行的立法经验程序化，使全国人大及其常委会的立法过程有了比较固定的程序。国务院制定了《行政法规制定程序暂行条例》，将行政法规制定得比较成功的经验法制化。更可喜的是地方立法 1979 年开始起步，但各地方立法一开始就比较重视总结借鉴本地和外地的立法程序方面的经验，并及时加以法制化。到目前为止，全国最少有 20 个以上的省、自治区、直辖市制定了地方性法规程序法，一些没有制定专门立法程序法的地方，也在议事规则等有关法规中对立法程序作了规定。立法程序法制化为立法科学化创造了条件。当然，不少地方的立法程序法还比较粗糙，有的程序过于灵活，随意性较大，特别是到目前为止，全国人大及其常委会还没有制定一个完整的立法程序法，这些是需要加以完善的。

第二，明确了党对立法工作的领导关系，解决了立法中党审批法律这一关键性程序。过去，党对立法的领导有些习惯的做法。但这些做法至少存在两个缺陷，党对立法具体问题干预过多和对各个立法起草部门实行分头领导。在总结过去立法经验教训的基础上，1991 年中共中央提出了《关于加强国家立法工作领导的若干意见》，改善和明确了党对立法工作领导的方式。提出党对国家立法工作领导主要实行政治领导，即方针、政策的领导，并对政治领导的内容和方式作了明确规定。这一立法程序的完善，改善并加强了党对立法工作的领导，对加快立法步伐，加强我国立法制度建设，具有重要意义。

四、立法工作经验日趋成熟

立法工作经验是指在立法工作中，立法机关有关立法指导的思想、原则、程序、技术，以及操作过程等一系列问题经较长时期形成的一些基本做法。立法经验是立法制度建设的重要方面，它是以往工作经验的总结，又是今后立法工作的指导。

1979年以来，立法工作已经取得了一些经验，这些经验主要包括两方面内容：

在立法指导思想和原则方面的基本经验有：

1. 立法必须以宪法为依据，以保证社会稳定和促进经济建设的发展为目标。

2. 立法要充分发扬民主，从国家和人民的根本利益出发，协调和处理各方面的关系，着眼于全面兼顾各方面的利益。

3. 立法从国情和实际出发，理论联系实际，研究中国的实际和历史的实际，在立法工作中注意吸收理论研究和实际部门的同志参加。

4. 立法重视古今中外有益的经验，几乎制定每一部法律都要广泛参考国外的有关法律和资料，吸收其有益的东西。

5. 采取积极慎重的立法方针，使法律具有严肃性、稳定性和权威性，注意及时修改、补充法律，采取一些灵活的立法形式，使法律能适应改革开放实际发展的需要。这些经验是我国近10年来立法工作取得的显著成就之一。

立法运作方法和技术方面的经验是：

1. 注意把握立法的主要客观条件。立法从经济关系和社会实践的客观需要出发，在社会关系比较稳定，法律调整对象已经明确的情况下才进行立法。立法还需要立法决策机关和有关部门对立法调整对象和范围认识比较一致，并有经过实践检验的政策指导，或有较成熟的经验或国外可借鉴的经验。

2. 在立法方式和步骤上，"经验立法"和"超前立法"相结合，考虑法律的稳定性，慎重立法。注意把握立法时机，在经验成熟的时候及时立法，立法用"零售"方法，不搞批发。对某些涉及面广，内容复杂的重要基本法律，现实迫切需要，部分内容立法条件成熟时，先把条件成熟的方面以单行法规的形式先制定颁布，其他方面待条件成熟后陆续颁布。在注重"经验立法"时，认识法的能动指导作用，研究古今中外的一般经验，寻找事物的规律，进行事先立法，以法律推动、引导改革。必要时对国务院和地方人大进行授权立法，以解决改革中对某些迫切需要、问题复杂或变化较快的问题。

3. 在立法技术上，重视立法计划，注意立法信息收集，重视法律结构，语言的处理，重视法律实施的监督反馈，适时修改补充法律。七届全国人大开始，常委会就重视立法的计划性，七届和八届全国人大常委会都制定了五年立法的中期规划和一两年的短期计划。国务院立法工作也走上了有计划轨道。1957 年国务院就编制了《国务院“七五”期间立法规划》。1993 年为适应市场经济法制建设的需要制定了新的立法规划。近年来，立法工作机构和一些法律院校和科研机构正在建立和完善法律信息资料库，并向联机网络发展，为立法提供服务。在立法中，法律、法规的体例结构，条文设计的语言表达等方面都有很大提高。全国人大、国务院和地方人大的法律汇编工作走上正轨。国务院还发布了《法规汇编编辑出版管理规定》，维护了法律法规汇编出版的严肃性，提高了法规汇编出版的质量。1987 年全国人大常委会法制工作委员会对 1978 年年底以前的法律进行了清理。国务院和一些地方人大也进行了类似的清理工作，这些情况明确了历史上制定的一些法律的效力，解决了法律的统一和协调一致问题。

地方人大立法的发展、成就和问题[①]

1979年开始的地方人民代表大会立法，至今已走过10多年的历程。这一时期地方立法有很大的发展，制定了大量的地方性法规，为地方的经济建设、文化和公共事业建设，为加强地方政权建设和维护社会秩序，发挥了重要作用。回顾和总结地方立法发展的历程和取得的成就，提出存在的问题，对加快地方立法步伐是很有必要的。

据统计，从1979年到1992年底，报送全国人大常委会备案的地方性法规约2 600件。根据这些法规的制定情况，我们可以把地方人民代表大会立法大体分为两个阶段。

第一阶段是起步摸索阶段。即从1979年7月地方组织法确立地方立法权到1986年修改地方组织法。这一阶段有以下特点：

1. 地方人民代表大会立法体制逐步完善。1979年地方组织法规定了省级人民代表大会及其常委会有制定地方性法规的权力。1982年修改宪法时使这一权力得到宪法确认。1982年修改地方组织法时，又规定了省会所在地的市和经国务院批准的较大的市的人民代表大会及其常委会可以拟订地方性法规，提请省级人大常委会审议制定，报全国人大常委会和国务院备案，即给了一些较大城市的法规起草权。与此同时，民族自治地方立法得到完善。1978年宪法只笼统规定了民族自治地方的自治机关可以制定自治条例和单行条例，报请全国人大常委会批准。由于对自治地方的立法卡得太严，连自治州、自治县的立法都要报全国人大常委会批准，实际上，这一权力没有行使。1982年修改宪法时，将民族自治地方立法批准权下放，自治区的自治条例和单行条例报全国人大常委会批准后生效，自治州、自治县的

---

① 原载全国人大常委会办公厅主办的《人大工作通讯》1994年第4期。

自治条例和单行条例只报省或自治区的人大常委会批准后生效，报全国人大常委会备案，从而给自治州、自治县两级自治地方立法带来生机。这一时期，授权立法也从专项授权发展到一般授权。1980 年全国人大常委会第一次就刑事诉讼法延长办案期限和办案程序问题进行专门授权，决定各省、自治区、直辖市人大常委会可以决定延长办案期限。后来对广东、福建两省进行了一般授权。1984 年党中央作出经济体制改革的决议，随之在广东、福建两省设立经济特区。为适应特区经济建设的需要，全国人大常委会分别授权广东、福建两省制定经济特区法规的权力。可见，这一时期根据实践的需要和不断总结经验，立法主体多元化，立法体制逐步完善。

2. 立法数量不多，立法调整范围比较窄。从 1979 年到 1986 年 7 年多时间，共制定、修订地方性法规约 830 多个。分别是：

年份	1979	1980	1981	1982
数量（个）	4	104	152	147
年份	1983	1984	1985	1986
数量（个）	95	117	83	142

平均每年不到 120 个。就是说，每省一年平均制定 2 到 5 个法规，可见，立法数量不算太多。这一时期的立法范围也主要集中在地方公共事务管理方面。这方面的法规占所有地方立法的 60% 以上。此外，还有些维护社会秩序方面的立法和有关人民代表大会制度建设方面的立法，数量不太多。而一些直接促进经济体制改革和保护改革开放方面的法规和保护公民权利方面的法规还很少。

3. 立法质量不高，立法技术不够成熟。翻开这一时期制定的地方性法规，不少内容还比较模糊，不少条文缺乏规范性，政策性语言较多，立法程序不规范。人民代表大会立法基本是被动的，人民代表大会制定的法规基本都由政府有关部门起草，人大常委会很少自行起草法规，而且政府提交什么就审议什么。在程序上，法规经一次会议审议就通过。而立法的方式也常有不规范的做法，如有的地方采取政府制定法规，报人民代表大会或人大常委会“批准生效”或“原则通过”的方法。有的立法语言不准确，如某省一法规的标题竟是《××省选举暂行实施细则》，令人费解。有很多法规立法者自己感到不成熟、拿不准，又要急于出台，都搞“暂行”、“试行”，据不完全统计，在头四五年制定的地方性法规中，标以“暂行规定”或“试行办法”的占1/3左右，有的省要占到一半，反映了当时立法的幼稚。

造成以上问题的原因，从人民代表大会自身方面看：地方人大常委会，缺乏立法工作经验；地方人民代表大会立法权限不很清楚，常委会会议制度不很健全、会期短，对法规草案不能充分加以讨论，立法工作机构不健全，立法工作的专门人才更是缺乏。

第二阶段迅速发展时期。地方人民代表大会立法在经过几年摸索、总结经验的基础上，1987年进入了迅速发展时期。

1986年底通过修改地方组织法，使立法体制进一步完善，省会市和较大的市的立法权由草拟法规变成制定法规，报省级人大常委会批准后实施。1988年4月建立海南经济特区，全国人大常委会授权海南省制定经济特区法规的权力。1992年8月，全国人大常委会根据全国人大的授权，又决定授予深圳市人民代表大会制定经济特区法规的权力。地方立法权进一步下放并多样化。

这一时期，立法工作机构普遍健全起来。由于地方组织法的修改，部分省级人民代表大会和设区的市级人民代表大会设立了专门委员会这一重要立法辅助机构。此外，各地基本上都设立了法制工作委员会或政法委员会专门立法服务机构，充实和培养了一批懂法律有一定经验的立法专业人才。

这一时期，立法速度明显加快，法律调整范围扩展。1987年至1992年6年间，地方人民代表大会约制定、修订了1 700多个法规。分别为：

年份	1987	1988	1989
数量（个）	193	239	308
年份	1990	1991	1992
数量（个）	363	277	355

各省每年平均制定6至12个法规，比头7年增加了约1倍。立法调整对象向深度和广度发展，法规干预生活的层次深化。例如在制定社会公共事务管理方面的法规就发生了以下变化：一是立法由主要对有形物的管理发展到对无形物的管理。早期的地方立法主要涉及环保、市容、文物、卫生、交通、集市贸易、林木水利资源等方面的管理。1987年以后，地方立法深化到普及义务教育、质量监督、财务管理、文化市场管理、技术推广、人事管理、劳动保护等领域。二是由过去主要对城市的管理发展到对农村的管理，地方立法已涉及农业技术推广、乡镇财务管理、农村采矿审批、水土保持、农作物管理、乡村集体企业管理等。其他领域的立法也有了长足的发展。完善地方人民代表大会制度的立法占据很重要的位置。促进和保障经济体制改革和对外开放方面的法规，在沿海开放地区开始大量制定。

前一时期，省会市和较大的市享有草拟本市地方性法规的权力，这些城市的立法积极性仍不高，加上缺少立法经验，起草法规很少而且面很窄。主要有重庆市、武汉市、洛阳市、郑州市、厦门市、宁波市、长春市等十几个城市起草过城市房地产纠纷仲裁条例，城市房屋拆迁安置条例，文物保护法、食品卫生法实施细则，经济技术开发和环保管理规定等法规，也不过三四十件。1986年省会市和较大的市的人民代表大会获得法规制定权后，城市立法迅速发展，制定各种法规约280个，约占这一时期地方立法总数的20%，比前一时期高出数倍。立法范围也广泛涉及法律实施、城市建设管理、社会治安、环境卫生、妇女儿童老人权益保护、保护消费者利益、人民代表大会制度自身建设等领域。

民族自治地方人民代表大会立法也在这时开始发展起来。1987年以后，全国自治州、自治县人民代表大会制定了自治条例、单行条例约120多个。这表明州县绝大部分自治地方已制定自治条例。

这一时期，立法技术有很大改善，立法程序比较统一规范化，基本取消了过去由党委、政府联合颁布法规性文件的做法。立法表述力求准确，口号性、政策性语言减少。

纵观10多年来我国地方立法，从幼稚趋于成熟，成效卓著，建立起一系列法律制度，为加强完善我国社会主义法制建设作出了贡献。地方人民代表大会立法的主要成就有：

第一，地方人民代表大会立法使地方公共事务逐步走向依法管理轨道。10多年来，地方人民代表大会立法最大量地集中在社会公共事务管理方面。据估计，这方面的立法约占地方立法总数的一半以上。这些立法调整社会关系广泛，内容深刻，而且大多是自主性的立法。通过这些立法，保证了当地人民依法独立自主地管理本地区公共事务权利的实现。

第二，地方人民代表大会立法使地方人大制度建设得到加强。为加强地方人大制度建设，各省级人大和一些较大城市的人民代表大会进行了大量立法活动，促进了宪法和地方组织法赋予地方人大职权的落实以及人民代表大会组织制度的健全。在地方立法中，各地普遍制定关于人民代表大会制度建设方面的法规有：人大常委会工作条例，人民代表大会以及人大常委会议事规则，地方法规制定程序，人民代表大会行使监督权的规定或对"一府两院"的监督规定，代表工作条例，常委会联系代表和组成人员办法，有关代表视察的规定，处理代表议案和办理代表建议、批评、意见的规定，罢免和补选代表办法，关于设地区人大工作机构和设乡镇人大常设机构的法规，等等。这样，选举法实施细则，人民代表大会和人大常委会议事规则基本上在各省、自治区、直辖市都制定了。人民代表大会行使任免权和监督"一府两院"工作的法规，人大联系代表和代表工作的规定，在大部分地方也得到制定。地区人大工作机构和乡镇人大常设机构基本都有法规规定。

第三，通过地方经济立法，促进和保障了地方改革开放的发展。近年来，一批经济特区法规崛起。如上海、天津、广东、大连等地为经济特区和经济技术开发区制定了一批法规，主要涉及经济技术开发区管理，经济技术开发区企业登记、劳动管理、土地管理。为促进科技发展，制定了技术市场管理条例，上海还制定了发展新兴技术市场和新兴工业条例，鼓励引进技术消化吸收的规定。为适应对外开放和经济特区建设需要，开放地区普遍制定了三资企业申请、审批规定，中外合资企业劳动人事管理条例，中外合资企业工会的规定，涉外企业会计管理，特区涉外公司条例，深圳涉外企业破产条例，特区抵押贷款的规定。在农村，有关农村联产承包、集体企业合法权益保护以及乡镇企业条例等法规的制定，对农村的改革和经济发展起了重要作用。

第四，地方人民代表大会立法努力保障公民权益，维护社会治安。各地方人民代表大会把保护公民权益、维护社会治安方面的法规作为重要的立法内容，在这方面比较普遍制定的法规有：保护消费者合法权益，维护老人、妇女、未成年人合法权益，保障律师执行职务，减轻农民负担、禁止向农民乱摊派，保护个体工商户合法权益，保障农村经营承包户合法权益等方面的法规。在加强治安管理方面的立法主要有：禁赌、禁毒、取缔卖淫嫖娼、禁止淫秽物品，国家机关、企事业单位内部保卫，公共场所治安管理，惩治盗窃扒窃，安置劳改释放人员，防治性病等方面。

第五，为保证法律的贯彻实施，各地方普遍就以下法律制定了实施细则：《游行集会示威法》，《义务教育法》，《土地管理法》，《食品卫生法》，《选举法》，《地方组织法》，《村民委员会组织法》，《渔业法》，《矿产资源法》，《草原法》，《文物保护法》，《野生动物保护法》，《水法》，《大气污染法》，《城市规划法》，《森林法》等。这些法律实施细则的制定，使国家法律在各地能更好实施。

但是，应该看到，我国地方人民代表大会立法仍然存在不少问题：首先，地方人民代表大会的立法权限不明确，特别是在自主性的立法方面，可以制定哪些法规，不能制定哪些法规，仍不十分清楚。如地方立法能否制定涉及刑事司法方面的法规，能否自行立法扩大法定机构的组织和职权等问题就有待研究。

其次，地方人大立法存在着某些形式主义。照搬照抄国家法律的内容多，地方人大立法根据本地方具体情况和实际需要而规定的内容少，法规的规范性和可操作性较差。

再次，对地方人大立法的宏观协调和监督不力。地方人大立法的相互协调和前后一致，是法制统一的环节。由于地方人大立法的局限性和利益考虑，立法中的地方保护主义在一定程度上存在，如超出法律之外随意减免税收，滥施罚款没收；对开发利用自然资源擅自扩大审批权限，乱开口子，加剧资源的破坏和环境污染；有的争权趋利，互相扯皮。国家有关机关也没有对这些不良现象进行有效的监督控制，致使这种现象得以继续存在。

1992 年党的十四大提出建立社会主义市场经济体制的目标，全国人大和地方人大正在以改革的精神加快立法步伐，以建立社会主义市场经济法律秩序，地方人大立法已进入了一个新的发展时期。

地方人大立法研究①

地方人民代表大会的立法权是1979年开始行使，10多年来，取得了显著成就，地方立法制度在探索中逐步完善，立法经验在实践中不断丰富，制定了大量的地方性法规，有力地促进了地方的经济、文化和公共事业建设。为了更好地总结经验，进一步加强地方人民代表大会立法工作，对地方人大立法研究是必要的。

一、地方人大立法的作用

地方人大立法除有国家立法的一般作用外，还有它在国家建设中的特殊作用。

第一，保证国家法律在本行政区域内的贯彻实施。地方各级人民代表大会的首要职责是保证宪法、法律、行政法规的遵守和执行。在我国，地域广阔，民族众多，各地政治、经济、文化发展很不平衡。国家的法律有很多难以一竿子插到底，有些法律需要规定得比较原则、灵活，使之适应各种复杂的实际情况。但是，原则、灵活又不便于法律的具体贯彻落实，因而要靠各地根据自己的具体情况和实际需要作些详细的规定，使之便于具体执行。地方性法规的一个很重要特点，就是执行性。如保障法律实施的具体规定，为实施法律的配套措施，以及为贯彻落实法律而制定的法律实施细则等类的法规，都有很强的对国家法律的执行性质，使国家法律得到实施。

第二，保证地方政权机关依法自主地管理行政区域内经济、文化和社会事务。根据宪法、地方人大和地方政府组织法规定，地方各级人大有权讨论决定本行政区域内的政治、经济、教育、科学、文化、

① 原载《燧石》1994年第5期。

卫生、民政、民族工作的重大事项。地方国家机关要独立行使好这一权力，就必须注意：一要依法。政府的管理活动要依照法定的职权和法定的程序进行。二要从本地客观情况和实际需要出发，要在中央统一领导下独立自主地管理本地区经济、文化和社会事务，只有通过大量的立法，依法管理，才能管好。各地根据自己的具体情况和实际需要通过立法解决本地区的经济、文化、社会问题，就能有效地促进地方经济、文化建设事业的发展。

第三，促进法制的完善，加强国家民主法制建设。10 多年来，拥有地方立法权的地方国家权力机关在加强地方政权建设，健全人民代表大会制度，完善国家法制方面，制定了许多法规。如地方人大普遍制定了选举实施细则，为行使监督权、任免权的有关条例，人大及其常委会的议事规则，代表联系办法，乡镇人大工作的法规等。这些方面，国家有法律，但不完善。法制需要统一，但又不可能完全一致，所以，需要地方立法对国家法律起着拾遗补阙的作用。

二、地方性法规与行政规章

划清地方人大立法的权力范围，是地方人大正确、合法地行使立法权的前提。地方性法规与国务院部门规章的界限，以及地方性法规与本级政府规章的界限，是地方立法的两个重要界限。

（一）地方性法规与部门规章

部门规章是指国务院各部委制定的具有一定法律效力的规范性文件。部门规章的特点是：

1. 部门行业性。部门规章是政府部委基于其行政管理职能，对本部门或行业进行行政管理或技术管理的行为规范，一般适用于本部门或本行业。

2. 专业技术性。多数部门规章专业技术性很强。如《商业国家级企业审定工作细则》，《建筑工程安装合同条例》，《城市区域环境噪声标准》，《船舶装载危险物管理规则》，《微波辐射卫生标准》，《银行结算办法》等。

3. 实施执行性。国务院各部门是法律法规具体执行机构，为保证法律、行政法规的执行，需要制定部门的实施办法和细则。例如，为实施《婚姻法》，民政部制定了《婚姻登记办法》；为实施《外国企业所得税法》，财政部颁布了《外国所得税法实施细则》。

如何区分地方立法与部门规章的界限，这要根据中央与地方权力划分原则和有关地方国家机关的职权和部门职权的法律规定判定。

（1）地方立法是基于宪法、法律赋予地方政府依法自主地管理地方事务的权力，行为规范具有相当的广泛性，并有创造性。宪法规定地方立法的原则是“不得同宪法、法律、行政法规相抵触，因而它有自主立法的广阔领域。有一些领域，国家法律没有规定时，地方性法规可以创制，作出一些权利义务的新规定。部门规章是基于各部委部门行业管理职权作出的行为规范，它的制定必须根据法律、行政法规和有关决定和命令。它带有很强的从属性、管理性、专业性和技术性，一般不能创制和作出新的权利义务规定。所以，在很多领域，地方性法规与部门规章没有交叉，界限是清楚的。如有关加强民主法制建设，加强人大制度建设的规定；有关维护社会治安、保障公民权利的规定，都可制定地方性法规，而不宜用部门规章来解决。

（2）地方性法规与部门规章界限不清主要是涉及地方和部门利害关系的领域，土地、矿山、交通、森林、河道管理体制上条块之间矛盾冲突的地方。例如，对铁路、森林、土地，有关部门和地方人大都可以根据法律制定自己的管理措施和细则。那么，在这方面，部门规章和地方性法规的分工是，部门规章应侧重规定那些实施法律的具体标准和统一规格。地方性法规侧重根据本地具体情况，落实法律和解决问题的具体措施。

（3）地方性法规与部门规章在法律效力上，不存在谁大谁小的问题，它们各自在不同方面发挥作用。但要注意，制定部门规章需充分尊重地方的自主权，不要把地方的权力揽到部门手中。同时，由于部门具有宏观、全局性和专业技术性，地方立法应尊重部门规章，并要注意与之衔接。

（二）地方性法规与本级政府规章

实践中，地方政府以规章来代替法规现象是普遍存在的。甚至对地方一些重要问题，不由人民代表大会来制定法规，而由政府自行制定规章，由此而影响了民意的实现和这些规定的实施效果，为了区分地方性法规与本级政府规章，必先了解政府规章的内容和结构。

我们平常所说的政府规章，内容包括两个主要方面，一是行政措施，二是行政规章。行政措施是地方各级人民政府为执行本级人大及其常委会的决议，以及上级国家行政机关的决定和命令而采取的具体办法和手段，它一般的称谓有：指示、命令、指令、决议、决定、通知、通告、布告等。它是行政机关实现行政管理目标最重要的指挥手段，充分反映行政机关管理的特点。它是行政机关或行政首长依法行使职权，针对特定事项或特定对象而作出的，适应行政机关处理、解决那些具体和经常变化的事情，具有即时性、灵活性和可变性。行政措施还用来确定地区性和阶段性的方针政策。如为扩大改革开放，给外商投资、发展第三产业、发展私营和个体经济的优惠政策，为搞活国营企业，扩大企业自主权的政策措施等。为实现某项法律、政策和工作目标而规定的具体办法，如政府为清除三角债对企业和银行采取一些办法，为防止集团消费而采取的控购措施等。上述方面的措施，如果形成长期稳定的调节手段，也可以制定为法规。如果只适用于特定的对象，或只作暂时采用的方式手段，就由政府制定行政措施。

行政规章是根据地方人大和地方政府组织法的规定，由省、自治区、直辖市以及省会市和国务院批准的较大的市的人民政府根据法律和行政法规制定。它是行政机关为行使管理本行政区域内的经济、文化建设事业，领导所属各部门和下级人民政府工作而制定的各种规章制度。一般称为规定、办法、规则、章程、实施细则等。政府基于行政管理职权而发布规章的范围是非常广泛的，它包括经济、教育、文化、体育、卫生事业、城乡建设和财政、民政、公安、民族事务、司法行政、监督审计、计划生育、人口管理、行政机关工作人员和有关专业人员的管理、保障和纪律等。行政规章与行政措施的区别在于：前者侧重于根据法律或法规制定，针对某一类行政事务作的专门规定，是一种抽象行政行为，它调整的社会关系具有长期性和稳定性，成为一种制度。后者主要是解决特定问题或某一阶段性问题的具体措施和办法，调整的社会关系比较单一、特定和具体。

从上可见，行政措施与地方性法规的区别比较明显。行政规章与地方性法规的界限比较模糊，从理论上说，两者的不同在于：法规调整本行政区域普遍、稳定的社会关系，规章调整行政管理活动中较长期稳定的关系，应具有较强的专门性和技术性的关系；法规的制定以不与宪法、法律、行政法规相抵触为前提，而依本地的实际情况自主决定。规章只能依法律、法规及依行政管理职权而制定，主要是实施细则或办法，不能创制，确立新的社会关系，在规定处理手段上，不能超出法律法规规定的宽严限度。

从法律上说，地方性法规与行政规章的界限应是清楚的，地方人大和地方政府组织法明确规定，县级以上地方各级人大常委会的职权是：讨论、决定本行政区域内的政治、经济、教育、科学、文化、卫生、民政、民族工作的重大事项。而明确规定县以上地方各级人民政府的职权是，管理本行政区域内的经济、教育、科学、文化、卫生、体育事业和财政、民政、民族等工作。这些规定表明：第一，政治性的事务，可由地方性法规作出规定，而不便由行政规章作出规定。第二，区域性的重大事项，都应由地方性法规作出规定，而不能由行政规章去规定。因法律明确规定，本行政区域内的重大事项是由地方人大及其常委会“讨论、决定”。行政机关的职责只是对地方事务实行“管理”。管理当然要依法进行，这包括要依国家的法律和本级人大及其常委会制定的法规。

我们反对以行政规章取代法规是因为地方重大事项通过法律决定，能发扬民主，反映人民的意志和利益；解决这些事项能有一种长期稳定的制度；并使这些制度获得国家司法手段的保障。地方性法规可以作为法院审判“依据”，行政规章只能作为法院审判“参照”，行政规章靠行政手段保证实施。

三、地方立法工作的指导原则

国家立法有些一般的指导原则，这些原则是地方立法必须遵守的。诸如，以宪法为依据，体现民主精神，从实际出发、保证法制的统一协调等。但是，地方立法有它的特性，因而，也有它立法的特殊原则。根据地方人大和地方政府组织法规定，地方人大根据本行政区域的具体情况和实际需要，在不同宪法、法律、行政法规相抵触的前提下，可以制定和颁布地方性法规。依此精神，地方立法工作的指导原则有两条：一是不得同宪法、法律、行政法规相抵触；二是从本地的具体情况和实际需要出发。

（一）不抵触原则

不得同宪法、法律、行政法规相抵触，是制定地方性法规总的指导原则，也是一个前提。赋予地方人大立法权是为充分发挥地方的积极性、主动性，根据本地的具体情况和实际需要制定法规，解决具体问题。但是，如果各地自以为是，违反国家法律去制定法规，就会破坏宪法的权威和法制的统一，损害全局利益和人民的根本利益。

什么是“不抵触”原则是一个颇有争议的回题，而这个问题直接关系到地方人大的立法范围。在实践中，对不抵触原则有以下两种片面的理解或做法：一是“一致论”，就是认为“不抵触”就是与国家法律保持一致。凡是国家法律有规定的，地方立法才能规定，凡国家法律没有规定的，地方立法就不能规定。这一认识的后果是窒息了地方立法的积极性、主动性和创造性。立法时照搬国家的法律，上下一般粗，起不到地方立法的作用。二是“自主论”，即认为“不抵触”就是只要不违反法律所明文禁止的东西，地方立法都可以自主地作出规定。一般来说，这种观点是对的。但在我国当前法制不很健全的情况下，许多方面国家法律没有明文规定。如果说，国家法律没有明确禁止的地方都可以做的话，就有悖于宪法确立的民主集中制原则。这一制度决定，有些权力是由中央统辖的，不是地方可以随便行使的。

对不抵触原则的正确理解是，所谓“抵触”是指地方立法机关在制定法规时违反宪法、法律和行政法规的条文和原则精神，或者超越地方人大及其常委会的职权范围和立法程序作出不适当的规定。具体说，以下情况被认为是“抵触”：(1) 违反。如果国家的法律明确或暗含可以或应当为某种行为，地方性法规禁止该行为。或者如果国家的法律禁止某种行为、地方性立法规定许可甚至鼓励某种行为。超越国家法律已对某事作出明确规定，地方立法超出法律规定的范围，作出不一致的规定，或者在法律以外设定新的权利义务，或限制其权利、或减免其义务，或者在法律规定的条款中，增减其处罚种类或处罚幅度。(2) 违背法定职权。在许多社会关系领域，国家法律还没有规定，地方进行立法是否存在相抵触问题，不能笼统地说，而要依情况而论。如果立法事项不属于本级人大职权范围内的事，或立法事项属于国家职权范围内的事，就构成与法律相抵触。有的地方在立法中将不属于刑事犯罪的行为列入要追究刑事责任的范围，甚至有的自行规定罪名和刑罚。

（二）从实际出发的原则

从实际出发就是地方立法要从本地的具体情况和实际需要出发。只有从实际出发，才能使国家的法律适应各地的复杂情况，使各地方性法规在解决本地区经济、文化和公共事务方面发挥作用，才能充分发挥地方权力机关在管理地方事务方面的主动性、积极性和创造性。

什么是本地的具体情况和实际需要？具体情况就是各地的客观情况，包括各地的经济、文化和物质环境等诸种因素。这些因素就是区别城市与农村、沿海开放地区与内地，汉族与少数民族地区不同的情况和特点。经济因素主要是指生产力发展水平及其决定下的生产关系，地方立法的差别主要是由这方面决定的。文化因素是指不同地区的文化发达水平、文化传统、风俗民情、人口素质、宗教影响等。

实际需要就是现实生活对立法提出的客观需求，它产生社会不断发展变化的实际，社会发展出现新的情况和新的问题要求立法加以解决。实际需要又很大程度上取决于各地的具体情况，具体情况不同，决定立法的客观需要不同。例如，在城市，现代化的交通、市政建设、居民管理等，就需要一套现代化的城市管理法律制度。而农村的具体情况，需要的是农业联产承包、水土保持、土地管理等方面的法规。沿海开放发达地区与内地落后地区具体情况也不同。沿海发达地区需要经济技术开发、三资企业管理及其职工保护方面的法律；有的内地边远落后地区，由于环境所限和文化落后，近亲繁殖，需要制定禁止痴呆人口生育方面的法规。

在立法实践中，掌握好从实际出发的原则并不是件容易的事。贯彻这一原则要注意防止以下倾向：

1. 立法过于原则纲领。立法不是从实际出发，而是从“法律”出发，立法停留在一般性的原则规定上，在制定法律实施细则时，照搬照抄法律条文或其他地方的法规，使制定法规由于过于原则，难以操作，实施不了，就是不符合本地情况，或客观条件不成熟，或有些制度不配套，难以实施。

2. 强调地方情况特殊，随意突破法律或超越职权范围作出规定。突出表现是地方立法借口从实际出发，搞地方保护主义，随意减免税收，降低产品质量标准，下放土地审批权限，放松森林采伐限制，滥施罚款，甚至保护愚昧落后、不合时宜的东西。

3. 把从实际出发片面理解为从经验出发，事事待自己去摸索总结经验，法规要等经验成熟才能制定，这样法律就只能跟在实践和经验的后面。法律需要总结经验，把成熟的经验上升为法律，也需要考虑现实的可行性。立法不能拘泥于经验和实现。应站在历史和未来的高度，总结事物的规律，法律是客观规律的反映，而不仅仅是经验的反映。

坚持立法从实际出发的原则，指在充分发挥地方立法的主动性和创造性，在改革开放的形势下，使地方立法适应经济建设的需要，必须灵活运用从实际出发的原则。而这一原则同“不抵触”原则相结合起来才能适用。这两个原则密切相关，相互制约。不抵触原则给地方立法设定范围，不能放任，只有明确地方立法范围，才能主动地根据当地的情况和实际需要制定法规，否则极易造成违法越权。在遵守不抵触原则的前提下，深入研究本地的实际情况和事物的规律，才能制定出符合实际的法规。

20 年人大立法的发展及历史性转变[①]

20 年来，人民代表大会建设的最突出成就，就是立法成果丰硕。这种成果不仅是立法数量上的，更重要的是人大职能的增强和立法观念的转变。20 年来，人民代表大会在行使立法权方面，经历了两个发展阶段，并发生了三大转变。1992 年以前，立法是计划经济基础上的法律管理工具主义阶段；1992 年以后，为适应市场经济的需要，建立以平等保护公民权利为目标的法治国家。为适应这一变化，我国立法发生了以下转变：在立法的作用上，人大由过去的被动者已变为在立法中起主导作用；在立法观念上，人大由经验主义立法转变为超前立法；在指导思想上，人大由工具主义立法转变为权利保护立法。这些转变表明，人民代表大会立法权已经由形式上的行使开始转变为实质上的行使。这是人民代表大会建设的重大进展。

一、20 年人大立法的步伐

当 1978 年底，中共十一届三中全会提出发展社会主义民主，健全社会主义法制的方针时，作为国家的立法机关，人大首当其冲地要为健全法制承担重要的历史使命。所以，三中全会要求，全国人大常委会要把立法工作摆上重要的议事日程。三中全会后，全国人大常委会的恢复重建，在很大程度上是围绕着承担立法任务而来的。当时，人大常委会几乎没有立法经验，没有懂法律的人才，也没有立法程序。常委会的工作机构和办事机构在初创之中，人手缺乏。[②] 常委会

---

① 原载《国家行政学院学报》2000 年第 5 期。

② 1980 年整个全国人大常委会的工作人员只有 175 人，人数最多的法制委员会也只有 75 人。

很难适应承担繁重立法任务的需要。为了解决对法律的急需和立法力量不足的矛盾，在彭真副委员长的建议下，设立了一个由 80 人组成的法制委员会，负责立法的起草工作。这个立法专门机构的成立，为人民代表大会重建初期立法工作的启动起了重要作用。

在新时期立法发展史上，人们不能忘记 1979 年 7 月 1 日。这一天，为落实三中全会精神后的第一批七个法律制定出来了。五届全国人大第二次会议修改了《宪法》，通过了《刑法》、《刑事诉讼法》、《地方组织法》、《选举法》、《人民法院组织法》、《人民检察院组织法》、《中外合资经营企业法》。七个法律的制定，是新时期立法的里程碑。宪法的修改、选举法和组织法的制定，对人民代表大会制度作了重要改革。《刑法》和《刑事诉讼法》的制定，从保障公民权利的角度，结束了“文化大革命”乱抓人、乱捕人、无法无天的混乱局面。《中外合资经营企业法》为中国打开了国门，它对中国改革开放起了极大推动的作用。五届全国人大的立法为新时期立法和法制建设拉开了序幕。

1982 年修改宪法，对立法体制作了重要改革，扩大了全国人大常委会的立法权。赋予全国人大常委会有权制定除全国人大制定刑事的、民事的和有关国家机构方面的法律以外的其他法律。全国人大常委会还有权对全国人大制定的法律进行修改。全国人大常委会立法权的扩大，为新时期立法快速发展创造了先决条件。

六届全国人大期间，立法制度的最大进展就是初步形成审议法律的基本程序：

（1）对提请全国人大常委会审议的法律草案，第一次先在全国人大常委会上听取法律草案的初步说明。

（2）然后将法律草案交全国人大法律委员会或有关的专门委员会审议修改。

（3）同时把草案发给各地方、各部门广泛征求意见，一般做法是由法律委员会和法工委会同有关专门委员会和国务院经济法规研究中心进行调研，征求各方面意见，包括找起草部门和执行单位研究；听取主管部门、有关部门和地方的意见；同专家、理论工作者和做实际工作的同志座谈。

（4）对一些重要的法律草案，在报上公布广泛征求全民意见，然后再提交人大常委会审议。

（5）法律草案要展开充分的讨论后才表决通过；对重要条款争论较大、有较多不同意见时，暂不付表决，不勉强通过，经进一步调查研究修改后，再提请会议审议表决；有的法律草案要经过多次会议审议才能通过。①

（6）对提交全国人大常委会审议的法律草案，要求法工委和提案机关提供有关资料，反映草案的主要问题和不同意见，说明问题的焦点，以便于全国人大常委会进行有效的审议。

这些程序至今仍是全国人大及其常委会立法的基本程序。

七届全国人大在立法方面的显著进展是加强了立法工作的计划性。七届全国人大常委会开始在《常委会工作要点》中对立法进行规划。② 尽管这个规划是在许多起草部门提出自己的立法计划的基础上，由全国人大法律委员会拼凑而成的“拼盘”，并且只有指导性。但规划的制定，使人大在立法中的地位和作用开始发生转变。有了立法规划和年度立法计划，全国人大的立法就能抓重点、有计划、有步骤地进行。它使全国人大常委会由过去被动接受国务院等提案单位的议案，到主动对立法提案起草部门明确任务、提出要求。对列入立法规划的法律草案的起草，采取定任务、定班子、定时间的“三落实”措施。并由全国人大专门委员会组织有关力量参与法律起草工作。强调发挥专门委员会在立法中的作用，对国务院等部门起草的法律，专门委员会主动与有关部门联系，提前介入、掌握情况，做好法律议案的审议准备工作。有了立法规划，人大常委会可以避免像过去那样法律草案提请人大常委会审议之前对其一无所知的被动状况。全国人大常委会立法角色开始由被动转变为主动。

1992 年，中共十四大提出建立社会主义市场经济体制。1993 年，八届全国人大一次会议修改宪法，把“加强经济立法”明确载入《宪法》。为实现党提出的目标，八届全国人大常委会明确提出了在

---

① 参见刘政、于友民等主编：《人民代表大会工作全书》，中国法制出版社 1999 年版，第 569 页。

② 参见刘政、于友民等主编：《人民代表大会工作全书》，中国法制出版社 1999 年版，第 574、583 页。

本届内初步形成社会主义市场经济法律体系框架。为此，全国人大常委会提出了一个雄心勃勃的立法规划。立法规划争取在5年内制定152件法律，第一要求本届内必须完成的法律有115件，第二是研究起草，待条件成熟时安排审议的法律37件。这些法律包括：规范市场主体方面的法律；调整市场主体关系，维护市场秩序方面的法律；改善和加强经济宏观调控方面的法律；建立社会保障制度方面的法律等。①

面对如此繁重的立法任务和全新的立法课题，如何加快立法步伐，是八届全国人大常委会面临的首要问题。八届全国人大首先转变了立法观念，放弃了经验立法观念，确立了以法律指导、规范、保障改革观念。与此同时，全国人大常委会还采取了一些措施：（1）发挥各专门委员会和全国人大常委会工作机构在立法中的作用，让专门委员会和法工委更多地直接起草法律。（2）对其他机关负责起草的法律草案，由专门委员会与起草单位保持联系，经常督促起草单位按时完成起草任务。（3）提倡大胆借鉴和吸收国外有益的立法经验。（4）发挥专家和学者在立法中的作用，不仅征求专家的意见，还请专家成立法律研讨组直接起草法律草案，从而大大提高了立法效率。

八届全国人大在建立社会主义市场经济法律体系方面取得了显著成就，5年内制定和修改法律85件，另作出有关法律问题的决定33件。尽管只完成立法规划的73%，但它的立法成就仍是十分惊人的。立法成就不仅是数量上的，立法内容也令人鼓舞，一批重要的社会主义市场经济方面的法律都得以制定。这些重要的法律有：《公司法》、《合伙企业法》、《商业银行法》、《反不正当竞争法》、《消费者权益保障法》、《票据法》、《担保法》、《拍卖法》、《广告法》、《保险法》、《仲裁法》、《预算法》、《经济合同法修改》、《劳动法修改》、《个人所得税法》修改等。市场经济法律的制定，推动了市场经济改革，使中国迅速向市场经济转轨，并为市场经济改革提供了保障。

---

① 这些法律中，直接属于社会主义市场经济方面的法律53件，属国家机构组织制度方面的法律25件，属教科文卫环保方面的法律16件，属刑事司法制度方面的法律11件，其他10件。参见刘政、于友民等主编：《人民代表大会工作全书》之《八届全国人大常委会立法规划》，中国法制出版社1999年版，第864～869页。

八届全国人大的快速立法，给人们带来了对立法质量的担忧。中共十五大对立法进一步提出要求，在2010年形成有中国特色社会主义法律体系，提高立法质量。九届全国人大围绕这一目标，采取了一些新措施开展立法工作。

1. 为了提高立法质量，适当放慢了立法步伐。九届全国人大常委会的立法规划只安排本届制定89件法律，其中要求本届内必须完成的法律63件，进行研究、待条件成熟时制定的法律26件。比八届全国人大计划制定的法律减少了42%。依此计划，将制定一批重要的关于改革和完善国家机构，推动依法行政，进一步完善市场经济和加强社会保障方面的法律。其中重要的法律有：修改《宪法》、《国务院组织法》、《人民法院组织法》和《人民检察院组织法》，制定《立法法》、《监督法》、《行政复议法》、《公务员法》、《政府采购法》等，制定《合同法》、《独资企业法》、《证券法》、《信托法》、《商事登记法》、《修改专利法》、《著作权法》、《商标法》和《公司法》等，制定《农民权益保障法》、《社会保险法》、《劳动合同法》和《修改工会法》等。

2. 将"两审制"改为"三审制"。过去法律议案一般经两次全国人大常委会审议通过。为了提高法律草案的审议质量，九届全国人大常委会将法律案审议改为三审制，一审听取提案人说明，进行初步审议；二审在委员们对法律草案充分调查研究之后，围绕法律的重点、难点、分歧意见进行审议；三审在有关专门委员会提出审议结果报告和草案修改稿的基础上再作审议。意见不大，即付表决。这样使常委会成员有更充分的时间对草案调查研究，有关方面的意见能更充分反映，使法律制定得更完备。

3. 重要的法律草案公布全民讨论。重要法律草案公布讨论在以前也这样做过，但没有经常化、制度化。九届全国人大常委会再次强调，关系到广大人民群众切身利益的重要法律草案，应当公布于众，广泛征求意见。它对立法反映人民群众的意志和要求，提高立法质量有重要意义。

在短短20年里，我国人大立法的成就令世人瞩目，全国人大及其常委会制定和修改法律261件，作出有关法律问题的决定111件，共372件。① 使我国由一个完全没有法制的国家变为基本有法可依的国家。我不想历数这些成就，因为它是人们都能看得见的。下面我想指出的是20年全国人大在立法职能和思想观念方面的转变。它表明全国人大立法权有了实质性的发展。

六届至九届全国人大立法情况表②

	五届人大	六届人大	七届人大	八届人大	九届人大
修宪	3次		1次	1次	1次
制定和修改法律	38件(制定36、修改2)	47件(制定37、修改10)	60件(制定56、修改4)	84件(制定64、修改20)	26件(制定15、修改11)
作出法律问题决定	19件	16件	26件	33件	17件
总数	60件(次)	63件(次)	87件(次)	118件(次)	44件(次)
代表大会制定	21件(立法17、决定4)	16件(立法11、决定5)	25件(立法12、决定13)	22件(立法8、决定14)	7件(立法2、决定5)
常委会制定	39件(立法24、决定15)	47件(立法36、决定11)	62件(立法49、决定13)	96件(立法77、决定19)	37件(立法25、决定12)

二、立法的两个阶段和三大转变

20年来，全国人大立法权发展经历了两个阶段。第一阶段从1979年到1992年，立法是在计划经济基础上，在法律工具主义思想指导下进行的。立法的主要任务是为适应经济建设和现代化建设的需

① 统计数字截止到1999年10月底。制定修改法律的数字是制定修改的件次总数，包括对一个法的多次修改数在内。

② 此表根据《全国人大常委会工作报告》、《人民代表大会工作全书》提供的数字和资料作出，表中的具体数字因计算标准问题，可能与其他统计的数字不完全一致。九届人大的数字截止到1999年12月底。

要，强化行政和对经济的管理。立法的重点是经济法。经济法主要反映计划经济体制，表现政府对社会的控制和行政部门对经济的管理是它的突出特点。政府官员把法律看成是可以调动指挥别人、管老百姓的指挥棒，看成是加强行政权力、保障行政权力和扩大行政权力，而不是监督行政权、规范行政权和控制行政权的手段。这种状况决定人大法律的起草和提案主要依赖于政府，政府在立法中起主导作用。这个时期制定的法律主要是政府管理性的法律。

第二个阶段是1993年以后，国家处于由计划经济向市场经济的急剧转型过程之中，法律的转型是为使其适应市场经济和法治社会的需要。面对市场经济出现的新的行为方式需要大量地制定法律规范，同时大量修改计划经济体制下制定的不适应市场经济需要的法律。此时，立法是以社会主义市场经济的原则为基础，以依法治精神为指导进行的。其立法的主要任务是建立市场经济法律体系，进而建立有中国特色的社会主义法律体系，实现依法治国。这个转变是中国立法的根本转变，为了实现这个转变，适应市场经济立法的需要，加快立法步伐，全国人大立法职能和观念也发生了三大转变。

1. 在立法观念上——由经验立法转变为超前立法

在80年代，我国立法的一个重要指导观念，就是立法要在总结经验的基础上，成熟一个制定一个。这就是经验主义的立法思维，它产生于经济立法。当1979年我国法制重建后，全国人大常委会很快就确定立法要围绕社会主义现代化建设，以经济立法为立法工作的重点。怎么制定经济法，当时的认识是，经济法只有在总结经验的基础上才能制定。早在1980年，全国人大常委会就指出，“经济法规的制定，还需要一个过程，只能在总结经验的基础上逐步制定，成熟一个制定一个”。①常委会的领导同志十分强调经验立法，指出：“立法不能照抄别人的，要从中国的国情出发，因此，要有一个社会实践的过程。经过社会实践，有了经验，有多少经验，我们就立多少法。”②

① 刘政、于友民等主编：《人民代表大会工作全书》，中国法制出版社1999年版，第536页。

② 刘政、于友民等主编：《人民代表大会工作全书》，中国法制出版社1999年版，第1022页。

为了加强经济立法工作，国务院成立了经济法规研究中心。由它承担了相当大的经济法研究和起草任务。① 80年代上半期，大量的经济法迅速得到制定。到1985年，全国人大制定了《经济合同法》、《森林法》、《商标法》、《专利法》、《环境保护法》、中外合资经营企业及其税收方面的经济法规有70多个。

经验立法思想是一种片面的法律观念。它把法律简单看成是客观现实的反映和亲身经验的总结，而没有看到法律也具有人类社会的普遍规律性。人们通过认识规律可以用以指导实践。普遍规律在特定社会可能会有超前性，通过学习、借鉴、甚至移植，也可以适用于没有某些实践的社会。所以，法律具有超前性特点，通过立法指导、规范和保障改革的进行。

认为只有有了自己的经验才能立法的思想，导致立法滞后，总是不能适应经济和社会发展的需要。它还导致人大立法权旁落，使国务院实际上主导立法。经验立法观也产生于对法律的工具主义认识。认为法律是政府管理经济和社会的工具，而管理和总结实践经验主要靠政府，它们更了解情况，所以，立法也应主要依靠它们。如果它们觉得经验不够成熟，可先由国务院制定暂行规定。根据经验立法的逻辑，必能得出执行者、实践者是最有权利的立法者。这一理论把国务院及其各部委推到立法的第一线，立法的主动权和优先权就让位给政府。

经验的立法观念是导致对国务院授权立法的原因。1985年，中共十二届三中全会作出经济体制改革的决定指出，经济体制改革和经济的发展，使越来越多的经济关系和经济活动准则需要用法律的形式固定下来，国家立法机关需加快经济立法工作。② 中央要求加快经济立法，但按经验立法的思路，经验不成熟不好立法，没有法律规定，改革开放不好开展，实际工作又不能等待，怎么办？国务院是执行机关，管方针政策的执行，由它制定暂行的条例或规定比较好。于是，

---

① 当时把这支力量放在国务院，而不是全国人大常委会，就说明中央把立法的重心放在国务院。

② 参见刘政、于友民等主编：《人民代表大会工作全书》，中国法制出版社1999年版，第552页。

委员长会议反复考虑，决定对国务院进行授权立法。① 可见，改革开放初期，全国人大对国务院的授权立法是建立在经验主义立法理论之上的。

经验立法思想反映了法制重建初期对立法的慎重态度。但今天看来，它有很大的局限性和片面性。它没有看到法律具有超前性、规范性和指导性的特点。这种理论导致人大立法权旁落，立法滞后，立法不能适应经济和社会发展的需求。在市场经济改革面对的全新问题面前，这一理论显得捉襟见肘。

为适应建立市场经济法律体系的需要，全国人大常委会在立法指导思想上发生了根本转变，即抛弃了过去经验主义的立法思维方式，认识到法律具有超前性的特点。提出了“立法的进程要同改革的进程相适应，立法要体现改革精神，用法律引导、推进和保障改革的顺利进行”。② 立法指导思想的根本转变，为加快立法破除了思想障碍。市场经济改革面对的都是新问题，市场经济是法治经济，如果事事都要有了经验才能立法，市场经济怎么搞？过去先改革、后立法，常常使经济造成了混乱和巨大损失后亡羊补牢。以立法来引导、推动改革观念的确立，不但大大加快了立法步伐，以法律推动市场经济改革的进行，而且能防止改革造成的混乱和损失。对发挥人大在立法中的主导作用，也具有重要的意义。八届全国人大就是在摆脱经验立法观念的约束之后，立法才获得迅速发展。没有对经验立法观念的突破，就不可能有市场经济法制的初步建立，不可能有今天立法的巨大成就。

2. 在立法中的作用——人大从过去被动的角色到今天已起着主导作用

在 80 年代，全国人大及其常委会在立法中扮演的角色完全是被动的。当全国人大及其常委会以立法启动行使职权的时候，其工作机构难以承担立法起草任务。因此，除了有关刑事、民事和国家机构方面的法律以外的法律议案，都是由国务院及其部门起草。国务院及其

---

① 参见刘政、于友民等主编：《人民代表大会工作全书》，中国法制出版社 1999 年版，第 1022 页。

② 刘政、于友民等主编：《人民代表大会工作全书》，中国法制出版社 1999 年版，第 869 页。

部门不仅掌握了立法起草的主动权，大部分法律议案的提案主动权也掌握在国务院手中，提什么议案，什么时候提议案，都是国务院的事。有时国务院在全国人大常委会开会的前一两天突然提出一个议案，全国人大常委会都会照例列入议程。可见，立法主动权都掌握在政府手中，人民代表大会完全是被动接受议案，积极审议，保证顺利通过。

1986 年，政治体制改革开始升温，全国人大常委会会议趋于活跃，全国人民代表大会立法的主导性开始增强。反映在对法律的审议中，有时不同意见增多。常委会发扬民主，对有不同意见的法律草案，全国人大常委会反复审议，才交付表决。如 1986 年制定《治安管理处罚条例》时，有些委员对卖淫、嫖宿暗娼是否处以罚款问题意见不一致，争论比较激烈，于是经过了 3 次常委会会议审议才通过。在《破产法》的审议中，一些委员对当时制定破产法有不同的认识，有的认为条件还不成熟，法律不配套；有的对其中有的重要条文持不同意见，如法案涉及国有企业的资产处理和下岗职工的安置等问题，破产在当时还是一个难以接受的事实。该法经过 3 次常委会会议审议后才通过。① 1987 年制定《村民委员会组织法》时，由于该法涉及在村一级实行自治。它实质上是要改变党和政府长期以来领导农民的方式，由过去乡镇政府对村实行领导改为指导关系。法律草案在常委会审议中引起强烈的不同意见，于是该法经过 1 次代表大会和 3 次常委会会议审议才通过。在制定《企业法》过程中，委员们对实行厂长负责制有很大的争论，先后经过 5 次修改才通过。这些情况表明，此时，全国人大常委会在立法中已不完全满足于提案单位提出的法律草案，不像 80 年代初那样，政府提什么议案就如数通过什么议案，有的委员开始敢于表达自己的意见，虽然法律草案最终还是会通过，但需要有人大常委会与行政机关的内部协调和协商。

市场经济改革需要加快立法步伐，促使全国人大常委会立法地位迅速转变，使它在立法中发挥主导作用。人民代表大会及其常委会立

① 人们大概还记得 1986 年 11 月全国人大常委会审议破产法时，中央电视台第一次现场直播全国人大常委会审议该法律的情景。由于当时政治体制改革提倡实行公开化，这一镜头通过媒体传达给社会。

法的主导作用表现在：

（1）制定立法规划。全国人大常委会五年立法规划和年度立法计划的制定表明，立法已不再是国务院提案，常委会举手通过。制定什么法律，谁来起草法律和法律案何时提交审议，已经是由全国人大常委会事先决定的。立法规划对法律起草和提案起到约束作用。

（2）重要的、综合性法律议案由全国人大常委会工作机构或专门委员会自行起草。按八届全国人大常委会立法规划，由全国人大专门委员会、法工委负责起草的法律有46件，占起草的总数的30%。而七届全国人民代表大会期间，人民代表大会自行起草的法律草案大概只占到起草法案总数的20%。九届全国人民代表大会期间，人民代表大会自行起草的法律已占到起草法案总数的42%。对人民代表大会以外的国家机关起草的法律，安排有关专门委员会进行联系，事先介入，了解情况，并督促起草单位按时提交法案。

（3）委员长会议加强了对法律案的协调。过去向常委会提出的议案，委员长会议照例列入议程。而今委员长会议对列入议程的法律议案，常常要听取汇报，了解情况：法律草案解决的主要问题是什么？草案起草中争论的主要问题，以及本草案中的解决办法等。委员长会议在议案提请审议前就力争做到对这些问题心中有数。对有重大不同意见的法律议案，交有关专门委员会调研后，再决定提交常委会审议。在常委会审议中有不同意见时，委员长会议也组织有关部门进行协调。

（4）现在常委会审议法律案时，几乎对每个议案中的具体问题都有不同的意见，有的问题还争论非常热烈。这种情况下法律草案在常委会或专门委员会要作较大的修改，有的甚至要作重大修改才能通过。有的法律议案在一些关键问题上意见不一致时，要经过至少3次常委会审议才能通过（如《证券法》经过5年4次会议审议）。个别的法律（如公路法修改虽经3次会议审议）仍然出现被否决的情况。①

这一切表明，全国人大及其常委会审议法律已不再被动。尽管国务院及其部门起草的法律还在人民代表大会的立法中占多数，法律草

---

① 1999年4月，九届全国人大常委会第九次会议该法律被否决。

案还带着很强的部门痕迹。人民代表大会立法还没有完全摆脱对国务院的依赖，完全自主地行使立法权。但是，全国人大常委会在立法中已起着主导作用是不可怀疑的事实：它制定立法规划，控制立法进程，决定法律议案是否列入议程，对法案进行实质性修改，甚至否决法案。

当然，全国人大在立法中起主导作用，并不是立法已完全由它说了算。全国人大与国务院在立法中的关系已是一种互动关系。国务院提交的法律草案如果不涉及机构、编制、部门利益分配等问题，或专业性比较强的法律，全国人大常委会一般都比较容易通过。如果涉及上述问题，全国人大常委会在审议中常常出现不同意见。全国人大常委会委员长会议就要进行协调，尽可能吸收一些不同意见。如果委员们的分歧意见较大，一时不能达成一致意见时；或者分歧意见是在人大常委会、专门委员会与国务院及其部门之间发生时，可能导致法案的多次审议或搁置。有时法案的搁置并不是为了一个很重要的问题，而是不同意见来自权威部门。有时对一些有不同意见的议案常委会勉强通过时，会出现较多的反对票和弃权票。

3. 在立法指导思想上——由法律工具主义正转变为权利保护主义

法律工具主义就是把法律视为强化社会管理和控制的工具，把立法看成是加强行政管理的手段。法律工具主义在立法中的表现，就是重视政府的权力，而忽视社会的权利；重视政府的管理，忽视公民权利保护。所以，早期立法时有关经济和行政管理性的法律多，公民权利保护方面的法律少。①

80 年代末，在政治体制改革的氛围下，我国立法民主化开始提上日程。立法指导思想和内容开始发生转变。1986 年修改的《选举法》和《地方组织法》已体现出选举民主化改革的精神。大概在 1987 年，新闻法开始起草（后因 1989 年风波而搁置）。1989 年《行政诉讼法》颁布，这是一部最典型的反映现代法治精神的法律。在

---

① 1979 年到 1990 年，全国人大及其常委会制定、修改有关经济、行政管理性的法律将近 60 件，有关公民权利保护方面的法律不到 9 件。1991 年到 1997 年底，上述两方面的法律分别是 35 件和 14 件。

中国这个有着数千年古老文化的国家，向来以国家为大、权力至尊，视行政官员为父母的政治文化中，能把政府官员拉到法庭的被告席上，让法官来对政府的行为作出评判，这不能不说是中国人法制观念的一场革命。中国人开始知道：政府和官员也是要守法的。《行政诉讼法》标志着我国向法治迈开历史性步伐。

1993年八届全国人大开始进行市场经济改革，中国立法加快走向现代化和民主化步伐。人大的立法思想更快地实现由管理老百姓到保障公民权利的转变：立法强调市场经济主体的自主、独立、平等；强调政府行为的法定性和守法性；重视公民权利的保护，强调公民与政府权利义务的平衡等。1993年制定的《消费者权益保护法》是第一个直接保护最广大的民众权利的法律，给消费者提供了一件有效防卫的武器。该法的制定极大地刺激了公民权利意识的增强。1994年，又制定了《国家赔偿法》，表明国家公职人员必须严格守法，否则，要对其错误行为承担赔偿责任。1995年，再次修改《选举法》和《地方组织法》，推进了选举制度的民主化。1996年制定的《行政处罚法》，给行政处罚行为作出了规范和约束。该法告诉行政官员和公民，行政机关在对公民的人身自由和财产作出任何的限制和处罚时，必须指出处罚的法律根据，并且必须依法定的程序进行。否则，处罚将是无效和违法的，国家应对受害者承担赔偿责任。这样，依法行政这一法治社会的基本准则，不再是一种法治理念，而开始变成实际行动。1997年对《刑法》和《刑事诉讼法》进行了修改，是中国刑事法律制度的重要改革：它取消了“反革命罪”，从而改变了刑法长期以来的政治色彩和阶级斗争形象；还取消了过去可以适用“类推”定罪的方法,① 确立了“罪刑法定”的原则；取消了收容审查这种不经逮捕，警察机关就可以拘留犯罪嫌疑人的侦查手段；将律师参与诉讼的时间从过去检察机关向法院起诉开始，改为警察将案件移交检察机关时开始。两个刑事法律的修改，使我国刑事法律制度向民主化和现代化迈了一大步。1999年制定的《行政复议法》，使受到行政机关违法处罚的公民有了更加方便、更加经济有效的救济手段。另外，还

① 类推是指当被告有严重危害社会行为时，但法律没有规定该行为为犯罪行为时，刑法允许法官比照类似的罪名定罪，但要报最高人民法院批准。

制定了《劳动法》、《工会法》、《未成年人保护法》、《妇女权益保障法》等有关公民权益保障的专门法律。

全国人民代表大会及其常委会在审议法律方案时，也越来越从保障人民的权利和利益出发发表意见。特别是一些由政府部门起草的法律草案往往带有较强的部门利益色彩，委员们坚持从人民的根本利益出发，严格把关。如公路法的修改就因一些委员对征收燃油税涉及增加农民负担，委员进行了大量的调查研究，敢于发表不同意见，指出国务院的实施方案不可行，因而在表决时没有获得足够的多数赞成票，使该议案在九届全国人大常委会第九次会议曾被否决。这是我国人民代表大会有史以来的头一次。

三、存在的问题及其原因

应该看到，当前我国立法仍存在一些严重的问题，主要问题是立法不能适应现实改革发展的需要，立法质量不高，立法的民主性和科学性不强等。

随着我国社会主义市场经济改革的深入和即将加入 WTO 的形势，立法无论从观念上还是从体制上都越来越不适应改革和社会发展的需要。1979 年以后，我国法制的恢复和重建是在恢复“文革”破坏的经济和社会秩序的基础上进行的。法制建设的指导思想和理论还是阶级斗争、阶级专政工具的传统法律理论。后来随着经济建设这一中心任务的确立，法律明确为经济建设服务，但在国家主义至上和计划经济的指导下，立法主要是强化政府的行政管理，加强各政府部门的职能。所以，到 1993 年中国进行市场经济改革以前，制定的法律主要是强化政府职能的行政法、经济法。

到 1993 年中国开始进行市场经济改革，提出建立社会主义市场经济的法制，但此时计划经济的法律体系已粗具规模，而对市场经济的法律是什么缺乏系统的研究，因而形成市场经济的立法就成了在计划经济法律体系的框架上贴贴补补。体现计划经济精神的法律与市场经济精神的法律互相冲突、矛盾，引起法制在一定程度上的混乱，法律的权威愈来愈存在危机，使大量的法律在执行中遇到问题。这种冲突最明显地表现在经济活动主体方面的立法，在计划经济体制下，企业立法按所有制性质、企业行业、地域、规模而不同。如有《全民所有制工业企业法》、《城镇集体所有制企业条例》、《乡村集体所有制企业条例》，涉外的有《中外合资企业法》、《外资企业法》、《中外合作企业法》等。市场经济的立法需要主体平等，因而需要制定像《公司法》、《个人独资企业法》这类的法律。现在立法在计划与市场经济之间实行双轨制，两种法律并行，给经济活动带来很大的困难。我国加入WTO在即，为适应这一需要，应统一外商投资的条件和待遇，制定统一的外商投资法，而不应是不同的外商投资法并行。外贸也是如此，应建立统一的外贸管理机构和减少外贸审批环节，并逐步实行许可证制度。这些都需要按市场经济和国际经济规则办事，要在对过去计划经济立法进行彻底清理的基础上，以新的法律观念指导立法。如果不解决立法观念和指导思想，不对立法机制进行改革，仍然以计划经济和市场经济含混不清的思想指导立法，不但法律本身的矛盾和混乱将难以消除，而且会造成对市场经济发展的障碍。例如，在修改产品质量法的过程中，两种不同的立法指导思想就将导致不同的后果。有关部门提出的该法修改草案是以计划经济和强化政府管理，加大打击力度为指导思想的，加强行政部门对产品生产、销售过程中的检查监督和事先的处罚力度。行政部门过多地参与企业的生产、销售过程，不利于企业的发展。按市场经济的要求，产品质量的提高根本上要靠市场竞争机制解决。其次要靠法律上产品的民事和刑事责任解决。如果一味地强化行政管理和处罚，企业发展的市场机制就会受到阻碍。

立法观念的改革最主要的是消除计划经济和强国家主义的影响，变法律以国家的意志（实质上是政府和少数政府官员的意志）为人民的意志和利益为宗旨。也就是说实现从"国家本位"到"社会本位"和"个人本位"的思想转变；从"保护权力"到"保护权利"的转变。没有这种转变，就必然出现我们下面所说的，立法质量不高，部门利益冲突严重的现象。

中共十五大报告对人民代表大会立法提出了明确的要求就是提高立法质量。当前我国立法质量不高是立法中非常严重的问题。立法质量不高主要表现在：（1）立法中的部门权力和利益倾向严重，忽视公民权利保护。（2）立法过于原则、纲领，过于政策化和口号化，使法律可操作性差，有法名而无实法，法律难以执行。（3）法律缺乏统一和协调。有的法律相互矛盾、冲突，使得公民无所适从，法律的作用相互抵消。(4) 有的立法把一些非法的权力通过立法固定化，有的法律规定一些落后的、不符合市场经济发展的内容，它妨碍市场经济改革和政府职能的转变，甚至侵害公民权利。

造成上述问题的原因主要有：

第一，部门立法带来利益冲突。由于种种原因，人民代表大会立法长期养成依赖政府的习惯非常难改。以致现在人民代表大会有能力更多地自主立法的时候，还总是依赖政府，放弃自已的职责，常常把一些本不应该由政府部门起草的法案让渡给政府部门起草，把不应由政府决定的事让政府决定，把一些关键性问题授权给政府制定实施细则。这就容易造成政府自己为自己立法，各部门争相起草法律，在法律中“争权夺利”、“取利弃责”。法律相互矛盾、交叉、不协调。

第二，立法观念的问题。由于缺乏对法律的正确理解，立法者的政策观念多于法律观念，把立法当做政策对待。法律宜粗不宜细成为许多立法者的重要指导观念。在审议法律中，常常听到的一种观点是，法律条文不要规定得太细，好让执行部门灵活掌握，或者让政府部门去搞实施细则，结果法律中的一些具体的、实质性条款不了了之，实质权力落到政府部门手中。这种立法观念导致法律过于原则、纲领、政策化，缺乏规范性和可操作性。

第三，缺乏责任意识，遇到矛盾绕着走。在起草和审议法律时，当遇到关键的、难解的问题，或有不同意见时，往往避开矛盾，不作规定。结果法律制定出来，一些重要的、关键的问题没有解决，法律空洞无物，难以实施。

第四，发扬民主不够。立法充分地反映广大人民群众的意志和利益不够。

在立法程序上，缺少广大人民群众参与法律起草。在人民代表大会审议法律时，缺乏公开性和群众的参与，如没有听证和辩论程序。现采取征求意见的办法随意性大，对专家和有关方面的意见采纳与否，缺乏依据。

第五，立法人员的素质不高。许多立法者缺少必要的法律知识，人大代表对选民和选举单位没有建立起直接的利益关系，人大代表对谁负责不清楚，使得他们对法律案发表意见时，带有很大的随意性和个人意志倾向。立法工作人员不善于学习新东西，法律条文习惯用政策宣言性的语言，使法律缺乏明确性和规范性。

我国立法的进一步发展和立法质量的提高，将有待于上述问题的解决。而上述问题的解决，有的需要从政治体制的角度对人大制度加以改革，改变人民代表大会的组织结构，提高立法人员的素质，理顺全国人大与国务院在立法权上的关系，落实人民代表大会的立法权。特别需要从人大及其代表本身的责任意识（即代表与立法利益关系人的责任关系）上改革体制，提高立法者对代表人民利益的责任意识。也需要完善立法程序，从制度上保障立法能充分发扬民主、反映民意。

只有对立法机制进行改革才是提高立法质量的关键。法律的本性是反映人民的意志和利益。所以，好的立法必然是广泛体现人民意志和利益的法律。立法机关的建设必须是有利于沟通民意和充分表达民意。这个问题深刻地涉及立法机关产生的改革。在这个问题一时不能解决之前，应努力提高立法程序的民主化程度，让立法过程的每个环节都有利于民众意见的表达。这需要建立一些健全的制度，如公民参与法律草案的起草；尽快实行立法听证制度；改进法律草案公布全民征求意见的方式。人民代表大会会议要公开，让媒体能直接、充分报道人民代表大会审议法律的过程，这是公民参与立法的过程，也是法律宣传和公民接受法律的过程，同时让公民能在媒体上讨论法律。只有充分发扬民主，扩大公众参与度才是提高立法质量的根本途径。

论全国人大及其常委会的立法程序[①]

20 多年来，中国经济体制改革取得了巨大的成就，民主法制不断进步，都得益于立法为此提供了条件和保障。中国的立法是从 1979 年重新开始的。1949 年中华人民共和国成立后就开始了立法工作。但是，由于“文化大革命”不仅破坏了法制，而且国家立法机关——全国人民代表大会（简称全国人大）也几乎被废，“文化大革命”10 年根本不存在立法活动。而“文化大革命”前制定的本来就不多的法律，经过 50、60 年代一系列的社会、政治、经济革命，绝大部分都已过时而不能用。1978 年底，中国共产党的十一届三中全会结束了“文化大革命”，确定以经济建设为中心，发展社会主义民主，健全社会主义法制的方针，开始了一个新的历史时期，法制得以全面恢复重建。为了加强民主法制，对人民代表大会进行了一些改革，特别是强化了全国人民代表大会设立常务委员会（简称全国人大常委会）和地方人大的立法能力。[②] 中国大陆现行的法制是这 20 多年在几乎从无到有的基础上发展起来的。1979 年 7 月 1 日，全国人大常委会制定了“文化大革命”后的第一批法律，从此，立法开始走上迅速发展之路。立法程序在这个过程中通过对实践经验的总结逐步得以完善。2000 年全国人大制定《立法法》，是对过去 20 年立法经验的总结，从而为立法提供了一套稳定的系统规则。

中国的最高立法机关是全国人民代表大会和它的常委会。由于全

---

① 原载台湾《月旦民商法杂志》2004 年第 6 期。

② 这一改革主要是赋予全国人大常委会以完全的、较大的立法权，全国人大设若干专门委员会以辅助进行立法工作，在县以上地方人大设常委会，并赋予省和较大的市的人大以地方法规制定权。

国人民代表大会是个近三千人由兼职代表组成的大会，会期很短，通常每年举行一次会议，每次会议一般在10天到20天左右。所以，这个代表大会要发挥作用，特别是要进行像立法这样复杂的工作，没有一个常设性的能经常开会的机构是不行的。因此，全国人大常委会作为全国人大闭会期间的常设机关行使职权。全国人大常委会法定每两个月举行一次会议，习惯做法是每次会议的会期为一周至半个月左右。全国人大由省、自治区、直辖市、特别行政区和军队选出的代表组成。全国人大常委会由全国人大在代表中选举产生。①

全国人大与全国人大常委会的权力相比较，全国人大的权力更基本，如行使修宪权，选举和决定任命国家机关领导人，审查批准国民经济和社会发展计划以及国家预算等。② 全国人大常委会的权力更侧重于监督，如行使监督宪法，解释宪法和法律，监督国务院、中央军委、最高法院和最高检察院的工作，撤销与宪法，法律相抵触的行政法规、地方性法规和决议，在全国人大闭会期间，决定计划和预算的部分调整，根据总理提名决定部长等的人选。③

毫无疑问，立法是全国人大和全国人大常委会最重要的职权，只是两者在立法权限范围上有所不同。由于全国人大的会期短、人数多、每次会议的议程多，不可能有充分的时间审议法律议案，所以出现近些年来全国人大审议法律议案越来越少的情况。由此看来，全国人大似乎更像一个国民大会，而全国人大常委会越来越像一个专门的立法院，主要的工作是从事立法。

一、立法权限

（一）立法体制

要了解全国人大及其常委会的立法权限，需要先了解它的立法体制。《宪法》第58条规定，全国人大及其常委会行使国家的立法权。

---

① 法律规定全国人大代表不超过3 000名，十届全国人大代表为2 983人（参见《全国人民代表大会与地方各级人民代表大会选举法》第15条）。全国人大常委会组成人员为174人（常委会组成人员名额法律没有具体规定）。

② 参见《宪法》第62、63、64条。

③ 参见《宪法》第67条。

但是，它并不意味着只有全国人大及其常委会才能立法。中国的立法体制是一个一元化、多层次的立法体制。除全国人大及其常委会有权制定法律外，① 国务院可以制定行政法规；省、直辖市的人民代表大会和它的常委会，在不同宪法、法律、行政法规相抵触的前提下，根据本地区的具体情况和实际需要，可以制定地方性法规，但要报全国人大常委会备案；民族自治地方的人民代表大会有权依照当地民族的政治、经济和文化的特点，制定自治条例和单行条例，自治区的自治条例和单行条例，报全国人大常委会批准后生效，自治州、自治县的自治条例和单行条例，报省或者自治区的人大常委会批准后生效，并报全国人大常委会备案；② 省级人民政府所在地的市和经国务院批准的较大的市③的人民代表大会，根据本市的具体情况和实际需要，在不同宪法、法律、行政法规和本省级地方性法规相抵触的前提下，可以制定地方性法规，报省、自治区的人民代表大会批准后施行，并报全国人大常委会和国务院备案。④

在这个立法体制中，全国人大及其常委会的立法是核心，行政法规和地方性法规或是为了实施法律而制定，或是为自主事务而立法，但都不得与法律相抵触。

（二）全国人大及其常委会的立法权限

《宪法》有关条款⑤和《立法法》第 7 条规定，全国人大有权制定和修改刑事、民事、国家机构的和其他的基本法律；全国人大常委会有权制定和修改除应当由全国人大制定的法律以外的其他法律。在全国人大闭会期间，全国人大常委会可以在不得同该法律的基本原则

---

① 参见《宪法》第 67 条第（2）、（3）项。

② 参见《宪法》第 89 条、第 100 条、第 116 条。

③ 80 年代，国务院为了经济管理的需要，根据城市人口、经济发展指针和城市在区域的影响，批准了一批较大的市，它们是除省会城市以外的一些较大的城市，如大连、本溪、青岛、苏州、无锡、厦门等数十个城市。国务院批准“较大的市”主要是在上世纪 80 年代。对“较大的市”的批准没有明确规定，一般是以经济发展程度和从区域影响考虑。自 1994 年以后国务院再也没有批准新的“较大的市”。批准都是经过国务院内部文件发布的。

④ 参见《立法法》第 63 条。

⑤ 参见《宪法》第 62 条和第 67 条。

相抵触的情况下，对全国人大制定的法律进行部分补充和修改。

全国人大作为一个具有更广泛民意的机关，它的地位、权力都高于常委会。所以一些重要的、基本的法律应由全国人大制定，而不应由它的常委会来制定。但是，《立法法》没有对全国人大制定的“基本法律”和全国人大常委会制定的“其他法律”作出明确区分。

实践中，哪些法律草案提交全国人大审议通过，哪些法律草案提交全国人大常委会审议通过，程序上由委员长会议决定，目前还缺乏具体明确的判断标准。当然，在目前这种体制下，常委会与代表大会模糊的立法权限并不会引起麻烦。因为代表大会与常委会并没有代表什么不同的利益，背后也没有不同的政党和压力集团要求加以区分，全国人大和它的常委会是一体的，常委会实际上支配着代表大会的立法。①

《立法法》第 8 条对全国人大及其常委会与国务院和地方人大的立法权作了一个划分。它采取排除性列举方法进行保留，规定下列事项只能由全国人大或常委会制定法律，地方不能立法：

1. 国家主权的事项。具体是指有关领土、国籍。出入境管理、国防、外交方面的法律，由中央专属立法，不得由地方行使立法权。

2. 国家机构的组织和职权方面。如各级人民代表大会、人民政府、法院、检察院的产生、组织和职权。还包括民族区域自治制度、基层自治制度、特别行政区制度，还有公职选举和公务员制度、司法制度等，都由中央立法，地方不得染指。但是，地方人大可以就有些法律（如选举法、民族区域自治法）制定实施细则。

3. 涉及落实宪法公民基本权利的法律。根据宪法权利原理，对公民人身、生命、自由、财产等方面的限制和设定义务，对公民参与国家事务的政治权利，对享有社会、经济、文化权利的限制和剥夺等方面的法律，只能由法律规定。但是，立法法没有对宪法关于公民基本权利的立法全面保留，只规定对“公民政治权利的剥夺”、“限制人身自由的强制措施和处罚”的法律才由全国人大及其常委会制定，

---

① 因为在立法程序上，提交代表大会审议的法律都是由常委会审议后决定提交审议的。代表大会没有能力在不经常委会事先审议的情况下，在短短的几天会议期间审议通过一个法律。

也就是说其他方面可以由行政法规和地方性法规加以规定。应该说，这一规定放弃了一些应该由全国人大立法的权力。

4. 民商事、刑事基本制度。应包括民事主体资格、民事行为基本规则、婚姻、继承、知识产权保护、证券、票据、会计等制度。刑事方面包括犯罪和刑罚、律师、公证、诉讼和仲裁制度等。

5. 有关基本经济制度的立法。税收、国家财政、金融、海外贸易等方面的法律，具体包括国家经济政策和经济活动原则、财政金融体制、国家经济社会发展计划、预算决算体制、各种税收法律、邮政、货币信贷制度、价格、公务员工资制度、度量衡制度、国内经济贸易体制、国营企业制度、交通、通讯、核能建设和土地制度、公共资源的管理和利用等。

6. 对公民财产的征收。按法治社会保护公民财产的原则，对公民财产的限制、剥夺和处分本应都由法律加以规定。但是，立法法只把对公民财产权的征收纳入全国人大立法的范围，其他对公民财产限制的行为和处分可以由行政机关和地方立法。我认为这是对公民权利保护一个不小的缺陷。

7. 必须由全国人大及其常委会制定法律的其他事项。从近些年的发展趋势看，全国人民代表大会的立法活动越来越少，每年一次的代表大会有的审议通过一个法律，有时代表大会根本就不审议法律，法律基本上都由常委会来制定。从实践看，常委会比代表大会更具有立法能力。但是，目前全国人大常委会人数太少，人员构成的民意代表性也不足。现常委会组成人员只有 174 人（本届以前一直是 155 人），作为一个有 12 亿人口的大国，由这 170 多人代表民意立法显然是不够的。从人大制度改革的角度，全国人民代表大会人数太多、会期太短，实际上难以行使立法权，一般用两天时间审议通过一个法律太不慎重，完全是走形式。一种改革的思路可考虑代表大会不行使立法权，立法职权完全由常委会来行使。这种改革涉及人民代表大会与常委会职权的重大调整，而且要调整常委会人员的组成和增加常委会人数以广泛表达民意。

（三）国务院的行政法规制定权

确定国务院制定行政法规的权限是根据宪法的有关规定。①《宪法》的表述是，国务院有权“根据宪法和法律制定行政法规”，据此和上述理论而得出它的立法权限是：

第一，依法律。为实施全国人大及其常委会的法律而制定行政法规或实施细则。就是说在法律已作出规定的情况下，国务院才可根据法律，并旨在贯彻实施该法律而制定行政法规或实施细则。这类立法只能从法律原则出发。对有关法律具体化，立法应符合原法律的基本含义和精神，遵循法律所指示的目标，不能超出原法律规定再设立法律未规定的新的权利和义务。如 80 年代，国务院曾根据全国人大制定的《个人所得税法》颁布《个人所得税实施条例》将法律中的个人所得税起征点从 800 元降至 400 元。1999 年全国人大常委会修改《个人所得税法》才将国务院规定的矛盾消除。立法实践中，凡是有关经济建设、教育、科学、文化、卫生、民政、公安等属于国务院行政管理权范围内的问题，由全国人大制定法律时，一般都规定由国务院制定行政法规或国务院及主管部门制定实施细则。

第二，依职权。宪法第 89 条对国务院行政管理职权作了规定，属于具体行政管理性事务和技术管理事务的，国务院可自主立法，而不需要以全国人大及其常委会的法律为依据。如行政机关内部全国统一性的工作制度和工作程序。行政管理事务诸如：工商管理、生产许可证、交通管理、集市贸易政策、医药管理、广告管理、物资管理等方面。经济体制中的具体操作运作事项，有关技术性很强的立法，由全国人大立法比较困难也无必要，也由政府自行制定。如建设工程勘察设计合同、技术引进的设备进口条例、外贸仲裁程序、产品质量监督、排污标准等。这些方面国务院可自行制定行政法规。

实践中，还采用“成熟性”标准来确定国务院的立法权，即对经济、行政管理中迫切需要，但制定法律条件不成熟的，由国务院制定行政法规。这一做法常常成为国务院自行扩大立法权的手段，使用不当会侵害到全国人大的立法权。②

---

① 参见《宪法》第 89 条第（1）项。

② 参见《立法法》第 56 条。

第三，授权立法。《立法法》第9条规定，全国人大及其常委会专属立法权内的事项，① 如果还尚未立法的，全国人大及其常委会可授权国务院根据实际需要，对其中部分事先制定行政法规。但有关犯罪和刑罚、对公民政治权利的剥夺和限制人身自由的强制措施和处罚、司法制度等事项除外。这是对国务院授权立法的规定。② 全国人大对国务院的授权立法范围是非常广泛的，它表明国务院在许多领域可先行于全国人大立法。

考察全国人大及其常委会对国务院的几次授权，问题颇多。1985年全国人大常委会对国务院的授权是"经济体制改革和对外开放方面"制定暂行的规定或者条例，授权非常广泛且模糊，这给改革开放以来，国务院的立法权力膨胀提供了依据，使国务院在经济方面实际上什么法律都可以制定。比如，税收方面的立法一般是不应授权的，但目前这方面的法令大部分都由国务院制定。有学者对全国人大常委会的授权立法颇多微词，认为税收权是立法机关最重要的一项权力，不该授予行政机关。③

《立法法》第10条也只是对授权立法作了非常原则的限定：授权决定应当明确授权的目的、范围，被授权机关应当严格按照授权的目的和范围行使该项权力，被授权机关不得将该项权力转授给其他机关。授权立法事项，经过实践检验，在立法条件成熟时，由全国人大及其常委会制定法律后，相应立法事项的授权终止。但立法法仍缺乏

---

① 见本书《全国人大及其常委会的立法权限》一文。

② 在此之前，全国人大及其常委会曾对国务院进行综合授权和专门授权立法。综合授权有1985年第六届全国人大第五次会议"授权国务院在经济体制改革和对外开放方面可以制定暂行规定或者条例"。国务院获得两次专门授权是，1983年第六届全国人大常委会第二次会议授权"国务院对职工退休退职办法进行部分修改和补充"。1984年第六届全国人大常委会第七次会议"授权国务院改革工商税制发布有关税收条例试行"。2000年制定的立法法的授权规定，使过去的授权决定无效。根据《立法法》第8条立法权限的规定和第9条、第10条、第11条授权立法的规定，凡在《立法法》颁布以前，与《立法法》此条精神相悖的规定，当然无效。

③ 有关税收方面的立法，国内约有24个税种，全国人大常委会只制定了《个人所得税法》、《外商企业和外国企业所得税法》两个税收法规，其他税收立法都是国务院制定的。

对全国人大及其常委会授权立法的监督措施。①

(四) 地方人大的立法权限

我国宪法、法律没有明确列举地方人大立法的权限，只提出下列两条遵循的原则：一是根据本地的具体情况和实际需要；二是不同宪法、法律、行政法规相抵触。

据此，我总结地方人大可以在下列方面制定法规：

1. 为在本地区实施法律、行政法规制定实施细则。如政治方面的法律，都只能在中央制定法律的情况下，由地方人大制定适合本地的实施细则和办法等。如为保证选举法的实施，制定选举法实施细则；为贯彻民族区域自治法而制定实施条例等。

2. 属于纯地方性的事务，根据本地区的实际需要和特殊情况，依法定职权自主制定法规。这主要是有关地方政治、经济、文化建设和公共事业建设方面的法律，如各地有关人民代表大会自身建设的问题，人民代表大会的议事规则、任免办法、代表联系办法等都可由地方自行立法。地方经济发展政策、市场管理、普及义务教育、市政建设与管理、文物保护、文化建设、环境卫生、民政事业、公共福利、妇女儿童、老人和残疾人；省内河流湖泊的管理、房屋拆迁、城市绿化等，都可根据中央确定的原则，地方自行立法。《立法法》第 64 条对地方立法权限作了一个授权性规定，除了只能由全国人大立法的事项外，其他事项尚未制定法律或行政法规的，地方可根据本地的具体情况和实际需要，可先制定地方性法规。在国家制定的法律、行政法规生效后，如果有与之相抵触的无效。这实际上是给地方先行立法的授权条款，使地方有较大的立法空间。

3. 根据授权立法。1992 年、1994 年和 1996 年，全国人大分别三次授权深圳、厦门、汕头、珠海四个经济特区的人民代表大会和人民政府制定法规、规章在特区实施。授权的意义表明，在授权范围内的立法权原应属中央行使的，在授权后中央没有立法时，被授权单位可以先行制定这方面的法规。

---

① 如被授权机关超越授权立法的目的和范围，或转授权力应如何处理。首先，对授权立法应有备案制度，属授权制定的法规应报全国人大常委会备案。其次，要有审查机制和审查程序，对违反上述限制的授权立法，应予以通告限期纠正或撤销。

4. 自治地方立法。民族自治地方人大根据当地和本民族政治经济和文化的特点，颁布自治条例和单行条例。民族自治地方立法有三种情况：一是自治条例，是民族自治地方人大依宪法和法律规定的权限，为实现少数民族的自治权，结合本民族特点而制定的管理地方事务的条例，可规定自治区域内政治、经济、文化等方面的内容。二是单行条例，是民族自治地方人大解决自治某方面的问题，从当地民族特点出发，保护民族特殊利益而规定某一方面的事务。三是为实施法律，根据本民族地区的特点和实际情况，对中央立法采用变通办法和补充规定，这些规定部分可突破中央的法律规定。譬如，婚姻法规定男性22岁、女性20岁结婚。但是，为了考虑少数民族的实际情况，民族区域自治法规可以变通《婚姻法》的规定，男女可以低于上述结婚年龄。

二、立法程序

立法程序是国家立法机关制定每一个法律所必须的步骤，包括制定、认可、修改和废除法律的步骤。立法程序是保证法律的民主性与科学性的必要条件。正是因为法律是经严格程序制定出来的，才使法律具有严肃性和权威性。法律与专制统治者的命令不同，就在于后者可以“言出令随”、“朝令夕改”。法律要经一定程序才能制定和废除，从而防止随意性和专断性；立法程序保证不同方面、不同利益的人能参加到立法中来；立法程序保证社会各种意见能有充分的时间表达出来。

立法程序包括这样几个步骤：法律的起草，法律草案的提出，审议法律草案，法律草案的表决通过，公布法律。

（一）法律的起草

起草法律草案是立法过程的基础阶段。立法中，法律制定得如何，法律草案起草至关重要，它给整个审议提供了基础稿，以后的审议也只能在这个基础上增删。

现行法律对法律草案的起草人没有规定。谁起草法律草案，谁就掌握了立法的主动权，所以实践中有关部门都在争立法起草权。通常做法是由法律议案的提案人或提案人所属部门或工作机关起草。具体情况如下：

1. 由全国人大主席团、全国人大常委会及其委员长会议、① 全国人大各专门委员会提出的法律草案，通常由下列机关起草：(1) 全国人大各专门委员会。专门委员会是法律议案的法定提案人，它当然可以亲自组织起草法律草案。(2) 全国人大常委会法制工作委员会和办公厅，它们是常委会的办事机构，不是法律议案的提案人。但全国人大常委会议事规则规定，法制工作委员会和办公厅根据委员长会议委托，可代常委会拟订法律草案，并向常委会会议作起草说明。实践中，大量的法律草案是由全国人大常委会法制工作委员会起草的。(3) 全国人大代表或常委会组成人员。人大代表或常委会组成人员分别联名可提出法律议案。② 有关规定③要求它们在提出法律议案时，应提交具体的法律草案。(4) 成立专门法律起草委员会。起草某些重要法律或特殊法律时，由全国人大或全国人大常委会成立专门的起草委员会。如宪法起草委员会、香港特别行政区基本法起草委员会。

2. 由国务院提出的法律草案，通常由下列机关起草：(1) 一些重要的、综合性议案由国务院法制办公室承担起草任务。(2) 国务院各部委起草。凡涉及哪个主管部门的法律，就由哪个主管部门负责起草工作。目前，大量的法律草案是由国务院各部委起草。④ 各部门起草的法律草案，由国务院法制办公室进行协调、把关，经法制办公室统一审查后，交国务院常务会议审议通过，才作为正式法律草案以国务院名义向全国人大常委会提出。

3. 最高人民法院可负责起草审判及司法审判组织有关的法律草案。

4. 最高人民检察院负责起草与检察工作和检察组织有关的法律草案。

---

① 委员长会议向全国人大常委会提出的法律草案一般是比较基本的、宏观的、重要的法律，如刑法、民法、选举法、各种国家机构组织法、诉讼法等。

② 参见《全国人大组织法》第10条和第32条。

③ 每次人代会期间，大会组织机构向会议代表发一份提出议案的规范要求。

④ 部门起草法律是非常多的，全国人大立法有60%以上是政府部门起草的。特别是经济方面的法律大多是由部门起草的。如《土地管理法》由国土资源部起草，《教育法》由教育部起草，《邮政法》由信息产业部起草等。

5. 中央军事委员会起草有关军事方面的法律，主要由中央军委法制局承担。

6. 全国性的社团，如全国总工会、全国妇联、共青团中央、科学技术协会等组织起草与本专业团体利益有关的法律草案，交全国人大有关部门或国务院，作为法律议案提出。

7. 联合起草。有些涉及面比较广的法律，由一个部门牵头，各有关方面组成联合法律起草小组。如《婚姻法》，由全国妇联牵头，会同高检、高法、民政部等10多个部门共同起草，然后交全国人大有关委员会或委员长会议作为法律议案提出。

当前在法律起草方面存在的主要问题，就是由国务院各部门起草法律时受部门局限和部门利益影响严重。主管部门起草法律有利也有弊，好处是主管部门对所需立法的情况比较了解，能提出立法所需解决问题的办法。但是，主管部门起草法律容易受部门局限，甚至为部门利益而立法。例如，有的部门利用起草法律争权夺利，推卸责任和义务。实践中，有些法律本来是限制和规范有关部门权力的，可是仍然把该法律草案交给该部门起草，把一些实施宪法公民基本权利的法律交给有关政府主管部门起草，不利于对公民权利的保护。大量的法律草案都是这么做的，如《游行示威法》是由公安部门起草的、现正在起草的紧急状态法也是由国务院起草的。

第八届全国人大、特别是第九届全国人大以来，全国人大常委会加强立法的主导作用，加强了自身的起草工作。一些重要的、综合性的、涉及不同部门的法律，由有关专门委员会和法制工作委员会起草。根据立法规划，全国人大常委会工作机构和专门委员会起草的法律由七届时占总数的25%，提高到八届时的33%，第九届和本届都达到总数的42%和43%。全国人大常委会试图加强自己的法律起草工作，来减少国务院部门起草法律带来的弊端。

（二）提出法律议案

法律草案起草后，要经宪法规定的有立法提案权的国家机关和人员，向立法机关正式提出法律议案，才可能列入立法机关的议程。法律议案与法律草案是两个不同的概念。法律议案是有立法提案权的人依法提出的关于制定某一法律的建议案。而法律草案是立法建议案的具体条文，是法律未被通过之前的文本。根据有关规定，提出法律议案都应附有法律草案，否则，不作为法律议案处理。

1. 法律议案的提案人

下列人员有权向全国人大提出法律议案:① （1）全国人大主席团；（2）全国人大常委会；（3）全国人大九个专门委员会；（4）国务院；（5）中央军事委员会；（6）最高人民法院；（7）最高人民检察院；（8）全国人大的一个代表团；（9）三十名以上的全国人大代表联名。

有权向全国人大常委会提出法律议案的是:②（1）全国人大常委会委员长会议；（2）国务院；（3）中央军事委员会；（4）最高人民法院；（5）最高人民检察院；（6）全国人大九个专门委员会；（7）常委会组成人员十人以上联名。

2. 法律议案的提出程序

全国人大以外的其他国家机关,③ 在法律草案起草后，由有提案权的国家机关的会议讨论通过后，由该机关作为正式法律议案向全国人大常委会提出。如国务院或国务院各部委起草的法律草案，一般经国务院常务会议讨论通过后，由国务院总理签署，成为正式法律草案提请全国人大常委会审议。其他国家机关如最高人民法院、最高人民检察院、中央军委提出法律议案时，也要将法律草案在各自有关会议审议同意后，经领导人签署，向全国人大常委会提出。

有提法律议案权的单位向常委会提出法律议案后，由秘书长交委员长会议，或先交有关专门委员会和法律委员会审议提出是否交常委会审议的意见，由委员长会议决定是否提交常委会审议。全国人大代表或常委会组成人员分别依法可以联名提出法律议案。但由于条件所限，他们没有自己的助手和工作人员，一般很难起草出法律草案作为法律议案提出。④ 即使按法律草案要求提出议案也通常作为建议意见处理。由于代表在人大会议期间提出议案，按现在的立法工作程序，

① 参见《立法法》第12条。

② 参见《立法法》第24条。

③ 指国务院、最高人民法院、最高人民检察院、中央军事委员会。

④ 今年全国人大会议出现新鲜事，一些企业家自己掏钱请专家顾问起草法律草案。一位湖南省全国人大代表花了10万元起草了一个《商业大店法》提交给商务部长和全国人大会议，这是人大代表作为代表的权利意识和责任意识提高的表现。

也很难列入本次会议的议程,① 只能留待会后去处理。

根据有关法律的规定,② 提出法律议案应同时提出法律草案文本及其说明，并提供必要的数据。法律草案的说明应当包括制定该法律的必要性和主要内容。向代表大会或常委会提出的法律议案在列入会议议程前，提案人有权撤回。

（三）法律议案列入议程

提出法律案不等于一定能列入人民代表大会或常委会议事日程。使法律议案列入会议议程需要一定的审查程序。立法法对有提案权的国家机关和人大代表或常委会组成人员提案有区别处理。

1. 法律议案列入全国人大的议程。按法律规定，由大会主席团、全国人大常委会、全国人大各专门委员会、国务院、中央军委、最高人民法院、最高人民检察院向代表大会提出法律议案，由大会主席团③决定列入人代会议议程。

由全国人大一个代表团或者三十名以上的全国人大代表提出的法律议案，由大会主席团决定是否列入会议议程；或者交有关的专门委员会审议，提出是否列入会议议程的意见，再决定是否列入议程。

从立法的原意看，上述国家机关提出的法律案，由主席团直接决定是否列入议程，一般情况是要列入的。由代表团或代表联名提出的议案，由主席团或专门委员会审查，可列入也可不列入议程，实际情况是很难列入议程。

2. 法律案列入全国人大常委会议程。由委员长会议向常委会提出的法律案，可直接成为常委会议题，由常委会会议审议。国务院、中央军委、最高人民法院、最高人民检察院、全国人大各专门委员会提出的法律案，也要由委员长会议决定，列入常委会会议议程；或者先交有关专门委员会审议，提出报告后，根据专门委员会的报告，再决定列入常委会会议议程。如果委员长会议认为法律草案有重大问

---

① 按《全国人大议事规则》，人大会议的议程都是常委会在一个月前确定，并事先通知各位人大代表。据笔者了解，全国人大只有两次会议期间由代表提出的法律议案被列入会议议程。

② 参见《立法法》第48、49条。

③ 大会主席团是每次代表大会召开前，由代表选举产生的一个组织领导会议，决定会议程序的一个机构。

题，需进一步研究，可以建议提案人修改完善法律草案后再向常委会提出。对常委会组成人员十人以上联名提出的法律议案，由委员长会议决定是否列入常委会议程，或者先交有关专门委员会审议，提出是否列入议程的意见，再由委员长会议决定是否列入常委会议程。像人大代表提出的议案一样，常委会组成人员的议案也很少列入会议议程。法律规定，如果不列入会议议程，则应当向常委会报告或向提案人说明。

实际上，所有向全国人民代表大会提出的法律议案，都是事先向全国人大常委会提出，由委员长会议决定提交代表大会还是提交常委会审议。即使准备提交代表大会审议的法律议案，也要交常委会至少初步审议一次，然后在全国人大召开之前的一次常委会上，决定列入代表大会的议程草案，再由代表大会正式会议举行之前的大会预备会议通过议程草案才能作为会议议程。可见，法律议案能否列入代表大会或常委会议程，最关键的因素是委员长会议。

对已列入代表大会或常委会会议议程的法律议案，在交付表决前，提议案人要求撤回的，分别经大会主席团或委员长会议同意，对该项议案的审议即行终止。①

（四）审议法律草案

这是立法程序中最重要的阶段。通过立法机关成员对法律草案的讨论，使各种意志和利益都能反映到法律中去。

1. 审议准备

法律议案确定列入会议程序时，需作如下准备工作：②（1）提供数据。提出法律议案的机关应向会议提供该法律议案的有关资料，包括背景材料、调研情况和各方面的意见。（2）将法律草案提前发给代表或常委会组成人员。全国人大和常委会应分别在举行会议的1个月前和7天以前，应将法律草案发给代表或常委会组成人员。（3）全民征求意见。对重要的基本法律，在开会前全国人大常委会应将草

① 此种情况比较罕见，近20年来大概只有一两次。1985年，国务院曾向全国人大常委会提出矿产资源法的议案，全国人大常委会在经两次审议中，仍有不少问题值得研究，国务院即自行将该法律议案撤回。

② 参见《立法法》第15条、第26条、第35条、第48条等。

案公布，全民征求意见，并将收集的意见整理印发会议。

2. 审议法律草案过程

全国人大常委会通过法律草案一般要经过三次常委会审议。①

（1）初步审议。第一次常委会初步审议，听取提案单位对法律议案的说明。说明内容包括：立法必要性，起草简要经过，草案的主要原则和精神，草案的主要内容。然后常委会分组审议讨论。②

会后的大量工作。第一次常委会审议后，常委会组成人员把法案带回去调查研究。同时法律草案交有关专门委员会研究审议，并交法律委员会统一审议。常委会法制工作委员会对法案开展广泛的调查研究，将法律草案印发有关部门、组织和省、自治区、直辖市和较大的市的人大和政府征求意见，并派调查组到各地调查研究。同时，还会召开有关部门、方面、专家学者和实际工作者的座谈会。过去立法收集意见主要采取座谈会形式。立法可采取听证会是 2000 年《立法法》规定的，全国人大至今未采取过。③ 委员长会议还可以根据需要，将重要的法律草案进行公布，征求全民意见。

（2）二次审议。在上次常委会审议的 2 个月后再次举行的常委会例会上，由法律委员会作法律草案修改情况和主要问题的汇报。工作机构将收集到的各方面意见、调研报告、全民讨论的意见、上次常委会的审议意见和有关资料印发会议。常委会分组进行审议。这次会议的审议一般会反映出对法律案的各种意见，集中若干焦点问题讨论。委员们对法律案有意见和问题时，可要求提案机关作出说明。

第二次常委会审议后，有关专门委员会和法律委员会以及工作机构仍分头就常委会上反应的重要的、焦点的问题进行调查、研究和协调意见。法律委员会在根据常委会组成人员和有关专门委员会的审议意见和各方面意见的基础上，进行统一审议，提出审议结果的报告和法律草案修改稿。

（3）三次审议。在再次举行的常委会全体会议上，先听取法律

① 有点像国外议会的“三读”审议。

② 全国人大常委会开会在 1998 年以前分 4 个小组，1998 年后分 6 个小组进行讨论。

③ 立法听证制度在过去的两年里地方人大逐步采纳和推行。

委员会关于法律草案审议结果的报告，主要是对法律草案统一审议修改情况的说明。再由常委会分组会议进行审议。在审议的基础上，法律委员会再集中大家的审议意见，提出一个草案最后表决稿，由委员长会议提请常委会全体会议表决。

这是法律草案经过的一个正常的审议程序，它要经过三次常委会审议，前后需要半年的时间。当然，不是所有法律草案都要经过三审制，有关法律问题的决定和修改法律的议案，经一次或两次常委会议审议即可表决通过。有的法律草案在讨论中争论较大的，可能经过三次以上的常委会审议。审议过程一般是连续的，但有的问题较多的法律案，需要作更多的调查研究时，会出现不连续审议的情况。

（4）法律草案暂不付表决和搁置。对有些法律草案虽经三次常委会审议仍然有重要意见分歧，经委员长会议提出，法律草案可暂不付表决，交法律委员会和有关的专门委员会进一步审议。列入常委会审议的法律案，如果各方面对制定该法律的必要性、可行性等重大问题存在较大意见分歧，搁置满 2 年的，或因暂不付表决 2 年内没有再次列入常委会审议的，由委员长会议向常委会报告，该法律案终止审议。①

法律案终止审议的、或因表决没有通过的法律案，若提案单位仍认为有必要制定法律时，应作为新的法律议案按程序重新提出。②

下面必须特别介绍一下代表大会审议法律案的情况。

每次全国人大主要的任务不是立法，而是听取政府、最高人民法院和最高人民检察院的工作报告，审查、批准国民经济计划和预决算。只是有些特别重要的法律才提交全国人大会议审议。全国人大已经很少审议法律案了。

《立法法》第 14 条规定，向全国人民代表大会提出的法律议案，在代表大会闭会期间，可以先向常委会提出，常委会依其立法程序审议后，再决定提请全国人大审议，由常委会向代表大会会议作说明，

---

① 2000 年《立法法》颁布后，有 2 个法律案被搁置死亡。

② 如最高人民法院在 2000 年提出《完善人民陪审员制度的规定》在经过 2 次常委会审议后，常委会不少委员认为该法律案问题较多而中止审议。2004 年 4 月，最高人民法院又将议案修改后再次提请常委会审议。

或由提案人向代表大会作说明。现行的做法是，代表大会审议的法律议案都是由常委会事先审议后提出来的。

在听取提案人对法律议案说明后，代表大会分代表团进行审议，① 并同时交由有关专门委员会和法律委员会审议，人数较多的代表团都是分若干小组会议审议。各代表团审议法律案时，提案单位应派人听取意见，回答询问。

在代表团或代表分组会议以及专门委员会审议的基础上，法律委员会根据它们的审议意见，对法律案进行统一审议。法制工作委员会及时汇集审议中的各种意见，并在必要时将审议中提出的重要问题与原提案单位和其他有关方面协商后，提出草案修改意见。

尔后，法律委员会在有各代表团参加的主席团会议上，作关于法律草案审议结果的报告，主要报告代表们的审议意见和法律草案修改稿，对修改意见进行说明。

如果审议中有较多不同意见，主席团常务主席可以召开各代表团团长会议，就法律草案中的重大问题听取各代表团的审议意见，进行讨论，并将讨论的情况和意见向主席团报告。

法律草案修改稿在经主席团会议讨论后，提出正式修改草案。由主席团会议作出决定是否提交大会表决。修改后的法律草案提交全体大会表决前，印发各代表团征求意见。没有特别的不同意见，法律草案即表决通过。

列入全国人大会议议程的法律草案，在交付表决前提案人要求撤回的，应当说明理由，经主席团同意，并向大会报告，对该法律草案的审议即行终止。

在提交代表大会审议的法律草案中，若讨论时不少意见认为法律草案不很成熟或仍有重要问题需进一步研究，经主席团提出，由大会全体会议决定，可以授权全国人大常委会根据代表的意见调查研究后进一步审议，或授权常委会审议后提出修改方案，再提请全国人大下次会议审议。如果是常委会审议通过的，需向全国人大下次会议报告。全国人大审议法律议案一般一次就通过。由于前面经过常委会审

① 全国人大会议代表团都是按选举单位（即各省、直辖市、自治区和香港、澳门特别行政区，解放军）的代表组成。

议，全国人大审议法律案是很形式化的。

(五) 通过法律草案

在对法律草案进行充分审议后，要交付全体会议表决通过才能成为正式法律。表决通过法律是立法程序的决定性阶段。

法律草案都以全国人大全体代表或常委会全体组成人员的过半数通过的。表决方式采用的是法律草案一次性表决，而不是逐条表决。全国人大及其常委会通过法律都采用了电子表决器。

(六) 法律的公布和生效

公布法律是法律制定后发生效力的一种必要表示，是立法的完结程序。当然，公布法律并不等于法律就立即生效，但没有公布的法律是不能发生效力的。

《立法法》规定,① 法律由国家主席根据全国人民代表大会和全国人大常委会的决定公布，国家主席以签署主席令的方式予以公布。在我国，国家主席公布法律是一种形式，完全是依法履行法律手续，没有拒绝公布的权力。不像有些国家，国家元首可以拒绝签署和公布法律，作为对立法权实行制约的一种手段。《立法法》第 52 条规定，法律签署公布后，及时在全国人民代表大会常务委员会公报和在全国范围内发行的报纸上刊登。全国人大常委会公报上刊登的法律文本为标准文本。

法律生效。公布法律就是为了生效实施。法律的生效一般依法律规定的生效日期而定。《立法法》规定,② 签署公布的主席令载明该法律的制定机关、通过和实施日期。过去法律通常有三种表示生效的方式：一是法律自公布之日起生效；二是法律公布后的某一日期生效，法律规定了特定的生效日期，主要是为法律实施作充分准备；三是法律生效要依另一因素而定。③ 一般情况，法律生效日期由法律本身条文规定，但有些法律条文本身没有规定生效日期，而是在公布法律时的公告中规定生效日期。在中国大陆加入 WTO 谈判时已承诺，

① 参见《立法法》第 23、41 条。

② 参见《立法法》第 51、52 条。

③ 如《破产法》对实施日期的规定是本法在企业法制定生效后的 3 个月后生效。

为增强立法工作的透明度，凡涉及对外贸易方面的立法应集中在官方刊物上公布，施行时间应当在法律公布时间1个月后。

三、立法程序的问题分析

在一个法治社会，法律触及社会生活的各个领域，法律制定的好坏，对政治、经济、社会、文化的发展和人的权利保障会产生重大影响。制定法律是一个非常复杂的过程，决定制定法律质量的因素是很多的，涉及政治体制、政治环境、立法的指导思想、立法机关的组织、成员的素质、立法程序和立法技术等。抛开政治体制和组织制度的因素不说，就立法程序而言，笔者想对立法存在的问题作一些分析。

中国这20多年的立法，是在不断的经济改革和社会转型过程中，出于对法律的迫切需要而快速发展的。立法程序是逐步完善的。20世纪80年代初的立法，程序是非常简单粗放的。当时全国人大常委会没有立法经验，没有懂法律的人才，也几乎没有什么立法程序。当时的法律草案大多由国务院有关部门起草提出来，全国人大或常委会一次会议审议就通过一个法律。在六届全国人大期间，即20世纪80年代中期，法律议案的“二审制”取代了“一审制”① 到1998年九届全国人大之初，法律议案的“二审制”又变为“三审制”。在立法的指导原则上，1992年以前，立法强调要以经验为基础，用当时彭真②的话说，叫“摸着石头过河”，立法成熟一个制定一个。立法有一个“从政策到法律的过程”，就是对需要解决的社会问题先制定政策，然后把经过实践检验的成熟的政策再制定法律。基本上是以经验主义的思想指导立法。到1992年，提出要建立社会主义市场经济。法律界提出“市场经济就是法治经济”，大量制定市场经济的法律的任务摆上了全国人大常委会的日程。因此，立法的指导思想发生了转变，破除了经验主义的立法观念，提出要“以立法指导、推动和规范改革”。由此，超前立法，立法必须借鉴国外的经验，甚至移植国

---

① 一审制是指法律议案经一次常委会审议即通过，二审制是指法律议案要经两次常委会审议通过。

② 当时任全国人大常委会委员长。

外的法律的观念得到确立。在建立社会主义市场经济法制的需求下，全国人大常委会强化了立法工作。如加强了立法的规划和计划；扩大了人大各专门委员会和常委会立法工作机构对立法起草的主动权；委员长会议作为一个决定议案程序运作的机构，加强了对有不同意见的法律案的协调。总之，进行市场经济改革以后，全国人大的立法指导思想，立法能力和作用都有明显的加强。

但是，市场经济改革和社会转型对立法提出了新的挑战和问题。特别是社会利益多元化和个人权利意识的增强，立法中利益的博弈也更明显。在社会利益集团还没有形成的情况下，利益的不同表现方式很大程度是通过政府不同部门表现的。由此而造成当前立法中最大的问题是部门利益和部门保护主义严重。一些政府部门在立法中谋求自己的权力和利益，争取立法的起草权和争取全国人大专门委员会的支持是反映部门利益的重要渠道。立法中的过分部门利益会妨碍经济社会发展，忽视公民权利甚至损害公民权利。如城市房屋管理分属城市建设部门和土地管理部门，两者都有管理权导致的是对公民权利的不便甚至损害。

按全国人大惯常的做法，凡与政府部门有关的法律草案都交部门起草。这样一些本来是限制和约束政府权利的法律也交给有关的有利害关系的部门自己起草。所以，部门起草法律时，对自己的权力规定得多，对自己的责任和义务规定得尽量少；对罚款、处罚规定得多，对应提供的义务和法律责任规定得少；这种立法由于部门都争夺利益而形成职责交叉、责任不清，导致法律矛盾冲突的现象颇为严重。如海洋局、环保局、国土资源部、旅游局和农业部海洋渔业等多部门有关，立法中由环保局起草法律草案，然后各部门争取管理权，结果就是权力交叉或职责不清。

可见，造成立法质量问题，是政府及其部门主导立法起草造成的。它与长期以来政府与人民代表大会的权力关系有关，政府在国家权力中更为重要。这也与长期以来对立法的认识和理论有关，把立法当做政府管理的手段。要改变这种状况，提高立法质量，需要转变一些认识，调整政府在立法中的角色和地位。

政府在立法中的角色太强是问题的一方面，另一方面公众在立法中的地位缺失，公众在立法中缺少充分的表达利益的途径。不是说全国人大及其常委会立法中不重视反映各种意见，它也有一些搜集各种意见的渠道和手段。如召开专家学者的座谈会，到地方调研了解情况，听取政府有关部门的意见等。但是，公众的意见，特别是与立法利益相关人的意见，缺少正常、有效的渠道得以反映。立法更多的是政府主导和专家参与，民众的参与很少。虽然法律规定重要的法律草案要发布公开征求民众意见，但公布法律草案征求意见毕竟是很少的。即使公布征求意见，所获得的意见也是被工作人员随意处理，难以真正反映到法律规定中去。

2000年制定的《立法法》为改变这一状况，规定了立法除可以采取座谈会的方式征求意见外，还可以采取听证会和论证会的方式征求对法律草案的意见。立法听证会已经在地方人大广泛开展起来了，2001年底我们作了一个调查，全国有20个省市开展了立法听证。但是，全国人大至今没有召开立法听证会的方式征求民众对立法的意见。而听证会是民众参与立法的最好途径，它能大大减少立法中的部门利益，限制政府部门借立法扩张权力。希望它将成为全国人大的立法手段。

再者，立法观念和立法技术也存在问题。过去长期以来有一种观念指导立法，就是强调立法要“宜粗不宜细”。提出这一观点是考虑到中国地大、人口多，经济文化发展不平衡，立法粗一点好适应各种情况和社会的发展变化。但是，立法太粗，过于原则，使法律不具有可操作性，或者给执法者太大的自由裁量权，会给执法者带来随意性。立法太粗，使得很多法律都要依赖于地方、部门制定法律实施细则才能实施。这样增加了社会的立法成本，也减弱了法律的效力，造成有的法律没有政府的行政法规或地方性法规、部门规章就执行不了，这样使得公民、社会组织平常大量使用的不是法律，最管用的不是法律，而是那些政府部门的规章或地方性法规。有的规章和法规并不都能很好地贯彻法律，而是打折扣，甚至抵触法律。

所以，立法宜粗不宜细的观念和做法一定要改变。法律需要明确、具体，有确定性、规范性和可操作性。要有责任和处罚条款，以保证法律能有效实施。

北京市村民自治工作中的情况和问题[①]

今年5月下旬，我们到北京市朝阳区就村民委员会的有关问题进行了调查。分别同区人大、区民政科、区农村工作办和高碑店乡、大屯乡、崔各庄乡、双桥农场5个乡的乡长进行了座谈。尔后，又深入到高碑店（近郊）和楼梓庄（远郊）2个乡，同乡党委、乡政府、乡集体经济组织，以及7个村的村干部（包括党组织、村委会、集体经济组织的干部），3个村民小组长等人分别进行了座谈讨论和个别访问。

1985年10月，北京市制定了《村民委员会暂行组织条例》（以下简称《条例》）。《条例》规定，村民委员会是群众性自治组织，乡政府对村委会实行指导关系。从颁布《条例》近两年的实践看，北京市朝阳区处理村民委员会同乡政府、村党支部、村集体经济组织的关系中，主要存在如下一些问题。

---

① 原载《全国人大常委会办公厅研究室材料》（1987）第25号，附件一。1987年村民委员会组织法立法时，因要实行村民自治制度引起很多人的反对，彭真委员长要求研究室进行调研，向常委会提交报告，我所在的常委会研究室政治组接受了这一任务，在1987年5月到10月，我们就村民委员会组织法的立法问题，先后到北京郊区、黑龙江省、四川省、江苏省的十几个县区、二十多个乡镇以及几十个村民委员会进行了调查，同各级人大、政府、民政等有关部门的同志举行了多次座谈，写出了《村民委员会调查的几个问题》的综合报告和四个调查报告。在我们调查组内部对建立村民自治制度也有不同认识，所以由我们政治组组长执笔写的两份调查报告和综合报告都不赞成村民自治立法。我执笔的这份报告对村民自治可否没有表明态度，北京没有提供我支持村民自治的足够证据，只是客观介绍情况。但在我执笔的另一份报告中则明确表明村民自治是可行的。

一、村委会与乡政府的关系

《条例》规定，乡政府与村委会是指导关系，但实际都是领导关系。村委会的性质与它承担的任务不相适应，村委会实质起着一级基层政权组织的作用。现在，乡对村委会实行领导，主要通过下列两种方式：

1. 乡党委、乡政府直接给村委会布置工作，并通过考核手段督促村干部去完成。现在，乡政府有什么工作，村委会就有什么工作。经常性的如计划生育、文明村建设、土地管理、民政工作、交通车辆管理等，一般有14、15项。还有临时性工作，如打狗、献血、灭鼠、打扫卫生等。村委会常常忙于应付乡里布置的工作，而乡里几乎所有的工作，都得靠村委会这条“腿”去完成。

乡党委、乡政府为了使村委会完成它所布置的任务，把所有需要村里完成的任务都定出指标，并标上分数，按责任制落实到村党支部、村委会和集体经济组织负责人头上，并且每月对布置的任务进行检查考评，年终乡政府按村干部完成任务指标所得分数，决定他们的工资数额。这样，近郊的村干部年工资约三四千元，乡政府还能决定对完成任务好的村干部每年给予一二千元的奖金。对临时任务，如打扫卫生，当时评比，当时奖励。先进村一般每次给一二百元。所以，有的村干部自己也说：“我们是拿乡里的钱，帮乡里干活，乡里布置什么，我们就做什么。”

2. 乡党委、乡政府掌握着村委会主任的选举和调换权。按《条例》规定，村委会干部由村民直接选举产生。但是，乡党委、乡政府通过村党支部提出村委会主任的候选人，或者在村民提出候选人后报乡党委、乡政府批准时，由乡里掌握让谁当选，不让谁当选。乡党委和乡政府平常调换村委会主任的情况也不少。例如，楼梓庄乡有8个村委会，从1984年建村委会，到今年5月换届选举期间，楼梓庄的村委会主任换了3任，马各庄村换了2任，高安屯村换了4任，沙窝村换了1任，黎各庄村换了3任，皮村换了2任，曹各庄村换了1任，东窑村换了1任。村委会主任在任时间最短的不到3个月。调换的原因，有的是党支部书记和村委会主任不团结；有的是村委会主任不好好干或犯了错误；有的是村委会主任能力不强或年龄偏大；还有的是村委会主任改任党支部书记或其他职务等。由于乡里能经常调换村委会主任，由村民选举产生的村委会主任，实质变成由乡党委和乡政府任命了。

造成乡实际领导村委会的原因，村干部们分析有以下几点：（1）长期的“政社合一”形成了行政领导、行政命令的习惯。在农村，这种习惯势力不是短时期能改变的。（2）农村工作长期靠政策，不靠法律，法制很不健全。北京市的村民自治条例颁布了两年，但很多乡、村干部都不知道村民委员会作为自治组织到底应干什么。（3）乡政府现在承担着一些必须靠强有力的行政手段去推行的任务，如计划生育等。

因此，不少乡村干部认为，村委会在法律上可以规定为自治组织，但要真正改变乡与村之间实际存在的领导关系需要很长时间，村委会在目前情况下不协助乡政府工作是办不到的。

二、村委会与村党支部的关系

北京市朝阳区农村按照中央党政分开、政企分开的原则规定，在乡一级都建立了党、政、企三套班子。村里设村委会和村经济组织，加上党支部，也是三套班子。但实质上是村党支部书记当家，所以，村里大小事情都由村党支部决定，村委会和集体经济组织执行。这样，村委会实际上成了村党支部领导下的执行机构。它表现在：朝阳区有 70% 的村委会主任由党支部副书记兼任，在党内“自然”要服从书记；干部群众观念上还是党政不分，认为书记是“一把手”，村委会主任是“二把手”或“三把手”；村里在规定村干部的工资待遇上，也分为三等，书记享受一等，村委会主任享受二等或三等。由于村里仍然是书记说了算，所以，村委会很难自觉、独立地办理自治事务。有的村委会也制定办理自治事务的计划，但工作上没有自主权，经济上又没有钱，花钱要找书记或经济组织的经理去批，有些事想办也办不成。

造成上述情况的原因有：（1）农村中干部群众一般都把党在农村的领导具体化在党委书记和党支部书记头上，认为书记掌权能解决实际问题。（2）乡里（包括有的乡政府）布置任务和检查工作时，也都习惯于找村支部书记去开会、汇报，出了问题也唯书记是问。（3）

各级领导在配备干部时，一般把资格较老、较能干的干部安排当书记，因而形成了实际上以书记为中心的地位。（4）在村一级，是“上面千条线，下面一根针”，什么事都往村里穿，工作职责想分也分不开。目前这种体制，形式上好像党、政、企分开了，实质上还是少数几个人一把抓。

三、村委会与村经济组织的关系

由于紧靠北京城区，朝阳区农村的乡、村经济比较发达，根据政企分开的原则，普遍设立了与村委会平行的集体经济组织，叫农工商联合分公司，属于乡农工商联合总公司。由于乡、村企业发达，造成了村经济组织的实际地位高于村委会的状况，所以人们往往把公司经理称为“二把手”，称村委会主任为“三把手”。在待遇上，公司经理拿二等工资，村委会主任享受三等工资。村委会兴办公益事业需要花钱、派工，都得请公司经理批准。若两家关系好，村委会的事就好办一些，若两家关系不好，村委会的事就难办。造成村经济组织地位高于村委会的原因之一是，在建立村委会时，原来生产大队的领导班子变成了公司领导班子，而村委会的班子则由原大队文书、妇女主任等人组成。

不少乡、村干部反映，自从政企分开后，农村的一些关系仍没有理顺。乡里出现了两个政府：一个管行政的乡长，一个管经济的乡长。村里也类似。本来政企分开的目的是要减少对企业的行政干涉，让企业成为经济实体，自主发展。可是，现在乡、村里的公司搞得政府不像政府，经济组织不像经济组织，实质上它们仍是企业的上一级管理机构，与原来政府管理企业的方式差不多。

关于如何处理村委会和集体经济组织的关系，有的同志不同意让村委会把经济工作管起来，理由是：（1）现在上级要求政企分开，让企业有更多的自主权，如果让乡、村把生产、企业管起来，会使行政干涉大多，回到原来的老路上去。(2) 在经济发达的地方，企业生产事务复杂，村委会兼管经济会有困难如企业横向联合打破村的地域范围，那就不好管了。另一些同志认为，村民自治应包括经济事务自治，如果自治组织不管发展经济，就会对群众没有吸引力。加上自治需要经济实力，一切自治事务没有钱办不起来，所以，村委会应当管理经济。至于村委会如何管理经济，有人主张，在经济不发达、村工副业少的地方，村委会可设一个专管生产的村委会副主任，或者村委会与经济组织搞两块牌子一套人马。在经济发达。村办工副业多的村，可在村委会下设经济管理委员会，主要协调生产，提供产前、产后服务。

总之，村干部认为，如何处理村委会同党支部及经济组织的关系问题，直接影响到村委会自治组织的建设，是个需要认真研究的问题。

江苏经济发达地区村民自治的调查①

我们于10月中旬到经济发达的苏南地区对村民委员会的情况进行调查，走访了苏州，无锡市属的吴江、无锡、江阴3个县的4个乡镇、14个村民委员会。其中有4个年总产值超千万元、人均收入千元以上的发达村。其他的村总产值也在百万元以上、人均收入六七百元以上。

一、村委会的基本情况

江苏省村民委员会是1983年根据宪法精神和中央、国务院政社分开的有关文件，在原生产大队基础上建立起来的。以后，全省没有统一部署村委会的换届选举，所以村委会换届各地情况不太一致。苏州已进行过两次换届，无锡则没有进行过换届。因此，无锡市原选举产生的村委已有不少不健全，村委会主任调动后一般不进行补选，有的就直接由乡里指派了，有的长期缺额。原选举产生的村委会主任已有1/3不在职。

在这些地方，村一级对照乡机构设立了村党支部、村民委员会和村经济合作社（有的称工农商经济联合委员会）三套班子。书记除管党务工作外，还负责村的全面工作，主抓工业生产，一般兼工业公司经理。村委会主任负责村行政和公共事务工作。合作社主任只抓农副业生产。苏州市实行三块牌子三套人马。无锡市有的地方村支部书

---

① 原载《全国人大常委会办公厅研究室材料》（1987）第25号，附件四。原报告题为《江苏经济发达地区村民委员会的情况和特点》。由我执笔的这个报告是坚决支持实行村民自治的立法，报告提交常委会反映很好，对村民委员会组织法的通过起了积极作用。

记一身三任，兼村委会主任和工业公司经理。村委会副主任或文书、合作社社长一般都是支部副书记或支委担任。所以，村里实质上是党支部一班人马当家。这种书记兼村主任的情况在无锡市约占1/5，其中雪浪乡14个村都是书记兼主任。由于村委会与经济组织矛盾较多，无锡市去年撤销了经济联合委员会的机构，仅保留了它的一块牌子。

同时村委会内部机构设置也不很统一，除一般设立治安保卫、民事调解委员会外，有的地方设妇女或计划生育委员会，有的地方设村镇规划委员会等。民兵营长、妇女主任、团支部书记一般都是村委会成员。

村里一般有4名固定补贴干部，即支部书记、合作社社长、村委会主任、会计。在经济特别发达的村，固定补贴干部年补贴在3 500元左右，其他的村一般在1 500元左右。其中，书记享受最高补贴，另外3名干部拿书记补贴的90%～95%。也有不少地方合作社社长拿书记补贴的90%～95%，村主任或文书、会计拿书记补贴的80%～90%。其他的村委会干部拿兼职补贴，一般拿书记补贴的50%～60%或者20%～30%，另外他们还兼村办企业干部或村民小组长，再加一定的补贴。苏南地区，村干部补贴的来源基本上都由村办企业上交给村的利润中提取，不需要向村民摊派。

关于村民会议的召开，经济发达地区的有些村全体村民都被吸收到村办企业中去，它们通过工厂形式召开村民会议，其他的村要召集全体村民会议一般是很困难的。有的地方举行县、乡代表选举时，村委会还要给参加投票的公民每人1.5元到3.5元的误工补贴。鉴于这种情况，村委会很少召开村民大会。村里有事一般召开党支部或三套班子联席会议，决定后分头执行。有的村村民小组长会议一年也只能开上3～4次。

不论经济发展程度如何，各地村民委员会都必须承担下列工作任务：（1）计划生育。（2）土地管理。（3）民事调解。（4）治安保卫。（5）民政工作。（6）文教卫生。（7）副业生产（有的由经济组织管）。（8）水利建设。（9）征兵和民兵训练。（10）移风易俗。（11）车辆交通管理。（12）卫生管理。（13）户口管理（有的村流动人口多）。此外，还有政府布置的临时性工作，如打狗、防汛、普法、办居民身份证等。村干部认为，上述工作最难完成的是，“计划生育，盖房造屋（管理土地），征兵服役，移风易俗（火葬）”。此外，乡里布置给村里的另外一项硬任务是各种生产计划指标的落实，如工业产值和利润，农业粮、油产量产值，粮食合同定购任务，副业总产值以及蚕茧、鲜鱼、猪肉上交数，还有各类工业管理和经济效益指标等。为保证上述各项任务的完成，乡对村干部制定岗位责任考核制，乡党委、乡政府通过年终对村干部考核所得分数，决定他们的补贴和奖金，由此控制和指挥村干部的工作。

二、村委会的自治特点和表现

这次调查，我们注重考查了经济特别发达的村的村民自治的状况和程度，如产值超千万元，人均收入超千元的无锡县的陶墅村、进溪桥村，江阴县的华西村，吴江县的双石村，这些村的组织活动自治性特点较明显，自治程度较高，基本上能做到自我教育、自我管理、自我建设和自我服务。它们的自治性特点主要表现在以下几个方面：

1. 乡、村干部自觉意识到村委会是自治组织，村委会自主开展活动。如陶墅村党支部书记兼村委会主任杨勤清和进溪桥村党支部书记兼村委会主任董炳华说，我们村委会是自治组织，村里大小事情都是党支部村委会自己决定办理的，不是乡里压着办的，我们村干部的主要精力是全力以赴地把村办经济搞上去，同其他企业竞争，从而提高村民的生活水平。乡里也给我们下达任务和计划指标，但有时还不如我们自己定的目标高，乡里给村里的任务不难完成，村的经济工作乡里一般不干涉，乡里主要是提供服务和帮助。这个乡的乡长把他们与村委会的关系归纳为“管不了，不用管，包不了，不用包”。他们还解释说，村里的大事小事都由村里自己管起来了，所以用不着我们去管，村里的工作事无巨细，我们包不了那么多，所以我们乡政府也不用去包。关于乡政府对村委会是领导关系还是指导关系这一问题，无锡县民政局姚局长说，这个问题在经济特别发达的村不成问题，反正乡里有什么任务，村里都能无条件完成，说这是领导关系也行，说是指导关系也行。说是领导关系，任务是由乡里下达的；说是指导关系，乡里任务不是强迫村里完成的，而是靠村里自觉完成的。

2. 村里的经济发展、社会生活、村民教育和公共事务大量是由村里自定、自办的。主要有：

（1）自我建设、自我发展事业。上面说到的4个村都办有10多个村办企业，项目从机械、轻纺、电子、化工到五金、食品加工、饮食等服务行业。同时，村里多种经营项目达30～40个。这些事业一不靠国家，二不靠乡政府，都是村民自筹自办，乡政府主要在政策上给予方便和扶持。同时，为了促进工农业生产的平衡发展，村还采取了以工补农的措施，对承包土地的种田专业户按交售粮食数给予补贴，并积极推广农业机械化，实行村统一耕地、灌溉、收割，对机耕、排灌、用电的农户实行免费，促进了各业的发展。

（2）积极办理公共公益事业。如：村镇建设。村集体出资统一盖房，解决村民的住房，或者村委会对村民盖房给予补贴。村委会还在积极美化环境，增加公共设施，改善交通条件，方便群众生活，改变村容村貌等方面做了大量的工作，如铺路、架桥、建公园、修长廊、种花种树等。建设文化设施。各村都自己盖学校、幼儿园、敬老院、电影院、剧场、篮球场、俱乐部等。发展优抚、救济、福利、保险事业。村里给每个军人家庭1年的优抚补助近千元，并予以许多照顾优待。村委会发放独生子女费，医疗保健免费，给予男60岁、女55岁的村民一定数量的退休金，为老人检查身体和组织公费旅游等。此外，村里还为村民免费办集体财产保险。

（3）进行自我教育、自我管理。在经济发展的基础上发展教育，丰富群众生活。村委会开展了以“勤劳致富型、开拓进取型、智力开发型，生活多彩型，移风易俗型”为内容的争创新型家庭活动，建立各种文体队伍并组织比赛，开办业余综合学校、专业技术培训班，举办科学知识讲座，免费为村民订报纸等。另外，村还实行幼儿、小学免费教育，对考上高中、中专、大学的青年给予奖励，对考上大学的奖励多的高达千元。村里普遍制定了《村规民约》、《文明公约》、《厂规厂纪》等规章制度，对村民进行道德、纪律和文明教育及管理。

3. 乡政府布置的在其他地方较难完成的任务，在经济发达的村则较容易完成。例如计划生育，陶墅村计划生育连续7年没有超指标，华西村7年来只有一胎超生。他们的经验，一是把计划生育工作放到工厂里做，由于这些村凡有劳动能力的村民几乎都在工厂工作，村委会在工厂设计划生育员，这样，计划生育就像城市的工人一样能得到有效控制。二是村里对独生子女和老人有许多优待和补助，解除了农民老有所养的后顾之忧。三是经济发展使村民的旧观念逐步得到改变。村委会对计划生育虽然也制定了带有处罚措施的规章制度，但多年都没执行过。再如土地管理，许多村民住房是由村统一盖的，自然也就不存在农民争建房土地的问题。还有的村对村民盖房给予补助，凡村民按村委会规划盖房的，每盖一层楼房给几百元钱的补助。这样引导村民按规划盖楼房。火葬也是如此，村里把村民用于火葬的一切费用都包了下来，有的村还盖有骨灰堂，实现100%的火化。

村委会是村民选举产生的，村里大事能按村民意志办。这些村的村委会干部基本都是由村民选举产生的。村委会可以通过工厂形式召开村民会议，一些关系村民切身利益的事情，及时征求村民意见。村民有什么建议和要求，也能由此反映，并能得到实现。

存在的问题。以上是村的自治工作开展较好的一面，另外，也存在一些问题，主要是村委会与党支部和经济组织的分工不明确，村委会独立发挥作用不够，村里实际上还是支部书记包揽一切，人们称“支部书记托拉斯”，各村普遍存在“简简单单分分工，大小事情书记统”的一元化领导现象。并且几个经济发达的村，多数是由支部书记兼村委会主任，而书记的全部精力用于抓工业生产，难以过问村委会日常工作，村委会工作实际是由村委会副主任或文书主持，某种意义上降低了村委会的地位和在群众中的影响，群众心目中也只有党支部和书记的地位，村委会的观念则很淡薄。

三、经济发展对村委会建设的几点要求

第一，乡、村干部普遍强烈要求改变村委会与经济组织并列的体制，要求经济合作社或经联委改由村委会领导，明确村委会有管理经济的职能。这样才能使村委会真正发挥作用。其理由是：

首先，在经济发达地区，哪个机构不管经济，就没有地位；哪个干部不抓经济工作，不懂经济，在群众中就没有威信。村民委员会不同于城市居民委员会，它必须靠村委会组织生产、发展经济来保障和提高村民的生活，否则对村民就没有吸引力。

其次，原来成立农村合作经济组织是为了减少对企业的行政干涉，但现在的经济组织实际仍然是一级行政管理性机构。有的地方规

定党支部书记抓工业，村委会抓副业和服务业，专设的经济组织变成了只管农业生产的机构。这些组织之间还经常发生一些矛盾。因此，村一级需要统一的经济管理，这个任务由村委会承担比较合适。

再次，自治以经济为基础，经济基础强弱决定自治程度高低。基层干部反映，村里经济权由经济组织掌握，村委会办事得请示社长，社长不同意有些事就办不成，村委会制定的公共公益事业计划有时会落空，因而难以开展自治活动。至于村委会如何管理经济，不少乡、村干部主张，在村委会设一名副主任主管经济工作，兼工农商联合公司或工业公司经理。

第二，村委会设置应以固定的经济关系为基础。当我们征求对划小乡和改自然村建村委会的意见时，参加座谈的县民政局、乡政府和村委会的干部都持反对态度。他们认为，现在的乡和村委会是在原公社和大队的基础上直接转变过来的，加上这几年乡、村经济的迅速发展，乡、村都形成了固定的经济关系，乡办企业和村办企业已把村民的经济利益紧密联系在一起，划小乡或改自然村建村委会，就会破坏已经定型的经济联系，财产很难划分，村民也不容易接受。其次苏南的自然村范围不大，平均只有三五十户，一两百人左右，形成不了经济实体。劳动力都进了工厂，在家的只有老少，在自然村很难开展自治活动。同时，村委会通过工厂的组织形式解决行政事务、自治事务，甚至包括农业生产方面的问题已成惯例，难以打破。

第三，关于村委会召开村民大会的问题，有的地方提出，目前农村村民从事商品生产的流动性很大，有相当一部分村民从事捕鱼、运输、建筑专业工作，长期在外，村民大会很难召集。因此，他们主张对村委会的选举和决定一些重大事情，应本着“合法、从简、灵活”的原则，改为召开村民大会和村民代表会议两种形式。

论加强我国的廉政立法①

保持政府廉洁，清除腐败，是关心国家命运国人的强烈要求。近年来，国家对此采取了许多措施，取得了一些成效。但是，长期以来，腐败问题被更多地作为道德、思想和纪律问题对待，因而治理的措施不够有力。腐败不仅仅是道德、思想和纪律问题，更是制度问题。制度的问题，必须通过制度来解决。因此，加强廉政立法，是我国进一步从法律制度建设上防止腐败，保持廉洁的有效途径。

一、廉政必须依靠法制

廉政立法是防止、清除腐败的一条带根本性的、有效的途径，为此，首先从腐败现象产生原因的分析入手。政府官员腐败的原因是多方面的，各国的情况也不尽相同，并且我国腐败与西方国家的腐败有明显的区别。西方国家的腐败现象主要表现为以下两类：一是政治方面的选举舞弊行为，二是经济方面存在谋取不正当利益的行为。造成这两类腐败的原因，与其政治、经济制度密切相关。在西方国家，由于实行以金钱支持为基础的竞选制度，而竞选经费主要来源于私人或各种组织的捐款，这就必然存在着金钱与日后国家政策和利益优惠的交换，使个人或某些集团操纵选举成为可能。在经济方面，由于西方国家实行私有制经济，国家公共权力与私人企业之间存在广泛的潜在利益交换。现代西方国家不管是在宏观上调节经济，还是在微观上介入经济活动，如政府与私人企业签订合同等，都存在国家公职人员掌握的公共权力与私人利益的交换可能，从而造就腐败滋生的温床。

---

① 原载《全国人大常委会办公厅研究室材料》（1989）第58号，发表于《法学研究》1990年第2期，署名蔡定剑、王梓木。

我国出现腐败现象有它的特点。在政治方面，由于没有全面实行竞选制度，选举经费由国库开支，因而选举方面的舞弊和政治献金行为比较少见。但是，由于没有建立起公平竞争基础上的公务员制度，在干部的选任，晋升等方面主要不是靠公平考试，而是领导人的个人因素起着主要作用，干部使用中的任人唯亲、裙带关系、非正常提拔等不正之风，成为政治方面腐败的主要表现。在经济方面，我国的腐败现象与公有制下的商品经济和商品短缺及缺乏法制等有关，主要表现是某些政府官员大肆侵占和挥霍国家财产，利用自己手中掌管的公共权力谋取私利。原因是多方面的，其中一条很重要的原因就是计划国家的政府具有广泛干预社会生活特别是调节经济的职能，使得掌握国家权力的公职人员在缺少具体规范约束下，谋取私利具有很大潜能。在原来国家实行全部计划经济条件下难以得到充分释放。因为，虽然国家公职人员掌握的国家权力也广泛调节社会经济生活，但这些权力干预的对象还未成为独立的经济实体或经济利益者，企业还是国家计划实现的算盘珠，企业等社会经济组织从生产计划、原材料供应到产品销售都由国家包办，职工的工资，奖金都由国家规定。这样，国家权力干预企业的活动实质上仍然是一种“公对公”的行政关系。企业或个人都会为这种“公家”的关系去收买贿赂官员。但是，由于这种国家包办的体制束缚生产发展造成商品短缺，因某些商品短缺，使一些人得以利用手中的权力为谋求紧缺商品去“拉关系”、“走后门”，以及谋求分配上的特殊化等。我国实行经济体制改革以后，企业的地位和作用发生了深刻的变化，逐步成为相对独立的经济实体，企业经营的好坏与企业经济利益直接挂钩。同时，国家实行有计划的商品经济，出现了计划价格和市场价格的双轨制，并且原料、燃料、动力、运输等生产资料尚未形成统一的市场，国家在物资、资金分配上权力的运用，对企业等组织的经济利益发生巨大的影响。在这种新的利益关系下面，掌管公共权力的公职人员和形成团体利益的代表以及与私有经济者之间，容易形成“权”与“钱”的交换，腐败现象就此滋生和蔓延。

怎样才能从根本上预防和治理这种腐败现象，有三种途径：一是减少国家权力对经济活动的干预，完全实行商品经济，使公共权力难以与集团或私有利益者相交换。二是恢复过去完全的计划经济和吃大锅饭的分配体制，使公共权力的交换失去对象。显然，上述这两种途径都是不可取的，也是行不通的。在我国继续实行改革开放的形势下，必然是计划经济与市场调节并存，国家干预经济的权力与独立的经济利益者并存。换句话说，公共权力与集团或私有利益者交换的条件会长期存在。在这种情况下，选择的第三条途径，只能是通过立法去规范、约束政府及其公务人员的行为和具有独立经济利益者的行为，从而达到防止公共权力与非法利益交换的目的。

在我国，党和政府在保持政府廉洁方面曾做了大量的工作。如发布了不少的制止不正之风的文件、通知，开展了一次又一次的打击经济犯罪活动，对干部进行了大量的思想教育工作，总结推广廉政建设的经验等。这些办法对廉政建设起到了很好的作用。但是，有许多是临时性措施，只起治标而不治本的作用。直到目前，仍缺少一种能对公职人员的日常行为经常起教育、规范作用，并带有根本防止性的制度性的措施，这就是对公务人员的行为进行规范立法。党内纪律和政府文件虽然起一定作用，但缺乏普遍适用性、明确规范性和长期的连续性。常常是一个时期之后，该文件也就被搁置或遗忘，若再出现类似情况，又去颁布新文件，人们在心理上失去了对某些文件的信心和权威。还由于这些文件的制定缺乏严格的程序，又大多是党内文件，行文简单，执行、监督和惩戒等具体措施不够健全。有的文件发布过后，时间一长，人们都很难查找，也不便于群众检查监督。经验证明，腐败不能靠运动来整治，廉政不能光靠党和政府机关文件来保持。廉政建设更重要的是要靠法律，制度建设。法律具有权威性、连续性，明确的规范性和强制性等特点，并明令公布，便于广大群众监督实施。通过立法规范公职人员的日常行为，不但对反腐败能起到一种防止和惩戒作用，而且会对人们起到经常性的教育作用，使廉政收到更为明显的效果。

二、完善我国廉政立法的主要内容

完善我国廉政立法主要解决哪些问题，规定哪些内容呢？应当把作为国家公职人员一切可能因公职身份而取得合法报酬以外的利益，一切因个人利益而影响公正处理公务，以致有损于政府形象的行为，都应视为廉政立法规范。

第一，建立国家公职人员的财产申报制度。财产申报是为了便于检查和监督国家公职人员谋取非法利益的一种预防性廉政措施。我国立法规定财产申报的范围可包括以下人员：各级政府中凡法律规定由人大选举或任命产生的，由政府任命的一定职务以上的行政机关领导干部以及企事业单位的负责人，国家机关、企事业单位中凡掌握人、财、物和其他审批权的有关人员。在上述范围内的人，除需在任职前后申报财产状况外，在任职期间的每一年都应定期申报财产。

财产申报的内容可包括除国家规定发放的工资、奖金、补贴以外获得的其他一切报酬和利益，如礼物、服务，招待、兼职收入和经济交易收入，以及所得的赔偿和借款等。同时，还可规定哪些正当或价值不大的报酬，礼赠和其他物质利益不必申报。申报应写明项目，提供报酬人及与本人关系等情况。

为便于有关机构的审查和社会监督，还需规定对财产申报单的审查和公布。要设立专门机构或指定专门人员负责申报单的审查和公布。可规定，凡由人大选举、任命的干部，由人大的有关专门委员会负责审查和公布。由政府任免的干部和企事业单位负责人，可由政府监察部门审查、公布。单位内部负责人和掌管人、财、物的人的财产申报，可由指定专门人员或工会、职代会等机构负责审查、公布。

最后，法律应规定对不按法律申报财产，弄虚作假的人以必要的惩戒措施。

第二，建立公职人员日常行为规范体系。确立这些规范的作用在于告诫国家公职人员在他所进行的公务和私人活动中，哪些事不允许做，哪些事允许做，应该怎么做，从而把廉政的各种要求化作公职人员的日常生活准则。这些准则应包括许多纪律和道德规范的内容，党和政府有关纪律文件过去曾有过大量的规定，立法可以在总结这些规定经验的基础上加以补充，使之更明确、规范和系统化，使那些党内的规定成为公开的、能经常反复适用的行为规范。需要以法律确立的行为规范大体可包括以下内容：

（1）关于各级国家机关领导人生活待遇，包括住房及设施、用车、服务和物品供应等方面的规定，对违反规定的处理机关和处理措施。

（2）对在职的党和国家领导人的宣传、庆祝、纪念性活动和纪念性设施建设的限制性规定。如对建造领导人个人纪念馆、雕塑和以领导人个人名字命名的活动予以限制或禁止，对领导人或其他人组织和使用国家公职人员的力量去编辑出版个人传记、著作和其他宣传介绍个人的文字、图片、视听资料等，都应予以明确的规范和限制。

（3）对国家公职人员接受各种酬谢、馈赠、礼品和出席宴会和其他社交活动的规定，以及在特殊情况下接受礼品后应如何处理的办法。

（4）对国家公职人员接受除工资、补贴、福利以外的其他报酬、利益和服务的规范，如对提供咨询、讲学、稿酬等报酬的规定，在我们国家特别应该厘清领导人公职行为的报告、讲话与个人作品的关系，公职行为的报告、讲话的出版不应视为个人作品而支付稿酬。

（5）关于兼职的限制。应严格禁止公职人员在公司、企业和其他能获取个人经济利益但有碍于政府公正立场的单位兼职和取得任何报酬。

（6）确立实行亲属回避制度。应规定一定职级以上的领导干部的直系亲属不能在本单位或直属机构中任职，禁止各种裙带关系和任人唯亲的行为，也要防止以自己的亲属在他单位得到安排或照顾为目的，而安排或照顾他单位领导的亲属这种照顾交换行为。

（7）禁止利用职权和职务影响为自己和他人谋私利。不得以说情、施加影响和压力等形式让其他公务人员为自己或他人提供方便，或阻挠、拖延某项不利于自己或他人的公务的履行；不得以公职人员的身份、头衔为个人、企业或其他经营性组织壮门面，包括领导人不得在获得任何报酬或好处的情况下为在管辖区域下的非国营企业和经济组织题词、参加其开幕式和庆祝活动；不得以公职身份作商业性广告以获取报酬；不得无偿地以国家的人、财、物为自己和亲属、朋友服务等。

（8）对离职后的限制。国家公职人员离退休，辞职或因其他原因离开公职后不得接受与原单位有经济交往和利益联系的企事业组织的职务和报酬，不得接受自己担任公职时处理公务曾涉及的企事业单位的职务或报酬，不得为自己或他人利益对原工作单位和有工作关系的人说情、施加影响等。

（9）完善各项办事制度和程序，明确各公务人员岗位职责。对申请项目、许可证、营业执照等审批的具体条件和程序，完成批准的法定期限等都应通过各项办事规章制度的建设加以明确规范，使公务人员不能有因利益影响而在执行公务中给人以优惠、偏袒或阻碍、拖延的行为。

（10）规定国家机关和公务人员办事过程必须公开。政务活动公开对廉政建设有极大意义，特别是涉及审批项目，调拨物资，批准发放营业执照、许可证，贷款，办户口，选拔任用干部等方面的工作，应有法律规定公开的原则和程序。公布办事程序包括公布申请办事人和办事人及其关系，审批条件和结果等。公布办事结果，有利于社会对公职人员的监督，增加公职人员的自我约束。

三、加强和完善我国廉政机构建设

国外廉政机构的设置、职能及工作程序都是由法律规定的，我国尚需通过立法或其他方式加强这方面的建设。我国专门从事廉政工作的机构有党的纪律检查委员会，政府的监察部门，还有检察机关的反贪污贿赂部门。这些机构对廉政建设发挥了重要的作用，应当继续加强其组织建设，完善其职能。但是，还应当进一步明确界定有关廉政机构的职责权限和工作程序，并使其相互关系合理化。

监察部门建立以来，一方面在我国廉政建设方面做了不少的工作，发挥了很好的作用，成绩应予肯定。但另一方面也暴露出监察部门的具体职责还没有得到人大立法的规范，① 某些职责与检察机关职责尚有交叉，监察部门对政府公职人员不廉行为的监督，主要还是自己作出规定，自己去执行，这对监察的权威性、法律的严肃性都有一定影响。如何改进？有人主张将监察部门划归人大所属。我们认为这并不是症结所在。关键问题不是这个机构由谁管，而是该机构能不能依法独立行使职权。如果人大通过立法对监察部门的职责、行使职责的方式和程序作出具体规定，监察部门依人大制定的法律行使职权，就是直接对人大负责、对法律负责，就可以提高监察部门对廉政监督的权威性和执法的严肃性。监察部门承担对政府的廉政监督，涉及对所有公职人员行为的约束，有的甚至涉及人的权利义务，让行政监察

① 八届全国人民代表大会常委会于1997年5月已经制定了《监察法》。

部门对公职人员的权利义务作出规定并自己去处置，显得不够严肃和缺乏法制的民主性。因此，全国人民代表大会有必要对监察机关的职责、行使职责的方式和程序进行立法，以保证其依法行使职权，并有利于提高其权威性。

此外，为加强廉政制度建设，可考虑设立新的廉政机构或人员：

一是在全国人民代表大会增设廉政委员会。廉政委员会的职责可有以下三个方面：第一，适应加强廉政立法的需要，负责起草或组织草拟有关廉政方面的法律议案。第二，加强对政府、司法部门的廉政工作监督，听取有关部门的汇报，并经常检查督促有关部门执行廉政法律和反腐败方面的工作。第三，也是最重要的，负责监督、检查由人大选举任命的国家机关领导人的为政清廉情况，受理人民群众对他们不廉洁行为的检举控告，若认为必要，可指定有关机构进行调查或亲自进行调查，负责接受、审查和公布上述国家机关领导人的财产申报。

二是在某些部门设立廉政纪律道德督察。这些部门主要应设在那些有可能严重滋生腐败的地方。如工商、税务、海关、公安、城市建设和道路交通建设、土地资源管理、金融机构以及其他掌握一定审批权的部门。廉政纪律道德督察可根据情况，设在相应的上级机构，派驻在下级机构的负责人下面，企业可设在有关的总公司和有关主管部门。这一廉政专门督察人员的主要任务是：监督国家廉政法律在本部门的执行，起草本部门有关廉政的纪律道德守则和办事制度，受理本部门有关人员的财产申报，注意及时发现和揭露有关官员的腐败行为，对本部门人员进行经常性的廉政教育，受理群众对本部门人员的腐败行为的检举和控告，等等。

最后，通过立法完善举报制度，举报已成为遏制国家公职人员腐败的一种手段，是群众监督的重要形式。通过立法加以制度化、法律化。对此立法的内容有：明确举报的范围、方式，举报的接受和处理，对举报人的保障措施和奖励办法。同时还要规定禁止举报人利用举报手段进行陷害和诬告他人的具体措施，以保证举报制度正确发挥其作用。

总之，加强廉政立法是我国一项长久的、带根本性的廉政制度建设。它是预防和治理腐败的有效措施。根据我国反腐败斗争的经验和需要，并借鉴国外的有益经验，廉政立法势在必行。全国人大及其常委会尽快把廉政立法作为当前立法的一项重要任务，提上议事日程，争取早日在我国建立起一套较完备的廉政法律体系。

如何行使法规审批权[①]

在地方立法中，有两种法规是要报上级人大常委会批准后才能颁布实施的：一种是自治地方制定的自治性法规，一种是省会所在地的市和国务院批准的较大的市制定的法规。自治区人大及其常委会制定的自治条例和单行条例，需报全国人大常委会批准后生效；自治州、自治县人大及其常委会制定的自治条例和单行条例，报省、自治区的人大常委会批准后生效，并报全国人大常委会备案。省会所在地的市和国务院批准的较大的市的人大及其常委会制定的法规，报省或自治区的人大常委会批准后生效。可见，全国人大常委会和省、自治区的人大常委会享有批准法规的权力，这既是一种立法程序又是一种对法规事先监督的手段。如何行使这一权力，有些实践中出现的问题需要怎样看待，本文提出几点意见供参考。

一、法规需要批准的原因

民族自治地方立法和较大的市的立法为什么要采取事先批准的程序。主要是因为：

一是保证立法权的适当集中。把立法权下放，是国家体制的重要改革，对发挥地方管理地方事务的自主性和积极性有重要作用。但若把立法权下放得太低让自治地方和较大城市都可自行立法，就会使立法权过于分散，不利于国家的集中统一领导和管理。让它们根据自己的特点制定法规，同时由省级人大常委会批准，既发挥了它们管理地方事务的自主性和积极性，又能实现对立法的监督、控制，对维护法制的统一是十分必要的。

---

① 原载《人大研究》1999年第4期。

二是保证自治权的正确行使。较一般地方国家机关，民族自治地方自治权是一种更大的地方自主权，自治机关有权管理地方财政，自主地安排、管理地方经济建设；自主地管理本地方的教育、科学、文化、卫生、体育事业；并可依国家军事制度和当地实际需要，经国务院批准，组织本地公安部队等。特别是自治机关在制定法律实施细则时，可以规定变通办法，就是说可以同国家的法律规定不一致。自治机关通过立法行使这些权力时，涉及宪法赋予自治地方的自治权范围和国家法制的统一问题且政策性很强。所以，在制定自治法规时进行事先批准有利于自治地方行使这些权力。

三是有利于保证立法质量。立法是一项复杂的社会工程，需要站在全局利益考虑问题，超出地方和局部利益的局限。立法者需要有较全面的知识和法律及其他专业技术知识。在较下层工作的同志由于条件所限，立法难免局限性大。法规报上级人大常委会批准把关有利于提高立法质量。

二、批准的含义

立法批准机关在批准法规时审查什么？如何行使批准权？要不要具体修改？是需要明确的问题。审批法规时必然要涉及法规的合法性和合理性问题。合法性即审查法规是否与宪法、法律、行政法规相抵触，是否超越立法权限和有无违反立法程序。合理性是指法规是否符合广大人民群众的根本利益，是否符合总的政策精神和社会规律。审批法规还要涉及立法的必要性、可行性和规范性等技术问题。如立法的理论和实践根据如何，在实际中是否可行，法规是否符合立法的语言规范，文字表达是否通顺，标点符号是否正确。我们认为，批准权从一般意义上讲，就是一种同意权。是否同意的标准，只看原则性的东西是否对。对照上述审批法规时涉及的三个问题，我们认为，批准法规时只看合法性和合理性两个标准。对立法的必要性、可行性和规范性问题，不是审批机关的事，应由提请批准的立法机关自己把握，但审批机关的工作机关可以对此提出指导性意见。①

运用上述原则审批法规时，审批机关是否可以对报批法规直接修改呢？实际中，不少审批机关都或多或少要进行修改。但从批准权本身的含义看，批准一般不应对报批内容进行修改，只能表示同意或不同意。例如在日常公文中，领导人或领导机关在批准下级的报告时，并不对报告进行修改，而只表示批准或不批准，对不满意的报告退回修改后再报。可见，日常公文的批准者一般是不对报批文件进行修改的。当然，法规的报批不像一个报告那么简单。如果对不合格的法规都一律采取退回的办法，必然会延误一些急需的法规出台，影响立法效率，是不可取的。从提高立法效率的角度看，审批机关适当地对一些报批法规进行修改是必要的。对此，全国人大常委会法制工作委员会曾有过法律解答：省人大常委会对较大的市报批的地方性法规，对原则性问题有权修改，同时应简化审批程序，不要因一些非原则性问题影响及时批准。

根据上面的论述得出的结论是，立法批准机关在审批法规时，只从大的原则方面进行审查，主要审查其合法性和合理性，作出批准或不批准的决定，一般不作具体修改。如果报批法规的基本原则和重要条款与宪法、法律、行政法规和有关政策相抵触时，应不予批准；如果报批的法规基本原则和内容可以，但具体问题较多，需作较大修改时，应暂缓批准，退回制定机关修改；如果报批法规总的精神和条文都还可以，只是个别的重要条文内容不妥当，可以对法规修改后批准。另外，有一种方式可采取附条件的批准。当报批法规合法，内容也基本成熟，但有些方面内容需要修改，而批准机关又不便直接修改时，为不至于因一些非原则性的问题延误法规的出台，批准机关可提出修改意见，要求报批机关根据意见对法规进行修改，若制定机关按批准机关意见进行修改，则法规视为批准。当然，这种方式必须严格

---

① 2000年制定的《立法法》第63条对此作出了规定：省、自治区的人民代表大会常务委员会对报请批准的地方性法规，应当对其合法性进行审查，同宪法、法律、行政法规和本省、自治区的地方性法规不抵触的，应当在4个月内予以批准。省、自治区的人民代表大会常务委员会在对报请批准的较大的市的地方性法规进行审查时，发现其同本省、自治区的人民政府的规章相抵触的，应当作出处理决定。可见，《立法法》强调批准时主要是对法规的合法性审查批准。

限制使用，若滥用起来就会使批准流于形式。总之，批准机关审批法规时，主要在大的原则性问题上把关，常委会审批不应像自己制定法规那样全面、具体、斟字酌句地审议，不要以审批代替制定机关本身应做的工作。

对报批法规的必要性、可行性和规范性方面存在的问题，应由审批机关的工作机构（专门委员会或工作委员会）通过工作程序解决。审批机关的专门委员会或工作委员会在提请常委会审议之前的初审时，可对法规进行技术加工。如初审发现问题较大时，即可向常委会委员长会议或主任会议建议，报批法规不列入常委会议程，退回制定机关加工修改后再报审批。这样，审批机关实际上还是全面把关，只不过常委会会议审批时只审查原则问题，其他问题和技术性问题由其工作机构审批前处理。

三、批准法规的效力和责任

法规经批准后，是具有审批机关的效力还是只有制定机关的效力？我认为，批准实施的法规具有批准机关的效力，但只是适用范围限于制定机关的行政区域。从实践看，自治州、自治县制定的自治法规与较大城市制定的法规同省级人大制定的法规一样，都是地方性法规，有同等的地位和效力。有些省的立法程序法规定，经省人大常委会批准的法规的修改、废除，按制定法规的程序报批，制定机关不能随便修改或废除。可见，制定机关对自己认为不适当的法规，不能自行改变或撤销，还必须报原批准机关才能改变或撤销。法规一旦经批准，其法规中若存在问题的责任也应由批准机关承担。

四、批准法规的程序

在现行宪法体制下，全国人大常委会还没有批准法规的实践，有关程序的规定就谈不上完善。从一些省级人大的规定和实践看，批准程序有以下过程：

（1）报请批准。制定法规的机关将会议通过的法规的书面报告和法规文本及说明送省级人大常委会，同时还应将立法的有关资料和征询意见等情况一并上报。

（2）决定列入议程。由审批机关的专门委员会或工作委员会初步审查，并可作适当技术加工，再向人大常委会主任会议提出列入议程的意见，再由主任会议决定列入议程。

（3）审议法规。由报批机关向常委会会议报告法规的制定情况和法规的基本内容、主要问题，由审批机关的常委会进行审议，报请机关派员到会听取意见，并回答询问。

（4）决定批准。在经主任会议决定提请后，常委会全体会议对报批的法规进行表决，以全体组成人员的过半数通过批准，作出批准决议。由报请机关公布施行。批准法规一般经一次常委会审议即行通过。

论市场经济中的立法民主化改革

近20年来，我国立法取得了很大的成就，特别是进行市场经济立法，建立社会主义市场经济法律体系取得的成就，令世人瞩目。但应该看到，我国当前立法也存在不少问题，这些问题有的明显地、有的潜在地对我国法律建设产生不良影响。这些问题主要有以下两方面。

第一，以计划经济的思想和方法来搞市场经济立法，使市场经济的法律成了计划的产品。具有讽刺意味的是，市场经济的法律本身并不是市场决定的，而是按事先的一个主观的立法计划来制定的。这个计划很大程度上是由政府的各个部门依其利益提出的想要制定的法律为基础，经全国人大常委会的有关机构协调后拼凑而成的大拼盘。哪个部门的权力意识强，立法积极性高，这个部门和领域的立法也就多。反之，哪个部门上计划的立法就肯定少。或者涉及的不是一个部门管的事，或者是由几个部门共管的事，或者立法难度大、比较棘手，尚无什么利益的立法，即使市场经济十分需要，立法起来也十分困难。市场经济立法反成了部门分配权力和利益的手段，把本不合理的政府职能和政府权力用法律固定下来。① 它对市场经济来说焉知祸福？市场经济立法应是基于经济的发展、社会不同利益要求的结果。这种要求通过斗争最后达到妥协，法律就是这种利益妥协的协定和界限。所以，真正市场经济的法律决不是某个机关和部门事先在办公室里计划出来的。否则，它就不是市场经济的法律，或者它就不能适应市场经济的需要。

---

① 如按照部门、行业制定的《煤炭法》、《铁路法》、《邮政法》、《公路法》等就是这一反映。

如果说立法是可以由计划产生出来的，那就意味着法律规定的内容都是事先可以由人操纵的，而不是民意决定的。那么，代表民意的立法机关怎样发挥作用？如果立法机关制定的法律不能最大地反映民意和社会利益的要求，那么，这些法律与行政规定又有什么两样？立法是体现长官意志还是民意呢？可见，这种立法体制和立法方法都很难适应市场经济立法的需要。一位法律工作者曾给全国人大常委会法工委来信，就一针见血地批评当前立法中存在的这一问题，他说：在我国立法如同生产产品，法律由有关政府部门组织起草，绝大多数未经社会酝酿和民众的参与，而是按部门的模型“浇铸”出坯件，然后由国务院常务会议“检验合格”，最后由全国人大“批发出厂”。立法机关与人民缺乏沟通。这就不可避免地出现两个问题：一是人民的立法机关的立法过程人民毫无了解；二是法律成了有关部门根据自己的部门利益，通过立法程序强加给人民的“紧箍咒”，这种产品不是根据人民的需要制造的，人民就难以接受，只能积压到最终“报废”。① 这就在立法过程中孕育了对法的不遵守和反抗。这种说法虽然有些过激，但在一定程度上却反映了一些实际情况。

第二，立法虽多，但立法质量不高，片面强调加快经济立法，以市场经济立法为中心，使一些部门认为立法越快越好、越多越好。所以出现了不顾主客观条件，不分析法律实施的预期效果，不讲究法律的可操作性，而片面追求立法数量，使一些法律草率出台。而另一些法律，由于部门利益之争，又迟迟不能出台。这些情况使立法应时、重复、超前与滞后并存，造成立法一定程度的无序和混乱。该有的法律没有，不该有的法律却出了不少，但不起作用。这种立法状况必须加以改变。

我国立法制度的改革目标是，随着改革出现利益多元，法律应更民主化，因而要增加公众对立法的参与，提高法律的民意含量和社会利益含量，实现从政府立法到社会立法，从官员立法到民众立法的转变。改革立法机构，增强立法能力。转变立法观念，给立法注入现代法精神。进行法典编纂，对纷繁的法律进行整合、协调、统一。

立法民主化是提高我国立法质量，并防止出现制定“恶法”的

---

① 参见全国人大常委会法工委办公室编：《法制来信简报》1997 年第 4 期。

根本措施。因而必须加强公众对立法的参与，提高法律民意含量。

1979 年后，我国立法向民主化方向不断迈进，立法程序不断完善。但是，我国的立法还基本上停留在少数官员立法和专家参与立法的程度上。立法决策由领导拍板，立哪个法不立哪个法，一个法是否提交通过，基本是少数领导者在决定。法律草案大部分由行政职能部门起草。广泛听取意见，吸收专家参与，还是民主集中的工作方式。领导提出法律草案，广泛听取群众意见，最后，吸收或不吸收哪些意见都是由领导决定。立法带有很深的领导意志和部门利益印记。因此，立法制度改革最重要的任务是，扩大民众对立法的参与，提高立法的民主程度，使法律真正反映民意和表现各种社会利益的妥协。

就现阶段来说，提高立法的民主化程度可以从以下三方面进行一些改革：

第一，开放法律起草资源。卢梭说，法律是公意的表现，是人民自己意志的记录。① 这决定法律制定的源泉来自广大民众之中，而不是来自少数官员们的头脑之中。所以，立法资源应取之于民，不管在议会中谁有立法提案权，但立法的动议和要求应从民众中来，民众的立法意图能通过议员或政府，或直接提上议会的议程。在一些国家，一定数量的公民联名，可直接向议会提出法律议案的国家也有。如英国、意大利、西班牙、荷兰、奥地利、古巴等国。

现在，我国法律案的起草基本是封闭性的。根据宪法和有关组织法规定，有权向代表大会及其常委会提出法律议案的是代表大会主席团、各专门委员会、若干代表联名、若干常委会组成人员联名、本级行政机关和司法机关等。谁有权提法律议案谁就有权要求其职能部门或工作机构起草法律草案。普通公民和社会组织是不能自行起草法律草案的，即使起草了也进不了人民大会堂的门槛。

目前，我国法律议案的大部分是由行政机关提出，因而也就是政府各部门起草的。这是造成我国立法矛盾、不协调，碰到矛盾绕着走，现实迫切需要但难度大的法律立不了，而相对不甚迫切容易立的法律立了不少，立法不解决实际问题等弊端的原因之一。部门立法也

---

① 参见［法］卢梭，何兆武译：《社会契约论》，商务印书馆 1984 年版，第 47 页。

造成了“立法是管老百姓”的客观效果。现在，立法工作基本上还是政府部门和官员在做。要改变政府立法、官员立法的状况，让立法成为全社会的事、成为公民能直接广泛参与的事。

因此，要缩小、限制政府提案范围，尽可能减少行政部门起草法律议案。同时，让公民、社会组织也参与起草法律草案，并使他们起草的法律草案也能有机会通过有效途径进入代表大会或常委会会议议程。可在有立法权的各级人大常委会设立公众议案箱，接受社会组织和公民的议案，凡符合法律议案条件的，有关专门委员会应进行审议，提出审议意见向常委会报告。现在公众和普通的社会组织不能起草法律议案，或起草了也没有途径进入代表大会或常委会的议程的状况是应改变的。让立法资源取之于社会、取之于民众，而不仅仅由政府部门和官员所垄断。

第二，放开公众参与讨论。立法虽然是在人民代表大会中进行，但决不能仅仅只是人民代表大会的事，而应成为全社会的事，成为民众的事。立法是把人民的意志转变为国家意志，是人民当家作主管理国家的重要途径。所以，立法的过程一定应是开放的过程，给大众参与的过程。

1995 年，我在华盛顿曾对美国国会的立法过程进行考察。国会立法专家告诉我，相对通过一个法律来说，他们起草一个法律草案要简单得多。通常他们一个立法专家一个工作日要炮制出好几个法律草案。他们只是把议员的立法意图用法律的语言表达出来。但是法律议案一旦在国会进入程序，就会立即引起社会特别是利益集团的关注。这时，有关的选民和利益团体，院外活动组织就会游说议员，表示自己对法案的意见，要求议员采取行动。这样一个法案从小组委员会到委员会，从委员会到院会，就是公众和院外活动集团不断用不同形式影响法案的过程。有时，利害关系人还会在议会委员会开会讨论法案时，当场给议员们递上一份意见，或打出标语进行抗议。法案在讨论辩论过程中，被议员们不断提出的修正案加以修改。常常是一个法案从开始提出时只有 10 条，到通过时变成了 20 条。这时，可能原提出该法案的议员也不投赞成票了，因为它被公众的参与改得面目全非。

现在，我国立法过程中虽然有征求各部门、各地方和专家意见的程序，但是在机制上还缺乏公众参与的程序和保障。立法过程对公众和社会基本上是封闭的。过去很长时间，普通老百姓是很难知道人大要制定什么法的。九届全国人大常委会决定把更多的法律公布全民讨论，但公众还是不知道人大代表和委员对讨论法律的意见，讨论中的法律矛盾和焦点在什么地方。人民代表大会会议对公众不公开，在代表大会和常委会开会期间有严格的保安措施，公民和社会组织是不能进入代表或常委会组成人员驻地接触他们的，更不能递给他们材料，对他们施加影响。曾有几次公民进入常委会组成人员驻地送材料，被视为“非组织活动”被保卫人员驱逐。当然，会议驻地是不应该随便进出，否则会干扰代表和委员们的休息，也还有安全问题。但应该有一条公众向人民代表反映意见的方便、有效的渠道。市场经济条件下新的法制是社会、民众的法，而不是政府给老百姓制定专管老百姓的法。相反，而应有更多的法律是管官员的，约束、限制政府权力的。让政府官员①自己立法来约束自己是困难的。所以，公众参与立法是建设现代法治的重要条件。

为此，要开放立法程序之门，保障公民、社会组织和利益集团能通过各种合法途径参与立法过程。唯有如此，才能适应市场经济立法的需要。社会各种利益集团的存在，是市场经济条件下利益多元化的反映。法律要调节它们的关系，就应该允许它们对立法的参与。给予利益集团合法途径参与立法，是我国立法民主化的重要步骤。

我们非常高兴地看到，九届全国人大常委会委员长会议决定，今后要将一些重要的、涉及公民利益的法律都公布全民讨论，这是立法民主化的一项重要举措。但实践证明，过去这种公布法律草案全民讨论的方法，并没有取得所期望的结果。法律草案以前也有多次公布让全民讨论，但公众参与并不踊跃，也没有怎么改变立法状况，帮助提高立法质量。有关部门仍然只不过把公众意见作为一种并不是很重要的参考意见。最近公布法律全民讨论的效果也不理想，如土地管理法公布全民征求意见时，只收到600多封公民来信参与该法的讨论。而且这些公民的意见在常委会会议上只作为参考材料印发会议，并没有引起很大的作用。所以，只有公布法律全民讨论是不够的，重要的是

① 这不仅是指法律草案由政府机构起草，而且各级人大代表中有许多政府官员，他们在代表大会中也是立法者并起主要作用。

要真正高度重视民众的意见，并确实把他们的意见吸收到法律中去。

为什么会有公民和社会组织对参与立法不热心的情况呢？这里有许多原因，如大众媒体对法律公布全民讨论没有积极宣传报道，法律只是在有关报纸上公布，很多普通百姓并不知道；公民对法律并不很懂，更难以参加讨论；作为单个的公民个人即使有意见也很难参与，因为他们担心自己个人的意见很难起什么作用。

所以，真正有效的公民参与必须以立法过程的公开为前提，让公众随时知道立法机关在立什么法，立法者在讨论什么问题，自己的意见怎么能够影响到正在讨论的问题。有这样的条件，公民才会踊跃地发表意见。因此，与法律全民讨论相配套的措施是立法过程的公开性，媒体可以公开报道人民大会堂讨论法律的情况；举行面对公众的听证会制度；公民可在媒体上发表对正在讨论的法律的各种意见；在讨论法律议案的同时，公民也有途径反映意见，如可以要求会见人大代表或常委会委员，向他们传递信息、提供材料、反映意见。

立法程序的改革就是要使公民能广泛参与、深入参与立法过程，使每个法律在制定过程都有各种不同意见、不同利益的碰撞，体现各种利益的磨合、妥协。这样形成的法律产品，才会成为名副其实的“民意”产品。在整个民众参与的过程中，一个非常重要的条件就是公民能通过中介组织或团体来参与立法。如果都是单个公民的意见，确实很难说明什么问题，也很难发生影响力。公民的意见应通过公共的利益团体来反映，只有利益团体才能真正形成对立法的有力影响。① 中国目前还没有形成公开的、有组织的利益团体，但是，利益团体是客观存在的，立法机关应主动建立起与立法机关联系的桥梁至关重要。利益团体也不能仅仅是一方面的，而是有相反利益团体的意见。如要制定律师法，而不仅是由律师的管理部门司法行政部门起草，还始终要有律师的参与。

第三，建立立法听证制度。公众参与立法最重要的途径是立法听证制度。所谓立法听证制度，就是在立法中为获取立法信息、资料，邀请政府官员、专家学者、当事人、与法案有利害关系的人或有关议员到议会委员会或小组委员会陈述意见，为委员会审查法案提供依据

---

① 当然，利益团体影响立法易产生副作用是我们应力求避免的。

和参考。听证制度在立法中有极大的作用，美国学者基夫和奥古尔认为：听证制度通过陈述、辩论、举证，有利于发现事实；有利于听取各方面的意见，特别是有利害关系人的意见；能向公众宣传法案及其结果；能把人民的意愿告知立法者。① 听证制度的核心就是给公众提供直接参与立法的机会，特别是给立法利害关系人陈述意见和抗辩的权利。为了保证利害关系人在立法中参与意见，美国的听证制度规定：

（1）调查。允许利害关系人在调查中参与意见，立法机关要将法案文本及立法理由交利害关系人。

（2）咨询。当利害关系人涉及有关团体时，以咨询方式征求意见。

（3）举行会议。使利害关系人得以表达意见，提出自己的观点。

（4）辩论。由参加听证的各方陈述看法，并举证自己的观点。

（5）当事人可出具书面意见。②

通过这样一些程序，充分保证利害关系人参与立法的权利也使法案得到充分的论证。

可见，听证制度是民主立法程序中不可缺少的制度，世界上绝大多数国家议会的立法程序都有这一程序。作为一种立法程序制度，我国可以直接引进这种制度，就像在行政处罚法中已引进听证制度一样。当前，我国立法中已有征求意见制度，但它与听证制度根本不同，征求意见制度只是在有限的范围内征求意见，而且主要是限于官方范围或学者范围内。听证制度是向公众特别是向立法涉及的利害关系人征求意见。

第四，建立辩论制度。在国外，讨论法案的过程实际上就是辩论的过程。我们知道，国外议会讨论法案一般有“三读”程序，所谓这种读会制度，在英文中是 Successive debates，而“debate”的中文意思就是辩论。可见，讨论法案就是辩论法案。在三读中的二读主要是进行不同意见的辩论。可以说，没有辩论就没有立法程序。

---

① 参见［美］基夫、奥古尔：《美国立法程序》1985 年英文版，第 176 页。转引自吴大英等：《比较立法程序》，群众出版社 1992 年版，第 105 页。

② 参见吴大英等：《比较立法程序》，群众出版社 1992 年版，第 510 页。

我国全国人大及其常委会讨论法案的制度，大多数情况下是代表或委员们发表一通赞成、支持法案的表态性意见，然后提一些很具体的修改意见。法律的一些重点、焦点问题并不是有很多人能提出来。有时虽有人提出切中法律要害的焦点问题，提出一点不同意见，但不可能、也不允许形成争论，这样一些很重要和关键性的意见就被忽视了。前委员长彭真说，立法就是在矛盾的焦点上画杠杠。一个好的法律就是要解决社会生活中提出的问题和矛盾。问题能不能很好地解决，取决于矛盾能不能充分暴露。矛盾暴露得越充分，问题就能解决得越彻底。这样的立法就能更切合实际，在实践中行得通。怎么能做到这一点，这就要求有立法中的辩论制度。辩论制度就是要求各种不同的意见进行交锋。俗话说，真理越辩越明。不同意见的交锋过程也是各种不同利益的交锋过程，不同利益在碰撞中妥协磨合，最后的法律产品是不同意志和利益妥协的结果，实际上也就是大家承认的结果。法律被各种意志和利益者认可，它实施起来就容易得多。

现在，我们有些立法是一厢情愿，由有关部门提出后，不同利益特别是不同意见的参与较少，没有辩论，法律制定得很顺利，结果法出来后，问题仍难以解决，或触及不到问题的实质。没有辩论，矛盾没有充分暴露，更谈不上很好解决。所以，国家立了很多法，有一些法律难以实施，其中有些原因就是法律制定本身的问题。设置专门的立法辩论程序，是提高立法质量的重要条件，是立法民主化的要求和措施。

现在已经具备建立辩论制度的条件。九届全国人大一次会议后，李鹏委员长提出审议法律草案要实行三审制：一审提案人对法律草案的说明，进行初步的审议；二审在经过两个月或更长的时间里，委员们在对法律草案进行充分的调查研究之后，围绕法律草案的重点、难点和分歧意见进行深入审议；三审在专门委员会根据委员们的审议意见对法律草案进行修改，并在提出审议结果报告的基础上再作审议，如果意见不大时，即可提交表决。在这样一个程序的基础上，只要解放思想，在立法中设置辩论程序并不复杂。我们可以把第二次审议设置成辩论程序。在小组会审议的基础上，专门安排一次全体会议，就不同的意见进行一次辩论发言。相同的意见一方互相举证支持，形成不同的意见进行交锋，阐述理由。根据辩论的意见修改法案。

与辩论制相适应的是，表决法案时的动议制，对重要、有争议的法案分条表决。即表决中，对重要的法律条文有不同意见时，可以提出修改或反对的动议。一旦有人提出修正案或反对议案时，先表决修正案或反对案，再表决本案。若没有修正案或反对案时，可对法案一次表决。这种动议表决制是法律审议表决中一种必要的民主程序，它能保证法律草案审议中各种不同意见有充分的显示机会。现在全国人大及其常委会在讨论法律草案中都是一揽子交易，有时有相当多的代表或委员对法律草案的某些条款有不同意见，但也不是反对整个法律草案，没有动议分条表决制，一些大家不满意的条款也就和法律草案一揽子通过了，从而影响到法律的质量。

紧急状态下的人大立法①

在这场突如其来的“非典“灾难面前，我们除了付出，还可以学到很多东西，特别是可以历练政府处理紧急问题的能力，提高政府在紧急情况下依法保障公民的生命财产和公民权利的水平。

一个有能力的法治政府不仅能运用法律处理好正常社会状态下的秩序和有效地保障公民权利，而且能有效地依法处理非常状态下的社会秩序和保障公民权利。政府能否在非常状态下做到依法办事，有效地处理应急情况，不滥用权力破坏法治和保护大多数人的基本权利，这是对一个政府执政能力和法治水平的考验。现代宪政国家，把紧急状态下政府能否依法办事作为法治和宪政的一个重要标志。

这次抗击“非典”，中央政府采取了一系列强有力的措施，效果是明显的。特别是在采取行政措施的时候重视依法办事。如把传染病防治法的实施提上日程，同时紧急立法，制定《突发公共卫生事件应急条例》，把应急处理突发公共卫生事件纳入法制轨道。这是政府尊重法制的表现。

但是，非常状态的出现也暴露出我国法律的严重缺位和不足，即非常情况下的政府或社会组织行使正常情况下不可能行使的特别权力的法律根据是什么？如果为处理特殊情况，对政府或社会组织的权力没有明确授权和对授权的规范和约束，只是强调情况特殊，各政府和社会组织可以各行其是、各自为政地自行采取各种措施，权力就会无序行使，社会就会出现新的混乱，人们会出现恐慌。所以，紧急状态时期迫切需要一套紧急时期的法律制度，给政府采取特别手段提供法律依据。当紧急状态出现时，只要政府依法宣布进入紧急状态，政府

---

① 原载《法制日报》2003 年 5 月 15 日。

和社会组织就可采用特别程序，行使特别的权力。

必须指出紧急状态是一个宪政概念，不是一个行政法的概念。它是为解决社会非常状态下的政府权力运作及对公民权利必要时特别限制的授权问题。紧急状态也是一个法治概念，它是为解决社会非常状态下适用的一套特殊的法律制度和程序问题，紧急状态不是不讲法制的“特殊时期”。

制定紧急状态法是我国法律体系的应有之义。紧急状态法律制度是以紧急状态法为基本法，包括诸如制止社会动乱的戒严法、公共卫生紧急事件防治法、自然灾害救治法等为系统的一套法律制度。现在我们缺少的是一套紧急状态的基本法，没有基本法，难以解决紧急状态出现的基本问题——对政府的特别授权和对公民基本权利限权的原则、范围和程序问题。有了紧急状态的基本法，即使出现没有预想到的像非典这样的灾难，政府只要依法定程序及时宣布紧急状态，就可以采用紧急状态下的一套法律制度，行使政府的特别权力。

紧急状态法作为宪法秩序下的一套例外法律制度，是一项非常严肃的立法。它要解决一系列重大而复杂的问题。

第一，宣布进入紧急状态的条件、程序和决定宣布机构，以及紧急状态的及时解除。我国宪法规定，战争状态和戒严（全国和个别省）由全国人大常委会宣布。可见，由战争和政治动乱、社会骚乱而引起的紧急状态，由全国人大常委会宣布。如果由自然灾害和公共卫生而引起的紧急状态，可以由政府来宣布，这点比较好确定。但是，需要明确宣布紧急状态的条件和程序的具体规定。

第二，给政府或社会组织的授权。这里包括：特别指挥机构的建立，对立法和行政机关特别授权的范围和界限。紧急状态时期的特别权力涉及：紧急立法权和特别立法程序；紧急的财政权，主要是增加财政拨款和预算的变更，以及所需的特别程序；紧急状态下的行政措施和特别行政程序；对公民人身自由的特别强制措施和对公民财产的限制与征用；警察的特别使用和军队的投入使用的条件和指挥等；对紧急状态下某些现行犯罪的处理和特别司法程序；授权程序和限制；由于在紧急状态下需要处理的是大量难以预见的事情，所以在紧急状态下需要大量的授权，包括立法机关对行政、中央对地方、政府对非政府组织的授权，必须对授权的程序和范围有较明确的规定。

第三，对公民的宪法基本权利予以保护。紧急状态肯定要对公民的基本权利进行限制，但应明确限制的条件和程序，特别要规定哪些是不可限制和剥夺的权利，以及对公民权利和财产限制和征用发生纠纷时的处理救济机制。紧急状态立法的核心是要解决给政府特别授权和对公民权利予以适当保护和救济的界限问题。给政府授权要充分、有效，但又要给出必要的界限和程序限制。

立法机关在紧急状态下不是无所作为、放任政府，而是负有更重大的职责。为此，立法机关也获得一些特别权力和程序。包括宣布紧急状态，召开立法临时或紧急会议，按特别程序行使紧急立法权，立法的形式也可以多样化（可以就特定问题或特别时间的问题制定特别问题的法或特别时间效力的法），决定对政府的授权，决定紧急财政问题，决定设立临时应急指挥机构，监督紧急权力的行使，宣布或监督紧急状态的及时结束等。

按宪法精神制定紧急状态法，人民代表大会在紧急状态时期发挥应有的作用，是建立紧急状态下的法治和保障公民权利的重要条件。

国外议会立法听证及其特点①

在国外议会立法中，虽然听证不是每个法律的必经程序，但也是一个基本程序，未经议会委员会听证就制定法律的情况是例外。听证是委员会在制定法律、监督法律实施时经常运用的广泛收集信息的手段。就立法机关举行听证会的目的不同，可以将听证会分为三种：立法听证、监督听证和调查听证。有时一个听证会也会有多重目的，如立法和监督。

立法听证，是就立法问题举行的听证。立法听证的目的有两个，一是决定是否要制定某个法律，二是在审议法律时听取对法律议案的公众意见。这些听证为公众提供论坛，不同背景的证人，包括委员会委员、政府官员、利益群体、学术团体和与议案有关的其他公民，都可以为立法提供事实，发表意见。

一、立法听证的准备

1. 决定听证

举行立法听证会的主体是议会的各专门委员会或者小组委员会。在美国，每个议员都可以向国会提出议案，但这些议案只有经过委员会的审议并同意后，才可以提交议会讨论。对议会正在审议的法律案，也需要委员会做大量工作，进行专业和具体的审议。所以，听证

---

① 原载《中国人大》2002 年第 1 期。从 2000 年 5 月至 2004 年 12 月，北京大学人民代表大会与议会研究中心根据《立法法》，致力于推动中国的立法听证，先后与全国人大常委会法工委和地方人大法制工作机构召开了 4 次国际、国内研讨会，把国外的立法听证经验系统地介绍给中国的立法者，并起草了立法听证示范稿供各地方人大参考。本文是对外国专家介绍的国外立法听证经验的总结。

会都是由委员会或小组委员会举行。立法听证通常在两种情况下举行。当委员会收到大量有关立法问题的提案后，要决定某项提案是否提交议会审议，常常需要举行听证会，作为决定一项法律案命运的依据。另一种情况，委员会也可以就某项议会正在审议中的法律案举行听证会，以决定如何修改该议案或者为议会辩论该议案提供基础。在有的情况下，委员会或小组委员会有权决定举行联合听证会。任何委员会委员都可以要求委员会举行听证会，但听证会的举行由委员会主席决定。为了使听证得到批准，委员会工作人员要为委员会主席准备听证备忘录，包括听证的目的、范围、预期结果、可能需要的证人、听证的天数、少数党可能持有的观点等。在德国，如果1/4的委员会的委员要求举行听证会，就必须举行。如果75%以上的委员认为不必要举行听证会，也可不举行听证。

2. 听证会的准备工作

（1）提前公告。在决定某项法案举行听证会后，委员会主席必须在举行听证会的一周前公布听证的日期、地点、主题。如果委员会主席与少数资深委员协商一致，或委员会投票多数通过的情况下，可以在少于一周公布的时间举行听证，但通知也应尽早发送。同时，还应将听证向所有委员预告。有的委员会还要求将听证需要的特定信息让委员和公众知道。

（2）登记作证和邀请证人。选择证人是听证准备中最重要的事情之一，委员们关注听证将提出哪种观点、谁出庭作证、证人出庭的顺序等。在通常情况下，听证是要使所有合理的观点都被提出来。在另一种情况下，听证只邀请代表某种观点的证人出庭。议事规则还规定，少数党委员有权要求委员会主席邀请自己的证人作证。在美国，对作证采取证人登记的办法。每天上午，各委员会在办公室外贴出有待听证的法案列表。证人只需在一张登记表上签字，并注明他们的观点是同意还是反对该议案，即可以成为证人。证人登记后，由委员会邀请才可出庭作证。在联邦一级，对证人会作一些选择，先由委员会工作人员约见有希望的候选人，发现合适的证人后，委员会主席便向其发布正式邀请函。但在州一级，登记的证人通常都能安排作证。委员会到各地举行的听证会则较少限制要求作证的人。

在德国，采取邀请证人作证的办法。国会有1 700多个全国性利益团体登记在册，委员会根据需要邀请有关的利益团体作证，专家和利害关系人也常常被邀请作证。与法案有关的主导委员会对于交付的议案，经1/4委员要求，有义务举行听证会，听证会通常由议会党团召集人提出，并由反对党同意。证人的选择在于议会党团及小组、党团召集人，有的由委员会交秘书处决定。

邀请函要告诉证人一些基本信息：包括听证的目的、主题、日期、时间、地点、议案说明及问题说明，对证人口头证言的长度限制。委员会为证人提供的补充信息包括：参加听证的委员名单、委员会规则、与议题相关的法律条款。听证前工作人员可随时约见证人，让他们回答问题，并告知有关程序。议会委员会为生活较为困难的证人补偿作证所花费用。

（3）事先提交证言副本。邀请函还要求证人提供个人简历和书面证言副本，提前提交供委员会委员使用。提前提交的时间，通常是作证前24小时到72小时。

（4）准备文件。委员会要求工作人员在举行听证前和听证中为委员们准备必要的文件：相关的背景资料及政策研究资料（包括相关的法律法规、法院判决、报刊文章、政府报告、学术论文及主要事件表）；有关听证议题范围和目的的叙述；议案的副本及解释说明；讨论议案的摘要；有关利益群体及其他重要不同意见的信息；拟询问证人的问题等。

（5）听证必须公开。举行听证的目的主要是公布法案的焦点问题。所以，除非委员会多数委员同意并且有特定原因（涉及国家安全）可举行秘密听证外，听证应一律公开举行，向媒体开放。

二、听证的举行

根据美国国会议事规则，听证至少应有两名委员会的委员参加，有些特殊的事项或委员会有特殊要求的情况可以另作规定。听证通常由委员会主任主持，由他介绍听证会的议题和目的，听证的重要事项及关键点，委员们所关注的利益，也可以列出讨论事项的提纲等。

听证会经常是对抗式的。先由证人进行简要的陈述，议会议事规则要求每位证人口头陈述意见的时间在5分钟之内。在证人较多的情况下，一般采取证人小组作证的办法，一次传召同一方的五六位证人，依次作证之后统一询问。然后传召反对一方的证人作证再询问。出庭由支持方、反对方交替进行。证人陈述后，由委员针对证人小组或小组成员发问。委员询问证人也遵循“5分钟规则”，即每位委员一次不超过5分钟，保证每位参加听证的委员都有机会发问。询问有时是有倾向性的，甚至有挑战性。

询问证人的顺序，各委员会根据事先规定的规则，有的根据委员资历高低排列，有的根据“早晚规则”即按委员到达听证会早晚时间顺序排列。不论哪种情况，委员会主席有较大的程序决定权，但必须保证多数党和少数党委员有合理的比例，询问证人通常在党派之间交替进行。如果是在华盛顿以外举行听证会或者州一级的听证会，听证的组织安排就会随便得多，委员会主席可以决定在什么时间、对哪些法案举行听证，以及听证时采用何种形式。证人开始陈述的时间一般也是3~5分钟，但提问和回答问题的时间由委员会主席根据证人多少和参加听证的委员人数进行合理分配，常常也不作限制。

三、听证的结果

听证会结束后，工作人员要准备证言概要，发送给委员会的委员和媒体。证言的完整文本将被公开印刷。听证会所记录的意见，将会成为起草法案的基础，或者成为立法辩论的基础。通过听证获取的公众意见，在此基础上形成委员会的报告向议会提交，报告要说明听证会的概况，对是否采纳某些意见的说明，委员会的意见和立场，以便在两院审查该项法案时作为依据。

州一级立法听证在立法过程中具有更重要的意义，委员通过提问就可能决定该法案的命运。因为州一级委员会委员都参加立法听证，委员们通过听取和提出问题而形成对立法部分问题的观点是直接从这个程序中获得的。如果对某个法案或法案中某个问题，在听证中有明显较多的反对意见，该法案或问题就应被修改。立法听证的详细档案也是日后法官、律师、法律研究工作者和历史学家考察国会立法原意的可靠材料。可见，听证在国外立法中是不可缺少的重要程序，也是法案形成、决定法案命运和修改法案的重要依据。

四、立法听证会的特点

立法听证较之我国立法中采用的座谈会制度有共同之处，更有其不同特点。立法听证与立法座谈会共同之处在于两者都是获取立法信息、使立法更加符合民意的手段，而且在组织的程序方法上也很相似。但立法听证是一种更加广泛、更加公开、更加法律化、因而也是更加民主的一种获取民意的立法程序。立法听证与立法座谈会相比，有三个根本性特点：

1. 听证会是一种更加公开的立法程序

立法座谈会是由立法起草机关或审议机关按自己的意见邀请召开的。座谈会对象是内定的，请谁不请谁是立法工作机关说了算，这就可能带有邀请者的随意或偏好，因而可能出现征求的意见有倾向性、片面性、不真实的问题。座谈会不但邀请程序不公开，会议举行也不是公开的，所以，会议上合理的意见是否得到采纳缺乏公众监督。听证会必须公开举行，除非有必须秘密举行的理由（如国家安全问题）。听证公开包括公开邀请参加者和公开举行听证会，媒体有权参加和报道。听证会一般以公告报名方式召集听证人，使公众参与立法由被动邀请变为主动报名参加，因而使参与立法变得公开、公平、公正。公民参与听证会处于主动地位，公民要想参与就可以参与，而不是由立法机关工作人员处于主导地位想请谁就请谁。立法参与的公平还表现在支持和反对法案的人都有平等的机会参与，因而也会使得出的结论更加公正。德国虽然也是由议会委员会主动邀请利益团体参加听证会，但是，它的公开举行使它必须邀请与法案相关的利益团体参加。如果有关利益团体因没有被邀请参加听证而使意见没有得到表达，它们有权诉诸媒体。

2. 听证会是一种带有抗辩性征求民意的程序

立法座谈会不一定能邀请支持和反对法案观点的人同时参加。座谈会邀请与被邀请者有的有长期的熟悉关系，使得参加者容易对法案多报以恭维之词，而难以真实地批评。有的熟人专家由于比较了解邀请者，也就慢慢知道哪些意见该提，哪些意见不该提。而被邀请的专家有时也只能代表某些专业人士的意见，难以代表广泛民众、各种利益团体的意见。

立法听证会是自愿选择参加，它必然会使那些特别支持和特别反对某议案的人最积极参加。而听证会在程序上往往采取支持与反对者交替出庭作证，提问时也是持支持与反对意见的议员交替进行，从而使得听证会具有很大程度的辩论性质，使正反两方面的意见得到充分展示。这样法案中的矛盾必定会暴露得更加充分，意见会更加全面。

3. 立法听证获取的民意会成为立法的依据

立法听证获取的民意必须作为立法的依据，而座谈会的意见常常只是作为立法的参考。立法座谈会后，常常是由工作人员整理出一份综述简报，作为有关委员会或常委会会议审议法律案时的参考资料，征求来的意见是否采纳，或采纳哪种意见，不采纳哪种意见带有领导个人偏好的随意性。

由于立法听证是由有议案命运决定权的委员会主持，委员亲自听证，这些意见直接影响委员会支持或反对议案的态度，由他们决定议案是否提请审议，决定如何修改议案，决定投赞成票还是反对票。议员在进行立法辩论时，以听证获取的资料作为依据，甚至在立法后司法机关解释法律时，也以听证获取的材料为依据。听证中的重要意见将会导致对法案的修改。如果重要不同意见没有被采纳，将会受到公众的监督。立法听证的效力不是说公众意见具有立法者必须采纳的强制力，而是由于立法机关是民意机关，它的立法行为会受到公众的监督而不能违民意而动。

国外立法听证会还有一个重要特点，听证会的主持者是议会的委员会或小组委员会，而不是议会工作机构。听证会必须至少有 2 名以上的委员参加才合法有效。我们的立法座谈会可以是委员会主持，但常常由人大常委会工作机构主持，立法者还要经过立法工作人员的过滤后才能得到民意，其信息可能是不真实和不全面的。

立法听证适用更广泛。与立法座谈会不同，座谈会主要是对已有的法案征求意见。听证会很多情况下也用于立法提案，由委员会根据听证得来的意见决定是否将议案列入议程。就是否制定某项法案举行的立法听证，对决定立法具有更大的意义。可见，立法听证是更民主的立法程序。

鉴于立法听证会的许多优点，我国《立法法》规定实行立法听证制度，它是推动我国立法民主化，提高立法质量的重要措施。我们应该按照《立法法》的规定，借鉴国外有益的经验，在立法中尽快规范、广泛地推行这一好制度。

地方立法听证调查报告①

2000年3月，九届全国人大三次会议通过的《立法法》第34条第1款规定："列入常务委员会会议议程的法律案，法律委员会、有关的专门委员会和常务委员会工作机构应当听取各方面的意见。听取意见可以采取座谈会、论证会、听证会等多种形式。"《立法法》颁布实施前后，一些地方人大和政府在制定地方性法规、规章的过程中，进一步深入贯彻民主立法原则，采取立法听证会的方式，扩大公民参与立法的途径，取得了可喜的效果。为了便于互相交流经验，推动立法听证这一民主立法方式的广泛开展，我们对全国各地已开展立法听证的情况进行了一次全面调查。现将调查情况报告如下：

一、地方立法听证的基本情况

据收到的不完全的书面材料统计，截至2001年10月底，先后有20个省、市举行立法听证活动27次，共听证了28个法规、规章草案（其中河北省一次听证会听证了2个法规草案）。广东、上海等10个省、直辖市的人大常委会、专门委员会或者工作机构举行立法听证活动12次（其中广东省、上海市各举行2次），武汉、沈阳等6个较大市的人大常委会、专门委员会或者工作机构举行立法听证会8次（其中武汉市、沈阳市各举行2次），安徽、厦门等5个省、市人民政府或者政府部门举行立法听证会7次（其中湖南省、安徽省各举行2

---

① 原载《中国人大》2002年第1期，作者：蔡定剑、陈斯喜、吴国舫。

本报告是北京大学人民代表大会与议会研究中心同美国全国民主研究所（NDI）合作进行的"立法听证研究项目"的一个背景报告。提供给中心2001年11月在昆明举办的"立法听证国际交流会"。

次）。目前，已有11个省、市制定了立法听证规则，有2个地方正在起草制定之中。

在地方人大立法听证活动中，由人大常委会组织的有7次，由法制委员会组织的5次，其他委员会组织的5次，由法制委员会或者法制工作机构与其他委员会联合组织的3次。

通过听证制定和修改的28部法规、规章，所调整的社会关系十分广泛，涉及经济管理与市场秩序、城市建设与管理、社会保障、教育与权益保护、行政监督等各个方面。

1. 有关经济管理与规范市场秩序的9件，占举行立法听证的地方性法规、地方政府规章总数的32.14%。包括《广东省建设工程招标投标管理条例（修订草案）》、《广东省建设工程监理条例（草案）》、《武汉市外商投资企业管理条例（修改稿）》、《武汉市专利管理条例（草案）》、《安徽省保护和促进个体私营经济发展条例（草案）》、《河北省私营企业条例修正案（草案）》、《河北省个体工商户条例修正案（草案）》、《山西省盐业管理条例（草案）》、《安徽省砂石粘土矿开采管理规定（草案）》等。

2. 有关城市建设与管理的9件，占32.14%。包括《贵阳市汽车维修业管理办法（草案）》、《石家庄市民心河管理条例（草案）》、《沈阳市城市房产管理条例（草案）》、《沈阳市城市绿化管理条例（草案）》、《江苏省物业管理条例（草案）》、《陕西省出租车管理条例（草案）》、《湖南省城市住宅区物业管理条例（草案）》、《厦门市限制养犬管理办法》、《青岛市城市房屋共用部位和共用设施维修管理暂行办法》等。

3. 有关教育、文化、公民和企业权益保护的7件，占25%。包括《南京市民办中小学条例（草案）》、《上海市中小学生伤害事故处理条例（草案）》、《天津市人大常委会见义勇为人员奖励和保护条例（草案）》、《上海市劳动合同条例（草案）》、《浙江省实施〈消费者权益保护法〉办法（修订草案）》、《湖南省禁止向企业乱收费乱罚款乱摊派条例（草案）》、《四川省世界遗产保护条例（草案）》等。

4. 有关社会保障的2件，占7.14%。这一类有：《海南省城镇从业人员基本医疗保险条例（修订草案）》、《安徽省失业保险规定（征求意见稿）》等。

5. 有关行政监督的 1 件，即《深圳市经济特区审计监督条例(草案)》，占 3. 57% 。

二、地方立法听证的做法

地方立法听证刚刚开始，还处于探索阶段，缺乏经验。但各地非常认真，高度重视，事先进行了认真周密的准备工作，一般都制定了比较详细的工作方案和立法听证规则，做到有计划、有步骤、有规则、有纪律、有记录、有报告，开展得比较顺利。归纳起来，基本做法是：

1. 决定举行听证会

作出举行听证会的决定，就是立法听证会的正式启动。建立何种启动机制，直接关系到立法听证会的效果。地方人大常委会组织的听证会，一般由有关专门委员会在起草、审议法规草案的过程中提出，一般履行了报经主任会议批准或者主管主任同意的相关手续。委员会决定听证，一般是由委员会会议，也有的先经委员提出，由委员会主任委员或者副主任委员同意并报常委会有关领导认可。主任会议作出举行立法听证的决定时，相应地就指定了承担组织立法听证会的机构及相互分工。地方政府部门组织的听证会，一般由该部门决定，有的报经政府主管领导同意。

2. 拟定听证会工作方案

为了保证听证会顺利进行，取得预期效果，各地在举行前都事先进行周密安排，制定工作方案。听证会工作方案一般包括如下内容：举行听证会的依据、必要性和指导思想、主持单位及主持人，听证会通告的发布，举行听证的时间、地点，听证的法规、规章名称，需要听证的主要内容，选择听证陈述人和旁听人的原则、方法，听证陈述人的权利与义务，听证会纪律或者注意事项，宣传报道，听证会进行的程序，听证报告的制作与提交等。如江苏省举行的立法听证会工作方案包括指导思想、听证会时间、地点、听证主要问题、参加人员、具体程序及有关守则、宣传报道、材料准备、会务工作等 9 个方面。

3. 制定立法听证规则

立法听证规则是听证会举行过程中应当遵守的行为规范，是听证会顺利进行的保证。在已经举行的 27 次立法听证会中，有 5 次没有制定听证规则，9次从掌握的资料中还无法判断是否制定了听证规则。从现有的材料来看，制定有听证规则的省、市，有的是由人大常委会制定地方性法规，有的是由主任会议或者委员会制定长期适用的听证规则，有的则是制定只适用于当次听证会的、临时性的听证规则。当次适用的立法听证规则，大多是在听证会工作方案中加以规定。

4. 发布举行听证会的通告

各地方作出举行听证会的决定之后，一般由人大常委会办公厅致函当地媒体发布举行听证会的通告，公告听证会事宜，发动公民和组织积极参与，征集听证会参加人报名。海南、沈阳等省市则由听证会主持部门直接与媒体联系，办理公告事宜。各地发布公告的时间一般在举行听证会之日前7~10天。有的地方同时将拟听证的法案在报纸上予以全文刊登，有的地方则在通告中注明法案备索。如广东省在发布《广东省建设工程招标投标管理条例（修订草案）》立法听证会公告时，先在《南方日报》上刊登法规案全文征求意见，然后又在《南方日报》上刊登举行立法听证会的通告。也有个别地方（如上海）没有发布听证会公告，而是直接从公民公开讨论中邀请听证会参加人员。

5. 接受公民和组织报名，决定并通知参加听证会的人员

选择听证陈述人是听证准备中最重要的事项之一，也是关系立法听证公正、平等与否的关键程序。公民和组织在指定的时间和地点，通过电话或者信函方式报名。报名参加听证会的公民和组织都要在报名时表达自己对听证内容的基本观点、理由。各地群众对报名参加听证会比较踊跃，一般都远远超过预定的听证陈述人名额。听证陈述人员名单一般由听证组织单位决定，多数地方规定听证参加人数为15~20人，对没有被邀请为听证陈述人的，有些邀请为旁听人。组织者主要选择与立法事项利益密切相关的公民和组织，相关的专家、学者，相关政府部门的负责人或者代表参加听证会，并注意选择各种不同观点的群众参加听证会。报名先后顺序也是选择听证陈述人和旁听人的重要原则之一。主持单位在确定听证陈述人之后，一般以书面方式通知，有的地方还在媒体上公告听证陈述人的名单。浙江省举行修改《消费者权益保护法实施办法》听证会时，257人报名要求参加，

其中要求发言的达124人。根据报名发言的主要观点、内容和报名先后顺序，以及支持、反对意见人数基本对等的原则，最后确定了24人作为听证会陈述人。这24人中有经营者代表、消费者代表，有医生、律师，有法学教授、高级工程师，有政府官员和个体户，其中也有作为单位的代表。

6. 举行听证会

听证会一般由委员会负责人主持，有的地方由常委会主管副主任主持；政府部门组织的听证会则由部门负责人主持。听证人，多由委员会全体或者部分成员组成，有的地方还由常委会委员组成。听证会秘书或者主持人首先宣读听证会纪律或者注意事项，宣布听证的法案与主要内容，介绍主持人、听证人、陈述人及选择听证陈述人的原则。然后，主持人主持听证会，按照听证主要事项先后顺序，分别由支持方、反对方轮流发言。每个发言人每次发言都规定了时限，一般为10分钟，有的地方规定为5分钟或者20分钟。大多数地方规定旁听人员经主持人许可后可以发言，但发言时间基本上相当于听证参加人的一半，一般为5分钟或者3分钟，个别地方为10分钟。发言人数由主持人掌握。最后，由主持人对本次听证会作出小结，宣布听证会结束。听证全过程由秘书或者记录员作出详细记载。已举行的27次立法听证会有25次是公开进行的，都有诸多媒体对听证过程进行了公开采访和报道，上海举行的2次听证会没有公开举行。同时，要求媒体在听证过程中必须遵守一些规则，如在听证过程中不得采访等。

7. 制作听证会报告

听证会结束后，一般制作听证会报告，主要由听证人或者听证主持人指定的工作人员负责。听证报告全面、客观地反映听证陈述人的意见和建议，围绕听证主要内容，从正反两方面展开。在报告结尾部分，大多载有主持人或者听证人的总结。有的还在记录中注明了建议或者处理意见，如《〈江苏省物业管理条例（草案）〉听证报告书》在每一项听证内容中概括了陈述人的基本观点之后，都载明了处理意见和建议，并简要说明理由。听证报告书一般都交听证人、人大常委会或者人民政府、相关专门委员会或者政府部门，人大制作的听证会报告书一般被用做了常委会的文件或者参阅材料，成为常委会审议该项法案的重要资料。

三、地方立法听证的经验

归纳、分析各地举行立法听证的成功经验，主要有以下几点：

1. 抓住本地重大的、人民群众普遍关心的立法事项举行立法听证会。各地在选择进行立法听证的项目时都充分考虑到了公众的可参与性，没有选择专业性特别强的法规、规章草案进行听证。如《上海市中小学生伤害事故处理条例》、《浙江省实施<消费者权益保护法>办法》、《石家庄市民心河管理条例》等。从举行的20多次立法听证的法规看，绝大多数都是群众普遍关心的问题。

2. 选择法规、规章中分歧大的焦点问题作为听证的主要内容。立法听证会的举办单位大多列出了听证中要讨论的主要问题，引导听证活动围绕中心问题进行，提高听证的效率和质量。如沈阳市人大在《〈沈阳市城市绿化管理条例（草案）〉立法听证会方案》中列举听证的主要内容有：(1) 第2条设定的适用范围是否妥当；(2) 第3条设定的绿化管理体制是否可行；(3) 第9条设定的城市绿化规划编制的程序和权限是否合适；(4) 第11条、第12条设定的绿化用地各项指标是否合理；(5) 第4章设定的处罚的行为、种类、幅度是否适当；(6) 需要听证的其他问题等。

3. 切实贯彻公开原则，充分发挥媒体作用。各地立法听证活动都公开举行，允许媒体参与和报道。许多地方都为听证会准备了供公众索取的法规、规章草案及相关资料，有的在媒体发布草案。公开听证大大提高了公众参与立法的积极性，同时也使立法听证过程成为对公民的一次法制宣传教育活动，提高公民遵守，执行法规、规章的自觉性。

4. 制定公正的听证陈述人遴选原则，保证各种不同意见有平等的发表机会。不少地方都规定了听证陈述人、旁听人的报名、遴选、公告、通知等程序，制定了选择听证陈述人的原则，确保公正、平等。如沈阳市的立法听证会方案中规定：参加者根据“报名举证的主要内容和报名的先后顺序，以及不同意见的发言者大致对等的原则确定”。《广东省建设工程招标投标管理条例（修订草案）》的听证程序规定："听证参加人通过公开登报征集，限定人数为20名，根据报名的先后顺序及支持、反对意见对等的原则遴选。城建环资委可以根据报名情况特邀有关单位或个人作为听证参加人。"

5. 制作好听证报告书，为立法提供依据。听证报告是听证活动的直接成果，必须是书面形式。多数地方都制作了立法听证报告，有的地方是听证情况综述形式的，但也基本上反映了听证会的全部情况。如《〈江苏省物业管理条例（草案）〉听证报告书》包括听证的主要内容、听证会的基本情况、听证会参加人发言的基本观点及处理意见和建议等三大部分。听证报告一般都呈送给人大各专门委员会、人大常委会及主任会议，为立法提供了真实的资料和信息。河北省人大举行立法听证后，采纳吸收了40多条听证意见和建议。山西省人大在立法听证总结报告中，阐明了听证会对完善法规草案的重要作用，吸收采纳了听证中提出的实行食用盐零售许可证制度、处罚规定等一些重大、合理的意见。

四、尚待改进的几个问题

同时，从调查资料看，各地听证活动还存在着一些需要进一步改进的问题，主要有：

1. 听证规则比较粗糙。由于立法听证还处于探索阶段，没有实践经验和现成做法可供遵循，许多地方的听证规则还较为简单，内容不够周全，听证规则条文达到10条以上的只有3份，有的则没有制定听证规则。

2. 有的听证会没有发布公告，而是直接向有关人员发出邀请，也没有公开举行，没有真正体现听证的公开精神，与立法座谈会没有多大区别。

3. 听证人和听证陈述人的权利义务欠明确。不少地方没有对听证人和听证陈述人的权利义务作出明确规定，有的实际上变成主持人一个人听证，其他听证人没有发挥实际作用。

4. 听证意见没有得到应有的尊重。有的听证后只是对听证记录作一简单整理，缺少应有的归纳与概括；有的听证归听证，法规规章草案该怎么修改还是怎么修改，对听证意见没有给予应有的尊重和考虑，有使听证流于形式之嫌。

尽管当前的立法听证还存在着一些缺陷与不足，但毕竟已经迈出了勇于探索的步伐，并且取得了初步效果，对提高立法质量，增强公民民主意识，促进立法民主化、科学化，发挥了重要作用。

立法听证的现状及改进意见[①]

2000 年《立法法》制定以来，立法听证在我国地方人大普遍开展起来了。但是，我国立法听证还仅停留在示范阶段。要使立法听证真正成为一种民众广泛参与立法的民主制度，就必须解决两个问题：一是要把立法听证推向公众化和普遍化；二是要提高立法听证的实效，让民众的意见真正进入立法决策。

立法听证的现状和存在的主要问题

据不完全的调查统计，从 2000 年立法法颁布到 2004 年底，全国有 24 个省级人大常委会共对 39 件地方性法规草案举行了 38 次立法听证会。而且立法听证有逐年增多的趋势，立法听证的内容涉及城市建设、市场物业管理、消费者权益保护、拆迁管理办法、环境资源保护、见义勇为等方面。

立法听证作为公众参与的一种民主形式，在它出现后立即引起公众的广泛关注，激发了民众的民主热情，给地方立法带来了生气，提高了立法质量，也有效地解决了一些群众关心的难点、热点问题。但是，立法听证与其他听证一样，存在着一些继续发展的问题：

一是立法听证数量太少。地方人大举行过立法听证会的数量和整个立法数量相比约 1%。目前，立法听证形式意义大于实质意义，过

---

① 原载《法制日报》2005 年 4 月 28 日第 9 版。

本文是在 2004 年北京大学人民代表大会与议会研究中心和重庆市人大法制委员会联合主办的“立法听证经验交流和理论研讨会”的基础上，对会议专家们意见的总结。它对如何进一步深入进行立法听证具有指导性。

于注重新闻报道，形式隆重、程序复杂，主要起着演示和宣传作用。

二是成本代价太高。由于各地人大开始搞立法听证，都抱有“搞一次、就要搞好”的心态，所以听证会搞得很隆重，很讲派场。这样投入的人力财力比较多，成本较高。如西部某省人大搞一次立法听证，前后准备一个半月，除媒体以外有110人参加，在宾馆租会议室，还包了外地听证参与人的食宿，花了近2万元。办一次听证会通常少的要花2万~3万元，多的10来万元。

三是立法听证随意性强，有的地方搞了一两次就开始有了厌烦情绪。由于立法听证没有成为制度，搞不搞取决于领导重视，没有搞之前，工作人员还有些新鲜感，有的地方搞过两次后认为不过如此，加上所花财力、物力投入太大，工作人员认为还不如不搞。

四是立法听证的实际效果不明显。各地都是热热闹闹地听，听证意见有没有成为立法决策的根据，不得而知。有的地方听证报告没有公开，对民众意见没有反馈。立法者亲自参加听证的太少，主要工作人员听证，也是影响听证效果的原因。

立法听证会的作用

立法听证是听取利害关系人意见的一种制度。听证产生于英国的“自然公正原则”，立法听证提供的是一种程序上的权利，但意见是否能被采纳，需要看其意见表达是否充分和有理。所以立法听证的作用主要有：

1. 立法听证是搜集信息，发现信息的途径。听证使立法机关对立法矛盾和利益冲突有充分了解，从而作出正确选择。

2. 立法听证会拓宽了民众参与渠道，增强了立法民主性。所以，它也是对代议制民主的有效补充，如代表不能很好代表民众意见时，给民众一个直接表达意见的机会，它代表了代议制民主向参与制民主发展的潮流。

3. 提高大众对立法的认同，有利于法律的执行。立法听证为不同利益者创造平等对话的氛围，确保各种不同意见和利益得到尊重。通过听证可以找到各方都满意的方案，从立法者、政策制定者不太可能考虑到的视角来提供一些意见，也是使立法更容易让公众接受的方式。由于公众对立法的参与，立法的利弊都充分展现在公众面前，加上专家证人和科学论证，使立法更科学，能增加社会对法律的认同感，从而有利于法规制定后的执行。

4. 听证立法是制约立法权的重要手段。立法权和其他国家权力一样，应该受到制约监督。立法听证与座谈会、论证会等其他形式不同的好处，就是由于公众的参与和公开形成对立法者的监督。

5. 立法听证还是民主的培训班，能够增强公民的民主法制意识。参与听证过程也是公民了解法律和学习法律的过程，它是一种很好的普法的方式。听证参与人、媒体对听证的民主感觉，可以辐射到社会上，起到比较好的社会作用。

立法听证在全国大多数地方人大基本已经开展起来，但还停留在示范阶段。要使立法听证成为立法的一种常态，而不是示范和特例，就必须降低听证的成本，使立法听证能平民化、大众化、普遍化。

如何使立法听证能平民化、大众化、普遍化？应从以下方面着手：

1. 提高立法者、特别是人大常委会领导者对立法听证必要性的认识。应该认识到，立法听证是党的十六大提出的“扩大公民有序参与”的有效途径；从法理的角度说，立法听证是法治社会的必然要求，它要求政府在处理涉及公民权利和利益的问题时，必须听取当事人的意见；立法听证还有上述五点作用，如使立法民主化、科学化和使法律得到更好的执行。

2. 为保证立法听证的经常化，建议在制定立法计划时，就规定必须采取听证的法律。可规定：对重大事项的立法、关系群众切身利益和关系到不同利害相关人的问题，对存在较大分歧的立法，都必须举行听证。这样避免听证的随意性。立法听证不能经常举行与立法听证的内容定得太死、过于谨慎有关。要使听证会程序更灵活、举办更简单。

3. 如何使立法听证平民化、普遍化？需要降低立法听证的费用和成本。这是一个很重要的问题，不解决这个问题，立法听证难以持久。我们的建议：

第一，改变观念，立法听证就是个公开收集意见的会议，它不是招商会或商业演示，不需要到宾馆去开会，人大自己的会议室就可以举行听证会，能容纳多少人就多少人，听证会也可以分多次举行。

第二，一般不要承担参加者的费用。除非是邀请特别必要的经济上有困难的参加人或请专家证人出席等特殊情况下，不要为被邀请者承担费用。不要担心不付费会影响参与，只要宣传得好，很多与立法利益关系密切的人会不请自到。现在很多想参与立法的人和组织都苦于没有途径参与。

第三，应提倡听证组织者的多样化。立法听证不只是法律委员会、法制工作委员会的事，更是各专门委员会的事情。如果组织立法听证都让法制工作机构来做工作负担过重，如果各个专门委员会负责起草或审议的法律都分别由各专门委员会搞听证，一个委员会一年举行一次听证会，就可以举行六七次。立法听证普遍化应充分发挥各专门委员会的积极性。

第四，听证程序简易化。不要把立法听证看得太复杂，它就是一种公开听取意见的形式，这点与过去的征求专家意见没有太大的不同，听证的特点在于：立法意见表达公开，结果要公开；让公民能有参与立法的主动权；要听不同意见，有不同意见的交锋。只要遵照这些原则，程序则可繁可简。

如何提高立法听证实效

对如何提高立法听证的效果，各地人民代表大会提供许多好的经验：

1. 媒体的参与。通过运用媒体的广泛宣传，让关心有关立法的和利害关系人能广泛参与到立法中来。媒体的广泛报道评论听证的法律有利于集中矛盾和焦点，从而使听证能有针对性地解决问题。如搞新闻发布会、通过网络等，把听证的法律炒热。像北京市的《道路交通安全法实施条例》的立法听证那样，就是很好的例证。通过媒体的运作，把大家关心的问题都提出来，起到了很好的效果。

2. 要通过听证的说理，让立法者能知道立法的问题关键，公众和专家对这些问题的意见和看法是什么，这是立法听证之作用所在。所以，听证要请人大代表等关键人物来参加，让他们亲自听到公众意见，不是经过工作人员听证后消化给他们，这样效果更好。

3. 把听证的意见客观地交给立法者。现在，我们的立法机关的成员在审议法案时，有时不太了解某些具体信息、情况，现在公众给他们提供这样好的意见，就能使人大代表根据党的政策和具体情况更好地作出自己的立法选择。

4. 全面实行公开原则。公开是立法听证的灵魂，根据北京市立法听证成功的经验，立法听证要体现五公开：一是程序公开，举行听证前制定听证规则，将规则和程序告知陈述人；二是听证内容公开，在听证前将听证内容在报纸和互联网等上公布；三是听证陈述人选定的公开，听证陈述人征求双方的意见确定。还从报名的人中自行选定，不一定都由立法机关来主导确定；四是听证报道公开，对媒体公开不设限制，不作要求；五是听证结果公开，将听证报告和以听证为基础形成的修改稿，在媒体和网上发布。

5. 充分发挥利益团体的作用。听证非常耗费时间，不是仅凭兴趣和热情就可以，由利益团体建立委托代理机制参与听证是非常重要的。利益团体能集中反映某方面的意志和利益，形成利益博弈，从而使听证获得更好的效果。

一个人大研究者的探索

人大监督研究

健全人大法律监督机构的设想①

随着人民代表大会立法的快速发展，加强法律实施的监督工作，备受社会关注，已被全国人大常委会提上了议事日程。要加强我国人民代表大会的法律监督工作有许多问题需要解决：比如，监督意识的提高，监督对加强民主、法制的作用，监督与党的领导的关系等问题，还有如何确定监督的对象和内容，监督的程序要具体化，还有一个特别重要的问题就是监督机构的设施。目前，我国人民代表大会及其常委会要加强监督工作不是缺少法律上的规定，不是无法可依的问题，而是缺乏专门的机构去帮助人民代表大会和它的常委会去行使宪法赋予它们的监督职权。因此，加强人民代表大会法律监督工作非常重要的方面就是要建立、健全人民代表大会的法律监督机构。

有人主张，健全人民代表大会监督机构就是要在人民代表大会设立一个专施监督的职能机构，如同一些国家的宪法法院或宪法监督委员会那样。若是这样，这一机构则只能解决法律合宪性的监督问题，而不能解决人民代表大会及其常委会的所有监督职权的落实问题。然而，要从根本上解决宪法监督问题，尚需要解决政治体制问题，如果不解决党的领导与最高国家权力机关的关系问题，不彻底理顺人民代表大会和政府的关系，人民代表大会即使设立宪法法院或宪法委员会式的机构，其作用也将是有限的。设立一个类似宪法法院或宪法监督委员会式的专门机构，只能说这是一种途径，它并不能解决人民代表大会对政府和司法机关进行法律监督的所有问题。如果要设立一个能行使人民代表大会及其常委会所有监督职权的职能机构，这与宪法、

---

① 原载《法学杂志》1987 年第 3 期。这是笔者到全国人大常委会工作最早写的一篇论文，反映了对当时人民代表大会监督工作很粗浅的认识。

法律不符。因此，人民代表大会及其常委会机构本身与它的监督职权是不可分割的。也就是说，《宪法》赋予人民代表大会及其常委会的监督权是给代表或委员们行使的，而不能由其机构代行。如果另设一个专门机构专施监督职权，那就意味着取代人民代表大会及其常委会本身的监督权。因此，在人民代表大会专设监督职权的职能机构的主张是不合适的。

设置机构的原则是功能决定机构，而不是机构决定功能。所以，我们在考虑健全人民代表大会监督机构的时候，应该从《宪法》赋予人民代表大会及其常委会的监督职权入手。《宪法》规定的全国人大及其常委会的监督主要有：（1）监督宪法、法律的实施，撤销违反宪法的法律、法规；（2）听取，审查工作报告以及国家计划和预算的执行；（3）质询；（4）罢免；（5）特定问题调查；（6）听取、受理群众的批评意见。从宪法赋予全国人大及其常委会这些监督职权看，要加强人大的法律监督只有设立为人大及其常委会服务的工作机构，来帮助人大及其常委会有效地行使它们的监督职权，而不能直接设立监督职能机构越俎代庖。建立、健全为全国人大及其常委会行使监督服务的工作机构应分两个层面：

第一层面是健全为全国人民代表大会行使监督权服务的机构。从上述全国人大及其常委会的监督职权看，多数职权都是人大及其常委会共同享有的。但其中有两项职权应该认为只能或者主要是由全国人大行使，即全国人大改变、撤销全国人大常委会不适当的决定；听取、审议政府工作报告，监督国家计划、财政预算的执行情况。为使全国人大有效地行使这两项监督职权，建议适当修改宪法、法律，赋予全国人大法律委员会和财经委员会一定的法律监督职权，使它们能协助人大行使法律监督权。

有人主张，应同时赋予全国人民代表大会几个专门委员会以监督职权。我认为这不太合适。因为，全国人大的监督最主要的职权是违宪监督和财政监督。凡涉及立法是否违宪的问题，应统一由法律委员会审查。否则，违宪审查就缺乏统一性和权威性。

那么人大法律委员会和财经委员会监督的职权是什么呢？

第一，全国人大法律委员会除继续为全国人大审议议案和质询案服务外，应规定它有权审查判断全国人大常委会所制定的法律（包括法律解释）和所做的决议是否违反宪法，审查判断由全国人大常委会交付的被认为同宪法相抵触的行政法规、地方性法规，以及其他规范性文件是否违宪。若发现全国人大常委会立法违反宪法的，可向人大常委会提出自行撤销的建议，或请求全国人大撤销。全国人民代表大会闭会期间，若某项法律通过可能给社会造成危害，法律委员会可要求全国人民代表大会常委会作出暂缓实施的决定，待提交下次全国人民代表大会会议处置。若发现行政法规、地方性法规违宪的，可由法律委员会提请全国人大常委会通过决定撤销。若发现法规违反一般法律的，也可交全国人大常委会决定撤销。这样，《全国人大组织法》第 37 条第 3 项需做适当修改。

第二，规定全国人大财经委员会为全国人民代表大会监督工作服务所担负的任务主要是：了解、监督政府的计划、财政预算的执行，国家财政收支，国家重大投资项目和重大引进项目，发行内、外债券，货币的发行等情况。若发现违反计划、财政预算有违人民的根本利益，可向全国人大报告，并提出停止、改变或撤销建议。在全国人大闭会期间，应向全国人大常委会提出。由于人大法律委员会和财经委员会各有专门的监督任务，所以他们应该在每年的全国人大会议上口头报告监督工作情况。

第二层面是建立为全国人大常委会行使监督权服务的专门机构。建议设立全国人大常委会监督委员会。下设立法、执法、人事、信访、监督信息中心几个工作小组委员会。

立法监督工作小组。审查所有依法报请人大常委会批准或备案的各种法规是否符合宪法和法律，受理审查国家机关、社会组织和团体，以及个人控告的被认为违宪违法的各种立法和其他规范性文件。若发现有违宪法的，须请全国人大常委会交付全国人大法律委员会审议，向全国人民代表大会或常委会提出审议意见。若发现违反一般法律的行政法规、地方性法规、自治条例、单行条例及其他规范性文件，可提请全国人大常委会撤销，或建议有权撤销的机关撤销。

执法监督工作小组。负责检查、督导由全国人大及其常委会制定的所有法律、决议的贯彻实施。工作对象是具有国家执法权的国家机关和国家机关工作人员，即由人大及其常委会选举、决定的国家工作人员。主要监督国务院及各部委行政执法行为，最高司法机关司法行为及判决的合法性，当发现某部门某方面法律执行不力或有违法时，可提出加强和改进执法的建议，如发现经济犯罪，可以及时了解情况或交司法机关处理，并向人大常委会和有关部门提出如何防止和治理经济犯罪的建议或措施。若发现执法中有违法行为，应通告有关机关立即停止或纠正，或提请人大常委会采取适当的进一步监督手段，如提起质询，罢免有关人员或组织特定调查，以全面了解信息，发现问题促其纠正。此外，对执法中的薄弱环节可提出加强、补充、完善法律和制度的意见。

人事任免监督工作小组。人事监督工作的对象是由全国人大及其常委会选举和决定的国家工作人员。这种监督是对党委或政府推荐为候选人或提请决定任命的国家工作人员进行必要的了解，为人大代表和常委委员们进行选举、任免提供必要的依据。对已被选举、任命的干部进行必要的考察，了解人民群众对他们的意见和反映，为人大及其常委会罢免干部提供依据。对不能胜任工作、严重失职或违法的人员，有权向人大或常委会提出免职、撤职的建议。

信访监督工作小组。负责受理人民的来信来访，接受群众的控告和申诉，督促有关机关纠正错案。有权组织必要的调查，查阅有关案卷和询问当事人。有权要求有关单位对转交的案件作出答复。现在各级人大常委会都有设立信访机构，但需进一步总结经验，将其加以完善和法律化，纳入监督工作的系统，使它成为人大常委会行使监督权的有力助手。

监督信息中心。主要担负以下工作：对国家重大决策和重大事件进行民意测验，与人大代表和常委会组成人员，以及与下级人大机关建立经常有效的联系，以便及时准确掌握代表、常委会组成人员和下级人大以及人民群众的意见和呼声；对群众反映的法律实施中的重大问题进行调查，写出报告提供给有关机关和人大常委会；此外还需要了解和掌握各种国情资料和统计数据，为全国人大常委会监督工作提供信息资源。

必须注意，以上监督工作常设机构除了监督信息中心外，应由若干人大常委会组成人员组成，并配备一定的工作人员。信访监督工作小组是每个常委会组成人员都可以进入的机构，自己根据情况接待民众的信访，以了解信息。从健全人大制度的目标来说，1982 年宪法扩大了人大常委会的职权，这仅仅是从法律上加强了人大常委会的工作。真正要进一步加强人大常委会的工作，就必须使人大常委会能经常、有效地活动起来。开会是活动的一种重要方式，但只是一种有限的活动方式。人大常委会要经常、有效地活动，要靠委员在常设机构经常活动。因此，人大常委会应根据自己行使职权的需要，设立若干这样的常设工作机构，使每个常委会组成人员都可自愿参加一个或几个小组的活动。平时可进行调查研究、联系群众、视察工作等各种活动。在开会时向会议报告工作、提出议案和建议。这几个小组有个联席会议性的机构称为监督委员会，主要是协调工作，互通情况。这个委员会可以和现有的全国人大常委会下设的法制工作委员会平行。现在法制工作委员会实际是为立法工作服务，建议改称为“立法工作委员会”。这样，立法工作委员会的主要任务是为人大及其常委会制定、修改、解释法律服务，并负责法律的汇编和编纂。监督工作委员会的主要任务是监督行政、司法机关和人员是否违法，对法律的实施为人大常委会行使监督权提供服务。

加强监督功能，完善人大制度①

加强我国人大及其常委会的监督功能，是人民代表大会制度自身性质的要求。全国人民代表大会是我国最高国家权力机关，它的根本使命是代表人民的意志，并使人民的意志能够在国家生活中得以贯彻。

加强人大及其常委会的监督功能，是我国政治民主化、法制完善的要求。现代意义的民主已不仅限于古希腊人讲的“多数人的统治”，还要求人民的监督。加强监督成为现代民主政治中的一项重要内容。近几年来，我国人民代表大会确实已经把立法工作摆到了首位，并且取得了相当大的成就，从 1979 年到 1985 年止，全国人大及其常委会已制定法律 40 多个，国务院和地方制定各种法规数百个，我们国家法制建设基本上结束了完全无法可依的状况。但是，现代法制的含义主要并不仅是普通公民必须守法，而特别是国家领导机关及领导者必须受法律约束，现代法制的标志主要并不仅在于法律的多少，而在于所立的法律真正实施。当前，我国法制建设的主要问题是有法不依，执法不严，宪法、法律得不到严格遵守。因此，最重要的是有效地加强宪法和法律实施的保障，作为全国人大及其常委会保障宪法和法律实施的最重要的手段显然是加强监督职能。只有加强监督，才能确保党和政府及其领导人在宪法、法律的范围内活动。缺少监督，法律制定得再多、再好，民主和法制都将难以实现，这点已被我国的实践所证明。

我国 1954 年宪法，大家都承认是比较好的一部宪法。可是，“文革”中为什么好宪法没有起到应有的作用，反而自身被轻易废除了

① 原载《政治与法律》1988 年第 1 期。

呢？“文革”的爆发，从法制建设的教训来说，不能说是因为缺少法律，宪法不是也制定得很好吗？可是我们根本不重视宪法、法律的监督机制，以保障宪法、法律的实施。中华人民共和国成立初的《共同纲领》中曾重视监督，设立专门的人民监督机关，1949 年《中央人民政府组织法》中，政府设立的四大委员会中就有人民监察委员会，负责监督政府机关和公务人员是否履行职责。同时明确最高人民检察署对政府机关、公务人员和全国国民之严格遵守法律负最高的检察的责任。1954 年宪法后，只在国务院设立了监察部，1959 年国务院监察部又被取消。人民检察院在法律上虽然被赋予对国家机关工作人员守法进行监督，而实际上只限于对司法工作中司法人员违反法律不依法办事的行为进行监督。《宪法》中虽然也规定了全国人大及其常委会监督宪法的实施，有权罢免它任命的国家领导人，但由于没有具体的程序和专门机构，以致许多职权难以行使。

健全我国人大监督功能，需要确立以下具体的实施目标：

1. 建立立法审查监督机构。《宪法》规定，全国人民代表大会有权改变或者撤销人大常委会不适当的决定，人大常委会有权撤销同宪法、法律相抵触的行政法规和地方性法规。但是，由于没有设立具体的审议机构和规定执行程序，以致这一规定难以落实。而近几年来我国立法的发展是很需要这种立法监督的，一方面，由于《宪法》赋予了国务院和省一级较大的立法权，特别是国务院又获得了在经济体制改革中和对外开放中广泛的委托立法权。另一方面，在一些部门和地方由于立法的根本宗旨不对头，把立法当做扩大本部门、本地方权力的手段，当做“管下级、治群众”的工具，立法时作出一些有悖于宪法和法律精神的规定。因此，需要设立专门的立法监督机构，以审议和协调立法，防止违宪立法，避免法出多门、法网繁密，消除法律之间的矛盾。

我认为，可由全国人大法律委员会承担审查人大常委会的立法是否合宪的任务，在立法中发现有不合宪法的法律草案，向全国人大常委会提出意见建议。全国人大法律委员会是全国人大的专门机构，并已承担审议法律议案、草案的任务，所以让它承担立法监督使命较合适。

2. 赋予全国人大常委会弹劾权。我国宪法、组织法虽然规定人大及其常委会对由它们产生任命的国家工作人员有罢免权，但这种罢免通常是干部离任、调动式的罢免，并且在实际中只是对中下层干部发生作用。所以，专门规定全国人大常委会的弹劾权是必要的，这里的弹劾权是专门对政府、军队、司法部门的首脑，部长及其他重要领导干部进行监督而设的。弹劾的权限，全国人大常委会对全国人大有权选举的人员，常委会有权向全国人民代表大会提出对他们的弹劾案，人大代表或常委会组成人员的若干人联名也可提出弹劾案。在全国人大闭会期间，它的常委会也可用2/3绝对多数通过弹劾案。对人大常委会有权任免的人员，可规定由人大常委会组成人员或人大代表若干人签名能提出弹劾案。对上述弹劾的程序应有专门的法律规定。

3. 设人事监察机构。人大及其常委会对国家机关的领导人员有选举、任免权，但由于党管干部的传统制度存在，上述干部的推荐提名都由党的组织部门掌握。如果人大及其常委会对国家机关领导干部的选举、任免不仅是走形式，那么，全国人民代表大会就应该有专门的人事任免机构，对党推荐提名的候选人依法进行必要的考察了解，为人大及其常委会选举、任免干部提供依据。同时，人大及其常委会设专门的人事监察机构负责考察、监督由它选举、任免的所有干部，受理群众对由人大及其常委会选举、任免的干部的控告，必要时可要求人大常委会组织专门调查委员会，调查特别严重的违法领导干部，并可向人大常委会提出撤职或弹劾案。

4. 设立行政法院或法庭，真正落实司法机关对人大机关负责的原则。行政审判是现代民主制度法制化的重要表现之一，行政法的实质是对行使公共权力的监督和对全体公民权利的保障。建议设立专门的行政法院或法庭，负责裁决、审判国家机关与公民之间，国家机关及社会团体、企事业组织之间的行政争端和行政违法侵权行为。行政法院或法庭在组织上直接对人民代表大会负责，从而把它当做对社会公共权力特别是行政权力进行监督的有效手段。

5. 赋予人民代表大会特别司法权，主要对人大选任的官员的特别调查权，特别调查权有司法权性质。英国的上议院有司法权的性质，美国的国会也有对总统的法官的司法起诉和审判弹劾权。全国人大常委会可调查高层领导人犯罪的案件，并建立特别法庭审判。对全国有影响的重大案件对最高人民法院行使审判监督权。我国的全国人民代表大会是国家的最高权力机关，由宪法规定它对国家领导人有司法权，有权审判高层领导人的职务犯罪案是合理的。至于具体形式，可以考虑在全国人大代表中选出若干司法代表行使权力。

6. 设民意测验和信访机构。民意测验就是经常对国家政治、经济、社会生活等方面的重大问题，进行有目的的民情调查，为全国人大及其常委会立法，决策和行使监督权提供依据。它的设立需要有关统计分析专家和现代化调查计算工具。这可以通过人民代表大会专门委员会建立委托关系的民调机构进行。信访机构专门受理公民对国家机关及其工作人员的控告、申诉、批评，人民代表大会根据信访的信息对国家机关领导人员进行监督。

加强人大监督功能，可先将现行宪法、法律已规定的监督内容具体化、制度化，然后健全和完善法律还没有规定的监督制度，逐步推进国家的监督制度建设。

试论人大的监督对象和内容①

加强人民代表大会的监督，是完善我国人民代表大会制度，健全和发展社会主义民主、法制的重要内容。但是，如何加强人民代表大会的监督，仍有许多理论和实践问题需要解决，这些问题直接影响到人民代表大会监督制度的建立和完善，我国人民代表大会监督的对象就是其中需要解决的课题之一。

谁是人大的监督对象？

人民代表大会法律监督对象是指由宪法所规定的，人民代表大会法律监督权所指向的客体，具体说，是指那些各级人民代表大会及其常委会产生，并向它们负责的国家机关及国家机关组成人员。这里，"国家机关"是指各级人民政府、各级人民法院和各级人民检察院、本级人大常委会及下级人大常委会，以及中央军事委员会等。"国家机关组成人员"是指上述国家机关中由人民代表大会选举产生和决定任命的成员，人民代表大会监督的主要对象是"一府两院"。

要具体厘清人民代表大会的监督对象，有两个问题需要讨论：

第一，关于人民代表大会能否监督党的问题。按道理，人民代表大会只能监督由它产生的国家机关及组成人员，而不能对非国家机关的政党实施监督，但中国的国情是，中国革命是靠中国共产党领导成功的，在战争年代和中华人民共和国成立初期，由于国家形式不完备，党全面、直接参与了国家事务管理，在进入社会主义建设时期后，党没有及时退出对国家事务的直接管理，这使党逐步国家机关化

① 原载《全国人大常委会办公厅研究室材料》〔1987 年〕。

了。现在，党决定性地支配着其他一切国家机关。因为，在我国没有对执政党的监督，对其他国家机关的监督都只能流于形式。中华人民共和国建立以来的历史经验教训深刻表明，建立有效的对执政党的监督制度，是保证国家安定团结，避免类似“文化大革命”的悲剧重演的重要保证之一。中华人民共和国建立后，我们国家经历了重大挫折，这主要是党的失误所造成的，由于长期以来封建遗毒和“左”的思想影响，国家权力不适当地集中于党，党的权力又不适当地集中于党的领导人，而对这种党和个人的集权，缺乏一套完备的民主、法律制度，其中包括监督制度，就有可能造成权力的专断和滥用。1982年宪法正是在总结这一历史教训的基础上，写下了“一切国家机关和武装力量、各政党和各社会团体、各企业事业组织都必须遵守宪法和法律。一切违反宪法和法律的行为，必须予以追究”①，从而把党置于国家的宪法和法律监督之下，这是我国社会主义民主和法制建设的一个重大发展。可见，党之所以在国家机关系统中应受到监督，是党直接参与国家事务的决策和管理这一事实决定的。党要代表人民的利益，更好地领导国家，就应该尊重体现人民意志的法律，并把自己主动置于国家法律监督机关之下。这种法律监督机关在我国就是人民代表大会。它代表我国人民的意志和根本利益，这一点不是靠口头声明，而是靠普选的形式表现出来的。在我国它当然是最有权威的对党实施法律监督的机关。当然，人民代表大会对党的监督与对国家机关的监督方式显然是不同的，这是需要另外讨论的问题。

第二，关于人民代表大会能否监督普通公民的问题。监督普通公民守法是政府机关和司法机关的事，而不是人民代表大会的事。宪法规定人大常委会是监督法律实施的机关，即监督执行机关执行法律，法律的执行只能是国家机关，或者是能以国家名义掌握执法权的个人，这些“个人”也决非普通公民，而是由人民代表大会及其常委会选举或决定任命的个人，他们中既包括国务院总理，也包括司法机关的普通审判员和检察员，即使是普通审判员，他们也能以国家名义执行法律，并能独立对法律负责，所以他们也必须经人大常委会任免。作为国家机关组成人员的普通审判员，有别于普通公民甚至普通

① 《中华人民共和国宪法》第5条。

政府官员，哪怕是政府的司长、局长。普通政府官员除非受由人民代表大会及其常委会选举、任命的行政首长的委托，否则，不能以国家名义执行法律，独立对法律负责，而只是对政府首长负责，他们在执行职务中有违法行为，也不能由人民代表大会对其进行监督，只能由行政首长对其处理。即使违法造成严重后果，人民代表大会只能对向它负责的行政首长采取监督措施，可见，凡是由人民代表大会及其常委会选举、决定的国家工作人员，包括普通审判员，也非普通公民，而是国家机关组成人员，在宪法中，显然没有规定人民代表大会对普通公民进行监督的职权。

人民代表大会不能对普通公民实施监督，基于以下理由：在民主法制的社会里，社会监督系统形成了这样一个监督圈：公民选举出自己的代表和代表机构，为的是表达自己的意志。为此，公民有权监督它的代表和代表机构是否表现了他们的意志。代表机构产生自己的执行机构，为了执行自己制定的法律，因而它有权监督执行机关是否忠实执行法律。执行机关受代表机关之托保障公民实现法律上的权利，因而执法机关有权监督公民遵守法律，公民又能监督它选出的代表……这个监督圈保证社会的民主、法制和秩序。它表明，如果不是公民监督自己的代表和代表机构，而是代表和代表机构监督公民，那就本末倒置了。如果人民代表大会也像执行机关一样直接监督公民守法，那就会导致人民代表大会与它的执行机关职责不分，造成人民代表大会干涉执法机关的工作。总之，结论是，人民代表大会不能也不应该对普通公民实施法律监督。

人大监督什么？

（一）立法监督

立法监督是指各级人民代表大会及其常委会审查立法是否违反宪法、法律的一种监督，是人民代表大会监督的主要内容，立法监督的目的是维护国家宪法和法律的尊严，维护国家法制的统一。

立法监督的范围是：（1）县以上的各级人民代表大会有权改变或者撤销它的常委会不适当的决定。（2）全国人大常委会有权撤销国务院制定的同宪法、法律相抵触的行政法规、决定和命令；县以上的地方人大常委会有权撤销本级人民政府的不适当的决定和命令。(3) 全国人大常委会有权撤销省一级国家权力机关制定的同宪法、法律相抵触的地方性法规、决议；县以上的地方人大常委会有权撤销下一级人民代表大会及其常委会的不适当的决议。(4) 全国人大常委会有权纠正、撤销最高司法机关和最高行政机关在具体运用法律过程中所作的不符合立法原意的司法解释和行政解释。

需要指出的是，虽然立法监督与宪法监督有很大程度的重合性，但不能认为两者是同一的。至少有两点理由可说明：

第一，宪法监督一般是由某个特定权威的专门机构来实施，有的国家是最高代表机关，有的国家是普通司法机关，还有的国家是特设的宪法委员会。而我们这里说的立法监督显然不是某个机关的事，它除了全国人大撤销它的常委会不适当的法律和决定，全国人大常委会撤销国务院和省一级的违宪、违法的法规以外，还包括省、县级人大常委会可撤销本级政府和下级人大及其常委会不适当的决议等。从行使监督权的主体讲，立法监督比宪法监督的范围广些。

第二，从监督的形式看，立法监督就是对制定法律和规范性文件的行为实施监督，宪法监督不仅对立法性行为实施监督，而且对违反宪法的其他行为实施监督。例如法国的违宪监督范围还包括审查共和国总统和议员选举的合法性，我国的宪法监督还应包括监督党是否在宪法法律范围内活动。这显然都不属于立法监督的范围，由于我国宪法监督和立法监督是同一主体行使，所以，模糊了人们对两者的区别。

立法监督的方式。宪法规定我国法律生效有三种类型：第一类，自行颁布生效。如全国人大及其常委会制定的法律，国务院制定的行政法规属于此类。第二类，自行颁布生效，但要报请备案。如省、直辖市的人大及其常委会制定的地方性法规，要报全国人大常委会备案。第三类，报请批准生效。如民族自治区的人民代表大会制定的自治条例、单行条例，报全国人大常委会批准，自治州、自治县人大制定的自治条例、单行条例，报请省或自治区人大常委会批准生效，并报全国人大常委会备案。对上述三种不同形式生效的法律，监督也应具有不同的方式，对自行颁布生效的法律，监督只能是事后性的。对报备案的法律，当然也是事后性的，但备案单位应在一定期限内对报备案的法律应进行审查，确定是否违宪。否则，超过一定期限就不能再宣布法律违宪了，这样有利于保证法律颁布实施后的稳定性。关于这一点有待于法律上的完善，法律报批准既是一种立法程序，也是一种事先监督的方式，但是，法律一旦经上级人民代表大会批准生效后，该级人民代表大会就不应再行宣告该法律违法。

（二）对行政行为的监督

对行政行为的监督也是法律监督。所谓行政行为是指行政机关依法律规定的职权或法律授权的范围作出的具有法律效力的行为。行政行为的违法一般具有两个特点：一是行政行为的作出是否有法律依据和是否遵照法定权限；二是行政行为的法律后果是否侵犯公民的权利。由此可见，人民代表大会对政府行政违法行为的监督，其实质也是法律监督。有些西方国家对行政行为的监督由普通的或专门的司法机关实施，就是因为它是执法中的法律性监督，我们指出人民代表大会对政府行政行为的监督，是想说明人民代表大会并非对政府所有行为都能实施监督，而只能对政府是否依法定职权和抽象行政行为进行监督，在此以外的领域，政府有广泛的自由决定权，人民代表大会不应干涉。

那么我们在研究人民代表大会对政府监督的问题时就应注意划分人民代表大会对政府实施监督权和政府自由决定权的界限。在西方国家，议会对政府行政行为监督的内容和范围主要有以下三方面。

第一，对政府滥用职权监督。政府依法律规定或明文授权，对行政事务具有在法律规定范围内的广泛自由裁量权，只要不违反法律，政府行为不应受到来自议会或法院的干涉。但是，一旦政府行为违反了法律保障公民权利或对民主制度造成损害，议会或法院就要动用它们的监督权力。由于政府经常在应付各种复杂情况和紧急事变，加上行政权力本身总显现一种自我膨胀的性质。因此，政府总不甘愿受议会事先用法律圈定的活动范围的束缚。这样，议会对政府滥用职权的监督就成为行政行为监督的主要内容。

第二，财政监督。钱，是任何政府活动的物质基础和力量源泉。议会控制政府的钱包，犹如掌握了政府的动脉。西方早期议会的主要职能是控制政府的税收和支出，因而有“钱包议会”之称。

在英国，议会对政府财政监督主要是通过审查、批准下述四个财政法案实现的：（1）每年7月底通过的岁入法案；（2）税收建议和预算书；（3）拨款法案；（4）决算书。此外，议会对政府制定的长期经济、社会发展计划，可通过辩论方式实施控制。

第三，控制外交权和战争权。外交和战争决策具有迅速、果断、秘密的特征。虽然资产阶级议会很早就获得了此项监督权，但一直很少问津。近几年来，美国议会和政府展开了外交和战争权上的激烈争夺，20世纪50、60年代美国政府曾绕过国会发动了越南战争、朝鲜战争等。战争失败教训了美国人，于是国会开始重视对政府自我膨胀的战争权进行限制。1973年国会通过了《限制总统战争权力法案》，它要求总统动用美国武装部队的任何决定必须在48小时内报告国会，武装部队必须在总统报告国会后的60天内停止行动等。1986年开始的美国国会对里根政府"伊朗门"事件的调查，也反映了国会企图监督政府外交的立场。

我国的人民代表大会如何实施对政府行政行为的监督？监督的内容和范围如何？现行法律规定的内容是：各级人民代表大会有权审查批准各自管辖区域内的国民经济和社会发展计划以及计划执行情况的报告；审查和批准国家预算以及预算执行情况的报告；听取政府工作报告。各级人大常委会在闭会期间能审查国民经济、社会发展计划、国家预算在执行过程中所作的部分调整方案；监督政府的其他工作。

按理说，我国的人民代表大会与西方国家三权分立的议会相比，应具有更广泛的监督权。人民参与决定国家事务和监督政府实现自己的意志的广度和深度，反映了人民群众当家作主、管理国家的程度。可是在相当长的一段时间内，我国的人民代表大会监督政府的广度和深度，远不如西方资产阶级国家议会对政府的监督，这与我国人民代表大会制度的性质不太相符合。事实也说明，由于政府的一些重大决策没有置于人大监督之下，以致造成违背人民的根本利益和一些不该发生的重大损失。因此，有必要加强人民代表大会对政府的监督，适当扩大人民代表大会对政府的监督范围，并加以具体化，借鉴外国的经验，总结我国人民代表大会监督工作实践中提出的问题，加强人民代表大会对政府行政行为监督的主要内容和范围应是：

1. 加强财政监督。应在思想上明确，加强财政监督是加强人民代表大会对政府监督的重点内容。现行宪法已规定了人民代表大会对政府经济、社会发展计划和预决算行使监督权，要使这些监督成为实质上的而不是形式上的。一方面，要完善现行的监督审查制度，预算在提请人民代表大会审议时应详细列举项目和投资数额，应明确肯定被人民代表大会通过的预算具有法律效力。因此，在审查决算时要严格把关，发现擅自突破的，如不能充分说明正当理由，应追究有关人员的法律责任。

另一方面，要增加人民代表大会审查政府下列财政项目的权力：(1) 税收。改变我国目前绝大多数税收法规、政策都由政府自行制定自我执行的状况。除非对政府专门授权，凡国家税收方面的实体法，都应由全国人大及其常委会制定，并要求政府每年向全国人民代表大会报告国家的收入和增收情况。(2) 重大拨款项目。凡政府需要投资的重大项目，必须将该项目的可行性报告和投资数额，提请人大审查批准，人民代表大会在必要时可组织专家进行调查或书面审查。法律上还应对什么是“重大项目”加以明确，确定“重大项目”的指标指数时，应把项目投资总数和年度投资数一并考虑进去。(3) 国家一切内外债的发行，应报人大批准。人民代表大会在必要时可限制发行内外债的总数和年度数额。(4) 其他重大财政项目的控制。如行政经费和行政工作人员工资总数，货币的发行，重大对外经援和军援项目。

2. 加强对工作报告的监督。听取政府工作报告是人民代表大会监督政府的一种重要形式，但是现在有的地方，政府报告工作也成了例行公事，政府到时只要向人民代表大会提出报告就了事，代表们最多议论议论也就完了，应该考虑如何完善现行的报告工作制度，特别需要考虑以下几个问题：

第一，工作报告是政府主动提出的，政府报喜不报忧怎么办？

第二，工作报告应有基本的格式和写法，应规定出政府报告工作的主要内容和范围，这样代表或委员们能在平时注意这方面的调查，审议起来也方便，并能与往年的工作比较。

第三，也是最重要的一点，工作报告是对政府一年来工作情况的总结，法律规定人民代表大会可以审查通过工作报告，有“通过”就意味着也可能有“不通过”。倘若人民代表大会不通过工作报告，那会意味着什么法律后果呢？法律没有规定，我认为“不通过”决不是对报告本身修改一下的问题，而意味着代表对政府一年的工作不满意，就是说，政府没有很好地向人民代表大会负起责来，一个不负责任的政府应承担什么法律后果呢？作为一个法制完备的国家应该对此作出规定。

3. 加强对“重大事项”的监督。国务院和地方各级政府在作出全国或区域范围内的重大事项的决策或采取行动时，除非紧急情况，应报人大常委会批准，加强人民代表大会对政府决定重大事项的监督应考虑：

第一，法律应规定全国人大常委会有监督国务院决定重大事项的权力。现行宪法只规定了省、县一级的人大常委会有讨论、决定本行政区域内各方面工作的重大事项的权力，没有规定全国人大常委会该方面的权力，这可能是考虑宪法已对全国人大及其常委会决定重大事项的权力作了些列举，如全国人大有权决定战争与和平问题；决定特别行政区域的设立及其制度，批准省、自治区、直辖市的建置等。全国人大常委会有权决定向外国缔结条约和重要协定的批准与废除，等等。但是，仅有对法律所规定的那些重大事项的决定是不够的，还有如政府在作出涉及国家政府机构、经济体制方面的重大变动，有关公民权利的重大事项等，提交人大常委会审议是必要的。

第二，确定“重大事项”的范围。许多在人民代表大会工作的同志反映，在实践中对什么是重大事项难以确定。如果我们想列举出什么是重大事项，恐怕是困难的，因为重大事项的内容是不确定的，它会因时间、地点的不同而不同。什么是政府工作的重大事项，我们认为可从下列原则或标准出发去确定，除现行法律已明文规定的，如国民经济、社会发展计划，财政预决算事项外，还有：

（1）涉及国家和政府体制、机构的重大变革，如国家所有制形式、经济体制的重大变革；政府机构和人事制度的改革，国家行政人员和行政编制的总数和规模等。

（2）涉及全国和本行政区域内公民基本权利和经济利益的事项，如工资物价问题，限制公民权利的行政措施，等等。

（3）人民群众普遍关心和迫切需要解决问题，如涉及群众安全的核电站建设，大型防洪、水利工程设施的建设，重大灾害事故的处理等。

4. 加强对滥用职权和严重官僚主义行为的监督。政府中的滥用职权和严重官僚主义是国家民主制度的一大祸害，它给国家和人民生命财产造成的损害越来越惊人。人们记忆犹新的有“渤海二号”事件，大兴安岭特大森林火灾事故，首都机场大量进口货物无人认领，江西省省长倪献策滥用职权违法犯罪，等等。减少、避免官僚主义最重要的制度措施之一就是加强监督。在监督制度中，人民代表大会的罢免是较其他行政、党纪监督更严厉的手段，行使罢免权能有效地抑制滥用职权和官僚主义行为。因此，人民代表大会应善于使用质询和罢免手段来实现它对政府的监督。

必须强调，人民代表大会对政府行政行为的监督应把握合法监督与不当干涉政府工作的界限。人民代表大会对政府行政行为的监督必须严格依法办事，人民代表大会只能站在法律的角度监督政府是否有违法行为。对政府组织行政管理的具体活动，只要不违反法律和人民的根本利益，人民代表大会就不应干涉。人民代表大会对政府的监督必须有法律依据和遵照法律程序。所以，我们强调人民代表大会监督的法律性、间接性和事后性，以防止人民代表大会对政府的不适当干涉。

（三）对司法的监督

这是指人民代表大会对人民法院、人民检察院在司法工作中是否严格依法办事实施的监督，特别是对它们严重违法造成重大冤假错案所实施的监督。人大对司法机关的监督包括：通过听取工作报告了解司法机关执行法律和有关司法政策的基本情况，并通过作出有关决定指导司法机关工作；督促检查司法机关纠正由人民代表大会转交的人民群众的申诉和控告；对群众检举控告的在司法过程中有贪赃枉法、违法犯罪行为的司法人员给予罢免或撤职。但是，司法人员在侦查、起诉、审判、执行过程中的违法行为，由各级人民检察院实施专门的司法监督。

实践中，加强人民代表大会对司法机关的监督应重视解决两个困难：一是人民代表大会监督与司法机关独立行使司法权的关系；二是人民代表大会监督与党对司法机关领导的关系。

1. 正确处理人民代表大会监督与司法机关独立行使司法权的关系，使人民代表大会对司法机关的监督不失职、不越权。

现在有部分在人民代表大会工作的同志主张，加强人民代表大会对司法机关的监督，就要使人大有直接纠正司法机关错案的权力。人大是权力机关，司法机关就应听命于人大。这些主张是不对的，人大对司法机关的监督不是无限的，而是有法律界限的。界限就是不妨碍司法机关依法独立行使司法权。可是有人说，《宪法》规定司法机关依法独立行使司法权，“不受行政机关、社会团体和个人的干涉”，是针对行政机关、社会团体、个人而言，而不是针对人民代表大会的，因此，人民代表大会干涉司法应认为是正当、合法的。

当然，我们不敢贸然去揣测上述《宪法》的意图。但我们不能这样去理解法律：对国家机关法律没有明文禁止的，即为合法的。我们的人民代表大会制度与西方国家的三权分立制度固然有着根本的不同，因而不存在人民代表机构不能监督司法机关的事。但是，人民代表大会制度决不意味着完全否认国家机关之间存在职能分工的必要。其实，我国宪法已明确规定了人民代表大会和司法机关的职责和分工。各自都必须依法定的职责来行使权力。如果说，正是因为法律上职责规定不明的地方，才产生人民代表大会能不能干涉司法机关的问题。那么，各自行使职责的法定方式可以完全排除人民代表大会可以直接干涉具体司法案件的可能。人民代表大会对司法机关监督的法定方式就是：听取工作报告、质询、罢免、特定调查等。显然，这些方式没有允许人民代表大会去直接插手案件的处理。

如果承认人民代表大会可以直接干涉司法案件的话，那么就可以推出某一地方人大常委会的意志可以高出国家基本法律的错误结论。如果人民代表大会也去对具体案件作判断，而判断一旦与法律有出入时，那就得服从该级人民代表大会而不要服从法律了。有人说，鉴于我国目前司法人员素质较低，人民代表大会干涉可减少、防止错案。这种理由并不是充分的。就素质而论，我国司法人员素质是较低的，但是，我国人大代表的素质也较低，而且就法律专业知识来说，比司法人员懂得更少。这样人大代表对犯罪的认识就难免更多地带有感情和道德的色彩，而判案则需要更多的理智和专业知识。可见，扩大人民代表大会对司法机关的干涉无助于减少、防止错案，甚至产生相反的结果。许多信访材料和司法统计表明，非司法机关和人员干涉而造成的错案比司法机关和人员自身造成的错案要多得多。真正由司法机关人员不懂法或贪赃枉法铸成错案的是少数，而且错误的出入相对小些，纠正起来也容易些。

目前，我国司法机关依法办案的独立性，不是太多而是太少。基层司法机关办案人员往往要受到来自多方面的干扰，如果再加上人大常委会的过多干预，司法机关将无所适从。还有些同志设想，以人大常委会的监督来取代现在党的政法委员会对司法机关所起的作用，在体制上就顺当了。这种设想也未必妥当，从我国法制建设发展的总要求看，保证司法机关更好地依法办事，应主要是提高司法机关的地位和权威性，提高司法人员的素质和责任，逐步扩大它依法独立行使职权的能力，而不仅仅是改变一下司法机关的从属关系。

强调人民代表大会对司法机关的监督不应直接处理司法案件，可能会使有些同志担心，这样做司法机关违法乱纪制造的错案将难以纠正。这种担心是没有必要的，人民代表大会只要善于使用现有的监督武器，是完全可以迫使司法机关依法办事、纠正错误的。人民代表大会对司法机关的可能错误的案件，可依次采用下述监督方式：建议有关机关复查处理，并要求报告处理结果，如果司法机关不予理睬或敷衍了事，代表或委员们可对案件提起质询，如果司法机关对代表或委员们的正确意见仍不予重视、坚持错误，该级人大常委会可以向上级人大常委会报告，要求上级人大常委会督促同级司法机关采用审判监督等方式；对特别重大或有影响的案件，人大常委会也可以组织特定问题调查委员会，对案件和有关司法人员的严重违法行为进行调查，作出相应的决议。人大常委会可以对经查证确实，坚持错案不予纠正的和不服从人大监督的司法人员，予以罢免或撤职，对有犯罪行为的，建议追究其刑事责任。一般来说，只要善于正确运用上述监督手段，人民代表大会足以达到有效监督司法机关的目的。

2. 正确处理人民代表大会监督与党对司法机关领导的关系，使人民代表大会敢于监督，确保司法机关依法办事。

在人民代表大会监督工作的实践中，普遍反映最大的困难是，人民代表大会监督与党对司法机关的领导关系不好处理，监督会监督到党委或政法委员会头上。因为有些地方，重大案件都是经党委或政法委讨论决定的，有的地方把党委、政法委员会对司法机关的领导具体为：对重大案件的审批权；对“严打”范围内的案件“把关”；对经济犯罪案件“把关”。这样，一旦铸成错案，监督司法机关就有两个困难：其一，不能直接对司法机关行使监督权；其二，错误不是司法人员造成的，唯司法人员是问是不恰当的。

解决这些问题的办法是：

（1）需要在政治体制改革中进一步理顺党对国家机关的领导关系，改善党对国家机关的领导方式。分析造成党直接干涉司法案件的原因，与党长期以来形成的领导体制、方法有关，也与我们一些同志对党的领导存在错误理解有关。因此，有必要进一步明确，党对司法工作的领导主要是：第一，路线方针政策的领导。党通过调查、分析、总结社会治安和违法犯罪的情况，及时提出司法方面的方针政策，并尽量将其转变为国家的形式，作为国家的司法政策来指导司法机关的活动。第二，对司法机关发挥监督保障作用。党通过司法机关内部的党组织，监督检查司法机关及司法人员是否严格依法办事，是否有贪赃枉法行为，对司法机关中违法的党员给予党纪处分；教育党的司法干部忠于法律、忠于人民，培养他们秉公执法、不徇私情的品质。

（2）人民代表大会应敢于坚持依法办事，善于行使监督权。有些在人民代表大会工作的同志，怕人说监督是与党委“唱对台戏”。因此有必要使他们认识到，人民代表大会的监督是宪法赋予的职权，不监督就是失职。人民代表大会应对人民抱着高度负责的精神，敢于依法进行监督。对党的机关不当干涉造成的错案，人大常委会可通告有关党组织案件处理失当的情况，建议予以纠正，若有关党组织坚持其立场，人大常委会可向上级人大常委会或上级党组织反映情况，必要时可径直向全国人大常委会或党中央反映情况。

（四）对国家机关组成人员的监督

国家机关组成人员是指由人民代表大会和常委会选举、决定任命的各级国家机关组成人员。在中央一级它是指：国家主席、副主席，国务院总理、副总理、国务委员、各部部长、各委员会主任、审计长、秘书长，中央军委主席和军委其他成员，最高人民法院院长、副院长、审判员、审判委员会委员和军事法院院长，最高人民检察院检察长、副检察长、检察员、检察委员会委员和军事检察院检察长。人民代表大会对国家机关组成人员行使监督权适用的条件：有犯罪行为的；有违反宪法行为的；有严重渎职和官僚主义行为的；有决定政策和处理案件重大失当的。

对国家机关组成人员监督的主要方式是质询和罢免。

在西方国家，议会对国家高级官员适用弹劾制度。弹劾是议会对有违法犯罪的国家元首、政府高级官员和法官提出控告和审判的法律制度。弹劾权的适用条件，在一些国家仅限于犯罪行为，如英国对一切犯罪行为都可以提出弹劾。美国弹劾限于叛国罪、贪污渎职罪、重罪、轻罪四种犯罪行为。在另一些国家弹劾还适用于政策上的失误，如法国，弹劾只限于职务上的违法行为。德国规定违宪、违法行为可引起弹劾案。

把我国人民代表大会的罢免权与西方国家议会的弹劾权比较，我们发现，主张在我国建立专门弹劾制度值得研究。弹劾和罢免虽各有不同的地方，如弹劾带有一定的司法性质，弹劾通常要由议会组织弹劾法庭进行审判，有的要交给宪法法院或普通法院进行审判。弹劾不但可免去职务，还可以定罪。但是，这些区别都不是实质性的，弹劾和罢免的性质和作用，适用的对象和条件基本上是相同的。其实，一些国家的弹劾就完全相当于我们的罢免制。我国的人民代表大会对选举产生的官员罢免虽然不能对犯罪的官员定罪，但人民代表大会罢免其职务后，并不免除司法机关可依法追究其刑事责任。人民代表大会只有在常委会需要对代表大会选举产生的领导人进行监督时，才可以采用弹劾制，代表大会对自己产生的官员适用罢免。所以，我国需要进一步完善现行的罢免制度，同时建立常委会的弹劾制度。

论完善我国人大的司法监督制度[①]

为健全我国人民代表大会制度，进一步发展我国社会主义法制，加强人民代表大会法律监督的重要性越来越充分显示出来。对司法的监督是人民代表大会法律监督的重要内容，但是，当前各级人民代表大会及其常委会在实际工作中如何加强对司法的监督尚不十分清楚，如人民代表大会对司法监督的职权以及行使职权的范围，人民代表大会的监督和法院，检察院依法独立行使司法权的关系等。这些问题不首先从理论上加以解决，将妨碍人民代表大会法律监督工作的加强。

人大对司法的监督职权

根据我国《宪法》，《地方人民代表大会和地方政府组织法》、《人民法院组织法》、《人民检察院组织法》的有关规定，人大及其常委会对司法机关有以下监督职权。

1. 一般监督权。各级人民代表大会和常委会要求各级人民法院和人民检察院对它负责。即人民代表大会有权听取，审查“两院”（人民法院和人民检察院）的工作报告。常委会在人民代表大会闭会期间有权监督“两院”。此项监督权在法律中规定得比较笼统，实际中这种监督只带有总的了解司法机关执行法律和司法政策情况的性质。在此种情况下，监督的效力主要表现在人大代表或常委委员讨论司法机关的工作并加以评价，指出司法机关执法的成就与不足，有的提出改进的建议。在少数情况下，当代表或委员们对报告的某方面工作表示不满意时，可能引起质询，或者作出相应的决议，现在一般把

---

① 原载《法学评论》1987 年第 3 期。

向人民代表大会报告工作看做是向人民代表大会负责的一种形式，但司法机关没有严格执法算不算负责？所以，对什么叫向人民代表大会“负责”缺乏法律解释。当前这种监督的作用还是有限的。

2. 质询权。地方人大组织法规定，县以上地方各级人民代表大会和常委会举行会议时，代表或委员可向本级人民法院、人民检察院提出质询。这种质询权目前只有地方人民代表大会才能行使。新修改的《地方人民代表大会和地方政府组织法》规定，地方人民代表大会开会期间代表十人以上，常委会开会期间，省、市、自治区级的常委会委员五人以上，县级常委会委员三人以上，可向司法机关提出质询。但是，具体怎么质询，特别是质询的法律后果如何？法律没有规定，从现在少数地方发生的对司法机关的质询案来看，质询主要是询问性的，有的地方对质询进行讨论，发表一些倾向性意见，这些意见能否对司法机关发生影响，就要看人民代表大会及代表的威望。

3. 罢免权。县以上地方人民代表大会有权罢免人民法院院长和人民检察院检察长。罢免检察长须报上级人民检察院检察长提请本级人大常委会批准。罢免案在人民代表大会开会期间由主席团，常委会委员或1/10以上代表联名才能提出，尔后提交主席团，由主席团提请大会审议。人大常委会有权罢免法院副院长、庭长、副庭长、审判委员会委员、审判员，检察院副检察长、检察委员会委员、检察员的职务，批准罢免下一级人民检察院检察长。省、市、自治区的人大常委会决定罢免中级法院院长和检察分院检察长。新修改的《地方人民代表大会和地方政府组织法》增设了人大常委会的撤销权，在人民代表大会闭会期间人大常委会有权撤销由它任命的司法机关组成人员的职务。撤职也是罢免权的一种，只是撤职仅适用于那些违法犯罪的司法机关组成人员。此外，人民法院组织法还规定，在两次人民代表大会之间，如果本级人大常委会认为人民法院院长需要撤换，须经上级人民法院报请上级人大常委会批准。罢免权和撤职权是监督司法机关依法办事，防止司法工作人员违法乱纪的一种最有力的监督手段。但是，由于当前党管干部体制的存在，人民代表大会的这一监督权难以发挥它应有的作用。

4. 裁决权。《人民检察院组织法》第3条规定，各级人民检察院在检察长主持下按民主集中制原则讨论决定重大案件和其他重大问题。如果检察长在重大问题上不同意多数人的决定，可以报请本级人民代表大会常务委员会决定。就是说，凡是检察长与检察委员会多数人意见不统一时，人大常委会对它们处理案件或重大问题的不同意见有裁决权。这可以说是对检察院工作的一种特别监督，至于它的合理性如何下面另行讨论。在实践中，这种监督的情况较为少见，因为一旦发生检察长不同意少数人的意见时，过去常常报请政法委员会或者上级检察机关，由它们作出决定。

5. 特定问题调查权。县以上的各级人民代表大会及常委会可以组织关于特定问题的调查委员会，并根据调查委员会的报告作出相应的决议。当然这种调查也包括对一些特别重大或有争议的司法案件的专门调查。调查的后果是可以作出相应的决议。一般说这种决议是带建议性的处理意见，当然是有一定强制性的，但不是对问题的直接处理。现行法律对组织特定问题调查的具体程序、调查决议的内容范围，以及调查的法律效力都缺乏具体规定。

目前，实践中有些地方人大常委会对群众反应比较强烈的申诉、控告案件，由人大常委会牵头组织包括党委、政府以及案件当事人的上级有关机关组成的联合调查组，对案件进行专门调查。我们认为，这不是法律所规定的特定问题调查委员会，法律规定的享有特定问题调查权的人是人大代表和常委会组织人员。所以特定问题调查委员会的成员应是代表或委员本身，而不应是党委和政府部门的成员。组织上述联合调查组严格地说是没有法律依据的。对案件的调查要涉及如调阅案卷、询问证人和当事人等法律手段，非有法律授权和依法行使职权的人，其他人无权行使上述权利。

6. 受理人民群众对错案的申诉和对司法工作人员的控告。法律已明确规定这是地方人大常委会的一项职权，实际上全国人大常委会也已把它作为一项重要工作内容。现在各级人大常委会都设立了信访工作机构，受理群众的来信来访。信访机构对群众申诉的错案和对司法人员的控告的处理，一般采取下面几种方式：转有关机关调查处理，督促有关机关处理并要求报告处理结果，派人亲自了解情况提出处理建议，报告人大常委会，由常委会采取适当的监督手段。包括要求报告案情，提起质询，组织专门调查和对违法司法人员进行罢免。

人大监督与独立行使司法权

以上表明，法律规定人民代表大会对司法监督的基本职权是明确的。但是由于法律对某些监督职权的内容，特别是监督的具体程序和监督后果缺乏明确的规定，以至各级人大在具体实施这种监督职权时会产生不少实际问题。比较突出的问题如在强调加强人民代表大会对司法监督的时候就出现两种倾向：其一是一些司法机关和党的政法部门的同志认为，司法机关由党管，没有必要。其二是一些在人大工作的同志认为，加强人大对司法的监督就是要管住司法机关，要司法机关像听政法委员会一样听人民代表大会的。这两种倾向显然都失之偏颇。

认为人民代表大会对司法监督没有必要的观点显然是错误的。按我们国家的性质，人民代表大会是国家权力机关，它代表人民行使权力。司法机关是由它产生，对它负责的执行机关，人民的权力机关有权监督执行机关，它保证司法机关按法律、按人民的意志办事，这是保证法制民主性质的根本措施。它与党对司法机关的领导和监督是两回事。这种认为人大对司法机关的监督是多余的观点显然是由于对国家的根本性质存在糊涂观念。其错误之明显不用在此赘述。

人民代表大会对司法的监督当然有其必要性，但是，是否就像一些同志认为的监督权限是无止境的呢？监督就是要使司法机关听命于人民代表大会呢？其实人民代表大会对司法的监督有一个界限，这就是法律规定的，司法机关有个依法独立行使司法权的问题，人民代表大会的监督应以不妨碍司法机关依法独立行使司法权为限，这个问题需要具体加以阐述。

不少同志认为，司法机关对来自人民代表大会及其常委会的监督，不存在依法独立行使审判权问题，人民代表大会是可以干涉司法审判的，并以为这样理解的法律依据是宪法第126、131条的规定，人民法院、人民检察院依照法律规定独立行使审判权、检察权，不受行政机关、社会团体和个人的干涉。他们认为，法律在这里列举了“不受行政机关、社会团体和个人的干涉”，没有列举不受人民代表大会干涉，就意味着是可以受人民代表大会干涉的。我们且不去揣度该条文立法原意如何，也不去评论立法技术的得失，仅从上述理解上看，把法律没有明确禁止的视为法律所肯定和保护的，或者把法律明确肯定以外视为法律所禁止的，这两种法律观念都是错误的。我们认为，凡是涉及国家机关行使职权的问题，都应是法律所明确赋予的，而不能在法律之外随意猜测、引申解释。对人民代表大会监督司法的职权，只限于本文第一部分讲到的法律规定的那几方面，而不是除此以外的随意干涉。

如果按上述同志的观点，人民代表大会可随意干涉司法案件，可以不受司法机关依法独立行使审判权的限制的话，就会依此推出违反我国宪法和法制基本原则的错误结论。道理很简单，例如，某一县法院处理一刑事或民事案件，它只能根据刑法或民法处理，而不能根据其他什么来处理。如果说司法机关可以按县人大常委会的意见来处理案件而不依法律的话，那么意味着一个县人大常委会的意见或决议就可高出全国人大制定的法律，因为刑法、民法一般都是由全国人大制定的。而我国法制原则表明，全国人大制定的法律高于一切行政法规和地方性法规，高于各级人大常委会所作出的决议。

可见，那种认为人大就可以随意干涉司法机关依法独立行使审判权的观点是与我国宪法和法制基本原则相悖的。所以法院依法独立行使审判权，只服从法律，人民代表大会对它也是不能随意干涉的。人民代表大会对司法的监督必须以不妨碍司法机关依法独立行使审判权为界，只能监督司法机关是否严格依法办事，而不能干涉其工作，更不能在法律以外来指挥司法机关。加强人民代表大会对司法的监督和保证司法机关依法独立行使司法权，都是维护我国社会主义法制的根本要求，两者应是并行不悖的。

有的同志可能从国家性质的深层进一步提出，我们国家是人民代表大会制，不是三权分立，人民法院不存在独立审判的问题，所以人大的干涉都是正当的。这种观点的前提是对的，但结论我们不敢苟同。我国人民代表大会制与西方的三权分立是有不同的。西方三权分立赋予议会和法院分别以立法权和司法权，它们各行其职，互不干涉，但相互制约。议会立法后一般都无权解释法律和监督司法机关执法。相反，法院反而有解释法律和监督议会立法是否符合宪法的职权。我国的人民代表大会制没有分权，人民代表大会和常委会是国家的权力机关，司法机关是它的执行机关，人大及其常委会不但有权立法，而且有权解释法律和监督司法机关执法。但是，我们也决不能否认我国人民代表大会制度下各国家机关适当分工的必要性。或者说，在法律已确立这种分工的情况下，可以无视这种分工，权力机关可以随意干涉执法机关或者取代执法机关的工作。在我国，保证司法机关相对独立的地位使之依法行使职权，是为了更好地维护人民代表大会制度。因为，它能保证人大制定的法律更准确、更有效地实施，它能保证人大制定的法律的权威性和稳定性，使法律不受那些即使是来自人大方面的，但可能是少数人的意见、眼前利益或地方利益的考虑，或者不成熟的、片面的观点所干扰。

如果我们以现实的态度来看，人民代表大会也应以不干涉司法机关独立行使司法权为好。有一种主张人民代表大会应干预司法案件的理由认为，目前司法人员素质比较低，人民代表大会干涉司法机关可防止错案。但这仅仅是问题的一方面，问题的另一方面是我国地方一级的人大代表和常委会组成人员的素质也不高。由于司法案件的处理带有一定的专业性和复杂性，如果说经过一定专业训练的司法人员在处理司法案件时还会出现一些错案，那么让那些缺少法律意识和法律知识的人来对案件发表意见，就可能更带有个人感情色彩和社会道德情绪，而感情和道德与理性和公正的法律有时相去甚远。所以，在当前我国的人大代表和委员们都比较缺少法律意识和法律知识的情况下，无限扩大人民代表大会对司法案件的干涉权，错案率不但不会减少，还可能增加。许多信访材料和司法机关统计表明这一点，如现在有相当一部分冤假错案不是由司法人员造成，而是由非司法机关以外的机关不正当地干涉案件造成的，真正由司法人员贪赃枉法或不懂法造成的错案还是少数，而且这种错误的出入相对小些，纠正起来也容易些。

实践中，目前司法机关的独立性不是太多而是太少。在一些基层司法机关办案往往要受到来自多方面的指挥和影响，如果再加上人大常委会方面的不适当干涉，司法机关更将无所适从，这不利于司法机关依法办事。从我国法制建设的发展要求看，保证司法机关依法办事主要是逐步扩大司法机关的独立性，大大提高司法机关的地位和权威性，加强司法人员的素质。在我们强调加强人大对司法监督的时候应考虑适应这一总的要求。

如果承认人民代表大会对司法的监督不应干涉司法机关依法独立行使司法权。那么，这里就有一个界限问题，究竟什么是人民代表大会的合法监督，怎样才算侵犯独立行使司法权。我们觉得，这个界限的基本点在于人民代表大会及其常委会依上述第一部分中的法律监督职权和方式以及下一部分将讲的法律监督原则进行监督，一般不应直接插手具体司法案件的处理。那么有人会提出，如发现司法机关处理明显失当的案件，司法机关对群众申诉有理，控告有据的案件不予接收，或者人大常委会要求查处，而司法机关仍顶着不办的案件，还有司法人员违法乱纪的案件等，人大常委要不要监督？怎么监督？毫无疑问，人大常委会对此当然应行使监督权，但是在监督的手段上应依法办事。假如发现一个错案，人大常委会应首先建议有关机关复查处理，必要时还可要求报告处理结果。如果司法机关不予理睬或敷衍了事，人大常委会可对案件提起质询。

如果司法机关对代表或常委会委员的意见仍不予重视，坚持错误，人大常委会可以向上级人大常委会报告，要求上级人大常委会督促同级司法机关提起审判监督程序，对特别重大或有影响的案件。人大常委会还可以组织特定问题调查委员会对案件进行调查，提出处理意见或作出相应的决议。人大常委会还可以对经查证确实坚持冤假错案不予纠正，不服从人大常委会监督的司法人员进行罢免。对群众控告司法人员违法乱纪、贪赃枉法的，应督促检察机关调查处理；对违法犯罪者给予撤职，并建议追究刑事责任。一般来说，只要善于正确运用上述监督手段，人大常委会足够达到有效监督司法机关的目的。

完善人大对司法的监督

要加强人民代表大会对司法的监督，人民代表大会不但要明确自己的监督职责和权限，而且要掌握正确行使监督职权的基本原则，同时完善具体实施这些职权的法律和制度。

人民代表大会要正确行使对司法的监督权，掌握下列原则是非常重要的，它是加强完善我国人民代表大会对司法监督制度的重要方面。

1. 依法监督。这是在强调加强对司法监督时人大及其常委会首先必须明确的。人大及其常委会对司法的监督必须依宪法、法律规定的职权范围和程序行使。不要以为加强人大的监督权就是要扩大人大及其常委会的权力，人大及其常委会可以任意干涉司法案件。正如前面所说，人大监督的合法性界限在于不能侵犯司法机关依法独立行使司法权，如果人大及其常委会提出的监督意见不合法律规定时，司法机关应有适当的方式拒绝。所以，可以考虑在法律上规定监督者的法律责任或者给予监督者以一定监督，这种监督一方面是党组织，一方面是公民，一方面是司法机关的合理抵制。

2. 间接控制。这一原则表明加强人民代表大会对司法的监督不是要求司法机关听命、服从于人民代表大会，而是体现一种制约。人民代表大会对司法的监督与对政府的监督有所不同。人民代表大会对政府的决定或行为可以直接宣布无效，因为地方政府管理地方重大事项的范围都是同级人民代表大会决定权的范围。可是，人民代表大会对司法机关的监督就不能如此，人民代表大会及其常委会一般不能直接对案件发表处理意见，不能直接作出纠正或撤销某一案件的决定。因为司法机关执行的法律和执法所依据的程序是由全国人大或它的常委会制定的，对是否属犯罪和对犯罪如何处理也不是某个地方人大所能决定的，而是由全国法律统一规定的。这决定任何地方人大常委会都不能直接改变司法机关的判决和裁定。人民代表大会对司法的监督只能主要采取通报、建议、督促、质询等间接的方式影响司法机关自己主动纠正错案。同时保证司法机关处理案件的一定自主权和独立性，以防止人民代表大会及其常委会滥行监督。加强监督不是强化某一权力，使某项权力绝对化，而是使权力分工合理化，达到制约平衡。

3. 寓支持于监督之中。人民代表大会对司法监督的目的与司法机关活动的目的都是保证法律的执行，严格依法办事。基于这一共同目的，人民代表大会对司法监督就应体现寓支持于监督之中的精神。这一点在我国当前有些地方严重存在有法不依、执法不严、执法难的情况下显得尤其重要。现在有的司法机关要严格依法办案，往往会受到来自多方面的干扰，人民代表大会作为法律监督机关为保障法律严格实施，就应坚决给司法机关撑腰，帮助司法机关克服障碍、排除干扰、支持秉公执法的司法人员。即使人民代表大会认真检查司法机关的错误，要求纠正错案，也不应抱着“找岔子”、“比高低”的想法，而是帮助司法机关严格依法办事，树立司法机关的权威。

加强、完善人民代表大会对司法的监督，在现行法律上并不存在人民代表大会职权太小的问题，问题是这些职权有的不够合理、有的缺乏具体的程序无法适用。因此加强完善人民代表大会对司法的监督急需在法律规定上将有关职权完善合理化，程序上具体化，制度上加以健全。

《宪法》和《地方组织法》都规定，人大常委会有权监督人民法院和人民检察院的工作。这给一些地方人大工作的同志带来麻烦，在一些同志看来“监督”就是权大无比，任意干涉，另一些同志认为“监督”是子虚乌有的权力。因为法律没有界定监督的内容和范围。可以考虑由全国人大常委会对“监督”的范围作出法律解释。还有法律规定，司法机关应向人大报告工作，人大对工作表示满意就会通过这个报告，但如果不满意怎么办呢？法律没有规定，应在法律上完善报告工作制度。

《人民法院组织法》第36条规定，“在地方两次人民代表大会之间，如果本级人民代表大会常务委员会认为人民法院院长需要撤换，须报请上级人民法院报经上级人民代表大会常务委员会批准”。该条文不知原立法意图如何，但在法理上似乎不妥。我们知道，我国法院系统不像检察院系统有上下级的隶属关系。既然法院之间没有上下级隶属关系，上级人大常委会与下级人大常委会也没有隶属关系，下级人大常委会与上级人民法院之间更没有隶属关系。那么人大常委会凭什么在撤换由本级人大选举的法院院长时，要报请上级人民法院报经上级人大常委会批准呢？这在法理上显然是说不通的，因为哪级选举，批准或任命的干部，只能由哪级罢免或撤换。即使要变通也不能违背这一基本的原则。要解决人大闭会期间撤换法院院长的问题，可考虑由同级人大常委的2/3或者4/5的绝对多数常委委员通过即可。

《宪法》和《全国人大组织法》规定全国人大及其常委会对国务院及各部委有质询权，但没有规定对最高人民法院和最高人民检察院的质询权。为完善人大对司法的监督制度，应考虑在法律上规定全国人大及其常委会对最高司法机关的质询权。质询是人大监督的重要手段，全国人大及其常委会对最高司法机关的质询主要是对总的执行法律和司法政策的情况，及对全国有影响的重大案件提起的。此外，在法律上对质询案都应有法律后果的规定。

关于人民检察院检察长不同意检察委员会多数人意见时，可报请本级人大常委会决定的规定，也不太符合人大监督不应直接插手具体案件的原则。如果检察长与检察委员会多数人意见不一致的案件，肯定是较为复杂、难度较大的案件，应交给更懂法律业务知识的专门机关裁决。而上级人民检察院与下级人民检察院又正好有上下级的隶属关系，人民检察院与同级人大常委会之间却没有领导隶属关系。所以，当发生检察长与检察委员会多数人意见不一致时交给上级人民检察院裁决比交给同级人大常委会裁决更为合适。

为加强人民代表大会对司法的监督，有必要考虑在全国人大内设立司法监督委员会或司法监督小组。现在全国人民代表大会设立若干委员会主要是面对政府的，还没有专门面对司法机关的监督机构，而监督司法甚至比监督政府有更重要的意义。司法监督委员会可以专设在全国人民代表大会内，像其他专门委员会一样。另一种设想是在现有的法律委员会内分立司法监督小组。有固定的司法监督委员会和法律规定的活动方式，遇事临时召集活动。司法监督委员会或司法监督小组的任务主要负责提出对司法监督工作的议案，了解掌握司法工作的全面情况，行使对司法方面的特定问题调查权，在特殊情况下可成为全国人民代表大会的特别法庭审理特殊司法案件。

人大监督在探索中发展①

20 年来，我国人民代表大会制度建设获得了长足的发展，这在很大程度上取决于人民代表大会监督权的加强。总结 20 年我国人民代表大会监督工作走过的路，可以概括为经历了三个发展过程：

在 80 年代中期以前，人民代表大会忌讳谈监督，一讲监督会引起被监督者主要是行政机关的反感，有的指责人大监督“是多了一个婆婆”、“挑刺”、“找麻烦”。由于行政官员在认识上不能接受人大监督，监督工作基本没有开展起来。

80 年代中期以后，是羞羞答答谈监督，当时流行的口号是“寓支持于监督之中”，“寓监督于支持之中”，人民代表大会一讲监督非要加上是“支持”，否则怕行政机关接受不了。这时虽然可以讲监督，但不敢理直气壮地讲。

90 年代中期以后，人民代表大会已是理直气壮地讲监督。今天，监督工作在 80 年代中期开始探索多种监督形式的基础上，呈广泛、深入、强势发展之势头。

可见，人民代表大会重建 20 年来，人大监督权的行使走过的是一条艰难、曲折的路，是一条在不断探索之中前进的路。

一、监督工作探索的历史

1979 年，第五届全国人民代表大会第二次会议修改 1978 年宪法，同时制定了选举法和地方组织法，对人民代表大会制度作了重要改革，其中重要的内容就是强化人民代表大会的监督权：（1）加强全国人大常委会的监督职能，赋予它有权监督宪法实施；有权审查批

---

① 原载《人民代表大会发展与改革 20 年》，中国检察出版社 2001 年版。

准国民经济计划和预算在执行过程中的部分调整方案；有权对国务院各部委提出质询。（2）为使人大常委会行使好监督权，规定常委会组成人员不得担任行政、审判、检察机关的职务。（3）全国人大还设立专门委员会，以便开展经常性的监督工作。在县以上地方人大设立常委会和在设区的市以上地方人民代表大会设专门委员会等，都是加强人民代表大会监督的组织措施。

虽然在宪法和法律上加强了人民代表大会的监督权，但在人民代表大会重建后相当长的时间内，对人民代表大会监督权的行使存在严重的抵触情绪。所以，那时人民代表大会一讲监督就有"挑刺"、"找麻烦"、"多此一举"之说，人民代表大会在各种抵触情绪面前，不敢于监督，更不善于监督。所以，在80年代中期以前，人民代表大会的监督工作没有怎么开展，监督工作仅限于视察、听取工作报告和汇报等。

1986年，六届全国人民代表大会第四次会议上，人大代表对我国法律实施状况不好，法律监督工作不力现象有较集中的反映。于是，委员长会议决定由陈丕显、黄华副委员长主持就如何搞好监督工作进行调查研究。在调查研究后提出了加强监督工作的若干建议：加强监督工作当前应主要提高对监督工作的认识；人民代表大会的监督主要是对违反宪法、法律行为的监督；加强监督要研究制定监督程序方面的法律。副委员长的调查报告还指出，人民代表大会的监督涉及整个国家的政治体制，有些问题需要在政治体制改革中加以解决。

根据委员长调研提出加强人民代表大会监督的主要内容是对法律实施监督的思路，1987年，全国人大常委会开始进行法律实施状况的调查研究，这就是执法检查的开始。1988年，七届全国人大常委会制定工作要点，把有选择性地开展对一些重要法律的实施情况进行检查列入工作计划。这时，执法检查后只向常委会提交一份书面报告。1990年开始，全国人大常委会开始将执法检查的报告列入常委会会议议程，并进行审议。到1991年，万里委员长明确提出，要把执法检查放到与立法同等重要的位置，从而使执法检查工作受到更为普遍的重视。1993年，为了规范执法检查行为，提高对执法检查工作的实效，全国人大常委会制定了《关于加强对法律实施情况检查监督的若干规定》，使执法检查工作规范化、法律化。今天，执法检查已成为上至全国人大常委会，下至县级人大常委会的一项重要的、经常性的监督工作。每年列入工作计划，下大力气组织实施，并努力提高监督实效。

80 年代中期以后，由于人民群众对法律实施状况不满的呼声日趋强烈，要求人民代表大会加强监督的呼声也日渐高涨。地方人民代表大会开始探索“一府两院”可以接受的监督形式。大约在 1986 年前后，河南、辽宁等省的县人大常委会开始组织人大代表对县政府部门下派乡镇的机构——“七站八所”的工作进行评议。这一监督形式在全国逐步传播开来。由于评议工作并没有明确的法律规定，有些地方这项工作本身开展得也不太规范，乃至有人对评议工作的合法性提出质疑，评议工作处于自我发展状态。

1992 年，彭冲副委员长在“人民代表大会制度研究和宣传工作座谈会”上指出：评议“一府两院”的活动，“实践证明是人民群众创造的社会主义民主政治建设的一种好形式，是代表执行职务进行监督的一个重要途径，也是密切联系群众和加强廉政建设的措施”。①全国人大常委会领导对评议工作的充分肯定，使评议工作很快成为全国各地人大普遍的监督方式。评议的范围越来越广，评议的级别越来越高，评议工作程度越来越深。现在，许多省级人大都开展了评议“一府两院”的工作，如海南省、陕西省开展对“一府两院”的工作进行评议，取得了显著效果。②

述职评议是从代表评议发展起来的一种特殊评议方式。它是地方人大常委会对任命的干部进行监督的有益尝试和探索。这项监督大约 1988 年从浙江杭州等地开始搞起来。述职评议就是常委会要求“一府两院”由自己任命的干部向它报告本届任职以来的执法、廉政等方面情况。由常委会组成人员在调查研究的基础上对其工作进行评议。常委会的评议意见反馈给述职干部，促其进行整改。述职评议在 1992 年以前只在少数几个省实行，大概到 1994 年前后，迅速在全国扩展。现有 20 多个省开展了对省级厅（局）负责人述职评议，全国的每个省都有部分县级人大常委会开展了这项工作。

---

① 《法制日报》1992 年 7 月 10 日。

② 参见《法制日报》1998 年 10 月 29 日。

1987 年前后，河北、河南等省人大常委会开始推行部门执法责任制的探索。90 年代初，吉林、河北等省人大常委会督促司法机关建立错案责任追究制度。另外，广东、湖北等省还创造了法律监督书的监督方式。这些监督方式由于其合法性有较多的存疑，因而使用范围有限。

人民代表大会监督工作的探索，极大地丰富了人大监督工作的内容，大大增强了人民代表大会的权威，扩大了人民代表大会在群众中的影响。

1989 年，七届全国人民代表大会第二次会议在总结过去几年人大监督工作经验的基础上，提出了加强人大监督的几点意见：

一是强调对财政监督的重要性，要求审查批准计划和预算及其执行情况，是人大对政府工作监督的重要内容。为做好审议，要求这些报告提前送交代表。计划预算一经批准，政府必须遵照执行。

二是肯定了听取审查工作汇报的监督方式。两个月一次常委会可根据需要听取审议国务院及其部委和“两高”的工作汇报。这是常委会工作监督的基本形式。听取汇报要认真审议，但一般不作出决议。

三是每年第三季度由国务院向常委会作计划预算执行情况的报告。

四是提出人大监督“两院”工作，不直接处理具体案件。对“两院”工作有意见可通过提质询或询问等方式，具体纠正错案，由法院、检察院严格依法去办。

对监督工作这些经验的总结，反映了当时人大对加强监督工作谨慎的积极探求态度。它表明全国人大常委会把监督工作摆上重要的议事日程，但非常强调监督权要严格依法行使。

80 年代后期，随着社会各界对加强法律监督的呼声日趋强烈，人大代表在人代会期间连续几年提出制定监督法的议案。1990 年，在中共十三届六中全会决定中和七届全国人大三次会议通过的全国人大常委会工作报告中提出要抓紧制定《监督法》。这年 5 月，在全国人大常委会办公厅成立了《监督法》起草组。经过 3 个多月的起草，完成了草案征求意见稿。该草案稿对人大监督的原则、监督的对象、内容和范围，监督的形式和程序，以及宪法监督、财经监督、人事监督、司法监督的范围和程序作了规定。监督草案在完善监督制度方面有些新的突破，如规定了宪法监督的内容和程序，包括对规范性文件的审查，接受违宪控告，裁决国家机关权限争议等方面的程序作了规定，使违宪审查有了可操作性。在听取工作报告方面，规定了工作报告两次不被通过，“一府两院”领导人就要承担责任，应向代表大会提出辞职。在计划预算监督方面，明确列举了代表大会应重点审查的项目，对常委会审查批准国家计划和预算所作部分调整的数量也作了明确的规定。草案还对撤职、弹劾、罢免程序作了规定。

《监督法》由于涉及人民代表大会与党和政府的关系这一政治体制问题，法律草案在提交全国人大常委会党组会议讨论时，可能是考虑到出台条件尚不够成熟，将其予以搁置。《监督法》虽然没有出台，但它的起草第一次对人民代表大会重建以来开展监督工作的经验进行了系统总结，推动了人大监督工作的研究和人大监督工作的开展。许多地方人大积极开展监督工作的探索，并在总结自己监督工作经验的基础上，制定了各种地方人大监督工作法规。这些法规有：一般监督工作条例，如某某省人民代表大会监督条例。还有一些特别性的监督法规，如执法检查条例、计划预算监督规定、对司法案件实施监督的规定、评议工作条例、述职办法等。地方监督法规的制定，对促进和规范地方人民代表大会的监督工作起了一定的作用，但也存在形式主义的问题，许多法规只是现行法律有关规定的转抄和综合，而缺少对有关监督权的具体化、程序化的内容，使得一些监督权仍难以操作而停留在纸上。

此后，制定《监督法》的呼声一直不绝于耳，每年全国人大会议期间都有若干代表团或代表联合提出制定《监督法》的议案。八届全国人大常委会立法规划也将其列入，但《监督法》实际上是难以提上日程，直到 1997 年九届全国人大换届选举前，委员长建议将《监督法》提上日程，组织班子进行了一些起草工作，但由于不久就换届了，《监督法》的起草再次搁置。

80 年代后期以来，加强人大监督的呼声强烈，反映了人民群众对法律实施状况的不满和对人大寄以希望。但是，把人大监督工作的加强和改善都寄希望于《监督法》的制定，是有些走入误区的。其实，人大监督不力的状况虽然与监督法律不完善有关，但主要并不是法律的问题，而是政治体制问题。我国的现行宪法和法律赋予了人民代表大会足够大的监督权，可是，那些要求制定《监督法》的地方人大并没有很好地去行使、用足法律上赋予它的权力，而是企图靠制定一个《监督法》一劳永逸地解决监督问题，是很不现实的。

二、九届全国人大监督的进展

90年代中期以来，人大监督工作取得了一些重要的新进展。全国人大常委会强调指出，要把对法律实施情况的监督工作放到与立法工作同等重要的位置上。随着依法治国，建设社会主义法治国家方略的确立，各级人民代表大会加强了监督工作的力度，已经敢于理直气壮地开展监督工作，而不是羞羞答答地讲监督了。形式多样的监督——执法检查、代表评议、述职评议、执法责任制、个案监督等，已在地方人大广泛使用。令人可喜的是，人民代表大会的监督工作开始出现一种向正确方向发展的趋势，这就是越来越多地采用宪法赋予人民代表大会的监督手段（如听取工作报告、质询等方式），重视加强对政府预算和财政的监督。

深圳市人大常委会1995年在全国率先成立了计划预算审查工作委员会，采取实际措施加强了对财政预算的监督。1996年又制定了《监督工作条例》，将监督权具体化、程序化。深圳市全面开展监督工作取得了显著成效。海南省人大常委会开展评议工作，监督省高院和省政府部门，纠正省高院的一起错案，查出了公路建设中的腐败违法行为，取得了突出效果。1996年，四川省人大向省高院提出了关于夹江县打假案的首例质询案。1999年2月，河南省人大向政府提出了“关于对住房制度改革实施情况的质询案”。这表明质询权在地方人大开始启动。1998年4月，武汉市人大常委会对《关于再就业工程实施情况的报告》说“不”，退回政府并责成政府改进工作后再报告。更多的地方人大常委会针对司法机关的严重腐败现象，进行“个案监督”，纠正了一些司法机关的错案，维护了司法公正。

1995年以来，全国人大常委会加强了执法检查工作的力度。全国人大环境与资源保护委员会以“中华环保世纪行”为主题的执法检查工作，连续6年开展，揭露了许多重要的污染环境和破坏资源的行为，推动政府采取了一系列的重大环保治理措施。如淮河治理零点工程等，“中华环保世纪行”的执行检查活动在全国产生重大影响，大大增强了公民的环保意识。近年，由副委员长亲自挂帅组织执法检查工作。如1995年有6位副委员长负责，组织了17个执法检查组重点检查了6个法律的执行情况。1996年有8位副委员长负责，组织了21个执法检查组，重点检查了5个法律的实施情况。这些检查都由副委员长亲自向常委会报告执法检查的情况。

第九届全国人民代表大会以来，在加强监督方面采取了一些新步骤：

1. 加强对政府财政预算的监督。对政府财政预算的监督，是议会监督的重要手段。而我国人民代表大会长期以来不太重视对预算的监督，审查监督预算完全停留在形式上。近年来，人民代表大会对政府财政预算的监督意识增强，并采取了一些积极措施：

一是九届全国人大二次会议决定成立了常委会预算工作委员会，从组织机构上加强常委会对计划预算工作的监督。

二是加强了对国民经济计划和预算部分调整方案的审批。我国宪法规定了国民经济计划和预算的部分调整要报全国人大常委会批准。但长期以来，计划和预算的调整政府常常是“先斩后奏”，甚至根本不奏。近年来开始注意将计划和预算的调整报人大常委会审批。如1998年九届全国人大常委会第四次会议和1999年九届全国人大常委会第十一次会议，分别两次审查批准了国务院要求增发国债和中央预算调整方案。

三是通过审计加强对预算的监督。根据审计法的规定，全国人大常委会从1996年开始，每年6月底的常委会要听取国家审计署“关于中央预算执行和其他财政、收支的审计工作报告”。报告中实事求是地揭露了国务院有关部门严重的违法违纪行为。前两年的审计报告，委员们对其中的违法行为虽有批评，但都不果而终。1999年的审计工作报告揭露财政部、水利部等部门的严重违法行为，引起常委会组成人员的强烈反应。全国人大财经委员会审议结果的报告要求国务院将有关违法违纪行为的查处情况在6个月后向常委会报告。

2. 加大了对司法监督的力度。为了顺应广大群众反对司法腐败，维护司法公正的要求，全国人大和地方人大都把目光投向对司法机关和对司法案件的监督。九届全国人大一次会议和九届全国人大二次会议由于人大代表对司法机关的腐败和不公正的不满，“两高”工作报告的得票率不高，对“两高”的工作有很大触动。促使“两高”采取了一系列的措施改进工作，接受人大代表的监督批评。

1999年9月，全国人大内务司法委员会听取最高人民法院和最高人民检察院的工作汇报，“两院”院长到会作汇报，委员长亲自到会听取汇报，并邀请了25个省级地方人大负责人到会对“两高”工作进行评议，对“两高”工作起到了极大的促进作用。地方人大常委会加大了对司法监督的力度，对司法案件的监督已普遍开展，全国人大常委会为规范对司法个案的监督，正制定“关于对审判、检察机关重大违法案件监督的决定”，它表明各级人大常委会将介入对司法机关具体案件的监督。人民代表大会对司法的监督，推动“两高”加紧进行司法制度的改革，以建立廉洁、公正的司法制度。

3. 加快监督立法的步伐。九届全国人大常委会已把《监督法》列入五年立法规划，委员长多次表示要抓紧制定《监督法》。由于《监督法》制定的难度较大，在《监督法》出台之前，计划先制定有关的单行监督规定。《关于加强中央预算审查监督的决定》和《关于加强经济监督工作的决定》已分别于九届全国人大常委会第十三次会议和第十四次会议审议通过。“关于对审判、检察机关重大违法案件监督的决定”已经常委会会议两次审议，因有不同意见暂时搁置。

这些单行监督法律的制定，必将有力地推动人民代表大会监督工作的发展。特别是“关于加强中央预算审查监督的决定”的制定令人欣喜。该决定对改善预算编制作了明确规定，要求政府坚持先有预算，后有支出，严格按预算支出的原则。将预算内容细化，将过去预算只分大类细化到款，按部门和单位列出预算。并要求提前编制预算。加强对预算调整、预算超收收入的使用和预算科目间资金调剂的监督。国务院调整预算应当编制调整方案，并于当年7月至9月内提交全国人大常委会审查和批准。超收的使用情况，也应向常委会报告。不同预算科目之间的调整要严格控制，特殊项目的预算调整，如农业、教育、科技、社会保险等的调整必须报全国人大常委会审查批准。

决定还加强了对中央预算执行的审计，明确了三点内容：一是要求审计不仅要审计预算资金使用是否合法，还要审计资金使用是否讲求效益；二是对部门决算进行审计；三是审计出来的问题要限时纠正处理；四是全国人大常委会可以要求国务院进行专项审计。这些措施的采取，必将使人大监督取得实质性的成效，并真正走上正轨。以上情况表明，我国的人大监督工作已开始进入一个广泛、深入和取得实效的新阶段。

三、监督权行使存在的问题

20 年来，我国人民代表大会的监督工作走过的是一条在艰难探索中不断前进的路。加强人民代表大会监督要冲破对监督工作存在的种种认识上抵触的思想障碍和体制上的束缚；要探索如何开展监督工作的理论和实践问题；还要克服人民代表大会机关和工作人员自身对监督工作的行政化和司法化的思想观念和工作作风。尽管有这么多的难处，但监督工作毕竟已经摆上了各级人大常委会的重要议事日程，并开始取得了明显的成效：一些地方人大抓住关系人民群众利益的重大问题和热点问题，听取“一府两院”的工作报告和工作汇报；开展对法律实施情况的检查监督工作，督促执法部门建立起执法责任制，以保障法律的实施；通过审查批准国民经济计划和预算的执行情况，审查批准计划和预算的部分调整方案，听取审议对预算执行情况的审计工作报告，强化了对政府财政经济工作的监督。通过行使质询权，开展代表评议和述职评议，督促“一府两院”及其工作人员认真履行职责，增强他们的公仆意识；通过受理人民群众的申诉、控告，开展对司法机关重大违法案件的监督工作，督促纠正了一些错案，在反对司法腐败和维护司法公正方面发挥了作用。

总之，人大监督权的初步行使，对落实宪法赋予人民代表大会的职权，树立人民代表大会国家权力机关的权威，对加强和完善人民代表大会制度有着重要的意义。但是，当前人大监督权的行使中也存在一些值得注意的问题：

一是人大监督权的行政化和司法化倾向。监督权是一种从旁察看的纠错机制，它不能代替、更不能干扰行政、司法机关的正常工作。由于一些地方人大的同志长期在党委、政府部门工作养成的工作作风，习惯于“发指示”、“管事情”，热衷于直接掺合行政和司法机关的事。比如在没有群众申诉的情况下，人大代表主动去评议法院或检察院的具体案件，甚至要对“两院”一段时期的案件进行普查；有的地方人大搞执法责任制时，人大常委会主任、副主任分别与“一府两院”领导人和行政部门负责人签订执法责任状，让“一府两院”对人大常委会主任、副主任负责，这就有悖人大监督权的特性。彭真委员长早在1986年谈到人大监督问题时指出，人大监督主要是法律实施的监督。他强调，人大讲监督，不要把由国务院、法院、检察院的事也拿过来。如果这样，就侵犯了国务院、法院、检察院的职权，而且第一我们管不了，第二也管不好。①

二是人大监督工作的标新立异倾向。20年来，地方人大为加强监督工作进行了许多有益的探索，这是应充分加以肯定的。没有人大工作者独立进行不懈的探索，就没有人大工作今天生气勃勃的新局面。

但是，有些地方人大在行使职权中，不在如何依现行宪法和法律规定的职权、行使职权的方式和程序上下功夫，而是喜好另辟蹊径、标新立异另搞一套监督。如有的地方人大搞所谓的“一体两翼监督制”这种花哨的东西；② 有的地方人大在法庭审判中设“人大监审团”等，让人大代表参与法庭审判；还有的人大主任签订立法责任状等。人大工作要讲严格依法办事，即依法定的职权、法定的方式和法定的程序开展工作。对各级人大来说，现在最需要的是敢于依法监督的勇气，以及法律意识和依法办事的水平，而不是“创新”的能力。如一些地方在执法检查中或审议预算审计报告中查出了不少违法行为，需要人民代表大会行使自己的职权，敢于对违法行为一追到底，让违法者承担应有的政治责任或法律责任。而我们有的地方人大往往对这些摆到人大桌上来的违法行为不去深究，而主动去找一些本不属于自己职责范围内的事去管。这就“荒了自家的田，种了人家的地”。这种倾向发展下去会使人民代表大会逐步失去它作为民主代议机关的性质。

三是人大监督工作中的“好高骛远”倾向。人大工作者常常有一

---

① 参见刘政、于友民等主编：《人民代表大会工作全书》，中国法制出版社1999年版，第1028页。

② 参见《方圆传真》，载《法制日报》1997年11月17日。

种抱怨，说人大监督法律不完善、手段不够，要求增加这个监督权、那个监督权。一片要求制定监督法的呼声，似乎制定了这个法律，人民代表大会的监督问题就迎刃而解了。这就有一点好高骛远。对宪法已赋予人民代表大会的权力不去认真地行使，却总想得到别的权力。比如宪法已赋予人大有罢免和撤职的权力，可几乎从来没有行使过。却还是有人要求给人大常委会弹劾权。这就好像一个原始的战士，有枪他不会开，有炮他不会打，他说还需要一支鸟铳。这种寄希望于监督法的心理实际上是一种对监督工作的依赖心理，总想通过国家立一个法律一蹴而就地解决所有的监督问题，这是不现实的。这也是一种行政观念在作怪，总觉得人大集体行使职权不够劲，总想法律给他一种个人的、能直接处理问题的权力。应该说现行宪法赋予人民代表大会的权力是足够的、适当的。需要我们善于行使法律明确赋予的权力，这就是听取工作报告、质询、特定问题调查、罢免等。只要这些权力充分行使起来，人大监督工作就有广阔的天地。

彭真同志早在 1987 年就告诫人大工作的同志，一不要失职，就是认真履行宪法赋予的职责；二不要越权，就是不要越俎代庖，干扰宪法规定由政府、法院、检察院分别行使的行政权、审判权、检察权，这是关系到严格依法办事的问题。① 当时彭真同志讲这个话的时候，人民代表大会工作还不存在越权问题，主要是失职，很多宪法上的职权没有行使起来，现在，随着人民代表大会地位提高，权威性加强，人大监督不仅有失职问题，还要注意越权问题。人民代表大会如果越权滥用权力，不仅不利于树立人民代表大会的权威，相反，会影响人民代表大会的地位和权威。

---

① 参见刘政、于友民等主编：《人民代表大会工作全书》，中国法制出版社 1999 年版，第 1031 页。

论国家权力机关对行政机关的监督①

对行政权力的有效监督是法治国家的核心问题。立法机关对行政权力的监督是对行政权力控制的重要方面。我国的人民代表大会对行政权力的监督又具有特别的意义，因为在我国的人民代表大会制度下，政府是由人民代表大会产生、对人民代表大会负责，并受人民代表大会监督的执行机关。各级人民代表大会及其常委会为保证行政机关依法行政，防止行政机关滥用权力，通过法定的方式和程序，对由它产生的行政机关实施监督，以维护人民的根本利益。人民代表大会对行政权力的监督，从根本上说，是人民行使当家作主、参与国家事务权力的重要体现。从这种意义上说，人民代表大会对行政权力实施监督的范围和内容是非常广泛的，它主要控制行政权力行使的界限和监督其合法性。相对于其他监督形式，人民代表大会的监督是一种宏观的、综合性的监督；它是法律性的监督，但也带有政治性的监督；它包括具体行政行为②的监督，也包括抽象行政行为的监督。

一、国家权力机关对行政机关监督的理论

议会对行政权的控制，是各国宪政和行政法治的重要内容。西方国家议会对行政权控制的理论渊源是以人民主权理论和分权制衡理论为主要内容的代议制理论，而我国国家权力机关对行政机关的监督理论，其直接来源是马列主义人民代议制思想及其民主集中制理论。

---

① 原文登载于应松年教授主编的《当代中国行政法》，中国方正出版社 2005 年版。作者蔡定剑和董珍祥，董珍祥系全国人大常委会办公厅秘书。

② 人大对政府具体行政行为的监督主要是对政务类公务员的行为，而不是对一般事务类公务员的行为。

（一）国家权力机关对行政机关监督的宪政理论

1. 西方国家议会对行政权力监督的理论

议会对行政权力进行控制监督，是西方代议制理论的核心内容。以19世纪英国政治思想家J·S·密尔为代表的西方代议制理论认为，代议制是人民控制政府的根本方法。他在《代议制政府》一书中提出："代议制政体就是全体人民或一大部分人民通过由他们定期选出的代表行使最后的控制权。这种权力在每一种政体都必定存在于某个地方。他们必须完全握有这个最后的权力。无论什么时候，只要他们高兴，他们就是支配政府一切行动的主人。"①

从理论上讲，以代议机关为核心的代议制度是表达民意并从而敦促民意实现的基本制度。詹姆斯·密尔（老密尔）认为，"代议制民主是防止压迫的唯一保障，是监督统治者的唯一手段"。② 约翰·密尔认为，议会不能直接干预行政和司法活动，主张议会不应重管理而应重监督控制。他说："代议制议会的适当职能不是管理——这是它完全不便行使的——而是监督和控制政府：把政府的行为公开出来，迫使其对人们认为有问题的一切行为作出充分的说明和辩解；遣责那些该受责备的行为，并且，如果组成政府的人员滥用职权，或者履行责任的方式同国民的明显舆论相冲突，就将他们撤职，并明白地或事实上任命其后继人。"③ 代议机关对政府的监督控制，实质上为了保障人民对政府进行监督控制，从而一方面提供保持政治领导人公开地对他们的行为负责的途径，另一方面提供非暴力替换领导人的机制。④

议会对行政权力进行控制监督之所以成为代议制的核心内容，其根据在于西方代议制理论坚持了两大原则，即人民主权原则和权力分立制衡原则，前者是议会需要对行政权力进行控制监督的前提和基础，后者则是议会对行政权力实施控制监督的关键和主要内容。

---

① ［英］约翰·密尔：《代议制政府》，商务印书馆1982年版，第68页。

② 《布莱克维尔政治学百科全书》，中国政法大学出版社1992年版，第474页。

③ ［英］约翰·密尔：《代议制政府》，商务印书馆1982年版，第80页。

④ See A. H. Birch, Representation, London, Pall Mall Press Ltd, 1971, pp. 107～108.

（1）人民主权原则。人民主权就是指国家中的绝大多数人拥有国家的最高权力。在人类社会发展史上，人民主权观念很早就有。但人民主权作为一项原则是资产阶级革命以后的事。英国思想家洛克在分析批判布丹、霍布斯“君主主权”的基础上，提出“议会主权”的思想；卢梭进一步发展了资产阶级主权理论，提出了人民主权学说。英国资产阶级革命时期，独立派的思想家阿里卓尔南·锡德尼主张人民主权原则。他认为，权力只有一个唯一合理的根据，那就是人们以自己的目的而订立的自由协议。人们在建立国家政权的时候，依照维护共同利益所必不可少的尺度限制自己的自由，但人民享有建立和推翻政府的权利。另一思想家乔治·劳森认为，一切政治权力应该属于人民。“人民主权是最后的、固有的和不可剥夺的，它表现为一种所有权。”只有在为了全体人民的利益时，权力才能给予政府。只有通过共同体的默契或表示，权力才能获得。主权总是在人民之中。① 在此基础上，卢梭以“自然状态”和“社会契约”理论为指导，提出“主权是公意的具体表现”的思想，认为：人民的公意表现为最高权力；人民是国家最高权力的来源，国家是自由的人民根据契约协议的产物，而政府的权力都是人民授予的；国家的主人不是君主，而是人民，治理者只是受人民的委托。因而主权只能属于人民。

人民主权原则是资产阶级民主制度的核心，是资产阶级领导人民反对封建王权，推翻封建专制统治的理论根据之一。几乎每个资产阶级国家建立过程，都以不同形式确立了这一原则。1776 年美国《独立宣言》宣布人的天赋权利不可转让；1789 年法国《人权宣言》宣布“整个主权的本原主要是寄托于国民”。西方国家在形式上一般都承认人民主权，并将其作为资产阶级民主的一项首要原则，在宪法中明确规定主权在民。如法国第五共和国宪法规定“国家主权属于人民”；日本 1946 年宪法规定“兹宣布主权属于国民”；前联邦德国基本法规定“主权属于人民”等。②

人民主权原则也是马克思主义代议制思想的基础，是我们今天一

① 参见朱利安·H·弗兰克林：《约翰·洛克和主权理论》，转引自周叶中：《代议制度比较研究》，武汉大学出版社 1995 年版，第 79 页。

② 参见周叶中：《代议制度比较研究》，武汉大学出版社 1995 年版，第 82 页。

切权力属于人民、人民当家作主理论的来源。

(2) 分权制衡原则。它是资产阶级确立的一项以代议机关为中心的国家机关体系组织活动原则。这一项原则是逐步确立和完善的。分权思想源于古希腊亚里士多德，他把政府权力分为讨论、执行、司法三要素。到罗马时代，思想家波里比阿提出“混合政府论”，认为罗马政体应为代表君主的执政官、代表贵族的元老院及代表民主的人民代表会议互相牵制和均衡。近代分权思想是由洛克提出，经孟德斯鸠发展完成的。洛克根据自然法则和人类理性观念，提出了立法权、执行权、外交权分立的思想。孟德斯鸠根据社会契约论思想提出立法、行政、司法权在国家整体权力中的合理配置。受洛克、孟德斯鸠思想的影响，西方国家在建立自己国家制度的时候，都或明或暗地采取了“三权分立”的体制。比如，英国实行君主立宪制，名义上国王是国家元首，但现实生活中，内阁和首相掌握实质性权力；尽管在法律地位上，议会是至高无上的，但这种法律地位并没有任何宪法性文件的规定，只是一种习惯的表示，是人民对它的默认；实际上，议会、王室、内阁各有各的角色，它们在英国政治中发挥着不同的作用。① 法国《人权宣言》称“凡权利无保障或分权未设立的社会，就没有宪法”。实行立法、行政、司法权力分立，比较典型的首推美国。美国宪法规定，国会掌握立法权，行政权属于总统。国会实施对行政权的监督和控制，其理论根据大致有两方面。

①从政治上讲，美国是标榜民主政治和自由主义的国家。民主政治一个基本理念就是统治者的权力来自被统治者的同意，这一理念确立在1776年的美国《独立宣言》中。其具体内容：统治者必须对被统治者负责，为被统治者的利益而行使权力，接受统治者的控制和监督。而行政统治者人数众多，不能每人单独追问统治者的责任。凡实行代议制的国家，统治者要对被统治者负责，实际上表现为非民选的官员对民选的代表负责。在美国联邦政府中，民选的代表只有总统和国会。在联邦政府中，统治者对被统治者负责分为两个步骤：非民选官员受总统和国会的控制和监督，总统和国会受全体选民的控制和监督。国会对行政的控制是民主政治的表现形式。

---

① 参见刘建飞等编著：《英国议会》，华夏出版社2002年版，第15～18页。

②从宪法上讲，美国宪法受孟德斯鸠分权思想的深刻影响。孟德斯鸠认为，根据历史经验，有权力的人倾向于滥用权力，这是人性的一个弱点。他主张建立一个温和的政府以保障公民的自由。为达到这一目的，最好的方法在于以权力制约权力。孟德斯鸠认为国家有立法、行政、司法三种权力，三种权力应当分立，互相制约；而且权力分立和相互制约是不可分离的，是同一事物的两个侧面。这些思想体现在美国宪法中。美国制宪时期的重要政治活动家麦迪逊的思想具有代表性。麦迪逊认为："孟德斯鸠并不认为政府的各部门应当没有任何属于其他部门的活动，或者对其他部门的活动没有任何控制。"① "防止各种权力逐渐集中于一个部门的最大保障，在于给予每一部门的主管者必要的宪法手段和个人动机以抵制其他部门的侵犯。野心必须用野心来对抗。"② 国会对行政的控制是维持分权原则，保持立法部门和行政互相平衡的宪法手段。此外，美国之所以比较彻底地实行"三权分立"体制还有历史方面的原因：美国在殖民地时期，行政官员只对英王负责，不能反映人民的利益。美国人民在争取自由的过程中，逐渐形成一种信念，不能把个人或集体的命运交付于他们很少能够控制的行政官员。行政官员不能很好地反映人民的利益，所以他们转向民选的代表，以保护他们合法的利益。如果议员不能履行这方面的任务，则议员的政治生涯很难继续存在。③ 根据美国宪法，国会对行政机关具有组织的权力，授予进行活动的权力，监督行政活动的权力。

由于建立国家所处的时代和历史背景的不同，近代各国议会设置的对行政权力控制监督的制度是有差别的。但不论是英国的"政府统治，议会监督"，还是美国的"分权与制衡"，议会对政府的控制和监督的方式、程序虽然千差万别，但其实质性功能在几百年的发展历程中并未改变。威尔逊说过："严密监督政府的每项工作，并对所见到的一切议论，乃是代议机构的天职。它应该是选民的耳目和代言

---

① Alexander Hamilton, James Madison, John Jay: The Federalist Papers, No. 47.

② Alexander Hamilton, James Madison, John Jay: The Federalist Papers, No. 51.

③ 参见王名扬：《美国行政法》（下），中国法制出版社 1995 年版，第 892 ~ 893 页。

人，应能体现选民的智慧和意志。如果不是国会拥有并运用能对政府行政官员的行为和气质进行了解的一切手段，全国民众是无法知道这些官员们是怎样为他们工作的。如果不是国会对这些情况进行检查，并通过各种形式的议论进行细微的审查，全国民众对他们应该了解和给予指导的、最重要的大事，仍是一无所知。”① 议会对行政权力的控制和监督是现代议会的重要职能。

2. 人民代议机关对行政权力监督的理论基础

西方国家政权组织制度的基本原则是分权制衡。而我国人民代表大会的组织原则是民主集中制。在民主集中制下，代议机关是国家权力机关，它负有对行政机关监督的职责，这一理论根源于马克思主义的代议制理论。

马克思在总结巴黎公社经验时，就明确提出新型无产阶级国家建设的理论。他指出：“公社必须由各区全民投票选出的城市代表组成，这些城市代表对选民负责，随时可以撤换。其中大多数自然会是工人，或者是公认的工人阶级的代表。它不应当是议会式的，而应当是同时兼管行政和立法的工作机关。警察不再是中央政府的工具，而应成为公社的勤务员，像所有其他行政部门的公职人员一样由公社任命，而且随时可以撤换；一切公职人员像公社委员一样，都只应领取相当于工人工资的薪金。法官也应该由选举产生，随时可以撤换，并且对选民负责。一切有关社会生活事务的创议权都留归公社。总之，一切社会公职，甚至原应属于中央政府的为数不多的几项职能，都要由公社的官吏执行，从而也就处在公社的监督之下。”② 根据这一论述，我们可以清晰地看到，马克思对新型国家政权建设的基本观点是：新的人民代议机关是同时兼管行政和立法的工作机关，而非资产阶级议会式的“清谈馆”；这一代议机关是由选民直接选举产生并直接受到选民监督的，它任命政府官员并对他们实行监督；代议机关掌握一切社会生活事务的创议决定权。

在谈到如何防止国家政权蜕变时，恩格斯也是强调人民对政府机

---

① ［美］威尔逊：《国会政体——美国政治研究》，商务印书馆 1986 年版，第 167 页。

② 《马克思恩格斯全集》第 17 卷，人民出版社 1963 年版，第 646 页。

关的监督，认为监督是防止新型国家蜕变的重要措施之一。他在《“法兰西内战”一书导言》中提出：“为了防止国家和国家机关由社会公仆变为社会主宰——这种现象在至今所有的国家中都是不可避免的——公社采取了两个正确的办法。第一，它把行政、司法和国民教育方面的一切职位交给由普选选出的人担任，而且规定选举者可以随时撤换被选举者。第二，它对所有公职人员，不论职位高低，都只付给跟其他工人同样的工资……这样，即使公社没有另外给各代议机构的代表规定限权委托书，也能可靠地防止他们去追求升官发财了。”① 同时，恩格斯提出防止新的国家公职人员蜕变的根本措施就是两条：一是人民对他们的选举和监督，二是取消他们的经济特权。

可见，在马克思的国家政权建设理论中，人民代议机关对政府官员的监督受到特别的强调。它被看成是与资产阶级虚假的议会制不同，保证人民的议会真正为人民所掌握的根本所在。

3. 民主集中制的政权组织原则

我国行政权力要受到强有力的监督，是在民主集中制理论基础上建立的。民主集中制是我国人民代表大会制度的组织原则。民主集中制原则的本质就是“人民当家作主”。在我国，人民是国家的主人，享有管理国家事务、管理经济和文化事业，管理社会事务的权力。我国宪法第2条规定，“中华人民共和国的一切权力属于人民”（第1款）；“人民行使国家权力的机关是全国人民代表大会和地方各级人民代表大会”（第2款）；“人民依照法律规定，通过各种途径和形式，管理国家事务，管理经济和文化事业，管理社会事务”（第3款）。这条规定就是对“人民当家作主”思想的最好诠释。

“人民当家作主”的思想可以一直追溯到“主权在民”理论。“主权在民”是近代资产阶级启蒙思想家在反封建专制斗争中提出的一个口号，它是针对封建社会“主权在君”而提出的，其目的是号召全社会的人们起来同封建专制作斗争，所以它宣布新政权要按照主权归属于人民的原则来组织。如何“主权在民”呢？资产阶级创造了代议制的形式，即让人民选举代表机构，由它来行使人民委托给它的权力，由它来制定法律，并监督国家统治者的执行。“主权在民”

① 《马克思恩格斯全集》第22卷，人民出版社1965年版，第228页。

也是现代资产阶级国家议会的基本原则。当然由于资产阶级私有制的社会基础，决定了多数人不可能参加国家政权，“主权在民”不能真正成为现实。

中国民主革命的先驱孙中山在深刻分析西方资产阶级国家由少数人玩弄政权的弊端，提出要把政权“完全交到人民的手里”，真正让人民去“管理国事”。那么，如何组织政权才能达到这一目的呢？孙中山创立了“民权”与“治权”分立，同时两者相互监督的政权组织形式，即由人民掌握“民权”，统治者掌握“治权”，但“治权”归属于“民权”，由“民权”决定。但由于历史条件决定，孙中山的理想并没有实现。

马克思主义者在吸收资产阶级启蒙思想家“主权在民”的思想、总结资产阶级民主政权建设实践的基础上，提出国家一切权力归属于广大劳动人民的观点，并把它作为政权建设的根本原则。实现这一原则的方式就是由人民选举一个代表机关，赋予代表机关掌握国家的一切权力、进行国家事务的管理，由人民对这个机构及其人员实施监督罢免。这种形式在我国就表现为人民代表大会制度。

人民代表大会制度体现了广泛的民主，是人民当家作主的最好组织形式。中国有12亿多人口，这样多的人不可能都直接行使管理国家的权力，总得有个适当的政权组织形式。这个形式就是全国人民代表大会和地方各级人民代表大会。它能够便利人民行使自己当家作主的政治权利，能够便利人民群众经常地通过它参加国家的管理，从而得以充分发挥人民群众的积极性和创造性。彭真说：人民代表大会是“全国人民管理国家的基本组织形式，是政权工作从群众中来到群众中去的基本组织形式。老百姓管理政府是靠这一条，政府把老百姓动员起来做事情也是靠这一条”。①

民主集中制原则的内容。民主集中制是由列宁首先提出的。在当时的历史条件下，多是针对地方自治，反对官僚评论和无政府主义时提及的。1945年，毛泽东同志在《论联合政府》中，对民主集中原则的内容作了阐述，即“在民主基础上的集中，在集中指导下的民

---

① 彭真：《论新时期的社会主义民主与法制建设》，中央文献出版社1989年版，第328页。

主”。他说讲民主是指人民代表大会决定大政方针，选举政府，使各级人大有高度权力；讲集中是指政府集中处理被各级人民代表大会所委托的一切事务。所以，在国家政权意义上使用民主集中制原则，就是围绕“代表机关与人民，代表机关与其他机关”的关系展开。具体表现在：

（1）全国人民代表大会和地方各级人民代表大会都由民主选举产生，对人民负责，受人民监督。通过民主选举，由人民选出自己的代表，并能控制和监督这些代表。这种选举，实质上是一种权力委托，即把本来属于人民的权力委托给自己选出的代表，由这些代表组成国家权力机关——人民代表大会去行使国家权力。民主选举是人民当家作主的前提和重要内容。它表明了人民代表大会权力的来源，即这种权力来自人民。人民代表大会必须代表人民的利益和意志行使权力，人民可以依照法定程序，罢免自己选出的代表。

（2）人民代表大会按照民主原则和程序决定问题。人民代表大会行使权力是通过会议的形式进行的，代表个人不能单独行使权力。在审议议案时，代表都可以充分发表意见，决定问题时每个人只有一票的权利。全国性的重大问题经过全国人民代表大会讨论决定，地方的重大问题经过地方人民代表大会讨论决定，而不是由个人或少数几个人决定。这样才能使国家权力最终掌握在全体人民手中。

（3）国家机关及其工作人员接受人民的监督。国家行政机关、审判机关、检察机关都由人民代表大会产生，对它负责，受它监督。为什么人民代表大会有这种权力？它的权力合法性基础是什么？是因为人民代表大会产生于人民，最终受人民监督。所有的国家机关都要受人民监督，但是，人民对行政等国家机关的监督主要还是通过代表大会的途径实现的。

当然，我国宪法还规定，公民对一切国家机关及其工作人员，都有提出批评、建议的权利，对他们的违法失职行为有检举、控告、申诉的权利。

（4）各少数民族在民族自治区域内，行使自治权。根据我国宪法和有关法律的规定，我国在少数民族聚居的地区实行民族区域自治制度，少数民族在平等参与国家政治、经济、文化事业管理中，依法享有自治权。

在民主集中制为组织原则的人民代表大会体制中，行政权力应受到最强有力的监督，人民代表大会选举产生政府，政府要向人民代表大会负责并报告工作，这种监督是全面的，既有宏观的计划和预算的监督、法律实施的监督，也有具体的执法行为和行政行为责任监督。

（二）国家权力机关与行政机关的监督关系

国家行政机关由人民代表大会产生，对它负责，受它监督。这是人民代表大会同行政机关的法定的基本关系。国家机关从本质上看是统一的、不可分的，但就它的具体内容来看是可以分解的。大体上说，人民通过人民代表大会行使的国家权力可以分解为两部分：一部分是由人民代表大会直接行使的，它体现为宪法和法律规定的各级人民代表大会的职权（主要是立法、决定重大问题、选举和任免国家机关组成人员、监督等具有决定意义的权力）；另一部分则由全国人民代表大会通过制定宪法和法律，授予由各级人民代表大会所产生的国家机关分别去行使，其中很重要一部分是由政府行使行政权。国家行政机关由人民代表大会产生，其权力是经宪法授予的，因而他们必须对人民代表大会负责，受人民代表大会监督，决不能脱离或者违背人民代表大会的意志而进行活动。

中国是社会主义国家，可以而且必须由人民代表大会统一行使国家权力；同时，在这个前提下，明确划分国家的行政权、审判权和检察权，使各个国家机关能够在各自的职权范围内进行工作。国家机构的这种合理分工，既可以避免权力过分集中，又可以使各项工作有效进行。在法律的制定和重大问题的决策上，必须由国家权力机关，即全国人民代表大会和地方各级人民代表大会，充分讲民主决策，以求真正集中和代表人民的意志和利益；而在它们贯彻执行上，则必须实行严格的责任制，以求提高工作效率。我国之所以如此，是因为人民代表大会、政府等国家机关都是代表人民利益、为人民服务的，他们的根本目标相同，只是分工不同，职责不同。人民代表大会同政府之间的关系不是对立的，而是监督与被监督的关系。这种监督既是一种制约，也是支持。它可以使政府的工作以人民代表大会作依靠，获得强有力的支持；又可以把政府的工作置于人民代表大会的有效监督之下，尽可能地避免失误。

（三）国家权力机关对行政机关监督的必要性

我国的国体和政体，决定了只有人民才是国家的主人。《宪法》明确规定，人民行使国家权力的机关是全国人民代表大会和地方各级人民代表大会。国家权力机关在国家体制中居于核心地位，国家的行政机关由它产生，对它负责，受它监督。人大及其常委会的权力直接来自人民，它能够对国家的一切重大问题作出决定并监督其实施，其他国家机关不能脱离或者违背人大及其常委会的意志而进行活动。

国家权力机关监督权的实质是什么？概言之，就是以权力制约权力。以权力制约权力的思想，是资产阶级理论家、思想家在反对封建专制主义的斗争中提出来的。英国历史学家约翰·阿克顿针对罗马教皇发布其“统治和权威至高无上的信条”时曾指出：“权力有腐败的趋势，绝对的权力绝对地腐败。”① 英国哲学家约翰·洛克也提出：“为防止政府滥用权力，应把国家政治权力分为立法权、执行权和联盟权。这个立法权不仅是国家的最高权力，而且当共同体一旦把它交给某些人时，它便是神圣的和不可变更的；如果没有得到公众所选举和委派的立法机关的批准，任何人的任何命令，不论采取什么形式或以任何权力做后盾，都不能具有法律效力和强制性。”② 法国政治学家孟德斯鸠进一步提出：“……一切有权力的人都容易滥用权力，这是万古不易的一条经验……要防止滥用权力，就必须以权力约束权力。”③ 应当肯定资产阶级思想家、理论家所提出的分权制约理论是有进步意义的，这应视为人类政治文明发展的一个组成部分。因为它代表了新兴资产阶级同封建贵族分权的政治要求，为维护资产阶级的阶级意志，找到了一种政治统治形式。其后，许多资本主义国家就是依据权力制衡的分权学说，建立了议会、政府和法院三权分立的制度。

我国是人民民主的社会主义国家，当然不能照搬西方三权分立的制度。但是，从巴黎公社以来的历史经验证明，社会主义国家也必须

---

① 转引自王力群：《宪政体制与人大监督专题研究》，载全国人大常委会办公厅研究室编《人大监督专题研究》（内部材料），第353页。

② ［英］约翰·洛克：《政府论》（下篇），商务印书馆1964年版，第82页。

③ ［法］孟德斯鸠：《论法的精神》（上册），商务印书馆1982年版，第154页。

建立起依法行使权力的制约机制和监督机制。社会主义政权建设的先哲们都曾对此有过论述。在无产阶级夺取政权后，为了防止社会公仆变成社会主人，为了避免可能出现的权力主体与权力行使者脱节的现象，必须加强人民对国家权力的监督，使社会公仆置于社会主人的有效制约之下。1871 年 4 月，马克思在总结巴黎公社历史经验时指出，公社“彻底清除了国家等级制，以随时可以罢免的勤务员来代替骑在人民头上作威作福的老爷们，以真正的责任制来代替虚伪的责任制，因为这些勤务员总是在公众监督之下进行工作的”。① 1918 年 4 月，列宁在谈到如何防止苏维埃政权受官僚主义毒害时，特别强调了加强人民监督的重要性，他说：“正是苏维埃同劳动‘人民’的亲密关系，造成一些特殊的罢免形式和另一种自下而上的监督，这些现在应该大力加以发展。”② 列宁认为，要使苏维埃机关的工作真正体现人民的利益，防止领导干部特别是最高机关的领导干部滥用权力，一个重要条件就是通过讨论、检查、批评、检举，乃至罢免等多种形式，对国家机关及其工作人员实行严格监督。③

1945 年 7 月，毛泽东同志在中国革命胜利前夕，同黄炎培先生有一段发人深思的谈话。黄炎培先生说：“我生六十多年，耳闻的不说，所亲眼看到的，真所谓‘其兴也悖焉’，‘其亡也忽焉’，一人，一家，一团体，一地方，乃至一国，不少单位都没有能跳出这周期率的支配力……一部历史，‘政怠患成’的也有，‘人亡政息’的也有，‘求荣取辱’的也有。总之，没有能跳出这周期率。”毛泽东同志回答说：“我们已经找到新路，我们能跳出这周期率。这条新路就是民主。只有让人民来监督政府，政府才不敢松懈。只有人人起来负责，才不会人亡政息。”④ 1957 年 4 月，邓小平在《共产党要接受监督》一文中指出：“宪法上规定了党的领导，党要领导得好，就要不断地克服主观主义、官僚主义、宗派主义，就要受监督，就要扩大党和国

---

① 《马克思恩格斯选集》第 3 卷，人民出版社 1995 年版，第 96 页。

② 《列宁选集》第 3 卷，人民出版社 1995 年版，第 506 页。

③ 参见《列宁选集》第 3 卷，人民出版社 1995 年版，第 526～527 页。

④ 转引自薄一波《若干重大决策与事件的回顾》（上卷），中共中央党校出版社 1991 年版，第 156～157 页。

家的民主生活。如果我们不受监督，不注意扩大党和国家的民主生活，就一定要脱离群众，犯大错误。"① 其后，改革开放之初，邓小平总结了历史的经验教训，深刻提出要防止干部队伍发生腐败，颠倒"主人"和"公仆"的位置，必须建立、健全人民群众监督制度。他说，"有一些干部，不把自己看作是人民的公仆，而把自己看作是人民的主人，搞特权，特殊化，引起群众的强烈不满，损害党的威信，如不坚决改正，势必使我们的干部队伍发生腐化……要有群众监督制度，让群众和党员监督干部，特别是领导干部。凡是搞特权、特殊化，经过批评教育而又不改的，人民就有权依法进行检举、控告、弹劾、撤换、罢免，要求他们在经济上退赔，并使他们受到法律、纪律处分"。②

历史和实践都证明，掌握权力而不受监督，必然走向腐败。拒绝人民监督，权力愈重，腐败愈深。反腐败必须从源头上解决问题。上述一系列论述告诉我们，加强人民监督——现阶段最主要的途径体现为人民代表大会的监督。这种政权体制的监督，对于完善国家政治体制，防止干部腐化，保证国家机器正常运转，乃至跳出历史兴衰存亡的周期率，具有十分重要的意义。

而且，国家权力机关对行政权力的监督还具有特别的意义。这是因为行政权力具有更强的易滥用和易腐蚀性。现代社会管理事务日益繁重，行政机关的权力处于不断膨胀的态势。代议制机关及其行政权力的过程，受到了威胁。如何使现代政府这匹"烈马"能够为代议机关所驾驭，已是非常迫切的事情了。同样，处于不断改革和建设进程中的中国人民代表大会如何更好地控制和监督各级行政机关，应当说是一个特别重大的问题。

二、权力机关对行政权力的监督内容

（一）对政府工作的宏观监督

1. 听取政府工作报告

听取和审议政府工作报告，是国家权力机关对政府工作进行全面

---

① 《邓小平文选》第1卷，人民出版社1994年版，第270页。

② 《邓小平文选》第2卷，人民出版社1994年版，第332页。

监督的基本形式。这里主要是指各级人民代表大会听取和审议本级政府的《政府工作报告》。报告通常由行政机关首长作出。政府工作报告的内容主要包括两部分：前一部分是对过去一年或五年工作情况及经验的总结；后一部分是对今后工作的安排或建议。报告首先由报告人开宗明义地说明报告的对象、报告的主体、报告的主要内容等。然后，报告人就政府所负责的各项事务，包括经济、政治、文化等各个方面，分条逐项地向代表作出汇报。但是，当在五年或十年经济计划和规划的时候，由政府只向人代会提交“国民经济和社会发展五年计划（十年规划或国家中长期目标纲要）”的报告，不作政府工作报告。

我国现行《宪法》第92条明确规定：国务院对全国人民代表大会负责并报告工作；第110条规定：地方各级人民政府对本级人民代表大会负责并报告工作。自人民代表大会制度建立以来，全国和地方各级人民代表大会依照宪法和法律的规定，在人代会上听取和审议政府工作报告。

经过20多年的实践，人代会听取和审议政府工作报告已经形成了较为完善的制度。主要做法是：（1）会前初审与会议审议相结合。有的地方将政府工作报告的征求意见稿，由代表团在当地组织代表集中阅读和审议，将所提意见反馈给政府；政府根据这些意见进行修改，使提交大会审议的报告更加符合实际。有的地方将报告草稿，在人代会召开前20天或30天印发代表，使代表有比较充裕的时间提前审阅，更好地征求和反映选民的意见。（2）大会期间，代表围绕提请会议审议的报告，严肃认真地提出意见和建议，使政府的决策更具有科学性和可操作性。（3）重视审议意见的办理落实工作，督促政府有关部门将代表审议意见吸收到修改的报告中去。有的地方人大还将代表的发言综合整理成书面审议意见，交由政府有关部门办理，并跟踪监督，要求有关部门反馈办理结果。①

2. 审查批准国民经济和社会发展计划

审查和批准国民经济和社会发展计划及计划执行情况的报告，是

---

① 参见路可浩等：《代表大会审议工作报告专题研究》，载全国人大常委会办公厅研究室编《人大监督专题研究》（内部材料），第119～120页。

人大及其常委会对政府进行工作监督的重要内容。这项监督制度的内容，主要是：全国人民代表大会行使审查和批准全国的计划和计划执行情况的报告的权力；县级以上各级人民代表大会行使审查和批准本行政区域内的计划和计划执行情况的报告的权力；乡镇人民代表大会行使根据国家计划决定本行政区域内的经济、文化事业和公共事业的建设计划的权力；全国人大常委会行使在全国人民代表大会闭会期间，审查和批准计划在执行过程中所必须作的部分调整方案的权力；地方各级人大常委会行使根据本级人民政府的建议，决定本行政区域内计划的部分变更的权力。《宪法》第62条第9项规定，全国人民代表大会有权审查和批准国民经济和社会发展计划和计划执行情况的报告。《宪法》第67条第5项规定，在全国人民代表大会期间，全国人大常委会有权审查和批准国民经济和社会发展计划执行过程中所作的部分调整方案。《宪法》第99条第2款规定，县级以上地方各级人民代表大会审查和批准本行政区域内的国民经济和社会发展计划的报告。《全国人民代表大会议事规则》第31、32、33条规定：全国人民代表大会会议举行的1个月前，国务院有关主管部门应当就国民经济和社会发展计划及计划执行情况的主要内容，向全国人大财经委员会和有关的专门委员会汇报，由财经委员会进行初步审查；全国人代会每年举行会议的时候，国务院应当向会议提出关于国民经济和社会发展计划及计划招待情况的报告，并将国民经济和社会发展计划主要指标（草案）一并印发会议，由各代表团进行审查，并由财经委员会和有关专门委员会审查；财经委员会根据各代表团和有关的专门委员会的审查意见，对关于国民经济和社会发展计划及计划执行情况的报告进行审查，向主席团提出审查结果报告，主席团审议通过后，印发会议，并将关于国民经济和社会发展计划的决议草案提请大会全体会议表决；有关专门委员会的审查意见应当及时印发会议；国民经济和社会发展计划经全国人民代表大会批准后，在执行过程中必须作部分调整的，国务院应当将调整方案提请全国人大常委会审查和批准。《地方组织法》第8、9条规定，县级以上地方各级人民代表大会有权保证国家计划在本行政区域内执行，有权审查和批准本行政区域内的国民经济和社会发展计划及其执行情况的报告；乡、镇人民代表大会有权根据国家计划，决定本行政区域内的经济、文化事业和公共事业的建设计划。《地方组织法》第 44 条规定，县级以上地方各级人大常委会有权根据本级人民政府的建议，决定对本行政区域内的国民经济和社会发展计划的部分变更。

2000 年 3 月 1 日，九届全国人大常委会第十四次会议通过了《全国人大常委会关于加强经济工作监督的决定》。这个决定，依据宪法和有关法律，总结多年来的实践经验，对计划审查监督制度作了一些具体规定，主要是对国家年度计划、五年计划、长远规划的审查和批准，对全国人大财经委员会审查国家年度计划草案和计划报告的重点，对国家特别重大建设项目的审议和决定，对计划执行中的部分调整以及对经济工作的经常性监督等方面作了一些规定。据初步统计，全国省级人大及其常委会在监督国民经济和社会发展计划方面的专项地方性法规有 6 件，含有这方面规定的综合性监督法规有 24 件。① 从实践情况看，人大对计划的审查和批准的程序主要是：一是提前介入，做好计划的初审工作。目前我国的各级人民代表大会会议会期较短，不可能有比较充裕的时间对内容十分浩繁的计划进行深入的、细致的、具体的审查。在这种情况下，各级人大特别是地方人大在代表大会召开前，要由人大有关专门委员会或人大常委会或由人大常委会委托有关工作机构，对政府准备提请大会审议的计划草案或编制中的计划草案的主要部分、主要内容进行初步审查。二是普遍采取“一揽子”的方式审查和批准。具体是：政府的计划草案向人大整体性提交；代表大会各代表团和人大有关专门委员会作整体性审议；代表大会全体会议就决定批准计划草案的有关决议草案进行整体性表决。

3. 听取政府专题工作汇报

听取专题工作报告包括人民代表大会听取和审议专题工作报告和人大常委会听取的某一方面的工作报告或汇报。

关于人代会上的专题工作报告审议，全国人大很早就运用了这种形式。比如一届全国人大二次会议听取和审议根治黄河水害和开发黄河水利的综合规划的报告。1989 年 4 月，七届全国人大二次会议通

---

① 参见尹中卿：《人大监督专题研究引论》，载全国人大常委会办公厅研究室编《人大监督专题研究》（内部材料），第 5 页。

过的《全国人大议事规则》第30条规定：全国人大每年举行会议的时候，全国人大常委会、国务院、高法、高检向会议提出工作报告，经各代表团审议后，会议可以作出相应的决议。根据这一规定，七届全国人大五次会议听取和审议关于兴建长江三峡工程的报告。

关于常委会听取和审议政府部门工作的情况，实践中有一个发展过程。以1982年五届全国人大五次会议为标志，之前全国人大常委会对国务院及其有关部门的工作报告或汇报，只是“听取”，并“进行讨论”，几乎没有使用“审议”一词。提交这次大会的常委会工作报告明确提出：听取国务院的有关报告，“并进行审议”。此后，常委会对政府部门工作报告或汇报的审议制度逐步完善，监督政府工作的力度得以加强。1987年11月，六届全国人大常委会第二十三次会议通过的《全国人大常委会议事规则》第三章专就听取和审议工作报告作了规定。其中第22条规定，常委会全体会议听取国务院及其各部、各委员会、高法、高检的工作报告。第23条规定：常委会全体会议听取工作报告后可以由分组会议和联组会议进行审议，提出意见。第24条规定：常委会认为必要时，可以对工作报告作出决议。1989年，在七届全国人大二次会议的常委会工作报告中也明确规定：“每2个月一次的常委会会议，可以根据需要听取和审议国务院及其部委、最高人民法院、最高人民检察院的工作汇报，这是常委会进行工作监督的基本形式。常委会对工作汇报要认真审议，一般不需要作出决议。”一些省、自治区、直辖市制定的监督法规中对地方各级人大常委会听取工作报告也作了具体规定。

4. 专门委员会听取经济形势报告

这是各级人大对政府有关部门的一种新的监督方式。从20世纪90年代初期，全国人大财经委及大多数省区市人大财经委逐步建立和完善了经济形势分析会制度，每个季度都召集计划、经贸、财政、银行、统计等经济部门，听取他们的工作汇报，认真研究和找出经济运行中存在的困难和问题，提出建议和对策。

全国人大的情况大致是：全国人大财经委员会分别在每年的4月中旬、7月中旬、10月中旬举行会议，听取国家计委、经贸委、财政部、中国人民银行、国家税务总局、国家统计局等部门就第一季度、上半年、前三季度国民经济运行情况作出汇报，并进行讨论和研究。

这项措施从实行，目前已形成制度。它对于人大及时了解经济运行情况，督促政府有关部门严格执行人代会通过的国民经济和社会发展计划及有关决议。

以上听取政府工作报告和工作汇报制度是我国人大对政府工作监督的特点，国外很少有此种制度。

（二）对政府财政的监督

1. 国外议会财政监督的基本情况

议会对政府财政的监督是世界各国的通例。理论上讲，财政监督是代议机关行使财政权的重要内容。在西方议会的发展历史上，议会的立法权是以获得财政权为基础的。17 世纪，英国就开始建立预算监督程序。经过 300 多年的完善和发展，当今许多国家都把预算案视为仅次于宪法的重要法案，并通过财政监督程序对政府活动进行监督。①

（1）预算案形成的监督。预算案的形成本来是议会的职权，但随着国家事务、社会生活的日益复杂和政府职能的不断专业化，当今世界各国的预算案一般由政府部门编制，议会主要是对预算案的审查批准等。由于预算案所列款项庞杂繁琐，各国议会一般都设有预算委员会负责预算案的审查工作，但在预算审查和批准的程序上是有差异的。在英国，预算案经内阁同意后，由财政大臣向平民院作年度预算报告；平民院通过辩论审查预算案的新增部分和变动部分，制定各项概算决议和拨款法案；预算报告提交议会审查批准后，方能实施。在美国，由总统将预算文本连同预算报告提交国会；经过有关委员会审查，国会两院通过共同决议案，对每一部分预算提出授权；总统可以对联邦预算提出建议，利用各种手段来影响预算，但预算的决定权主要在国会，国会可以用绝对多数投票否决总统的决定。在德国，联邦政府提出预算计划，联邦议院通过后就形成议会的预算法案。

由预算案的专业性强的特点，议会不可能像审议其他议案对预算案逐条进行修改，而只能就其整体或大项上作出评价，并在有限范围内进行修改。如在英国、法国，议会对预算案中有关支出项目只能削

① 参见尹中卿：《国外议会监督程序与我国人大监督专题研究》，载全国人大常委会办公厅研究室编《人大监督专题研究》（内部材料），第 446 页。

减或者取消，不能增加；对有关收入项目进行削减必须相应增加其他项目来保持预算平衡。在美国、日本，议员可以按照法定程序对预算案提出增加或减少的修正案，议会通过的预算与预算原案往往有较大变化。①

（2）预算执行的监督。预算案一经批准，议会就转向对预算执行的监督。主要有定期听取政府执行预算情况的汇报；对预算执行过程进行检查；批准政府动用后备金；审查和批准预算变更或追加预算；跟踪和监督预算开支，等等。日本法律规定，内阁必须定期就国家财政状况向国会提出报告，国会有关专门委员会进行审查和监督。在英国，政府动用资金必须经过平民院批准；国会有关委员会经常举行听证会，传唤有关大臣汇报预算执行情况。在美国，法律规定预算变更须经国会议员 2/3 以上同意才能生效，未经国会批准擅自调整和变更预算的行为需负刑事责任；国会还向各个行政部门派驻监察代表，对所驻部门的预算执行监督。

（3）审计监督。对政府财政收支及预算执行结果（决算）的审计监督是现代国家对行政监督制度的重要组成部分。审计监督一般由专门机关进行。该机关有的隶属于议会，有的隶属于政府，有的是独立机构。无论是哪种情况，都要求依法对政府财政收支及预算执行结果进行全面、详细的监督，并向议会提出审计报告。美国国会设立审计署充当"牧羊犬"，对政府财政收支及预算执行结果进行检查、分析和评估，向国会提出年度审计报告；审计报告经过国会审议通过后，作为蓝皮书向社会公开发表，接受社会的监督。在英国，审计长作为平民院的官员，领导国家审计局，对被审计单位的账目进行审计，并向平民院提供报告；平民院国家账目委员会根据审计长的报告，传唤各部审计官作证，监督政府各部门的开支金额、经费的使用和效益。在德国，政府的决算报告由联邦议院预算委员会和联邦审计署负责审计监督。联邦审计署署长由联邦议院选举，联邦审计署负责对财政收支问题进行全面审核，并将审核意见提交议会；联邦议院审计署的审核结果作出决议。在日本，审计预算执行结果的任务由独立

---

① 参见尹中卿：《国外议会监督程序与我国人大监督专题研究》，载全国人大常委会办公厅研究室编《人大监督专题研究》（内部材料），第 447 页。

于政府的会计检查院执行，会计检查院向国会作出决算报告，由国会作出决议。①

2. 我国各级人大的财政预算监督

在我国，对政府预算的审批监督是宪法和法律赋予各级人大及其常委会的重要职责。现行《宪法》、《地方组织法》、《预算法》、《审计法》等法律，明确规定各级人大及其常委会审批监督预算的职权，并赋予人大常委会审查批准决算和调整、变更部分预算的权力。在此基础上，从1991年底到2001年2月，安徽、北京、河北、广西、广东等19个省、区、市先后制定了加强预算监督的地方性法规，有的地方在综合性监督条例中专章对预算编制、审批、执行、监督和法律责任等作出了规范。1999年12月25日，九届全国人大常委会第十三次会议通过了《全国人大常委会关于加强中央预算审查监督的决定》，对国务院提交全国人大审查、批准的预算草案的内容，对预算执行的监督，对决算的编报和审查，对审计工作以及对备案制度等，提出了明确要求。这些都标志着我国各级人大的预算监督，进一步适应国家财政体制改革和社会主义市场经济的发展要求，在制度建设上迈出实质性步伐，实现了由程序性监督向程序性和实体性相结合的转变。具体表现在：对预算草案主要内容的初步审查日臻规范；人民代表大会审查批准预算逐步深入，到2001年九届全国人大四次会议，国务院26个直属部门向全国人大提交了部门预算，② 并对预算项目进行了细化；审批决算和预算调整、变更更为严格。各级人大常委会每半年听取一次政府关于预算执行情况的报告；全国人大财经委员会和部分地方人大常委会或财经委员会每季度听取一次预算执行情况的报告；在每年审批决算时依法听取同级政府关于对预算执行和其他财政收支的审计工作报告；有的地方还尝试开展对财政工作评议，对重大财政收支项目的合法性、真实性、效益性进行监督检查等。

各级人大审批监督预算的工作机构普遍有所加强。全国人大于

---

① 参见尹中卿：《国外议会监督程序与我国人大监督专题研究》，载全国人大常委会办公厅研究室编《人大监督专题研究》（内部材料），第448～449页。

② 参见苏宁：《积极探索适合中国国情的预算管理制度》，载全国人大培训中心编《全国人大干部培训讲义》，中国民主法制出版社2003年版，第155页。

1983年成立了财政经济委员会，负责审查国家预算和监督预算的执行情况。1998年底，全国人大常委会成立了专门负责预算监督的预算工作委员会。1979年以后，县级以上地方人大陆续设立常委会后，设区的市级人大普遍建立了财经委员会或财经工作委员会。目前，有20多个省、自治区、直辖市人大成立了相应的工作机构，多数是在财经委员会设立预算监督处，①辽宁、河南、深圳等少数省、市人大常委会还设立了预算工作委员会。②

总体上看，我国各级人大对同级政府预算的审批监督程序，主要有如下三个环节：

（1）审查批准预算

根据实践，全国人大及其常委会对政府预算的审查批准程序大致是：①在预算编制过程中，国务院财政部门应当及时向全国人大财经委员会和全国人大常委会预算工委通报有关中央预算编制的情况。②在全国人民代表大会会议举行的一个半月前，将中央预算初步方案提交财经委员会，由财经委员会对上一年预算执行情况和本年度中央预算草案的主要内容进行初步审查。初步审议，既要对预算的总量和大的支出方向进行分析审查，也要对主要部门进行详细的分析审查；同时了解和分析预算支出的主要项目时，不同意见要和财政及有关部门协商，在达成一致意见的基础上形成审查报告的初步方案。③全国人民代表大会会议期间，财经委员会根据各代表团和有关专门委员会的意见对中央及地方预算草案进行审查，并提出审查结果报告，提交大会主席团进行表决。③

（2）听取和审议财政审计报告

目前，我国实行审计监督的主体是国家审计署和县以上地方人民政府设立的审计机关。审计对象是各级人民政府及其各部门、国有的金融机构和企事业组织。全国人大常委会和地方各级人大常委会没有

---

① 参见全国人大培训中心编：《全国人大干部培训讲义》，中国民主法制出版社2003年版，第156页。

② 参见赵巨鹏：《预算监督专题研究》，载全国人大常委会办公厅研究室编《人大监督专题研究》（内部材料），第175页。

③ 参见苏宁：《积极探索适合中国国情的预算管理制度》，载全国人大培训中心编《全国人大干部培训讲义》，中国民主法制出版社2003年版，第168～169页。

设立审计机构。

根据《宪法》第 91 条的规定，1983 年 9 月成立了国家审计署。此后地方各级审计机关相继建立。政府的审计监督工作在全国范围内逐步开展。1985 年 8 月，国家审计署第一任审计长吕培俭向六届全国人大常委会第十二次会议作了审计机关成立两年来工作情况的报告。这是国家审计署第一次向全国人大常委会作工作报告。1994 年 8 月八届全国人大常委会第九次会议通过了《审计法》，明确规定国家审计署和地方各级审计机关每年要受本级政府的委托向本级人大常委会提出对预算执行和其他财政收支的审计工作报告，接受人大监督。

与其他一些国家的审计监督制度相比，我国的审计制度在领导体制上具有“双重领导”的特征：①审计机关直接受本级政府行政首长领导，即国家审计署直接受国务院总理的领导，省级审计机关直接受省长、自治区主席、直辖市市长的领导，市县级审计机关直接受市县长的领导；②地方审计机关在接受本级政府行政首长领导的同时，还接受上一级审计机关的领导，既向本级行政首长又向上一级审计机关提出审计结果报告；③地方审计机关的业务以上一级审计机关的领导为主，对上一级审计机关负责，上一级审计机关对下一级审计机关的工作进行监督检查。

（3）审议批准预算变更和调整

各级人大常委会在代表大会闭会期间，对政府部门预算变更和调整的审议与批准，目前法律上作出规定，但实践中很少运用。

《预算法》第 53 条规定：“预算调整是指经全国人民代表大会批准的中央预算和经地方各级人民代表大会批准的本级预算，在执行中因特殊情况需要增加支出或者减少收入，使原批准的收支平衡的预算的总支出超过总收入，或者使原批准的预算中举借债务的数额增加的部分变更。”

《地方人大与地方政府组织法》第 44 条规定：“县级以上地方各级人民代表大会常务委员会行使下列职权……（五）根据本级人民政府的建议，决定对本行政区域内的国民经济和社会发展计划、预算的部分变更……”

（三）对行政立法的监督

现阶段，人大对行政立法的监督，主要表现为对行政立法是否违宪违法进行监督，同时也包括对授权政府立法进行监督。（鉴于本文是专门研究国家权力机关对行政机关实施监督的，所以关于人大对行政立法的监督主要介绍全国人大对国务院行政法规的监督。国务院各部门制定的行政规章及有立法权的地方政府制定的地方规章，不属于全国人大直接监督的对象）。对备案的行政法规进行审查监督虽然初步建立了制度，但全国人大常委会还没采取过撤销同宪法、法律相抵触的行政法规的做法。

1. 对行政立法的备案与审查

国家权力机关对行政规范性文件的备案与审查，最为典型的是全国人大常委会的法规备案审查工作。从法律上讲，法规备案审查是全国人大常委会按照宪法和有关法律的规定，对法规进行立法监督的基本形式。备案是指上述法规在公布后的一定期限内，由法定机关报送全国人大常委会存档，以备审查；审查则是全国人大专门委员会对报送备案的法规是否同宪法和法律相抵触进行审查，并提出审查意见。

（1）对行政法规的备案

行政法规是从2000年7月1日立法法实施后开始向全国人大常委会报送备案的。2000年3月九届全国人大三次会议通过了立法法，同年10月，九届全国人大常委会第三十四次委员长会议通过了依据立法法制定的《行政法规、地方性法规、自治条例和单行条例、经济特区法规备案审查工作程序》，使法规备案工作有了法律依据和规范化程序。

到2003年5月31日，国务院共报备了86件行政法规。在十届全国人大常委会第三次会议召开期间，又收到了国务院报备的行政法规——《城市生活无着的流浪乞讨人员救助管理办法》。这个管理办法于2003年6月18日国务院第十二次常务会议通过，6月20日就向全国人大常委会报请备案。

全国人大常委会办公厅秘书局具体负责报备案法规的登记与存档工作，并根据各专门委员会的职责分工，对法规进行分类，送交相关的专门委员会备查。

（2）对行政法规的审查

宪法和法律对全国人大及其常委会经审查有权撤销国家行政机关规范性文件作了规定。《立法法》第90、91条分别对全国人大常委会法规审查工作作了具体规定：一是对谁可以提出审查，规定国务院、中央军委、高法、高检和省级人大常委会认为行政法规同宪法或者法律相抵触的，可以向全国人大常委会书面提出审查要求，由常委会工作机构分别送有关专门委员会进行审查、提出意见。前款规定以外的国家机关和社会团体、企业事业组织以及公民认为行政法规同宪法和法律相抵触的，可以向全国人大常委会书面提出进行审查的建议，由常委会工作机构进行研究，必要时，送有关专门委员会进行审查。二是对审查程序，规定全国人大专门委员会在审查中认为行政法规同宪法或者法律相抵触的，可以向制定机关提出书面审查意见；也可以由法律委员会与有关专门委员会召开联合审查会议，要求制定机关到会说明情况，再向制定机关提出书面审查意见。制定机关应当在 2 个月内研究提出是否修改的意见，并向全国人大法律委员会有关专门委员会反馈。全国人大法律委员会和有关专门委员会审查认为有关法规、条例同宪法、法律相抵触而制定机关不予修改的，可以向委员长会议提出书面审查意见和予以撤销的议案，由委员长会议决定是否提请常委会会议审议决定。立法法的这些制定，为法规的审查提供了法律依据。

2. 对授权政府立法的监督

随着现代社会发展和政府职能专门化，议会制定法律规则，有相当一部分是靠授权政府立法（通常称为“实施细则”）来完成的。但为了保证授权立法符合宪法和法律，一些国家把对授权立法的审查批准作为议会监督的一项重要内容。在英国，议会主要从技术方面对授权立法进行监督。两院立法联合委员会负责对授权立法进行技术方面的审查，如审查实施细则草案的行文是否妥当，对本部门的权责规定是否符合授权，并将审查结果报告全院大会。议会对授权政府立法的监督分为两种情况：凡属重要法律授权制定的实施细则，政府将草案提交议会，议会在辩论的基础上进行表决，以决定是批准还是否决；其他法律授权制定的实施细则不需要议会批准，但要送议院备案。如果议会在一定日期内通过否决的动议，该实施细则停止实施。

与西方国家相比，我国的授权立法独具特色。主要是被授权的对象比较多样，既有全国人大常委会、国务院，又有有立法权的地方国家权力机关、无立法权的地方国家权力机关及行政机关；授权采取发布专门的“决定”或“决议”的方式，而不是制定并颁布专门性法律进行授权；授权制定的规范性法律文件，地位比较特殊，既不同于授权方制定的规范性文件的效力，又不同于被授权方规范性文件的效力，而是介于两者之间。

在我国，政府的授权立法主要是全国人大及其常委会授权国务院制定有关行政法规。地方政府的授权立法是由全国人大常委会授权同级地方人大立法的同时授予的。

改革开放以来，全国人大对国务院有三次授权立法，主要有：

第一次是1983年9月2日，六届全国人大常委会第二次会议作出决定：“授权国务院对1978年5月24日第五届全国人大常委会第二次会议原则批准的《国务院关于安置老弱病残干部的暂行办法》和《国务院关于工人退休、退职的暂行办法》的部分规定作一些必要的修改和补充。”

第二次是1984年9月18日，第六届全国人大常委会第七次会议根据国务院的建议作出决定：“授权国务院在实施国营企业利改税和改革工商税制的过程中，拟定有关税收条例，以草案形式发布试行，再根据试行的经验加以修订，提请全国人民代表大会常务委员会审议。”关于此次授权的原由，1984年9月11日国务院的《关于国营企业实行利改税和改革工商税制的说明》中讲得很清楚：“鉴于目前城市经济体制改革正在进行，经济情况变化很快，各个税收条例（草案），尚需在执行中不断充实和完善，拟请人大常委会授权国务院以草案的形式颁发试行。待执行一段时间，总结经验，加以修改后，再提请全国人民代表大会或人大常委会审议批准，制定税法。”

第三次是1985年4月10日第六届全国人大第三次会议决定：授权国务院对于有关经济体制改革和对外开放方面的总是必要时可以根据宪法，在同有关法律和全国人大及其常委会的有关决定的基本原则不相抵触的前提下，制定暂行的规定或条例，颁布实施，并报全国人大常委会备案。经过实践检验，条例成熟时由全国人大或全国人大常委会制定法律。这次授权范围较宽，应当属于综合性授权。经过此次授权，国务院制定了《税收暂行条例》、《银行管理暂行条例》、《私营企业暂行条例》、《土地使用权出让转让暂行条例》、《审计条例》、《价格管理条例》、《乡村与城镇集体所有制企业条例》、《国家预算管理条例》等。

对政府授权立法的监督，现有规定比较简单。《立法法》第 89 条规定：根据授权制定的法规应当报授权决定规定的机关备案。该法第 88 条规定：授权机关有权撤销被授权机关制定的超越授权范围或者违背授权目的的法规，必要时可以撤销授权。实践中，对政府授权立法实施监督的情况比较少。所以有关政府授权立法的监督制度还有待进一步完善。

（四）对法律实施的监督

人民代表大会对政府法律实施监督是人大常委会的重要职权。它主要是通过对行政机关的执法检查方式实现（下面专门介绍）。此外一些地方人民代表大会还探索了对政府部门实行执法责任制的途径。

所谓部门执法责任制，就是由人大常委会组织和推动行政执法部门明确自己主要执行的法律、法规，并通过一系列制度保证执法责任到位的一种制度。这是人大对政府执法监督的又一种形式。

部门执法责任制是在“二五”普法的实践中总结出来的一种监督形式，现在已推广到全国各地。实行这一制度要包括四方面的工作：一是人大常委会在同级党委的领导和支持下，作出实行部门执法责任制决议，并组织“一府两院”制定实施方案。二是在人大常委会指导下，由各行政执法部门和“两院”汇集并层层分解法律，做到法律到位，执法到岗，责任到人。有的地方执法部门上下级之间还签订了执法责任书。三是在普遍组织执法人员学习法律的基础上建章立制，保证执法责任的落实。主要是完善执法程序，建立健全执法内部约束机制和外部监督机制。四是人大常委会通过听取工作汇报、开展评议和执法检查等方式，对实行部门执法责任制的情况进行监督。

从各地实行部门执法责任制的情况看，实行这一制度对保证法律的有效实施起了一定作用，但实际效果有限。

（五）对政府的人事监督

在西方，议会对政府官员主要是运用弹劾的手段进行监督的。代议机关的弹劾起源于 14 世纪的英国，最初只是控告和审判违法失职官吏的一种手段。到了 18 世纪初，弹劾逐步发展为一项免除不称职公职人员的重要制度。由于各国政体不同，法律规定的被弹劾对象和范围、受弹劾事由不尽相同。如英国议会的弹劾仅限于有职务犯罪行为的内阁成员或大臣；意大利议会扩大到有叛国或违宪行为的总统或国务员；联邦德国扩大到有叛国或违宪行为的总统或法官。美国受弹劾的官员范围最广，总统、副总统和联邦政府所有文职官员，以及州长、州级司法官员，如果有叛国罪、贿赂罪或其他重罪、轻罪、严重失职行为，都可列入国会或州议会的弹劾。与其他监督程序如信任与不信任投票相比，弹劾程序更为复杂，既具有司法审判的性质，同时带有政治行为的色彩，是所有监督手段中比较严厉的一种。①

在我国，没有弹劾这种人事监督方式。国家权力机关对同级行政机关进行人事监督，主要是罢免与撤职两种方式。“罢免”和“撤职”是人大最严厉的两种监督手段。列宁曾说过，罢免权，体现了真正民主制的基本原则，是真正的监督权。②

1954 年宪法只对罢免对象作了规定。1982 年宪法、《全国人大组织法及地方组织法》除了规定罢免对象外，还初步规定了提出罢免案的程序。《全国人大议事规则》作了更为全面、具体的规定：一是规定了提出罢免案的主体（主席团、3 个以上的代表团或者 1/10 的代表）；二是把国务院的组成人员规定为罢免的对象；三是规定了提出罢免案的程序（由主席团交各代表团审议后，提请大会全体会议表决，或由主席团提议，经大会全体会议决定，组织调查委员会，由全国人大下次会议根据调查委员会的报告审议决定；罢免案应当写明罢免理由，并提供有关材料，允许被罢免人申辩）。《地方组织法》规定：县级以上地方各级人大举行会议的时候，主席团、常委会或者 1/10 以上代表联名，可以提出对人民政府组成人员的罢免案。乡级人大举行会议的时候，主席团或者 1/5 以上代表联名，可以提出对人大主席、副主席、乡长、副乡长、镇长、副镇长的罢免案。同时规定了罢免程序。《地方组织法》还规定县以上的地方各级人大常委会在本级人代会闭会期间，有权决定撤销个别副省长、自治区副主席、副市长、副州长、副县长、副区长的职务。

在社会主义民主法制建设过程中，地方各级人大及其常委会对贪

---

① 参见尹中卿：《国外议会监督程序与我国人大监督专题研究》，载全国人大常委会办公厅研究室编《人大监督专题研究》（内部材料），第 458 页。

② 参见《列宁全集》第 33 卷，人民出版社 1985 年版，第 102、106 页。

污腐败、渎职等行为行使了罢免权和撤职权。如 1986 年 10 月，江西省六届人大五次会议罢免了原省长倪献策的省长职务；1989 年 5 月，湖南省九届人大二次会议罢免了副省长杨汇泉的职务；同年 8 月，新疆维吾尔自治区七届人大常委会第九次会议撤销了原自治区副主席托乎提沙比尔的职务；2000 年 12 月，浙江省杭州市九届人大常委会第三十八次会议撤销了原副市长叶德范的职务；2001 年 2 月，河北省石家庄市十届人大第四次会议罢免了原市长张二辰的职务。①

全国人大常委会没有规定撤职权，但曾有过根据国务院总理提请，解除、撤销个别领导成员职务的先例，如 1980 年 5 月，五届全国人大常委会第十五次会议，根据总理华国锋的提请，解除了宋振明的石油部部长职务；同年 9 月，五届全国人大第三次会议解除了陈永贵的国务院副总理的职务；1987 年 6 月，六届全国人大常委会第二十一次会议，根据总理赵紫阳的提请，撤销了杨钟的林业部部长职务；② 对成克杰的处理，是依法由选举单位（广西壮族自治区人民代表大会）罢免其代表职务，其全国人大常委会副委员长职务相应撤销，由全国人大常委会予以公告。

三、权力机关对行政权力的监督方式

（一）询问和质询

询问和质询，最初属于一种形式，都称做“质问”。在国外，质询是内阁制国家议会行使监督权的一种形式。质询起源于 1721 年的英国议会，于 1789 年由法国宪法明确规定，现已被大多数西方国家所采用。广义的质询包括询问，但询问是由议员向政府及有关部门提出问题，并要求在一定期限内答复，主要针对一般问题。与询问相比，质询所提出的问题往往涉及比较重要、比较广泛的公共利益，形式上虽然只是向质询对象寻究某一问题的内幕和处理结果，实际上却通常会导致一般性辩论，有时还会带来一定的政治责任追究后果，如

---

① 参见艾志鸿：《罢免和撤职专题研究》，载全国人大常委会办公厅研究室编《人大监督专题研究》（内部材料），第 323 ~ 324 页。

② 参见尹中卿：《国外议会监督程序与我国人大监督专题研究》，载全国人大常委会办公厅研究室编《人大监督专题研究》（内部材料），第 322 ~ 323 页。

不信任投票等。

在国外，质询通常分为口头质询和书面质询两种。（1）质询案的提出。一般来讲，提出质询案的主体包括议员个人、议员群体（联署）、议会团体（议会党团或代表团）、议会机构（议会专门委员会）。英国规定，质询由议员向有关大臣提出；每位议员最多只能提出2个附星标的口头质询。法国规定，议员提出书面质询案，须由议长转交政府；由议会党团提出的对整个政府工作的质询案，必须经议长审核，议长可以将类似问题加以归纳。日本规定，议员向内阁提出质询案，必须做成简明的意见书向议长提出，由议长将意见书转送内阁。德国规定，在会议周口头质询时间内，每位议员均有权向政府提出最多2个口头答复的问题；每位议员每月向政府提出最多4个书面答复的问题，由议长在会前确定质询的顺序。（2）质询案的答复。各国法律都对答复质询案的形式和时间作了规定。一般说来，口头质询要求在议会上得到口头答复，书面质询要求用书面形式予以答复。英国规定，每名大臣一天只接受一件质询，只限于大臣职责范围内的或通过立法和行政措施可以解决的问题。德国规定，对于质询时由于时间不够而未答复的问题，可以书面答复，也可以在另一次议会上答复。日本规定，从接到议长转交的质询书之日起，内阁必须在7日内到议会答辩。法国规定，书面质询由议员交议长秘书处转给政府，总理和部长必须在1个月内作出书面答复，并将其发表在议会公报上。①

在我国，1954年宪法规定，全国人大代表有权向国务院或者国务院各部委提出质问，受质问的机关必须负责答复。1954年《地方组织法》也有类似规定，但都未规定质问的程序。

1982年《全国人大组织法》则把询问和质询加以区别，并作了程序规定：在全国人大审议议案的时候，代表可以向有关国家机关提出询问，由有关机关派人在代表小组或者代表团会议上进行说明。在全国人大会议期间，一个代表团或者30名以上的代表，可以书面提出对国务院部委的质询案，由主席团决定交受质询机关书面答复，或

---

① 参见尹中卿：《国外议会监督程序与我国人大监督专题研究》，载全国人大常委会办公厅研究室编《人大监督专题研究》（内部材料），第453~454页。

者由受质询机关的领导人在主席团会议上或者有关专门委员会会议上或者有关代表团会议上口头答复；在主席团会议或者专门委员会会议上答复的，提质询案的代表团团长或者提质询案的代表可以列席会议，发表意见。在常委会会议期间，常委会组织人员10人以上，可以向常委会书面提出对国务院和国务院各部委的质询案，由委员长会议决定交受质询机关书面答复，或者由受质询机关的领导人在常委会会议上或者有关专门委员会会议上口头答复；在专门委员会会议上答复的，提质询案的常委会组成人员可以出席会议，发表意见。

《全国人大议事规则》和《全国人大常委会议事规则》都设专章对询问和质询作了一定程序性的规定，其中许多规定又对宪法作了补充：如规定质询案必须写明质询对象、质询的问题和内容；提质询案的代表或者代表团对答复质询不满意的，可以提出要求，经主席团决定，由受质询的机关再答复；常委会会议期间的质询对象除国务院及其各部委外，又增加了最高人民法院、最高人民检察院。地方人大组织法和代表法也对质询的法定人数、① 质询对象及质询程序，作了更为具体、详细的规定。

“询问”主要是代表在代表团会议、主席团会议、专门委员会会议上审议议案时，对不了解的情况或者不理解的问题，提出疑问，有关机关予以解释说明。询问本质上讲，是人大及其常委会行使知情权的一种方式，对被询问者是一种带督促性质的监督。由于询问基本没有程序限制，具有较大的灵活性，在地方人大工作中被广泛使用。如2000年4月广州市人民代表大会会议期间，一些代表团的代表在审议政府工作报告时就市政用地规划、水泥厂搬迁、燃气具垄断经营等问题向政府有关部门8次提出询问，经大会主席团转交政府，政府有关部门负责人先后到提出询问的代表团回答询问。②

至目前为止，全国人大及其常委会尚无行使质询权的先例，比较普遍的是进行询问。近几年，在全国人代会上曾有过30名以上代表

---

① 规定地方各级人大代表10人以上联名，省、自治区、直辖市、自治州、设区的市人大常委会组成人员5人以上联名，县级人大常委会组成人员3人以上联名。

② 参见高咏沂：《质询和询问专题研究》，载全国人大常委会办公厅研究室编《人大监督专题研究》(内部材料)，第287页。

联名提出质询案的情况，但均未正式列入会议议程，只是让被质询者向提出质询案的代表作一些解答，或当场回答代表询问。一些外国议会的“质询”就是议员当面质问政府官员，同我国人大的“询问”接近。

“质询”从表面上看也是行使知情权，但实际上多是对不适当行为包括违法失职行为提出质询案，对被质询者是一种带责成纠正不适当行为的监督方式。地方人大及其常委会依法进行质询的实例比较多，一般都取得积极的监督效果。如1985年4月湖北省六届人大三次会议上，22名代表就省邮电局变相提高55种邮资提出质询。省邮电局的负责人和分管副省长对质询作了认真答复和自我批评。事后省邮电局以加急电报通知全省各邮电局立即停止涨价文件，并退还用户多收邮资32万多元。再如，2000年初，广东省九届人大三次会议期间，佛山市代表团24名代表对四会市北江边18家电镀厂未经批准就进行建设的情况提出质询案。3日后，省环保局局长、有关副局长到佛山市代表团答复。对环保局的答复，过半数代表不满意，省环保局进行再次答复。但代表对第二次答复更为不满，进而联名提出撤销环保局一名副局长的建议。这些质询案不仅在本省，而且在全国也引起了较大的反响。①

（二）特定问题调查

特定问题调查，在国外称为“国政调查”，就是议会就国家的重大问题、重大事件或者国家机关的重大政策、重要决策进行调查。议会的这项职能起源于17世纪的英国。现代世界各国，无论宪法有无明确规定，均普遍承认议会拥有国政调查权，并形成了较为完善的国政调查程序。国外议会的国政调查，通常有四个阶段：（1）调查的提出和批准。国政调查由议会决定，议员个人无权擅自调查。如在德国，成立调查委员会的动议通常由议会在野党提出。日本规定，议会会议期间，常任委员会请求对其所管辖的事项进行国政调查时，需向议长提交，说明欲调查事件的名称、目的、方法、时间等；若议长同意，即报告议院，常任委员会就可以开始着手启动国政调查程序。（2）组织调查机构。从理论上讲，国政调查权应当由议院亲自行使。

---

① 参见路可浩等：《代表大会审议工作报告专题研究》，载全国人大常委会办公厅研究室编《人大监督专题研究》（内部材料），第289～291页。

由于议院人数较多，为了便于调查，各国多通过议院作出决定，将国政调查事项交给常任委员会进行调查；有时也根据各党团人数比例成立临时的特别问题调查委员会进行调查。英国议会开始是由特定问题调查委员会调查，后来逐渐发展到由议会调查法庭专门负责。德国规定，经 1/4 议员提议，联邦议院有权成立调查委员会，对国政问题进行调查。美国通常是由两院的司法委员会承担国政调查任务。为使调查工作更加富有成效，委员会调查时还要组织一个强有力的工作班子辅助工作。为提高调查效率，工作班子除向议员提供相关材料、联络新闻媒体外，还要提前找主人取证，确定拟传唤证人的名单的提问顺序，为听证会作准备。(3) 举行调查听证会。各国议会开展调查时，一般都要举行听证会，即传唤当事人作证、陈述意见、接受询问，为议院或者调查委员会提供必要的证言、证据、证物或者有关文件。为了便于议会行使调查权，各国法律大多赋予调查委员会以一定的司法性权力，如传唤证人、处罚伪证等。德国规定，联邦议院调查委员会对证据的审理，适用刑事诉讼法的规定，法院和政府有义务给予法律上和公务上的帮助。日本规定，众议院和参议院进行国政调查时，可以要求有关证人出席并提出文书，无论何人均应答应其要求。美国规定，根据议员的要求，被调查的当事人都必须参加听证会。如果证人拒绝到场或者拒绝提供证词、证物、文件，就会以“藐视国会罪”、“伪证罪”的罪名，给予罚金或者监禁的处罚。(4) 公布调查结果。多数国家议会的调查委员会本身并没有直接的处置权，处置权往往掌握在全院大会或者其他机构。委员会在听证、取证、调查的基础上，对收集到的信息资料进行辩论，通过投票表决得出结论，并向全院大会提供报告或者向社会公布调查结果，同时附具所掌握的材料。美国规定，秘密听证会取得的证言和材料，经调查委员会投票通过后可以公开；公开听证会取得的材料必须向社会公布。①

关于特定问题调查，我国 1954 年宪法只原则规定，全国人大和全国人大常委会认为必要的时候，可以组织对特定问题的调查委员会。1982 年宪法进一步规定，全国人大和全国人大常委会认为必要

---

① 参见尹中卿：《国外议会监督程序与我国人大监督专题研究》，载全国人大常委会办公厅研究室编《人大监督专题研究》(内部材料)，第 450 ~452 页。

的时候，可以组织关于特定问题的调查委员会，并根据调查委员会的报告，作出相应的决议。调查委员会进行调查的时候，一切有关的国家机关、社会团体和公民都有义务向它提供必要的材料。

《全国人大议事规则》设专章对调查委员会作了更为具体的规定：一是规定了调查委员会议案的提出，即主席团、3个以上的代表团或者1/10以上的代表联名，可以提议组织关于特定问题的调查委员会，由主席团提请大会全体会议决定。二是规定了调查委员会的组成：由主任委员、副主任委员若干人和委员若干人组成，由主席团在代表中提名，提请大会全体会议通过。调查委员会可以聘请专家参加调查工作。三是规定了调查委员会的职权和工作程序：调查委员会进行调查的时候，一切有关国家机关、社会团体和公民都有义务如实向它提供必要的材料。提供材料的公民要求对材料来源保密的，调查委员会应当予以保密。调查委员会在调查中，可以不公布调查的情况和材料。调查委员会应当向全国人大提出调查报告。全国人大根据调查委员会的报告，可以作出相应的决议。全国人大可以授权全国人大常委会在全国人大闭会期间，听取调查委员会的报告，并可以作出相应的决议，报全国人大下次会议备案。地方组织法对组织特定问题调查委员会也作了规定。

尽管宪法、法律和地方性法规对人大特定问题调查权作了规定，但这项权力在实践中的运用还是很少的。从目前掌握的材料看，县以上各级人民代表大会，包括全国人民代表大会还未使用过这项权力。据安徽省人大常委会研究室在1999年进行的一项全省调查显示，自地方人大常委会建立20年来，组织特定问题调查委员会是所有监督方式中最少使用的一种；该省15个省辖市人大常委会中只有一个市使用过特定问题调查方式，在抽样的36个县级人大常委会中也只使用了7次。目前，在省级人大常委会中，只有西藏、内蒙古自治区人大常委会和甘肃省人大常委会近几年使用过特定问题调查这一监督手段。①

组织特定问题调查委员会作为一种较为严厉的监督手段，是保证

---

① 参见曹承锋等：《特定问题调查专题研究》，载全国人大常委会办公厅研究室编《人大监督专题研究》（内部材料），第305页。

地方人大依法行使职权，树立人大作为国家权力机关的权威，改变监督工作不力，强化人大监督职能所必需的，也是监督某些疑难事宜的重要手段。例如，1991年辽宁铁岭市人大常委会对群众反映强烈、久拖未决的银州区第四和第九小学校舍问题组织特定问题调查委员会进行调查，引起市政府及有关部门的重视，促使政府投资近500万元分别在两校新建教学楼，解决了两所小学的校舍问题。①

（三）执法检查

对行政执法的检查简称执法检查，是各级人大常委会、人大的专门委员会，组织人大常委会组成人员或人大代表，对法律、法规的实施情况进行检查监督的一种行为。执法检查的主体是人民代表大会、人大常委会、人大的专门委员会；对象是具有执法职能的本级行政机关、审判机关和检察机关；客体是国家的有关法律、法规，以及有关法律问题的决议和决定的贯彻执行情况；目的是监督行政机关依法行政、司法机关公正司法，以保证法律、法规和决议、决定的有效实施。

执法检查活动始于20世纪80年代。这一时期各级人大组织的执法检查活动在全国范围内迅速得以展开，形成了全国各级人大加强法律实施监督的热潮。② 但这个时期的执法检查还很不成熟。具体表现为：（1）执法检查只作为“视察”的一种形式，检查的目的停留在调查了解的层面上。检查的结果也是“非刚性”的，人大对检查发现问题的处理意见也只具有参考价值。（2）执法检查的范围和对象

---

① 参见尹中卿：《国外议会监督程序与我国人大监督专题研究》，载全国人大常委会办公厅研究室编《人大监督专题研究》（内部材料），第306页。

② 执法检查是从20世纪80年代初开始的。早在1983年，沈阳市人大常委会结合1982年宪法的宣传和贯彻，连续两年进行“大检查”。从1985年、1986年开始，全国相当一些地方的人大常委会相继提出要针对法律实施情况进行执法检查。1986年全国人大教科文卫委员会组织“调查组”，到江苏、湖南、四川等地调查了解《义务教育法》的实施情况。1987年，浙江省委同意转发了省人大常委会机关党组《关于在全省范围内开展执法检查的报告》。此后江西省、甘肃省、安徽省、湖南省、陕西省、青岛市、广东省、云南省等地相继由党委转发了省（市）人大常委会的关于开展执法检查的报告。参见董珍祥：《人大监督方式新探索的评述与思考》，载蔡定剑、王晨光主编《人民代表大会二十年发展与改革》，中国检察出版社2001年版，第278～279页。

比较广泛，不仅检查宪法法律、人大通过的决议决定的实施情况，而且要检查人大通过的工作报告及预算的执行情况；不仅检查执法部门的执法状况，甚至基层单位、群众的守法情况也要检查。（3）执法检查的主体，也形式多样。有的是以党委的名义组织，人大、政府和其他部门或单位的人员参加，有的以人大常委会名义组织，人大专门委员会（工作委员会）与“一府两院”的人员共同检查，有的是上级人大与下级人大联合进行检查。（4）执法检查的方式和程序也很不一致。有的是，事先不作明确的范围划定，只是根据视察的主题，到各地调查了解有关的执法情况，采取的主要是实地考察的方式；有的则是针对执法中存在的突出问题，在检查过程中主要靠听取有关部门进行汇报或召开有关情况的座谈会进行，采取的是会议座谈讨论的方式。后一种方式发展到后来就是在常委会或专门委员会会议上听取有关部门的执法情况汇报，实际上已变成了会议审议的方式。在程序上，有的是先由人大发出通知，对检查的目的、内容、组织、时间及准备工作等作出规定，要求各部门自查自纠，在此基础上选择几个典型，组织检查组分赴各地进行检查，检查结束后向人大常委会写出执法检查报告；有的仅仅是个别常委会组成人员到地方就某方面法律的实施情况进行视察、调查研究；有的是一些代表在持证视察中，就发现的执法问题提出意见和建议，要求执法部门给予答复。

1988 年《七届全国人大常委会工作要点》对执法检查这一监督形式给予肯定。1991 年 12 月，当任的全国人大常委会委员长万里同志提出要人大加强执法检查。1992 年初全国人大常委会办公厅作出《关于全国人大常委会、各专门委员会执法检查工作安排的意见》。八届全国人大常委会于 1993 年 9 月通过了《全国人大常委会关于加强对法律实施情况检查监督的若干规定》（以下简称《执法检查的若干规定》）。该规定对执法检查的内容和重点，执法检查的组织和要求，执法检查报告的审议及对检查出问题的处置等，都作了规定。之后，一些省级人大常委会也制定了关于开展执法检查的地方性法规。这些法律、法规，对建立和完善执法检查方式，促进法律的实施，起了积极作用。

从全国人大的实践看，执法检查主要包括这样五个环节：

（1）制定计划。按照《执法检查的若干规定》的要求，“全国人大常委会的执法检查计划，由常委会办公厅在每年代表大会会议后一个月内拟定，报委员长会议批准，印发常委会会议”。全国人大常委会的执法检查计划通常要提请4月份召开的委员长会议审议批准。执法检查计划草案是由全国人大常委会办公厅和全国人大有关专门委员会共同研究提出的。每年年初，全国人大常委会办公厅开始考虑这个问题，注意收集和听取各有关方面包括“一府两院”的意见；全国人大各专门委员会在拟定各自的年度工作计划时，也会对全国人大常委会的执法检查工作提出建议。在此基础上，全国人大常委会办公厅和全国人大专门委员会经过反复协商，提出全国人大常委会当年的执法检查计划草案（草案包括：执法检查的内容和时间、检查的对象和组织、检查的步骤和要求、检查的新闻报道等）。草案经秘书长办公会议讨论修改后，报委员长会议审批，然后印发4月份召开的常委会会议，并书面通知国务院办公厅、最高人民法院、最高人民检察院以及省、自治区、直辖市人大常委会。

（2）组织检查组。执法检查计划经委员长会议批准后，本着精干、效能、便于活动的原则，组织相应的执法检查组。检查组组长一般请副委员长担任，副组长由相关专门委员会主任委员或副主任委员担任，组员从全国人大常委会组成人员中确定，也可请全国人大相关专门委员会组成人员参加工作。赴地方检查时，检查组可分成若干个小组。每个小组由几位常委会委员组成，工作人员从全国人大机关抽调。在地方时，也可吸收当地的全国人大代表和地方人大常委会的有关负责同志参加。执法检查的具体组织、协调和服务工作，由全国人大常委会办公厅和全国人大相关专门委员会共同负责。执法检查组成立后，要认真做好检查前的准备工作，制定出切实可行的执法检查具体方案（包括检查的指导思想、重点内容、日程安排、人员分组等）；检查组成员和工作人员要学习和掌握有关法律、法规和政策，以及必要的专业知识。

（3）开展检查。执法检查组首先要听取法律实施主管机关及有关方面的汇报，了解法律实施的基本情况。到了地方之后，通常采取召开座谈会、实地考察、个别走访、随机抽查、问卷调查、开设热线电话等多种方式开展检查，听取各方面的意见，了解和掌握法律实施的情况。鉴于执法检查组只能去少数几个省份，可以委托部分省

（区、市）人大常委会对全国人大常委会所检查的法律在当地的实施情况进行检查，并将检查情况书面提供给全国人大常委会执法检查组。

（4）撰写报告，提请常委会审议。到地方检查结束后，执法检查组召开全体会议，交流总结实地了解的情况，讨论分析法律实施中存在的问题，与法律实施主管机关的负责同志一道研究提出改进执法工作的措施。在此基础上，撰写执法检查报告，提请常委会会议审议。按照《执法检查的若干规定》的要求，报告应该包括：对所检查法律实施情况的全面评价，法律实施中存在的问题及原因分析，对改进执法工作的建议，以及法律本身需要修改、补充、解释的建议等内容。执法检查报告由执法检查组组长或委托副组长向全国人大常委会会议汇报，并在分组会议上进行审议。

（5）跟踪落实。执法检查报告经常委会会议审议后，由委员长会议委托全国人大常委会办公厅将执法检查报告及审议意见以书面形式送交法律实施主管机关。有关机关按照报告提出的要求改进执法工作，并在6个月内将改进的措施和取得的效果向常委会作出书面汇报，由办公厅印发常委会会议。为了促进整改工作的落实，在执法检查报告送交有关机关3个月内由全国人大相关专门委员会跟踪听取一次汇报，了解他们改进执法工作的进展情况。

1996年八届全国人大四次会议听取了全国人大常委会关于农业法执法检查的报告，由全国人代会听取和审议执法检查报告，这在历史上尚属首次，对各级人大加强执法检查工作起到了示范和指导作用。现在，全国人大常委会把执法检查作为对政府执法监督的主要手段，每年年初作出计划，一年要检查三五部法律实施的情况，并向全国人大常委会作执法检查的报告。常委会要对执法检查报告进行审议，对报告中反映的政府执法中的问题提出意见，向有关执法部门进行反馈。当然，此种对政府执法行为的监督效果如何？实践并不理想，监督越来越流于形式。主要是在政府执法中发现了不少问题，但很少采取有效措施。

（四）对政府工作的评议

近些年，地方人大及其常委会按照宪法和法律规定的原则和精神，勇于实践，大胆探索，在监督工作方面创造了一些行之有效的形式。其中，对政府部门及其领导人员的“两评”，即工作评议和述职评议，最为引人注目。

1. 对政府部门的工作评议

由常委会组织人大代表评议“一府两院”的工作其中主要是政府部门的工作，简称工作评议或者代表评议。从20世纪80年代初，部分县级人大常委会组织代表就对基层政府“七所八站”① 的工作进行评议，是基层人大代表在闭会期间开展活动的一种方式。后来逐步发展到由人大常委会作出决议，有计划有重点地评议同级政府及其部门和法院、检察院的工作。②近几年，一些省级人大常委会每年都组织代表评议两三个政府部门或“两院”的工作，已经形成制度。

由于目前没有统一的法律规定，各地制定的地方性法规对这种监督方式的规定也不尽一致，具体做法多种多样。从评议主体看，一般有四种情况：部分人大代表参加的评议；常委会会议进行的评议；人代会上进行的评议；在专门委员会会议上或者常委会主任会议上的评议。从评议对象看，有的地方认为是本级人民政府及其所属部门，有的地方认为应当加上本行政区域内上级政府所属部门或派驻机构。从评议内容看，有的是在政府的全面工作进行评议；有的是对政府部门执法工作进行评议；有的是对政府其他某一项工作进行评议。从评议方式看，有的将执法检查与工作评议结合起来，有的是将工作评议与述职评议结合起来；有的仅对同级政府工作进行评议，有的则是上下结合，搞联运评议。

但是，应该看到工作评议在评议对象和范围、内容和原则、组织和方式、评议后果的处理等问题上有一些共性的情况。其中关于工作

---

① 县政府有关部门派驻乡政府的工作机构如派出所、工商所、税务所以及农机站、卫生防疫站等机构。

② 早在1982年，黑龙江省肇源县就曾组织人大代表评议“一府两院”干部，并在省人大工作经验交流会上介绍了做法。1984年，上海市普陀区真如镇组织人大代表对镇政府工作进行评议；1985年夏辽宁省岫岩县人大常委会组织开展评议工作；1986年，河南省平顶山市舞钢区人大常委会组织代表评议区政府工作。在此期间，山东省及全国其他地区的一些人大相继采用了“代表评议”这种形式。参见董珍祥：《人大监督方式新探索的评述与思考》，载蔡定剑、王晨光主编《人民代表大会二十年发展与改革》，中国检察出版社2001年版，第281页。

评议的对象主要是地方政府的各个工作部门。一些地方人大常委会主要是依据两条来确定进行评议的对象：一是当前党和国家或所在行政区域一个时期工作重点涉及的有关部门；二是人民群众反映强烈的“热点”问题涉及的有关部门。对于本行政区域内的条条管理部门，如土地管理、税务、技术监督等部门，常被列为人大代表的评议对象。而且在评议程序上，一般有准备、调查研究、会议评议、整改四个阶段。(1) 准备阶段主要是确定参加评议的人员，确定被评议的对象和内容，制定评议方案，组织参评人员学习法律、法规和文件等。(2) 调查研究阶段主要是评议小组通过视察、检查、调查、召开座谈会、走访群众、民意测验等形式掌握被评单位的情况。(3) 会议评议阶段主要是人大常委会听取被评议对象工作报告，常委会委员和人大代表进行评议，最后形成评议意见。有些人大常委会在这一阶段还组织代表或委员对被评对象进行民主测评。(4) 整改阶段，主要是评议对象按照评议意见提出整改方案，在人大的监督下，于一定期限内完成整改任务，并向人大常委会反馈。①

2. 对政府领导的述职评议

述职评议是指人大常委会对由它选举或任命的对本级政府领导人或部门首长在一定任期内的工作听取汇报和进行评议的活动。它是由前面的工作评议逐渐发展为由常委会会议听取和审议“一府两院”工作人员的述职报告。述职评议通常也有四个阶段：

第一，准备部署阶段。人大制定工作方案，向同级党委报告，征得党委的原则同意；有的地方将工作方案提请本级人大常委会审议通过，并作相应的决定。成立评议领导小组，有的地方由党委、人大和政府等方面的负责人员组成；有的地方由党委和人大的负责人员组成；有的地方只是由人大的负责人员组成；也有的地方不成立领导小组，由人代会主席团或常委会主任会议领导并组织实施。组织办事机构。向评议对象发出书面通知。确定参加述职评议人员。组织参评人员学习和培训。召开动员会。

第二，调查研究阶段。由参评的人大代表、常委会组成人员和其

---

① 参见王芳等：《工作评议专题研究》，载全国人大常委会办公厅研究室编《人大监督专题研究》(内部材料)，第202页。

他有关人员组成调查组，在吸取评议对象本人意见的同时，深入到评议对象所在部门及其下属单位，以及与其工作联系较为密切的单位，采取集体座谈、个别谈话、接待来访、微服私访、问卷调查、实地察看、查阅资料、设立意见箱、公布投诉电话、发放征求意见卡等形式，广泛听取各方面反映，了解评议对象履行职责的第一手资料。调查组在掌握详细情况的基础上，写出综合性的调查报告；同时评议对象根据要求，撰写述职报告。调查研究临近结束时，人代会主席团会议或常委会主任会议或者领导小组举行会议，认真听取述职报告、调查报告准备情况的汇报，并对不妥之处予以纠正。

第三，述职评议阶段。先举行大会，听取评议对象作述职报告，各调查组作调查报告。然后，举行分组会议，结合述职报告、评议报告，对评议对象进行评议；有的地方在此基础上还举行联组会（常委会会议上）或者全团会议（代表大会上），进一步提出评议意见。评议时，评议对象到会听取意见，并认真回答评议人员的询问。如对评议意见有不同看法，还允许评议对象进行解释和申辩。评议会议结束时，由主持人总结，对评议对象提出整改要求。最后，评价对象表态。

第四，整改落实阶段。评议会议后，尽快将会议上提出的意见和调查研究阶段收集到的意见汇总整理，形成书面评议意见，经人代会、常委会会议，或者人代会主席团会议、常委会主任会议，或者领导小组会议审议，送交评议对象，同时报送党委，抄送有关部门。评议对象根据评议意见，及时制定整改措施，在一定期限内将整改方案报送人大及其常委会。人大及其常委会通过检查、听取汇报等形式，跟踪监督，促进整改。在评议会议后 3 至 6 个月内，再在人代会或常委会会议上，或者专门举行述职评议整改情况汇报会议，听取并审议评议对象关于整改情况的报告，并作出评议结论；有的地方还通过量化作分、投票表决等方式，对评议对象是否称职，或者对整改工作是否满意进行无记名测评；有的地方还把评议结果告知政府领导人和党委组织部门，作为作用干部的参考。评议基本结束后，进行认真总结，并向同级党委写出全面的书面报告。①

目前，地方各级人大常委会普遍开展了述职评议。一些省级人大常委会每年一般评议两三个政府厅级干部。个别省对副省级干部开展了评议，如北京市人大常委会开展对副市长的述职评议。

述职评议是人大监督由知情权向处置权过渡的中间环节，很好实现了对事监督与对人监督的结合。通过述职人向人大常委会作述职报告并接受评议的方式，可以把听取和审议工作报告、一般调查、执法检查、特定问题调查、罢免和撤职有机连接起来，实践效果是比较好的。

上述对政府工作进行评议的两种形式，是中国地方人大及其常委会开展监督工作的一个“创造”。在表现形式上，与国外议会“信任与不信任投票”程序有极为相似之处。信任与不信任投票是内阁制国家议会监督政府的一种方式，目的在于检验政府是否得到议会的信任，并通过投票表决对政府及其工作人员施加压力。应该看到，信任投票与不信任投票虽然都要由议会作出判断，但在提出主体及其动机上却有不同的表现：信任投票往往由政府自己提出，目的是让议会确认对政府政策或决策的支持；不信任投票往往由议员，主要是反对党议员团提出，目的是对政府及其组成人员的执政资格提出挑战，追究政府及其成员的责任。如果信任投票没有获得通过，或不信任投票获得通过，就会导致内阁的解散，以及政府首脑或者个别内阁部长的辞职或被免职；或者导致议会的解散，进而重新大选，产生新的代议机构。②

四、权力机关对行政权力监督评述

（一）对人大监督争论的焦点和主要问题

经过多年的探索和实践，人大对政府部门的监督工作有了一定的加强，也取得了较为明显的成效。然而，加强人大的监督工作仍是做

---

① 参见张作峰：《述职评议专题研究》，载全国人大常委会办公厅研究室编《人大监督专题研究》（内部材料），第221～225页。

② 参见尹中卿：《国外议会监督程序与我国人大监督专题研究》，载全国人大常委会办公厅研究室编《人大监督专题研究》（内部材料），第455～456页。

好人大各项工作值得关注的焦点之一。提的比较多的是：人大监督的现状与宪法和法律的规定，有一定的差距；人大的监督工作与普通民众的期望与要求也有一定差距。在已经开展的监督工作中，有些流于形式，效果有待提高，同时，监督工作中存在一些空档，有的法定职权或法定的监督方式方法没有充分行使和运用起来。总体上看，监督工作仍是一个薄弱环节。难怪有的地方人民群众批评人大监督工作是“审议报告唱赞歌，述职评议表扬多，执法检查走过场，一听二看三通过”。

据浙江省一位从事人大工作多年的研究人员介绍：2000年，浙江省人大常委会研究室就人大及其常委会行使监督权问题对浙江省31个市县人大的同志进行了一次问卷调查。调查结果列表如下：①

评价 方式	认为好	认为较好	认为有走过场倾向	认为纯粹是走过场	未作回答
听取和审议工作报告	20人		10人	1人	2人
审查和批准计划、预算	1人	12人	11人	5人	2人
审查规范性文件	1人	13人	4人	8人	3人
对法律实施情况进行检查	3人	18人	8人	1人	1人
询问和质询	13人	10人	8人		
特定问题调查	19人	5人	7人		
罢免和撤销	13人	12人	6人		

国家权力机关对行政机关监督难的根源，主要集中在如下几

① 参见蔡定剑、王晨光主编：《人民代表大会二十年发展与改革》，中国检察出版社2001年版，第402～403页。

方面：

1. 对人大监督重要性认识不足，政府部门自觉不自觉地规避人大的监督

目前，多数行政机关已认识到，人大对其实施监督是一种国家体制和政治制度上的设计，可以保证行政权力取得合法性，并保证各项行政权力在法治轨道上运行，避免行政权力滥用和腐败现象滋生蔓延。各级政府部门接受人大的监督，很有必要。但在实践中，一旦成为被监督对象，又觉得人大监督是在“找麻烦”、“挑刺”，影响行政工作效率，束缚了“手脚”。这种认识说到底仍然是一种特权思想，即政府部门凭借其拥有的行政权力和强大优势地位，规避人大的监督。根源还是“人民民主”的思想没有彻底地树立起来，还缺乏应有的民主法治观念和人民代表大会制度意识。

实践中，还有一种情况很值得注意：就是政府有关部门在处理一些棘手问题的时候，怕处理不好带来麻烦，就将矛盾和问题交给人大。这种做法貌似尊重人大，实则不然。将不好解决的事情提交人大讨论决定不是不可以。但问题是，这些事情是不是属于人大职权范围内的事务。如若是法律法规确认的重大事项、重大问题，人大当然有权力、有责任处理和解决。如果是属于行政机关职责范围内的事务，那就应由政府部门予以解决，不宜借口事情需要协商、讨论，将矛盾和问题推给人大。防止这种情况的出现，根本的办法是在法律上将人大的职权与政府的职权明晰化，使各级人大和政府能够依法办事、各司其职；同时保证政府的行为处于人大监督视野之内。

还有一些人认为，人大是国家权力机关，即代议机构。人大的立法和决策过程，是充分发扬民主、群策群力的过程；同样人大的监督，也是民主协商、互谅互让的过程，人大的监督，可以不像“一府两院”行为那样，必须执行，可以相互商量。说到底，人大的监督可以商量，可以“讨价还价”。其实，这是一种错误的认识。某种程度上，是一种规避行为。人大开展各项工作，都要贯彻“民主集中制”原则。但民主的发扬是在人大决策形成的过程中，而人大的决定一旦作出，它就具有了与立法同等的效力，必须执行，没有商量的余地。

2. 现实体制关系不顺，制约国家权力机关监督作用的发挥

从现实情况看，有的地方党委仍然习惯于以党代政，包揽过多，权力过分集中。一些有关国家事务的重大问题，往往是党委决定，政府去办，把人大撇在一边。在此情况下，人大很难对政府进行有效的监督。如果不做大量的协调工作，人大监督很容易监督到党委头上，影响同党委的关系。一些政府部门则认为，重大问题都是党委定的，只要向党委负责就可以了，不愿接受人大监督，甚至认为人大监督是多了一个“婆婆”。这些情况，根源在于现实体制关系尚未理顺。

人们常说的现实体制关系，主要指两种情况，一种是指理顺党政关系。在我国政治体制中，执政党与国家机关之间，既存在领导与被领导的关系，又存在依法管理与被管理的关系。从前种关系看，党是领导者，应按照政治领导所要求的形式和途径，切实加强对国家机关的领导；从后种关系看，党应当自觉地尊重国家机关的管理，在国家宪法和法律范围内活动。理顺党政关系，重要的是要建立这样一种机制：党对政府重大问题进行决策，人大依法作出决定，政府去组织实施。只有这样，才符合党对国家实施政治领导和人民民主管理国家事务的要求，才符合依法治国的要求。

另一种情况是指理顺权力机关与行政机关之间的关系。现行体制下，人大上下级之间只是工作联系的指导关系，对同级政府是监督。但上下级政府是领导和被领导关系，政府的财政预算和重大决策必须执行上级政府的决定。下级人大在监督同级政府部门与上级政府发生差异或矛盾时，人大监督就会出现很尴尬的局面。可见，现实中人大对政府部门的监督缺乏应有的约束力和制约手段。还有，由于政府管理体制上存在的垂直领导、条块分割等情况，一些与地方经济发展有决定性影响的政府职能部门如工商、税务、质量监督等，列在政府组成部门之外，人大无法对它们实施监督，出现了“管着的看不见”，“看见的管不着”的监督盲区。

3. 人大代表和人大常委会组成人员专职化程度较低，使人大监督难以到位

目前，人大代表和人大常委会组成人员在配置上，还是偏重于代表性，专职化水平比较低。相当一部分常委委员兼有其他职务（非国家行政、审判、检察职务），而且这些职务繁忙于人大工作。真正专门从事人大监督工作的人大代表和常委委员很少。而人大的监督工

作都是一项专业性很强的工作，其所要求的法律、经济以及其他方面的知识，都应达到相当的水平，尤其是预算监督、执法检查、司法监督等，如果不具备相应的知识水平，是很难发现重点和主要问题，作出准确有效的判断，提出有重要参考价值的意见来的。这样的监督很难取得理想效果。

解决这一问题，一方面要优化人大代表和常委会组成人员结构，让其中具有较高水平的专家参加相关的监督工作，充分发挥他们在人大监督的专业作用；另一方面为代表和委员专职化创造各种便利条件，为他们配置必要的助理人员。由此从监督主体上加强对政府部门的监督力度。

4. 一些监督制度尚未规定适宜的监督程序，使人大监督缺乏应有的可操作性和工作力度

尽管全国人大组织法和议事规则、地方组织法以及其他一些法律对各级国家权力机关实施监督的程序作了规定，但在很多方面还不够具体、明确，一旦使用起来还会出现漏洞。主要表现在：

（1）关于监督的法律规定过于原则，缺乏操作性，如对计划和预算如何进行有效的审查和监督？对人大选举和人大常委会任命的国家机关工作人员通过什么方式和程序进行监督？如何对司法机关依法、公正、有效率地处理案件实施监督？

（2）宪法和法律的某些规定互相矛盾或存在遗漏。如《地方人大和政府组织法》规定了人大常委会对由其任命的国家机关工作人员的撤职、罢免权；《宪法》和《全国人大组织法》却没有规定全国人大常委会对由其任命的国务院各部委负责人的撤职、罢免权，这不能不说是法律规定上的疏漏。

（3）监督后果处理规定不清，对违反有关法律规定者缺乏处置手段。如违反《预算法》、不执行人大及其常委会的决议应承担什么责任，工作报告在人代会上未获通过应如何处置等都没有明确规定。

（4）宪法监督制度尚未建立起来。对于实现我国宪政至关重要的宪法监督制度目前还没有建立，《宪法》只规定了国家权力机关的宪法监督权，但并未规定监督的机构、途径和方法。

上述情况在很大程度上限制了国家权力机关对政府监督作用的发挥，各级人大的监督实效大打折扣。

（二）对监督现状的评述

人民代表大会制度经过几十年的建设，特别是改革开放和社会主义市场经济的发展，人大监督的重要性已逐渐得到人们的认识，人民群众已切身感受到人大监督的作用所在。但是，仅有这些外在的因素是远远不够的。解决人大监督难的关键，是将人大制度中的监督与被监督法律关系“内在化”，而这首先要由被监督的“一府两院”充分认识人大对其监督的重大意义，并且实实在在地落实到行动中，落实到具体措施中；同时国家权力机关自身要强化人大立法和决议执行的监督力度，要将监督立法和有关决议贯彻落实情况，作为树立权威的核心内容和突破口，确保国家权力机关能有所作为，以建立真正的权威。

人大监督形式分成两类。已有的法定监督形式，如关于听取和审议政府工作报告、政府有关部门专题报告（包括计划、预算报告）、受理群众申诉控告检举、罢免撤职等，主要面临的不是探索和创新的问题，而是如何进一步细化有关法律规定、更好落实这些规定的问题。对这些形式，受监督的对象——各级政府及其有关部门，是可以接受的，没有多少可以探讨和争论的。今后的任务，就是各级人大自身要把监督工作放在突出位置，着力加强监督工作。要集中精力，从细化操作程序入手进一步完善人大各项监督制度，以增强监督实效。要认真总结经验，抓紧修改组织法和议事规则，制定监督程序法，使现有的监督方式具有较强的可操作性。

下面，我们着重就几个人大监督政府部门中“具有创新意义”的监督方式作一些评析。

20个世纪80年代，一些地方人大常委会在实施监督，尤其是在开展法律监督过程中进行了探索和尝试，创造了几种新的监督方式。主要有：常委会组织部分常委会组成人员或者专门委员会（工作委员会）组织本委员会部分组成人员，就行政部门执法情况开展执法检查；常委会组织部分人大代表对政府及其有关部门的工作进行评议；常委会组成人员要求由常委会任命的行政部门主要负责人在常委会会议上述职并对其进行评议；采取直接或间接的方式推行执法责任制；运用法律监督书或者审议意见书加大监督力度，等等。这些监督方式经新闻媒体宣传报道和工作经验交流，逐渐被更多的地方推广采用。但各地的具体做法不大一致，有些做法也不够规范。

到了20个世纪90年代，随着我国民主法制建设步伐的加快和人大工作的逐步加强，各地人大在监督方式探索中进一步取得经验，使已有的一些做法逐渐成熟完善起来。其中有的已成为各级人大行使监督权的主要方式，有的已被赋予新的含义和内容，有的仍在探索、实践中。

1. 关于执法检查

从各地情况看，执法检查已经作为各级人大常委会的一项常规性监督制度被确定了下来。尽管在理论上还有不同认识，但它约定俗成，已成为县级以上各级人大常委会监督法律实施情况的主要形式。实践中已取得了如下成效：（1）经过多年的探索，执法检查使人大找到了一条有效的法律监督途径，有的同志将它视为解决人大监督难的“突破口”。（2）执法检查是一种力度适中的监督方式，具有灵活性、适时性的特点。正因为如此，执法检查开展起来可繁可简，规模可大可小，手段可强可弱，具体措施可以根据实际需要确定。（3）由于执法检查一般都涉及面广，具有一定声势，执法检查的经常开展容易为改善执法创造良好的环境。基于这样的认知，各级人大常委会和专门委员会每年都要组织几次执法检查，作为人大监督的“重头戏”。目前已有20多个省级人大制定了监督（工作）条例，对执法检查这一监督方式的基本内容和主要环节进行了规范。全国人大常委会也在总结地方人大工作经验的基础上，结合自身情况，于1993年8月制定了《关于加强对法律实施情况检查监督的若干规定》。该规定对执法检查的组织、活动原则、主要程序等内容作了规定，较好地促进了全国人大常委会和各专门委员会的执法检查活动。

执法检查作为人大监督执法部门的一种监督方式，似乎无可挑剔，然而我们在肯定执法检查取得积极成效的同时，还要看到执法检查带来的困难和问题。具体体现在：（1）由于缺乏统一明确的操作程序，各地在检查中的做法不尽相同，在一定程度上影响了执法检查的整体效果；（2）多数的人大及其常委会没有专门的组织机构负责执法检查工作，执法检查出现时紧时松的情况，检查效果不易持久；（3）由于目前的监督体制和关系尚未完全理顺，因而执法检查存在主体多样（检查组由不同范围的成员组成）、对象转移、内容贪多求全等问题；（4）执法检查活动过于频繁，使执法检查往往流于形式，无法实现监督的初衷，难以解决实际问题；（5）执法检查仅是人大实施监督的一个方面（阶段），要充分发挥人大监督职能，还离不开其他监督方式的配合。从总体上看，执法检查还有一定的局限，还需要改进和完善，使之进一步规范化、制度化。

2. 关于“两评”工作

“两评”即代表评议（人大代表对政府部门工作的评议）和述职评议（人大常委会对政府及部门领导人的评议）。1992 年，时任全国人大常委会副委员长兼秘书长的彭冲同志在人民代表大会制度研究和宣传工作座谈会上，对“代表评议”给予评价：“实践证明这（代表评议）是人民群众创造的社会主义民主政治建设的一种好形式，是代表执行代表职务进行监督的一个重要途径，也是密切联系群众和加强廉政建设的一项重要措施。”

“述职评议”是从代表评议活动中演变而来的。20 世纪 80 年代初，一些地方人大常委会组织的代表评议就把评议对象由执法部门延伸到了执法人员，这是述职评议的萌芽状态。到 1988 年前后，一些地方的人大常委会根据《宪法》、《地方组织法》的有关规定和党的十三大关于“改变缺乏民主法制现状，实现干部人事的依法管理和公开监督”的精神，继续进行这方面的探索和尝试。① 据不完全统计，在省级人大开展述职评议的已从开始的几个省（浙江、陕西等），发展到目前的 20 多个省、自治区、直辖市。这项工作在县级人大开展得更为普遍，全国 31 个省、自治区、直辖市均有部分县级人大开展了述职评议。应该看到，述职评议之所以与代表评议有区别，最主要的是“述职评议”的范围集中在常委会任命的政府及有关部门人员上，其特征是将被任命人员向常委会述职与常委会对述职人员进行评议结合起来。

---

① 浙江省杭州市下城区人大常委会从 1987 年酝酿提出，1988 年正式开展，1989 年制定通过关于干部述职的试行办法以来，几乎每年都要对人大常委会任命干部开展一次述职评议。参见董珍祥：《人大监督方式新探索的评述与思考》，载蔡定剑、王晨光主编《人民代表大会二十年发展与改革》，中国检察出版社 2001 年版，第 282 页。

“两评”工作在全国一些地方取得成效后，地方人大特别是基层人大不断探索、总结和交流经验，推动了“两评”工作由点到面的发展。多年的实践说明，“两评”工作有如下几方面值得肯定：(1)将监督人与监督事结合起来，拓宽了人大实施监督的渠道，调动了代表、常委会组成人员长期以来想充分行使监督权的积极性，焕发了他们的工作热情，有效地推动了人大监督工作；(2)“两评”工作的灵活性，使人大的监督不仅仅局限于会议期间而能经常进行；(3)有的地方在开展“两评”工作时还进行了量化评审，采取信任投票的方式，这就使人大的监督具有了可操作性，强化了监督力度；(4)通过评议，使被评者受到触动，从而增强他们的工作责任心，强化了被评者的人大意识和“公仆”观念；(5)“两评”工作的积极开展，使更多的社会力量参与了人大对“一府两院”的监督活动，每一次评议都受到了生动的民主法制教育。

然而“两评”工作也存在着一些值得研究探讨的问题：“两评”的监督方式尽管效果比较明显，有一定的轰动效应，但在理论上还不是十分清晰，诸如“两评”有无法律依据，其活动是否规范，工作能否坚持下去等问题，还需要认真看待和认识。首先，评议是一种代表活动，是一种监督方式，还是对现有监督手段的组合？对评议如何定性，还有待进一步研究。其次，评议主体是谁？绝大多数地方，参加评议的是部分代表，少数地方（如上海）是全体代表，有的地方则规定代表参加的比例（如安徽规定10%）。再次，采取哪种形式评议比较适宜？目前还难有统一认识。人大的评议不同于党委的评议，人大开展评议应在代表大会或常委会会议上进行，会议之外的活动属于评议前的准备工作或评议后的落实工作；人大的评议不宜采取召集代表或常委会组成人员开座谈会、办公会或者逐一走访的形式进行评议。目前各地人大的评议，有的是常委会主要领导或常委会主任会议根据需要临时安排的，有的则是在年初工作安排时确定评议工作计划。这些评议尚未成为一项经常性的监督制度。最后，评议效果如何？不具备法定人数的评议和会议外的评议，不具有普遍的约束力，其后果是否有法律效力也值得考虑。

3. 关于执法责任制的推行

执法责任制①本身是监督方式，它们将监督者与被监督者的权责关系加以明确，对提高执法监督效果是有积极意义的。比如，部门执法责任制被一些同志认为是“普法教育的好形式，依法治理的硬措施，人大监督的新途径”。人大通过建立健全各项工作制度来加强监督工作，思路是对的，但执法责任制能否作为人大监督的组成部分却值得商榷。

执法责任制将每个法律执行的责任分解到相关的执法部门，这种“对号入座”的办法，使执法问题的解决仅仅局限在部门管理上，而非制度管理和法治秩序的层面上。人大能否将其作为监督“一府两院”的方式，尚需认真考虑。从本源上讲，执法责任制这种责任明确、分门把关的方式，主要适合于部门管理，不符合人大工作集体决策，讲求程序，抓大事，抓主要问题等特点和规律。人大推行执法责任制，会混淆国家权力机关与行政机关内部不同性质的监督职能，容易使人大工作越俎代庖，陷于具体事务；同时容易弱化行政机关内部的监督。人大与政府部门之间是决定与执行、监督与被监督的关系。即使要推动行政执法部门内部实行执法责任制，人大起的也只是倡导

---

① 在1986年的普法热潮中，河北省景县人大常委会率先提出“实施法律、法规实行部门责任制”，并作出决议，制定了实施方案。1987年12月，河北省人大常委会召开的部分县、市人大常委会法制监督座谈会上，景县人大介绍经验，将原来的提法改为“实施法律、法规部门责任制”（即执法责任制）。后来，河北、河南、陕西、湖南等省的一些市、县和其他一些地方相继推行了部门执法责任制。其中有的地方还作了进一步探索实践，创造了一些新的经验，如河北省辛集市把实行执法责任制同实行“两公开一监督”（即办事内容公开、办事制度公开、接受群众监督）结合起来；河北省元氏县人大常委会把执法责任制同实行干部任期目标责任制结合起来；河南省郑州市、开封市、洛阳市等地把执法责任制同推行错案责任追究制结合起来，等等。这些措施不同程度地增强了执法责任制的实际效果。此后，1995年1月天津市人大常委会作出《关于市和区、县国家机关实行部门执法责任制的决定》；同年11月北京市人大常委会作出《关于加强行政执法工作的决定》，将推行执法责任制规定在内；1996年4月内蒙古自治区人大常委会作出《关于在自治区人民政府、自治区高级人民法院、自治区人民检察院实行执法责任制的决定》等。全国相当一些省级人大开展了执法责任制这项工作。参见董珍祥：《人大监督方式新探索的评述与思考》，载蔡定剑、王晨光主编《人民代表大会二十年发展与改革》，中国检察出版社2001年版，第290页。

和督促的作用，而不是动员、组织、实施的作用。换言之，人大不是推行执法责任制的当事者，而是监督者。所以当前最要紧的，是要建立健全人大督促执法部门严格执法的保障机制，使人大的监督与行政机关之间的监督制约衔接起来，从而保证人大的监督职责与行政监察机关监督职能达到分工协作、互相配合的效果。

五、改革权力机关对行政监督的建议

要加强人大对政府部门的监督工作，进一步改革和完善人大监督制度，总体来看，有两方面的建议：一方面要总结各级人大监督工作的经验，抓紧完善有关法律，将监督的有关职权规定具体化，变成可操作的程序规定，真正使人大监督工作制度化、规范化。二是要积极、稳妥地推进政治体制改革，按照依法治国的要求改革党和国家的领导制度，划清党组织与政权机关的职能，理顺党与人大、政府的关系，党不代行政府职能，使人大能够监督，不使人大对政府的监督成为对党的监督。这是改善人大对政府监督的根本方面。

针对每项监督制度的具体情况，提出相应的建议。

（一）完善听取和审议工作报告制度

听取和审议“一府两院”的工作报告，已成为各级人大及其常委会开展工作监督的基本形式。许多人提出，对人大这一监督制度，可以从以下几方面进一步改革和完善：

1. 人大常委会听取专题工作报告，要选择人民群众最关心的“热点”问题。这样能使人大常委会的议题同党委的中心工作一致起来，也便于代表和委员反映人民的意见和要求，以利于党组织、人大与人民脉搏相通，使常委会会议更好地得到人民的关注和支持。

2. 在听取和审议政府部门工作报告的程序上再作一些具体规定。如规定应提前把报告稿送给代表、委员，不能临会才发；规定有关部门负责人不仅在会上作报告，还要到会面对面地听取意见，回答询问。这种询问类似国外的质询，最近几年在全国人代会上已经作了成功的尝试。

3. 在审议报告时，提倡代表或委员畅所欲言，充分发表意见，包括不同的意见。不仅要倾听多数人的意见，而且要善于照顾少数人的意见，并且通过新闻媒介公之于众，以便在高度民主的基础上高度集中。

4. 建立工作报告审议反馈制度。切实改变“会上议一议，会后无声息”的状况。一些地方人大常委会在听取和审议专题报告后，向有关机关提出“审议意见书”的做法值得总结和推广。“审议意见书”如经常委会通过，则无疑具有一定的法律效力。如未经通过，只是经办事机构整理成文书，经主任会议认定后发给政府部门，其法律地位也在一般代表建议之上。目前“审议意见书”或“审议意见”存在整理不规范、报送无程序、办理不得力的问题。需要进一步总结经验，通过法定程序，使“审议意见书”这一形式走向规范化、法律化。

5. 对工作报告未批准作出处置规定。在人代会上，代表们听取和审议政府部门的全面工作报告后，都要分别对报告决议进行表决。目前在有的地方人代会上，已经出现表决某工作报告时未被通过的情况。在常委会上常委会组成人员在听取和审议政府部门的专题工作报告后，通常不作决议。在有的地方，也已经出现多数常委会组成人员不认可某工作报告的情况。为了增强听取和审议工作报告这一监督方式的权威性和实效性，应当对工作报告未被批准作出处置规定。如果在人代会上工作报告未被批准的，从性质上说是人大代表对政府工作不满意，从法律性质上说，政府向人大负责，报告未被批准说明没有负起责任，提出报告的机关的政府首长必须提出辞职。

（二）完善预算审查监督制度

国家权力机关的计划、预算监督，虽然有一些法律规定，但实施中的问题仍然比较突出。如何使计划、预算监督不流于形式，一直是人大监督工作的一个难点。为了使计划、预算的审查和批准落到实处，可考虑从以下几个方面进行改革：

1. 提前介入，对计划、预算的编制工作进行监督

编制计划、预算是政府的职能，人大不能干预。但能否编制一个实事求是、切实可行的计划、预算，是人大计划、预算监督的前提。因此，人大及其常委会对编制计划、预算这一至关重要的政府行为必须加强监督。当前编制工作的问题主要是由于编制时间短（如预算编制时间从11月10日国务院向省级政府和中央各部门下达编制下一年度预算草案的指示，到下一年度1月10日前省级政府部门汇总本

级总预算草案并报财政部，仅2个月的时间)，加上各级人代会没有法定会期，在下一级人代会没有审查和批准预算的情况下，通常是由上一级政府财政部门代编预算，这样做显然会影响预算的科学性和真实性。同时，预算编制项目不细，预算草案科目级次太少，一般只列到“类”一级，至多到“款”，没有“项”、“目”的内容。为了解决上述问题，除了从总体上进一步完善人大会期制度外，人大常委会要加强和改进对计划、预算编制工作的监督。全国人大常委会可以按照关于加强中央预算审查监督的决定的要求，“坚持先有预算，后有支出，严格按预算支出的原则，细化预算和提前编制预算”，要按照预算法的规定要求编制部门预算和单位预算。一些地方人大常委会在督促政府细化预算编制方面进行积极探索，取得一定成效。如有的省人大财经委员会提前介入对预算编制活动的监督，参加政府有关部门召开的会议，深入有关部门及企事业单位了解情况，对计划、预算编制提出合理化建议。有的地方人大常委会早在10月份就将预算细化工作列入常委会议程，及时督促政府早编预算，细编预算，编好部门预算，及时批复预算。

2. 变笼统的审查为切实的重点审查

计划、预算是一项专门性、技术性很强的工作，加上编制方面存在一些问题，对计划、预草案往往是“外行看不懂，内行说不清”，要让代表在有限的会期内对国家和地方的计划、预算每个科目都进行全面、详细地审查是不可能的。可以考虑对计划、预算的综合性指标和对国计民生有影响的重大事项进行重点审查。以全国人代会审查年度计划、预算草案为例，重点审查的内容可包括：国民经济增长速度、主要行业增长速度及经济效益情况，全社会固定资产投资规模和结构情况，国家特别重大建设项目情况，货币投放、国际收支、价格变动情况，人口、土地和环境保护情况，国家财政收支、中央财政收支、赤字和债务情况，国家税收及其他收入情况，预算超收及使用情况，财政对农业、教育、科技的投入情况等。审查好这些重点内容，就可以从总体上、全局上把握编制计划、预算的指导思想是否正确，编制依据是否确实，主要措施是否切实可行，减少和避免大的失误。在进行重点审查时，要注意发挥对经济工作比较熟悉的代表的作用。有关专门委员会和工作机构要对计划、预算草案做好专门审查和论证工作，协助人大对计划、预算的合法性、真实性、效益性进行监督。

为了代表更好地行使审查、批准计划、预算的职权，还可以考虑建立审查计划、预算草案的修正案制度。能否规定：一定数量的代表联名，可对计划、预算草案提出修正案，由主席团决定是否列入会议议程。当然提出修正案应有限制性规定，如规定修正案不得增加新建项目，不得影响预算收支平衡。

3. 加强计划、预算执行情况的监督，建立和健全经常性经济监督制度

按宪法和有关法律规定，计划、预算的执行，包括计划、预算的部分调整和变更，在县级以上都由人大常委会监督。

（1）进一步规范对计划、预算部分调整和变更的审查和批准。《宪法》第67条、《预算法》第53条、《地方组织法》第44条，都对计划、预算部分调整或变更要由人大常委会审查、批准或决定作了规定。但是按照预算法规定，预算调整是指在执行中因特殊情况需要增加支出或者减少收入，使原预算的总支出超过总收入或者举债数额增加的部分变更。因此有的地方认为，如果既增收又增支，只要维持平衡，就可以不向常委会提交预算调整方案，结果出现编制预算时将收入预算尽量留有余地，执行中又尽量多收，超收部分由政府自由安排。这就容易造成监督漏洞。为了解决这一问题，全国人大常委会关于加强中央预算审查监督的决定强调要加强对预算超收收入使用的监督，规定中央预算执行过程中，需要动用超收收入追加支出时，应当编制超收收入使用方案，由国务院财政部门及时向全国人大财经委员会和预算工作委员会通报情况，国务院应向全国人大常委会作预算超收收入安排使用情况的报告。上述决定还规定，应当严格控制不同预算科目之间的资金调剂，中央预算安排的农业、教育、科技、社会保障预算资金的调减，须经全国人大常委会审查和批准。一些省级人大常委会制定预算管理方面的地方性法规时，有的把“预算调整”和“预算变更”相区别，有的则把调整和变更统称之为“预算变更”，要求政府将超收安排，预备费动用，预算划转，返还和补助，减少对农业、教育、科学支出或增加基本建设、行政管理费支出等情况，都提请常委会审查、批准。有的还对变动到多大幅度作出数量界定。鉴于对不同法律规定的“调整”或“变更”有不同理解，需要通过修

改或制定有关法律加以规范。

（2）加强审计监督，重视追问问题的处理结果。按照预算法规定政府审计机构对本级各部门、各单位和下级政府的预算执行、决算实行审计监督。全国人大常委会关于加强中央预算审查监督的决定，也对加强中央预算执行情况的审计提出了要求。现在全国人大常委会每年6月份听取审计机关的审计工作报告，审计也揭露出了不少问题，但是，这些问题有相当一些没有得到及时严肃的处理。所以听取审计报告以后，常委会要对审计工作报告作出决议，对审计出的问题要督促政府限期处理，并要听取处理结果的汇报。

（3）建立健全各项经常性监督制度。包括人大常委会要及时（现在均在每年第二季度）审查和批准本级政府决算；常委会要在第三季度听取政府上半年计划、预算执行情况的报告，同时要求政府报告当年预算外资金的收支情况；人大财经委员会或有关工作机构要定期听取政府有关部门关于国民经济运行情况的报告，并进行分析研究；要严格执行有关计划、预算方面的文件和资料向常委会及人大财经委员会提交备案的制度等。

（三）完善执法检查制度

从实际情况看，人大的执法检查虽然取得了一定成绩，但仍存在不少问题。为了增强执法检查的实效，可以考虑从以下几个方面进行改革和完善：

1. 进一步明确执法检查的主体和对象。执法检查的主体应当是人大常委会，人大专门委员会也可以单独安排执法检查，协助人大及其常委会进行法律监督。一些同志指出，有的地方人大常委会同政府部门搞联合执法检查，是不妥当的。因为这样做混淆了监督的主体和对象。人大检查应与政府部门自查自纠相区别。还要明确执法检查的对象是执法机关，即《全国人大常委会关于加强对法律实施情况检查监督的若干规定》第2条规定的“主要检查监督法律实施主管机关的执法工作”，督促“一府两院”及时解决法律实施中存在的问题，不直接处理具体单位的具体问题。

2. 合理地、有重点地确定检查内容。对哪些法律的实施情况进行检查，根据各地的经验可以依据下列三种情况来确定：①当年党和政府的中心工作；②某些法律执行中问题比较多；③人民群众关注的

"热点"问题。每年确定的法律不宜过多。从全国人大常委会多年来执法检查的情况看，每年确定检查三至五个法律的实施情况为宜。

3. 力避形式主义，采取一竿子插到底的方法，深入基层，深入群众，力求掌握第一手材料，把执法检查的过程变成体察民情、反映民意的过程。在此基础上认真写好执法检查报告，从带有全局性、倾向性问题的高度提出改进执法的方案。

4. 把听取和审议执法检查报告，正式列入常委会会议议程，并认真行使审议权，必要时可以提出质询案或作出有关决议。

5. 完善审议反馈制度。执法检查报告和常委会的审议意见，应及时转交法律实施主管机关。有关机关改进执法的情况和效果要在规定期限内向常委会作出反馈。

6. 对检查中发现的重大违宪违法案件，可以组织深入调查，必要时可以组织特定问题调查委员会，根据调查结果作出严肃处理，并且公之于众。

7. 同其他监督形式相结合。如把执法检查、实行执法责任制、开展执法评议三者结合进行；在听取和审议政府部门工作报告时，可包括听取和审议政府部门执行某项法律情况的专题报告；把执法检查同舆论监督结合起来等，都能取得较好的效果。

以上改革和完善建议，有的已经写进法律，只是实施不力；有的则需要总结经验，进一步从法律上作出具体规定。

（四）完善工作评议、述职评议制度

这两项评议制度在地方人大已普遍推行，效果比较好。但各地做法不尽相同，各地制定的地方性法规对这两种监督方式的规定又不尽一致，影响了监督的力度和效果。需要进一步总结经验，从法律上对两项评议的对象和范围，内容和原则，组织和方式，评议后果的处理等问题作出统一规范。

1. 规范工作评议的对象是一个重要的问题。一些地方人大常委会主要是依据两条来确定评议对象：一是当前党和国家或所在行政区域一个时期工作重点涉及的有关部门，二是人民群众反映强烈的"热点"问题涉及的有关部门。对于本行政区域内的条管部门，如土地管理、工商、税务、质量监督等部门，有的也被列为评议对象。实践证明效果是好的。关于工作评议要对述职人的确定作出规范。一些

地方的做法是：对人大常委会任命的政府部门所有工作人员都要求年终向常委会提交书面述职报告，同时以发函的形式征求常委会组成人员和有关单位的意见，经主任会议从意见比较集中的人选中确定述职评议的对象。

2. 关于述职评议的内容，一般集中在四个方面：一是依法行政、公正司法的情况，二是执行人大及其常委会决议、决定的情况，三是办理代表议案和建议的情况，四是勤政廉政情况。实际上可概括成执法和廉政两个方面。关于评议结果的处理，通常是将评议意见整理成书面文书交给有关部门和被评议人。有的地方在评议结束时还对被评议人进行测评，区分出称职、基本称职、不称职等档次。有的省级人大常委会的述职评议工作条例规定，被评议人称职票达不到省人大常委会组成人员半数以上的应责令其辞职。至于在全国人大常委会如何建立和实行工作评议、述职评议，也应进行研究、论证，并适时作出法律规定。

（五）完善质询、特定问题调查、罢免或撤职的监督程序

这三项监督制度，通常是人大及其常委会行使处置权时所采用的刚性监督手段。在地方人大中有较多使用这些监督手段的事例，一般都取得较好的效果。在全国人大则尚未正式使用过。完善这三种监督手段，并依法实施，有利于增强人大监督力度，解决人大监督不力的问题。

对质询制度，主要是要对如何启动质询程序，哪些问题可以提出质询案，质询答复不满意怎样处置等，再进一步作出具体规定。对特定问题调查制度，要增加规定全国人大常委会组织特定问题调查委员会的程序，参照《全国人大议事规则》关于全国人大组织特定问题调查委员会的程序，建议规定全国人大常委会会议期间，委员长会议或者1/5以上的常委会组成人员联名，可以提议组织关于特定问题调查委员会，由委员长会议提请全体会议决定。关于罢免和撤销国家工作人员制度，《地方组织法》只规定了能够撤销哪些人的职务，未规定撤销的程序，实践中不好操作。建议参照人大代表提出罢免案的程序和人大常委会提出撤职案的程序作出具体规定。为了增强全国人大常委会人事监督的力度，也可以考虑同地方人大常委会一样，授予全国人大常委会以撤职权。

（六）完善对行政立法的监督制度

关于对行政立法的监督，首先要注意主动审查和被动审查结合的问题。对行政法规的审查，立法法已经作了一些规定。但由于立法法关于法规审查的提出，带有被动审查的色彩，因此又出现了另外一个方面的问题：立法法实施以来，全国人大常委会一直没有收到国务院对哪一件行政法规提出进行“审查的要求”，只收到一些企事业单位和个人提出的对某些法规进行“审查的建议”。有关部门对已经备案的法规是否存在同宪法和法律相抵触或不一致的问题，也没有主动过问。这样一来，在立法法实施后的近3年时间里，没有一件备案的法规正式进入专门委员会的审查程序。

应该看到，实践中法规或法规的某些条款与法律相抵触或不一致的情况是存在的。因此，需要加强法规的审查工作。从目前情况看，在认真受理“审查的要求”和“审查的建议”的同时，采取适度的主动审查是必要的。就是说，专门委员会和工作机构可以主动研究备案的法规，选择少量的法规作典型，在做好充分准备的前提下，按照立法法的规定，启动审查程序。这种被动审查和主动审查相结合的方式，不仅有助于法规备案审查这一监督形式起到应有的作用，而且可以更好地发挥专门委员会的积极性和主动性。这项工作做好了，将会有效地督促法规制定机关增强宪法意识和法律意识，在立法工作中自觉维护我国社会主义法制的统一。

对有些行政规范性文件，如国务院部委命令、指示和规章，省级人民政府的决定、命令和规章等，如何进行审查，也需要在制定监督方面的法律时作出明确规定。

八论人民代表大会监督①

在人民代表大会监督工作中，常常会碰到一些新情况、新问题，从法理上回应、阐释人民代表大会监督的一些现实问题，对强化人民代表大会的监督工作显得十分必要。

一、人大监督没有“一把手”

人民代表大会监督权的主体，是指人民代表大会监督权力的承担者，谁有权去行使人民代表大会的监督职权。

实践中，有人提出，委员长会议（或主任会议）、人民代表大会各专门委员会、人大代表和常委会组成人员可不可以行使监督权，成为监督权的主体。我认为，它们可以部分地行使监督权，从事某些监督工作（如提出有关监督议案、质询案和罢免案等），但不能说它们具有监督权，是监督权的主体。完整意义的监督权只能由代表大会和常委会行使，只有它们才能作出真正有法律效力的监督决定和采取有效的监督措施。首先，委员长会议（或主任会议）不是人大监督权的主体。宪法和有关组织法规定，委员长会议（或主任会议）是负责处理常委会重要日常工作的机构，它行使的职权都是程序性的，而不是实体性的，委员长会议和主任会议不管有多大的权力，它不能代替人大及其常委会作出有法律效力的决定，而只是提出议案或建议，所以它不具有监督权。

人民代表大会各专门委员会也不能行使监督权，作为监督权的主体。专门委员会是代表大会的常设工作机关，它的主要职权是在人大及其常委会领导下研究、审议和拟定并提出有关议案。这些年来，随

---

① 原载《人民之友》2003 年第 2 期。

着人大专门委员会作用的发挥，专门委员会越来越多地参与对政府和司法机关的监督工作。如专门委员会听取有关政府和司法机关的工作汇报，开展执法检查等。但专门委员会从事的这些监督工作，只是协助人大及其常委会行使监督权，而不能说它们自己在行使人大的监督权。因为，它们无权对被监督者采取任何决定性的处理措施。

也不能说人大代表或常委会组成人员可以行使监督权。依照法律，人大代表或常委会组成人员，可以向有关部门提出建议、批评和意见，可以参加视察，可以在会上发言、表决等。达到法定数量的代表和常委会组成人员有权提出监督性的议案。但是，他们都无权作出实质性的监督决定或采取强制性的监督措施，因而也不能说他们在行使监督权。代议机构的职权只能由代议机构集体行使而不能由个人或者领导行使，那种把人大常委会主任看成是人大“一把手”的观点也是站不住脚的。

二、人大监督的标准

人民代表大会是否应实施监督和如何进行监督，有一些基本的操作标准，就是被监督者行为的合法性与合理性。

合法性标准即：人民代表大会对监督对象的行为是否合法实施监督，以监督对象的行为是否违法作为条件，包括职权上的违法和程序上的违法。监督对象从事了法律禁止做的事，行使了法律没有明确赋予它行使的职权，没有履行法律规定它应履行的职权或应承担的业务以及行使了法定属于其他国家机关职权范围内的权力，都可以启动人大监督程序。在现代法治社会，法律程序同法律实体权力具有同等重要的意义。若某国家机关或国家机关领导人虽然有某项职权，但没有依法行使，同样会对法制造成破坏，对社会和公民权利形成威胁甚至侵害。程序在很大程度上是民主的体现，例如：选举有一套复杂的程序，人民代表大会开会议事也有一套程序，违反这套程序就会破坏民主，不经法定程序产生国家机关领导人就是无效的。在人民代表大会监督中，监督对象行使职权程序的合法性，是实施监督的重要标准。

有时，行政和司法机关的权力行使并没有达到违反法律的程度，但却显失公正和合理性，有悖于人民的意志和利益，人民代表大会也应实施监督。因为，任何国家即使有再完备的法律，也不可能做到法律无所不在，即使有法律规定，总还有执法部门自由裁决的余地。而我国的法律很不完备，而且法律适用的幅度很大，以合理性作为监督的补充标准，对加强人民代表大会对行政、司法机关的监督是很有必要的。

什么是合“理”？“理”就是按民主、民意、公正、效率、负责等价值所作出的一种判断。我们常常能见到这种情况，国家机关依照法定的职权和程序作出某种行为，但却显失公正、有悖于人民的意志和利益，或造成国家人力、财力的极大浪费和行政的低效益。

例如司法机关在判案时，两人犯了同样的罪行，某甲情节更严重，但因是领导干部作了轻判，而某乙情节较轻，但因是一般百姓反而作了重判，虽然判决都在法定量刑幅度内，这显然是不公正的，对此种行为，人民代表大会适用合理性标准实施监督也是必要的。

三、人大监督与党的领导

严格地说，人民代表大会只能对由它产生的国家机关及其组成人员实施监督，而不能对非国家机关的政党实施监督。但中国的国情是，中国共产党是执政党。1982 年宪法在总结历史经验的基础上，写下了“一切国家机关和武装力量、各政党和各社会团体、各企业事业组织都必须遵守宪法和法律。一切违反宪法和法律的行为，必须予以追究”，从而把各政党置于国家的宪法和法律之下。这是我国社会主义民主和法制建设理论上的一个重大突破。可见，党之所以要受到国家权力机关的监督，这主要是由于我国实行一党执政，党直接参与国家事务的决策和管理这一特点决定的。党要代表人民的利益，更好地领导国家，就应该尊重人民意志的法律，并把自己主动置于国家法律监督之下。在宪法上，能实施这种法律监督的机关只能是人民代表大会。它代表人民的意志和根本利益，这一点并不是靠自己的口头声明，而是靠普选、代表制等法定形式表现出来的。在我国，人大当然是最有资格、有权威对党实施法律监督的机关。不可否认，党领导的人大要对党实施有效的监督，很多困难是难以解决的。对党的监督主要靠党内监督。但党以国家机关的方式进行活动，就要受到人民代表大会的监督，这是一党执政下党接受监督的一种途径。

当然，人民代表大会对党实施的监督与对国家机关实施监督的范围、方式是不同的。人民代表大会只监督党的政策、决定、文件、指示和党的领导人行为是否违背宪法和法律。监督方式可以是建议修正或作出违法宣告等，具体方式法律没有规定，可以进一步探索。

四、实施宪法监督尤为迫切

建立宪法监督机构应该是首先要解决的问题，因为全国人大及其常委会，也包括地方各级人民代表大会的首要职责，就是监督和保证宪法的实施。根据当前中国依法治国和加入世贸组织的要求，建立宪法监督机构是一个很迫切的问题。设立宪法监督机构也是各方对监督法的期望。

如何建立我国的宪法监督机构？从我国政治体制的结构情况看，只能实行在最高权力机关下设立一个专门机构，协助最高权力机关进行宪法监督的制度。鉴于由最高国家权力机关本身实施宪法监督在组织和实效上的缺陷；鉴于在议会外设立专门宪法监督机构和由普通最高法院实施宪法监督又不适合我国现行政治体制的情况，所以，目前只能采取在最高权力机关内设专门机构监督宪法的过渡性办法，今后有条件再向设独立的宪法监督机构的目标前进。

一方面，人民代表大会是最高国家权力机关，这决定宪法监督的使命不可能由普通司法机关承担，也不可能由完全独立于权力机关以外的专门监督机关行使。这个机构必须是对全国人大负责的，这是设立我国宪法监督机构的第一条原则。

另一方面，由于宪法监督机构要承担审查包括全国人大及常委会的立法是否合宪的问题。所以这一点决定宪法监督机构不能是全国人大常委会本身，否则，就不能对全国人大常委会制定法律合宪性的监督审查，这是设立我国宪法监督机构的第二条原则。

因此，必须设立一个由全国人大产生的，对全国人大负责的，能独立行使宪法监督职权的专门机构——宪法监督委员会。它由全国人大选举产生，不隶属于全国人大常委会，委员会成员不超过10人为宜，主要是由资深的法律官员和杰出的政治、法律专家组成。其职权大体可为：对全国人大及常委会制定的法律、决议、决定，国务院的行政法规、决定和命令，最高人民法院和最高人民检察院所作的司法解释，是否违宪进行审查并作出裁决。发现违宪的法律、法规，可以建议有关制定机关在一定期限内自行修改或收回，逾期不履行者，向全国人大提出撤销法律、行政法规的议案，由全国人大代表 2/3 以上多数同意时，才能作出改变或撤销的决定。对地方性法规、决议、决定、自治条例、单行条例有违宪争议的，可由宪法监督委员会进行判断并向全国人大提出建议。若其他规范性文件违宪，可由宪法监督委员会直接作出决定。该委员会对最高行政机关和最高司法机关的行政司法行为，以及对他们所作出的行政解释和司法判决是否违宪，可直接作出裁决，并有权责令违宪机关与宪法保持一致。否则，有权暂停其执行，提交全国人大作出最后决定。对有违宪行为的国家机关领导人，宪法监督委员会有权提请有罢免权的机关予以罢免。对国家机关有关宪法和基本法律上的权限争议，宪法监督委员会可作出判决。该委员会还有权受理公民提出的侵犯公民宪法基本权利的控告，并可作出裁决。

五、监督司法要依法和创新

毫无疑问，在中国现行宪法体制下，人民代表大会对司法机关进行监督是有法律依据的。

根据法律，人大对司法机关的监督包括：通过听取工作报告了解司法机关执行法律和有关司法政策的基本情况；作出有关决定，指导司法机关的司法工作；对司法解释是否符合法律实施审查；受理人民群众对司法机关所办案件的申诉和对司法人员违法行为的控告。除上述方面的监督外，近年来，为加强人大对司法的监督，在实践中形成了最高人民法院和最高人民检察院向全国人大常委会报告重大事项的制度，向内务司法委员会汇报有关情况的制度。

人大在实施对司法机关的监督时，能不能涉及具体案件，要涉及时应如何进行？这是人大监督时常常提出的问题。毫无疑问，人大对司法的监督并不是坐而论道能解决的，因此，涉及具体案件是必要的，而且只有通过对具体案件的涉及，才能实现对司法的有效监督。但一定要注意，在实施对司法案件的监督中要把握两个界限：一是人大不能在案件诉讼过程中进行任何的干涉和施加任何影响；二是人大在司法机关对案件作出处理后进行监督时，也不可对司法机关发号施令，而只能运用法律规定的间接手段达到目的。

人大对司法机关的监督可以涉及具体案件，但不等于人大有权去直接纠正司法机关的错案。人大对司法机关的监督不是任意的，而是有法律界限的。界限就是不妨碍司法机关依法独立行使司法权。人大司法机关监督的法定方式就是：听取工作报告、质询、罢免、特定调查等。显然，这些方式不允许人大去直接插手案件的处理过程，而只能通过上述间接的手段去达到监督的目的。

强调人大对司法机关的监督不应直接处理司法案件，可能会引起有些同志担心，认为这样做司法机关违法乱纪造成的错案难以纠正。这种担心是不必要的。其实人大只要善于使用法律的监督方式和武器，是可以促使司法机关依法办事、纠正错误的。依据法律，人大对产生错案的司法机关，可依次采用下列监督方式：建议有关机关复查处理，并要求报告处理结果，如果司法机关不予理睬或敷衍了事，代表或委员们要对案件提起质询；如果司法机关对代表或委员们的正确意见仍不予重视，坚持错误，该级人大常委会可以通过适当方式，促使被监督者在上级司法机关提出审判监督程序；对特别重大或有影响的案件，人大常委会也可以组织特定问题调查委员会，对案件和有关司法人员的严重违法行为进行调查，作出相应的决议；人大常委会可对经查证属实，坚持错案不予纠正的和不服从人大监督的司法人员，予以罢免或撤职，有犯罪行为的，建议追究其刑事责任。现在对司法监督的困难，问题主要并不是人大缺乏监督司法的手段，而是人大因种种原因不能充分运用这些手段。

从长远建立一种规范的制度角度说，人民代表大会要对司法实施有效的监督，靠现行法律制度给人民代表大会提供的监督机制是不够的，必须进行制度创新。因为即使按现行法律，人民代表大会有权监督司法，但由于人民代表大会法定的权力都是由代表大会和常委会行使，如果让代表大会和常委会来讨论一个具体案件，会成为笑话，所以，即使人民代表大会有对司法的监督权，也不能由它本身来行使，应该授权一个专门机构来行使。

英国和瑞典是世界上少有的议会能监督司法的国家，英国的贵族院有一个枢密院司法委员会，实际上是最高上诉审判机构，类似最高法院，由它接受各种案件，它是议会职能的一部分。在瑞典则由议会选举监察专员，行使对法官和行政官员的监督，其中包括受理公民案件的申诉。中国人民代表大会要行使对司法的监督权可考虑引进瑞典的这种议会司法专员制度。对这一问题的研究有待进一步进行。

六、免职和辞职的监督属性

人大及其常委会对由它选举、决定、任命和批准任命的国家机关组成人员最有效的监督制裁手段就是罢免和撤职。

免职和接受辞职也有一定的监督制裁性质。免职是人大及其常委会免除由它选举和任命的国家机关组成人员职务的方式。凡由人民代表大会或人大常委会选举和任命的人，都可以被免除职务。一般说，免职适用于正常离职情况，如调动、退休或因健康不能工作等原因需要离职的，就用免除职务。但是，实践中，某人有些轻微过错或者能力不佳、工作不称职，人大常委会需要免除其职务，用撤职觉得分量过重的，也用免职。

国家机关组成人员向人大及其常委会提出辞职，是对人大负责的表现，也是一种监督关系的反映。提出辞职可以是基于正常原因，如调动、退休或健康原因。也可以是由于非正常原因，如有违法失职行为或政绩不佳，或其他方面，如遭到社会的批评、谴责等迫于外界压力或内心反省而提出辞职。在后一种情况下，人民代表大会接受辞职显然是一种监督方式。有时，人大及其常委会甚至还可以通过一定的方式形成压力，迫使有关人员主动提出辞职，以实现监督目的。这种手段目前采用不多，但却是值得采用的。在国外，有一种法定辞职的情况。由法律规定，什么情况下政府或政府成员、国家元首必须辞职。政府辞职的，一般都是责任制政府。总统辞职的，一般以弹劾制为后盾。我国应完善有关法律，对法定辞职作出规定，如可规定："一府两院"及其政府的部门向人大及常委会作工作报告，不被人大及其常委会批准通过时的有关人员应当辞职。还可规定，代表或委员对提出的质询案回答不满意时，经一定程序提交大会或常委会讨论后，仍对该部门回答质询不满意时，有关人员也应提出辞职。

七、监督要符合法理

当前，我国地方人民代表大会对如何加强监督工作做了许多有益的探索，但也存在一些不健康的倾向应加以注意：

一是人大监督的行政化和司法化倾向。监督权是一种从旁察看的纠错机制，它不能代替、更不能干扰行政、司法机关的正常工作。由于一些地方人大的同志长期在党委、政府部门工作养成的工作作风，习惯于“发指示”、“管事情”，热衷于直接掺和行政和司法机关的事。比如在没有群众申诉的情况下，人大代表主动去评议法院或检察院的具体案件，甚至要对“两院”一段时期的案件进行普查；有的地方人大搞执法责任制时，人大常委会主任、副主任分别与“一府两院”领导人和行政部门负责人签订执法责任状，让“一府两院”对人大常委会主任、副主任负责。这些做法有悖人大监督的特性。

二是人大监督工作的“标新立异”倾向。20 年来，地方人大为加强监督工作进行了许多有益的探索，这是应充分加以肯定的。但是，有些地方人大在行使职权中，不在如何依现行宪法和法律规定的职权、行使职权的方式和程序上下功夫，而是喜好另辟蹊径、标新立异搞一套监督。如有的地方人大搞所谓的“一体两翼监督制”这种花哨的东西；有的地方人大在法庭审判中设“人大监审团”等，让人大代表参与法庭审判；还有的人大常委会主任与政府部门签订执法责任状等。人大工作要讲严格依法办事，即依法定的职权、法定的方式和法定的程序开展工作。对各级人大来说，现在最需要的是敢于依法监督的勇气，以及法律意识和依法办事的水平，而不是“创新”的能力。如一些地方在执法检查中或审议预算审计报告中查出不少违法行为，需要人大行使自己的职权，敢于对违法行为一追到底，让违法者都承担相应的政治责任或法律责任。而我们有的地方人大往往对这些摆到人大桌上来的违法行为不去深究，而主动去找一些本不属于自己职责范围内的事去管。这种倾向发展下去会使人大逐步失去它作为民主代议机关的性质。

三是人大监督工作中的“好高骛远”倾向。人大工作者常常有一种抱怨，说人大监督法律不完善、手段不够，要求增加这个监督权、那个监督权。一片要求制定监督法的呼声，似乎制定了这个法律，人大的监督问题就迎刃而解了。对宪法已赋予人大的权力不去认真地行使，却总想得到别的权力。比如宪法已赋予人大有罢免和撤职的权力，可几乎从来没有行使过，却还是有人要求给人大常委会弹劾权。这就好像一个原始的战士，有枪他不会开，有炮他不会打，他说还需要一根鸟铳。这种寄希望于监督法的心理实际上是一种对监督工作的依赖心理，总想通过国家的立法一蹴而就地解决监督问题，总觉得人大集体行使职权不够劲，总想法律给他一种个人的、能直接处理问题的能力。应该说现行宪法赋予人大的权力是足够的、适当的。需要我们善于行使法律明确赋予的权力，这就是听取工作报告、质询、特定问题调查、罢免等。只要这些权力充分行使起来，人大监督工作就有广阔的天地。

八、人大监督要程序化

随着我国政治形态和人民代表大会制度的发展，在过去的政治思维和这种思维设计下的人大制度的某些方面已经开始不适应建设法治国家和政治文明制度的需要。

制度设计问题出在什么地方呢？出在我们长期以来把人民代表大会当做表决机器对待，潜意识中认为，人民代表大会的选举或表决都会顺利地通过一切议案，不会出现反对、更不会出现否决或通不过的情况。所以，很多制度设计没有考虑否决了或通不过怎么办。

如两年前广东省人大对政府提出了质询案，对质询的具体操作和后果处理出现了质疑。前一段时间有的地方对出现等额选举中候选人落选可否再做候选人的情况不知所措。像 2001 年 3 月出现的沈阳市人代会中，法院的工作报告没有被通过，也出现了无所适从的情况，引起了媒体的关注和一番讨论。而按照我国人民代表大会的制度设计，工作报告没有通过表明人大对其工作不满意，法院没有对人大负起责任，领导应主动辞职，否则，人大应当行使罢免权。工作报告没有被通过显然不应理解为代表对工作报告的文字不满意，通过修改工作报告的文字后再行报告一次就可以了。

随着我国经济、政治、社会的发展，过去的政治思维和这种思维设计下的制度已经开始不适应建设法治国家和政治文明制度的需要。我们必须改变过去法律制度设计上的“单向思维”、“不设法律后果”的做法，一定要尽快完善法律，将每一项权力程序化，并预设可能出现的法律后果。否则，沈阳市人大工作报告不被通过而引起的尴尬将会越来越多。

个案监督须循法定的方式和程序①

- 避免把个案监督变成领导审批案件
- 切忌对司法案件提出具体处理意见
- 避免代表以个人身份影响和干涉案件
- 必要时一定要抓大案要案

近些年来，为反对司法腐败，地方各级人大常委会顺应广大人民群众的要求，积极探索对司法工作监督的路子，于是一些地方人民代表大会开展对具体司法案件的监督。这种监督对纠正个别冤假错案，反对司法腐败，起到了一定作用。但有些法学界人士和司法实际部门的同志对这种监督也颇有异议。人民代表大会能不能对司法具体案件进行监督（简称“个案监督”）？如果能，它的利弊和应注意的问题是哪些？我想就此问题谈些不成熟的看法。

人民代表大会可不可以进行“个案监督”？这个问题在法律中找不到明确的答案。但根据现行有关法律对我国人民代表大会的权力性质和职权规定的精神理解，回答是肯定的。理由是，人民代表大会是国家权力机关，司法机关由人民代表大会产生，对人民代表大会负责，受人民代表大会监督。这种监督可以解释为对司法总的工作监督，也可理解为对具体案件的监督。从另一个角度说，人民代表大会是民意机关，并负有对司法机关监督的职责，当司法机关出现腐败，司法人员徇私（情）枉法，人民群众向它申诉时，人民代表大会可以运用法律赋予它们的职权为民申冤。可见，人民代表大会对司法进行

① 原载《中国人大》1998年第23期。

个案监督在法理上是说得通的。问题是怎么进行监督？

我们须先明确一点，立法机关能对司法案件进行监督完全是中国“特色”的制度，在国外特别是西方国家讲司法独立，司法不能受外界干涉，包括立法机关。根据孟德斯鸠三权分立理论，如果司法权同立法权合而为一，则将成为对公民的生命和自由施行专断的权力。立法者成了法官就会造成裁判的任意性。所以，在西方国家，任何机关和个人都不可以对司法判决提出挑战，进行任何的干预，包括总统和议长，任何公开或暗中干预司法都可能使他名声扫地。对司法的控制主要是制度上的监督制约。如果法官制造了错案可能要受到议会或其他力量的弹劾。英国有种特殊的制度，就是上议院充当司法最高上诉审，实际上是对司法审判行使最高监督权。但这都是制度上的安排，而不是个人行为。总之，西方国家奉行权力分立制衡，司法独立，不允许存在任何非制度性的监督和干预，只有制度上的制衡。

我国国家制度与西方国家不同，奉行民主集中制原则，人民代表大会是最高国家权力机关，它可以行使对司法的监督权。但是，作为现代法治国家，任何国家机关权力的行使都必须有法律的依据，并严格按法定的方式和程序办事，包括人民代表大会和人大代表在内。任何机关和个人不依法办事都会使法治遭到损害。那么，人民代表大会对司法个案进行监督必须加以遵循和注意什么呢？我认为，就是监督必须在法定的职权、法定行使职权的方式和程序的轨道上行事。否则，这种监督就是不当的，甚至是违法的，会造成明显或潜在的危害，不仅会危害司法，也会危害人民代表大会本身，最终危害法治的建立。

人民代表大会对司法监督要遵循的法定方式和程序是什么呢？就是《宪法》和《全国人民代表大会组织法》、《中华人民共和国地方各级人民代表大会和地方各级人民政府组织法》赋予人大的监督方式和程序，它包括听取司法机关的工作报告和汇报，对司法机关进行质询，组织对司法人员（主要是领导人员）严重违法、腐败、冤假错案事件的调查，罢免腐败、违法的司法人员。这些都是宪法、法律赋予人大监督司法的法定方式。法定程序就是有关议事规则规定的如质询程序、组织特定问题调查程序、罢免程序等。人民代表大会的工作讲依法办事、依程序办事，具体到对司法个案的监督，更要严格按照这些法定的方式和程序来办。而不能随意去创造、突破。如果各级人民代表大会不是按宪法和法律已赋予的职权及行使职权的方式、程序办事，而都去“创新”，岂不是使宪法、法律成了多余？如果大家置法定方式于不顾，去创造新的监督方式，各级人民代表大会的监督就会越来越花样翻新，缺少规范和准则，造成各自为法的局面。

这里决不是反对更不是否定地方人民代表大会为加强监督进行大胆的探索。只是强调工作探索必须在宪法和法律赋予的职权范围内进行。譬如，对个案的监督也应运用法律赋予人民代表大会行使职权的方式进行。如果人民群众反映司法人员有严重违法、腐败、制造冤假错案的行为，人民代表大会的监督可通过听取工作报告、质询、组织特定问题调查等方式进行。必须根据宪法的精神，保证人大监督权集体行使的性质，而不能变成个人行使权力。根据人民代表大会权力的性质，人民代表大会在进行司法个案监督时，应注意以下几点：

第一，要避免把人大监督个案变成个人审批案件。现在，一些地方人大常委会对司法个案监督往往是由人大常委会领导或专门委员会（工作委员会）领导审批案件。这种做法不符合人民代表大会集体行使职权的原则。集体行使职权是人大行使职权的宪法原则。人民代表大会职权的行使都必须按少数服从多数的原则决定和处理问题。人民代表大会组织机构中的任何个人，包括人大常委会主任、代表大会主席团主席，除了有限的程序性权力外，都没有决定实体问题的权力，人大权力要对外行使，就必须集体作出。个人审批案件容易造成对司法的干涉。人大常委会和专门委员会是委员会制，领导成员很多，不要说全部只要有一部分领导都去审批案件，法院将应接不暇。更严重的是，领导人审批案件，由于领导人个人也存在对法律理解的水平问题，受理申诉偏听一方的局限，有人情关系的影响。一旦某位领导掌握了有效地干预司法的权力时，有人就会向他“进攻”（腐蚀他）等。上述种种因素的影响，人大常委会领导的干预可能导致新的冤假错案，使人们丧失对法制建设的信心，会产生新的司法干涉，遭到社会的批评。

第二，切忌人民代表大会对司法案件的监督提出具体处理意见。司法审判活动是一项复杂的技术性、科学性、理论性很强的工作。证据的运用，逻辑的推理和对法律的娴熟理解，并非非职业人士所能做到的，更不是什么人都可以仅从一方的申诉状就可以判断出是非曲直的。这里讲个故事，也许对我们有启发。在数百年前，英国的法院也是属于王室的，但法院毕竟专门化，并且趋于独立于国王，国王长期不理审判。有一天，国王突然对审判案件感兴趣，到最高法院要亲自审一宗案子。大法官科克告诉国王说，陛下，审案是件很复杂的事，需要职业法官才能做。国王听了很不高兴地说，你们别把判案神秘化，我是国王，我非得要亲自审一件案子给你看看。当国王亲自审案后才明白过来了。他说，当我听一方诉说时，还知道怎么判决，当我听了双方的辩论时，我简直不知道谁有理。从此，他放弃了干预审判的企图。因此说，审判独立原则是有深刻道理的。我国宪法从 1954 年起也规定了司法机关独立行使审判权的原则，就是为了防止个人或组织对司法审判和司法结果的干涉。为了纠正可能出现的错案，法律规定了专门的司法监督纠错程序，如上诉、申诉、抗诉等。人民代表大会对个案的监督，最终要通过司法机关本身的法律化、程序化的机制来实现，任何对审判结果提出处理意见或建议的做法都是与宪法和有关法律规定的原则相悖的。

第三，应该力求避免人大代表和常委委员以个人特殊身份影响和干涉案件。一些地方的人大代表和常委会委员出于对司法腐败的关注，比较热衷于开展对司法机关的监督，特别是喜欢过问一些具体案件，包括通过评议法院工作的方式过问案件。应该说大多数代表的精神是好的。但是，代表和委员干预具体案件存在诸多的问题。我们知道，各级人大代表是来自各方面的人物，其中包括一些企业家、个体户代表、事业单位代表。他们都有可能成为某一民事、经济、行政案件的直接或间接的利害关系人，如果他们再以人大代表或委员的身份来监督案件就可能出问题。这是人大代表不应干预司法案件的理由之一。理由之二，各级人大代表的素质参差不齐，特别是许多代表的法律水平还不高，对司法案件特别是对一些犯罪的看法，往往带有感情色彩、传统观念，这些与理性的法律规定相去甚远。这样干预就容易造成新的错案。

最后要强调的一点是，人民代表大会对个案的监督一定要抓大案要案，不可“包打天下”，不应去“主动出击”。李鹏委员长最近指出，要选择社会影响较大、人民群众反映强烈的典型案件进行监督。

人民代表大会进行个案监督的目的，并不仅仅是为了纠正某个案件，而是通过个案监督，督促和支持司法机关公正司法。人民代表大会的个案监督一般应从群众向人民代表大会申诉的案件中选择，而不应主动找案监督。那种组织代表评议司法机关案件的做法是不妥的。而且，司法审判具有终局性，这种终局性与司法审判的权威性和社会关系需要稳定性相联系，如果已经作出终审判决甚至已执行的案件，不经过严格的法定程序，拿出一些案件来“翻煎饼”，那么司法判决的权威性就会大大受影响，会使已经司法审判解决了的社会矛盾和稳定了的社会关系重新处于不稳定状态，会影响到社会安定。

个案监督的现状及其改革①

人民代表大会对司法机关具体案件实施监督（以下简称“个案监督”）是20世纪80年代后期开始发展起来的一项监督工作。从笔者所掌握的资料看，人民代表大会最早介入对法院具体案件的监督是1984年全国人大常委会对辽宁省台安县“三律师案”的监督。②1996年全国人大常委会办公厅信访局在常委会领导的支持下，干预了辽宁朝阳市市长刘相荣案。③

1988年，第八届全国人大开始设立内务司法委员会，20世纪90年代初，地方人大也相继设立了类似机构。这一旨在加强人民代表大会对司法监督的举措，很大程度上促进了地方人大对司法个案监督工作的开展。20世纪90年代中期，个案监督在地方人大广泛开展，一些地方人大纷纷制定有关加强人民代表大会对重大违法案件监督的地方性法规和规定。

---

① 原载《人大研究》2004年第3期。

本文是北京大学人民代表大会与议会研究中心同美国加利福尼亚大学洛杉矶分校法学院、耶鲁大学中国法律中心合作研究项目“监督与司法公正”的一项研究成果。本研究是在大量个案调查基础上完成的，仅人大对司法监督的个案有近60例。本文引证的案例均引自“人大与议会网”（www. e-cpcs. org）中的“中心活动”栏目中。

② 辽宁省台安县三律师王百义、王力成和王志双因履行律师职责被检察院逮捕，申诉到全国人大引起全国人大常委会的关注，在当时全国人大常委会彭真委员长的指示下，全国人大常委会办公厅信访局与有关部门多次督促协商，使该案在1988年得到纠正，三律师无罪释放。

③ 辽宁省朝阳市市长刘相荣因受贿罪被逮捕，很多当地老干部和群众向全国人大常委会写信，反映刘是一个清廉的群众拥护的好干部，认为这是一起领导班子不团结造成的诬陷案。全国人大经过多年对该案的监督，使刘无罪释放。

然而，自从人民代表大会开展对个案监督之时起，就没有停止过对这个问题的争议。1999 年，为了加强及规范个案监督，全国人大内务司法委员会向全国人大常委会提交了《关于对审判、检察机关重大违法案件实施监督的决定》的议案，使这一问题的争论达到了高潮。该法律议案经过两次常委会审议，因来自法学界和司法部门的强烈反对而中止审议。这是全国人大常委会根据《立法法》的规定，第一次将一个法律议案变成废案。① 可见，对人民代表大会是否应开展个案监督存在着很大的争议。

这些争论主要集中在：人民代表大会行使对审判的个案监督有无法律依据？人民代表大会如何监督具体司法案件？主张者认为：在我国人民代表大会制度下，人民代表大会可以监督法院，监督当然可以包括具体案件；人民代表大会开展个案监督是人民群众的强烈要求，当前司法机关存在的严重腐败和司法不公正，有必要加强监督制约，而日益增加的涌向各级人民代表大会的上访群众对司法不公和司法腐败的投诉，就是人民代表大会加强监督的最强有力的理由。人民代表大会作为民意机关不能对群众的投诉无动于衷。

反对的意见认为：人大监督司法缺少明确的法律依据；这种监督有损司法独立，加强了对司法的不正当干扰；个案监督有悖人民代表大会集体行使职权的原则，实际上变成了个人监督；司法活动是一种法律专业性很强的工作，人大代表有法律专业知识，不能胜任行使这种监督工作；很多人大代表本身是案件的当事人，他们自己监督自己的案件因而可能导致新的不公正；人大监督案件会严重影响司法判决的效力、影响法院的权威性和破坏社会关系的稳定性。

我认为，不同的理论观点都有一定的道理，但都缺乏充分的说服力。对这种实践性很强的问题，仅有理论论证是不够的，我们需要以事实来说话，到底人民代表大会对司法个案监督的实践是有利于还是有碍于司法公正？这种监督的利弊何在？这就是我们进行个案监督案例调查研究的出发点。我们相信，通过对监督的具体操作过程的分析如监督如何发生，监督的起因，监督以什么方式、怎么进行，监督的结果和效果如何，有关方面对监督如何评价等的观察，在大量实例调

---

① 根据《立法法》规定，法律议案提交常委会审议 2 年内没有通过的即为废案。

查基础上进行研究、分析、判断，也许能更清楚地看到人民代表大会进行个案监督的利弊，找到人民代表大会能否监督司法及如何监督更正确的答案。

一、人大个案监督的现状

2001 年至 2003 年，北京大学人民代表大会与议会研究中心组织人大、检察、法院系统的专家 20 多人，组成“监督与司法公正”研究课题组对监督对司法公正的影响开展了案例调查和实证研究。其中，人大调查研究组个案调查涉及 8 个省 29 个地级市、48 个县区的 53 个案例。这些案例在选择调查点上，考虑了东西南北中的地理分布，虽然这不是一次全面的、严格意义上的社会学的调查，但通过这些调查也在一定程度上能反映我国当前人大开展个案监督的现实状况。根据人大个案监督调查组提供的案例调查报告，现将有关情况综述如下。

1. 人大对公民申诉的受理

个案监督案件的重要来源之一是接受公民来信来访的申诉。各级人大常委会受理公民的申诉一般有两个部门，一是常委会的信访工作机构，它负责接待群众来信来访，转办信件，很少直接调查或要求处理案件，它受理申诉的范围广；二是人大的有关专门委员会（如内务司法委员会）或常委会的法制工作机构，主要接受公民对有关司法机关的投诉。后者是常委会实行个案监督的主要工作机构。在全国人大和省级人大可能同时存在以上两个部门，在市、县一级人大不设立人大专门委员会的，可能只有常委会法制工作机构或信访室中的一个部门处理信访。

在公民的信访投诉中，近年来涉及公、检、法机关的投诉上升，约占 60% ~70%，而在对公、检、法机关的投诉中，涉及法院案件的投诉又占绝大部分，有的地方高达 70% 左右。① 在对涉及法院的申

---

① 浙江嘉兴人大法制机构 1998 ~2001 年受理涉及司法信访 409 件，涉及法院 281 件，占 69%。

甘肃省人大从 1998 ~2001 年受理信访 23 935 件，对司法申诉 70% 左右，涉及法院占信访总量的 40%。

安徽省芜湖市人大法工委收申诉案 500 余件，其中对法院的申诉占 70%。

诉中，只有很少的一部分被人大作为个案监督向法院提出。这个数字各地缺少统一的、规范的、准确的统计，只有些局部的数字，如山西省，从 1998 年到 2001 年 4 年间人大内务司法委员会受理涉及法院的申诉转法院办理的共 1 976 件，其中要求法院报告办理结果的 61 件，占 3%，其他 1 915 件只是一般转法院处理。而法院只将其中 30 件向人大内司委报告了结果，占 50%。同时，省人大信访部门受理涉及法院的申诉转法院处理的 1 644 件，其中转法院要求报告结果的 198 件，占 13.7%，其他 1 446 件转法院不要求报告结果。其中只有 41 件报告了处理结果，占 20%。可见，信访部门要求法院办理并报告结果的案件数量比内司委部门多，但法院实际向信访部门报告处理结果的数量则比内司委少得多。

现将这次调查不很全面的涉及法院信访的处理情况报告如下：

地方人大处理对法院的申诉进行监督情况统计表①

年份	单位	受理群众对司法的投诉或转法院办理	转法院办理，要报办理结果的	法院报告了办理结果的	人大对案件介入监督数及占转办案件的
1998～2001	山西省人大内司委	1 915 件	61 件 占 3.1%	30 件 占 49.2%	
1998～2001	山西省人大信访办	1 446 件	198 件 占 13.7%	41 件 占 20.7%	
1998～2001	朔州市人大	76 件	13 件 占 17%	11 件 占 84.6%	2 件 占 2.6%
1998～2001	运城市人大	54 件	42 件 占 77%	37 件 占 88%	9 件 占 16.7%
1998～2001	长治市人大	26 件	9 件 占 34%	8 件 占 88.9%	1 件 占 3.9%

① 此表有关数字分别来于山西省人大崔伟、浙江省人大丁祖年、广东省人大李焕新、安徽省人大张国安和蔡定剑的人大监督案例报告。参见 http://www.e-cpcs.org/yhyj-readnews.aspx?id=2460&cols=171511，2006 年 12 月 23 日浏览。

续表

年份	单位	受理群众对司法的投诉或转法院办理	转法院办理，要报办理结果的	法院报告了办理结果的	人大对案件介入监督数及占转办案件的
1998～2001	灵丘县人大	60件	19件 占31.7%	19件 占100%	2件 占3.3%
1998～2001	临猗县人大	282件	76件 占27%	69件 占90.8%	22件 占28.9%
1998～2001	沁水县人大	103件	103件	103件	4件已纠正 占3.9%
1998～2001	中阳县人大	15件	8件 占53.3%	7件 占87.5%	1件 占6.7%
1998～2001	平遥县人大	65件	37件 占57%	17件 占46%	
1998～2001	垣曲县人大	30件	30件	30件	2件 占6.7%
1998～2001	定襄县人大	23件	20件 占87%	16件 占80%	3件 占13%
1998～2001	太原市迎泽区人大	186件	20件 占10.8%	15件 占75%	
1998～2001	长治市城区人大	46件	46件	43件 占93.5%	3件 占6.5%
1998～2001	运城市盐湖区人大	128件	64件 占50%	47件 占73.4%	
1998～2001	浙江省人大内司委	1 039件	174件 占16.7%		
1998	浙江省人大评议法院案件	代表提出意见的案件108件	代表提出意见要办理的案件92件，评议办公室调阅案件44件	92件全部办理	16件督查法院整改

续表

年份	单位	受理群众对司法的投诉或转法院办理	转法院办理，要报办理结果的	法院报告了办理结果的	人大对案件介入监督数及占转办案件的
2001	深圳市人大评议案	设点接待投诉法院案件570件			代表提出处理建议的案24件
1998～2002.7	湛江市人大		144件		62件得到纠正处理
1998～2002.7	肇庆市人大	处理申诉案582件	列为监督的22件占3.8%		20件纠正占3.4%
1999～2002.5	清远市人大	受理投诉法院388件	32件占8.3%		14件纠正占3.6%
1998～2002.8	梅州市人大	受理投诉法院705件	191件占27%		12件占1.7%
1998～2001	江西九江市人大	受理投诉法院929件	20件占2.2%		2件占0.2%
1998～2002	安徽省人大	批转办理1 695件（不限法院）	308件占18.2%		12件占3.9%
1998～2001	合肥市人大	对司法的申诉792件	35件占4.4%		
1998～2002	芜湖市人大	受理申诉法院350件	19件		4件占1.1%
1998～2002	安庆市人大	受理信访数1 000件	61件占6.1%		11件

从调查的情况看，人大个案监督反映了以下特点：

第一，人大的个案监督在所调查的县以上地方人大已普遍开展。从所调查的地方看，个案监督在市级和县级人大更为普遍，省级人大相对少些。但有的地方人大搞评议法院工作时一次涉及的案件较多。可见，下级人大比上级人大监督的积极性要强，监督的案件要多。如山西省人大1998年~2001年由人大内司委和信访办受理的群众有关法院的案件3 361件中，人大转法院要求处理并报告结果的259件，占7.7%。而在市一级（朔州、运城、长治）三市中156件涉及法院的信访申诉中，人大转法院要求报告结果的64件，占41.8%。而在山西12个县区人大中，涉及法院的信访申诉有1 078件，人大转法院处理并要求报告结果的533件，占公民司法申诉案件的49.4%。

第二，人大真正介入具体案件监督的并不多。从上述统计的情况看，人大介入监督的案件每县平均只有5.9件。从广东省的梅州市、湛江市、清远市等市的情况看，多的市每年平均有38件，少的市每年平均只有4.4件。安徽省的合肥市每年平均约8~9件，安庆市每年平均12件。江西省九江市年平均7件。①如果把个案监督界定为由人大常委会或有关工作机构直接参与对监督案件的了解、调查，提出对案件的具体意见或建议的话，那么这种个案监督的案件数量更少。人大介入个案监督最多的地方5年有20多件，少的地方只有几件，有的地方几年也就监督过一两个案件或两三个案件。如江西省九江市人大4年监督过2起案件，江西省宜丰县人大也总共监督过2起案件。湛江市人大监督过62个案件是比较罕见的。

第三，各地人大开展个案监督工作很不平衡。比如广东省的梅州市人大常委会1999~2002年转法院交办理的案件有192件，而广东省的肇庆市只有20多件。又如山西省沁水县要求法院办理并报结果的案件有103件，而山西省中阳县要求法院办理并报告结果的案件只有8件。这种情况可能是由于人大开展个案监督缺少规范，比较随意造成的。一个地方的人大是否监督案件，搞多少监督，很大程度上取决于人大常委会领导对这件事的认识和常委会领导权威的强弱，也与具体从事监督的机构如内务司法委员会或法制工作部门的认识和力量的强弱等因素有关。

2. 人大个案监督的来源

地方人大个案监督的来源主要有：

---

① 这些数字不包括有些地方人大对法院评议工作提起的监督案。在一些省的地方人大评议法院工作时，一次评议工作会提起十多起要求监督的个案。这种集中监督案件的方式只是在少数地方人大开展。

（1）当事人或受害人的上访；

（2）人大代表提出（人代会期间提出或平时来信反映）；

（3）人大通过执法检查和评议法院工作发现；

（4）媒体和社会反映强烈的案件；

（5）上级人大常委会或领导交办的案件。

近年来，当事人或被害人上访反映司法不公、法官违法的案件剧增，据全国人大常委会办公厅信访局反映，2003年群众上访案件中，反映司法不公的占来信总数的36%，占来访总数的60%。在这些案件中，涉及法院的占70%。从本次调查的50起监督案件的来源看，当事人或受害人申诉引起的人大监督案是36件，占72%。可见，人大监督个案绝大部分是由当事人或受害人申诉引起的。

人大代表提出监督案件或过问案件近年来呈上升趋势。随着人大地位的提高和影响的日益增强，当事人找人大代表申诉的案件越来越多，有的当事人或受害人不在法院正常上诉而宁愿找人大来申诉。① 不少代表也乐于向人大或直接向法院反映案件，提出复查再审等要求。人大代表反映案件大量的是在人代会期间作为代表建议提出；有的代表平时也就有关案件写信给常委会或常委会领导；还有的人大代表会直接将案件反映给法院。据最高人民法院全国人大代表联络处统计，2002年收到全国人大代表（包括通过全国人大）反映的案件有1 140起，仅全国人民代表大会期间，各地代表带来北京反映的案件就有约500起。有的极个别代表一个人向最高人民法院反映和表示关注的案件就有40～50起。

根据最高人民法院的有关规定，凡是全国人大代表反映的案件，法院应对案件复查并将办理结果答复代表。② 绝大多数情况下，人大代表反映的案件并不会引起对案件的再审，法院只是复查一下报告结果而已。但从各地人大常委会进行个案监督的实际情况看，真正由人大代表反映引起监督的案件是极为少数，在被调查的50起案件中只有3起。

人大常委会主动发现的监督案件来源：一是人大代表视察中发现

---

① 这样做有不相信司法的因素，也有认为这样比诉讼省便的原因。

② 不少地方人大和地方法院有类似的规定。

的，二是人大常委会组织执法检查发现的，三是人大常委会专门组织人大代表对法院工作评议中发现的。这种监督一次搞一批案件，像监督案件运动，如 2001 年 7 月深圳市人大常委会为了评议法院工作，组织近百名市、区人大代表在市、区人大和部分镇设立 9 个接访点，受理对司法案的申诉。一天接访群众对市、区两级法院的投诉案 570 多起，市人大常委会通过筛选最后确定 24 起案件进行监督。组织 12 名市人大代表对个案进行调查。浙江省人大从 1998 年至 2001 年连续 3 年评议司法工作。评议中，人大代表对 108 件案件提出意见，最后确定对 44 个案件进行阅卷、讨论和调查。

至于媒体和社会反映强烈引起人大关注的案件，这种情况不是很多。但一旦有了就很容易引起领导重视，有时领导一批示，人大的监督会很强，并易将媒体和群众的情绪反映到监督中去。

上级人大常委会交办或领导交办的案件是地方人大个案监督的重要来源，虽然从总体上说人大领导交办的案件总数不多。但各地人大监督主办机关不成文的做法是，只有领导批示的案件才会真正引起重视，主办机关才会着力去办，如果领导比较有权威，法院也会认真复查。许多人大个案监督的案件实际上是领导重视的案件，这是一种潜规则在起作用。

3. 人大对申诉案件的处理方式

（1）转办。就是信访受理机关把申诉转法院或检察院处理，不要求报告处理结果。无论是人大常委会信访部门，还是人大法制机构对来信来访的绝大部分都是转法院依法处理，不提监督意见，不要求报告处理结果。这些转办信件极少能引起法院提起监督程序。所以，这不能算是人大的个案监督。

（2）督办。在众多的来信来访中，有一小部分申诉由人大监督工作机构或信访部门经领导同意，批转法院或检察院处理，并要求报告复查处理结果。一般有三种情况会要求报告结果：一是直接给有关领导的申诉信被领导重视批示的案件；二是上级人大交办或本级人大代表反映的案件；三是群众申诉的案件，反映的问题比较重大或错误比较明显，人大监督工作机构认为有必要的，一般报经领导同意，①

① 少数经专门委员会主任会议同意。

要求法院报告处理结果。这种情况下工作机构一般要打电话、发函反复督促，才会报结果，有的经督促也不报告结果。

要求对申诉报告处理结果的案件多少各地很不一致。甘肃省人大过去5年受理1 145件涉及法院的案件，要求报结果的102件。1998～2001年山西省人大内司委受理涉及法院的申诉1 915件，转法院处理并要求报告处理结果的案件61件，占受理对法院申诉案的3%。1998～2002年安徽省人大这个数字是1 671件，要求报结果的是308件，占18.4%。广东梅州市人大要求法院报结果的案件比例高达27%。而清远市人大这个比例只有8.3%。一般来说，县级人大比市级人大要求报结果的案件比例要高，市级人大比省级人大的比例要高。山西省12个县市人大要求报结果的案件平均高达49%，三个市级人大的这个比例平均为40%。安徽省合肥和安庆市人大这个比例分别只有4.4%和6.1%。要求报告处理结果案件的多少与各地人大对法院监督的认识和人大权力的强弱有关。

（3）查办。对督办没有结果的重大案件或人大监督工作机构认为错误明显的案件，有关监督机构或人员认为有必要监督的案件，会向专门委会主任会议或常委会主任会议提出建议介入监督。经主任会议批准，人大监督工作机构的人员会采取一些措施，如调阅案卷、进行调查、听取有关办案人员的汇报、或召集有关部门开案件分析会。经过了解调查后，人大监督工作机构自己将情况报告主任会议，提出对案件的监督意见。主任会议会作出监督意见，从而对案件或办案人员产生压力或影响，有的会引起法院再审。有时，人大监督工作机构在法院没有接受监督意见的情况下，反复多次找法院或办案人员，讨论法律分析案情，有时会提出明确的监督意见，直到监督意见被接受。

监督查办案件总数上是很少的。如安徽省人大常委会1998～2002年监督过5起案件，芜湖市人大监督过4起，安庆市人大监督过11起。甘肃省人大主任会议决定，介入案件调查的监督案只有2起。山西省2001年运城市人大真正监督的案件只有9件，朔州市人大有4件，长冶市只有1件。山西12个县区人大在这3年中平均每县监督过不到6个案子，每县一年监督2个左右的案件。江西九江市人大1998～2002年共监督2起案件，江西宜丰县监督的案件有2起。

尽管前面介绍到的人大个案监督的范围各地人大大致都有个规

定，但是，在大量的群众投诉中确定哪些案件作为人大“查办”的个案监督对象，则具有不确定性，由一些因素决定。其中，有领导重视是引起人大监督案件一个很重要的潜在因素。引起领导批示有可能是直接向领导投诉的案件（这不排除有关系找到领导的案件），有些案件是基于政府或有关部门、本地方的公司领导、检察院、人大代表的请求容易引起人大领导的重视，从而启动个案监督程序。还有一种是媒体披露或群众反映强烈、集体上访的案件，也易引起领导重视。在这个过程中，监督工作机构的意见和作用是不可忽视的。

（4）审办。就是由人大会议或常委会会议进行审议，作出决定，提出监督意见的方式进行监督。一般的方式是在人代会上有的代表就某案件提出质询或组织特定问题调查。这是人大及其常委会正式运用法律赋予的监督手段进行监督的方式。但这种情况是非常少的，在我们调查的50起个案中只有2起是采用此种手段。只有一些特别严重、影响特别大的案件才会采用此种手段。

通过上面的介绍，我们可以认定什么是人大的个案监督。我认为，上述四种人大处理群众信访的方式中，第一种转办和第二种督办的方式不能算是真正意义上的个案监督。因为即使是督办的案件，人大方面也是要求法院自己去复查，再向人大报告结果，人大没有真正介入调查了解或提出监督意见，一般不会对法院审判形成太大的影响。多数情况下并不引起法院监督案件的发生，法院通常只会按部就班地把案件办理的情况作一说明，而不会提起再审或改变现有的处理结果。而实际上，法院对这些一般的督办信件，很少启动监督程序，有的地方对督办案件很多并不报告处理结果。报告处理结果的案件多的有50%，少的不到20%。所以，一般督办的案件仍不能算严格意义上的个案监督。

只有对报告结果不满意的或有明显错误不报告结果的极少数案件，人大常委会有关监督机构反复追问，一再发函，一般经常委会主任会议同意才直接介入调查或发表监督意见，这时才会发生监督效果。所以，上述的查办或审办的案件才真正算人大的个案监督。因为对这些案件，人大才真正介入调查，了解情况，发表监督意见，会影响法院的审判。

4. 人大个案监督的范围

从各地方人民代表大会制定的有关人大个案监督地方性法规的规

定看，人大个案监督的范围大致在以下几方面：

（1）对被认为在认定事实和适用法律有错误的生效判决。

（2）对程序违法的案件在审判过程中可进行监督，这包括超期羁押、久审不决的案件，非法拘禁、刑讯逼供，违法查封、扣压财产的案件。

（3）司法人员有贪赃枉法行为。

（4）群众告状无门、判决得不到执行的案件。

（5）有重大社会影响，群众媒体反映强烈的案件。

从这次调查的实际情况看，人大对个案的监督已无所不包，并没有受到自己制定规范的有效约束。从监督案件类型看，以民事经济案件为多，其次是刑事案件，但也包括婚姻、行政和执行案件；既有实体问题，也有程序问题，还包括法官的违法行为。

50起人大个案监督案的情况统计表①

案件性质	案件来源	监督方式	监督结果
刑事14起	当事人、受害人申诉36起	内司委或法工委监督19起	根据人大要求改判30起
民事、经济18起	评议、执法检查5起	监督工作机构建议，主任会议决定监督18起	部分改判4起
婚姻4起	集体上访2起		监督没有结果8起
法官腐败违法6起	代表反映3起	常委会组织特定调查委员会2起	对违法者作出处理5起
劳教2起			
民事程序或执行案4起	政府、检察院、法院请人大监督4起	主任会议决定，常委会组织代表评议4起	改判但不能执行2起
行政1起		常委会罢免法官3起	当事人撤案1起
交通纠纷1起		领导批示，工作机构监督4起	

① 根据本次调查的人大对司法监督的案例统计。

5. 人大个案监督的程序

人大的个案监督一般有三个层次，一是监督主办工作机构（人大内务司法委员会或常委会法制工作机构或常委会信访工作机构）；二是常委会主任会议；三是常委会会议。监督有时在第一层次进行，由监督主办工作机构直接向法院提出意见或建议。有些重大监督案件会提到第二层次，即由监督主办工作机构向主任会议提出监督意见或建议，由主任会议决定向法院发出监督意见。极少数的监督案件会提到第三层次，即由常委会进行监督。这三个层次的监督程序一般如下。

监督主办机构的工作程序是：（1）受理。由监督主办机构对公民的申诉、控告进行登记，安排人员审查，并提出是否初查的意见。（2）初查。对需初查的，通过通讯等手段进行初步调查。（3）立案。经初查后，由调查人员提供有关情况报告，召开会议集体讨论，认为确属错案的，列为个案监督。（4）发出有监督意见的监督建议函。要求被监督单位在一定时间内依法作出处理，并书面告知处理结果。（5）跟踪督办。建议函发出后，应有专人定期督办，了解收集办理情况。（6）向主任会议报告。建议函发出后，如被监督单位坚持有错不纠正的，主办机构经征得分管的常委会主任或副主任同意，书面向主任会议报告。

常委会主任会议的监督程序是在听取和审议主办机构提交的个案办理报告后，根据不同情况，可作如下处理：（1）调查。认为违法事实需要进一步核实的，成立调查组进行调查。（2）发出监督意见书。认为违法事实清楚的，发出监督意见书，责成被监督单位在一定时间内作出处理，并书面报告处理结果。（3）跟踪督办。监督意见函发出后，由主办机构督促办理，收集情况，并书面向主任会议报告。（4）向人大常委会报告。对案情重大或违法情节严重，发出监督意见函后在限期内仍不依法纠正的，提交人大常委会审议。

人大常委会的监督程序是听取和审议主任会议提交的重大个案办理情况报告（或在会议期间，常委会组成人员五人以上联名提出，经主任会议研究提交常委会审议的个案），根据不同情况，可作如下处理：（1）提出询问、质询。认为可能违法的，可以提出询问或质询案，受询问、质询机关负责人应当在常委会会议上作出口头或书面答复，如果常委会组成人员1/3以上对答复不满意的，受质询机关应当在本次会议作补充答复，或在下一次会议重新答复。(2) 成立特定问题调查委员会。认为违法事实需要进一步核实的，成立特定问题调查委员会进行调查。(3) 发出法律监督书。认为确实违法，违法情节特别严重、复杂的，发出法律监督书，责令被监督单位在一定时间内落实监督意见，并书面报告处理结果。(4) 跟踪督办。法律监督书发出后，由主办机构跟踪督办，收集办理情况，并书面向常委会报告。

二、对人大个案监督的利弊分析

1. 人大个案监督的积极作用

在当前情况下，还应承认人大个案监督的合理性和必要性。人大能不能进行个案监督，一直是个争论的问题，从理论和这次调查实际情况看，我认为人大进行个案监督目前不能说完全没有法律上的根据和实践的必要性。

从宪法结构上说，中国的人民代表大会制度是一个议会主权的政体，人大有至高的权力。全国人大不但有立法权，还有解释法律和监督法律实施的权力。地方各级人大也有保证法律在本行政区域内的遵守和实施的权力，人大不仅产生各级法院，还监督法院检察院的工作(《宪法》第67条第6项、第99条、第104条)，各级人民法院对产生它的国家权力机关负责。既然中国的法院是对人民代表大会负责的，这完全可以解释为人大及其常委会是有权监督法院和法官的，包括对审判违法和司法不公正的监督。当然不管这个制度的设置是否合理，但法律上不能说人大监督是没有根据的。

人大的个案监督有其必要性还迫于现实的需要和实际的压力。正如前面所说，近年来司法不公已成为群众上访的三个社会热点问题之一。在对司法不公的申诉中，对法院审判不公的申诉约占70%，说明群众对当前司法不公强烈不满，才找到民意机关寻求救济，民意机关当然不能坐视不管。一个制度合理不合理，有没有必要，不是凭理论设想，而是出于现实的需要。① 人民群众对司法的不信任，迫切要求民意机关为他们主持正义。民意机关也有责任维护法律和司法公正，这才是合情合理的，问题是人大有这项权力应怎样合理、规范地行使。

从这次调查的个案监督情况看，人大的个案监督对保护公民的权益，维护司法公正和惩治司法腐败都起到了一定的积极作用。

(1) 更好地维护了司法公正。如在山西一起公司经济合同纠纷中，一方当事人被另一方以诈骗罪案投诉，法院没有深入调查就不公正地定罪，人大的监督使案件得到公正案判。② 如甘肃民乐县沈海涛杀人案，因其父亲是检察院检察长而使法院办案受到干扰，人大的监督排除干扰维护了司法公正。③ 在一起因离婚案引起的财产纠纷中，女方因对判决不满，女方兄弟把法院的汽车放气，被法院以妨害公务罪和侵入住宅罪判刑，法院这种凭意气治人以罪有损司法公正，人大的监督使之得以纠正。④

(2) 更好地保护了公民的权益。人大通过个案监督解决了一些群众告状无门、判决得不到执行、冤案得不到赔偿的案件，较好地保护了公民的权益。如合肥市人大对汪伦才冤案赔偿案的监督，使一起多年被冤案搞得倾家荡产的当事人得到公正赔偿。又如在广东一起村民山林纠纷中，法官不作深入调查取证，导致不公正的判决，引起群众集体上访。人大的监督通过深入调查取证，使法院公正审判，平息了集体上访，保护了公民合法权益。⑤ 如宁夏武宁县一起债务纠纷中，法院违法将价值数倍于债务的机关食堂判决执行给债权人，导致国有资产严重流失，人大监督使案件得到合理解决。⑥

---

① 世界上很多制度的建立都是迫于实际的需要，如美国的法院的司法审查制度，美国国会两院制的建立，瑞典的议会监察委员制度等都是基于某种现实需要而建立的。

② 参见崔伟：《山西省人大监督法院案例》案例三。

③ 参见王力群：《甘肃省人大监督法院案例》案例三。

④ 参见王力群：《甘肃省人大监督法院案例》案例二。

⑤ 参见李焕新：《广东省人大监督司法案例》案例二。

⑥ 参见蔡定剑《人大监督法院案例》案例三，载蔡定剑主编《监督与司法公正——研究与案例报告》，法律出版社 2005 年版。

（3）人大的监督对防止司法腐败发挥了作用。它有利于排除司法中的人情案、关系案，使有腐败行为的法官得到追究，如甘肃陇南李牛儿上诉案，由于一方当事人在法院有亲戚使得一起普通的民事案转变成为刑事案使一方蒙冤，在人大监督下部分纠正了法院的错误。① 山西壶关县法院法官在法院殴打当事人，当事人多处申诉得不到处理，通过人大监督处理了法官，有利于提高法官素质。② 山西黎城县法院经济审判庭庭长马春喜与一方当事人勾结，徇私枉法，公然制造假案骗钱，在人大的监督下使枉法者得以追究。③ 在被调查的50起人大个案监督案中，有6起涉及司法人员的违法或腐败的案件，通过监督使违法腐败的司法人员受到查处，并纠正了由他们造成的错案。

2. 人大个案监督存在的问题

不可否认，各地人大对个案的监督也确实存在不少问题，这次调查的共同感觉是人大的监督虽然有必要，但确实很不规范。尽管不少地方人大都先后制定了有关监督的地方性法规和规定，但实际监督中这些规定并没有得到认真执行。人大监督不规范表现在以下几方面上：

一是受案范围不规范。大家对个案监督的共识是个案监督只监督重大违法案件。但从各地人大监督的案件情况看，监督无所不有。有刑事、民事经济案件，也有行政案件和执行案；有实体问题，也有程序问题，包括案件的受理，超期办案，证据认定等；有案件审理不公正问题，也有法官本身的违法、徇私枉法问题。尽管都在说人大监督只能是大案要案和有重大影响的案件。但从案例报告情况看，真正重大的和有影响的案件并不多，很多是些小案。民事经济纠纷案占2/5。有的小案只有2 000多元钱的经济纠纷，有的是夫妻离婚、家庭财产分割等。如果人大这样事无巨细地监督案件，将有损人大权力机关地

① 参见王力群：《甘肃省人大监督司法案例》案例十二，载蔡定剑主编《监督与司法公正——研究与案例报告》，法律出版社2005年版。

② 参见崔伟：《山西省人大监督司法案例》案例三，载蔡定剑主编《监督与司法公正——研究与案例报告》，法律出版社2005年版。

③ 参见崔伟：《山西省人大监督司法案例》案例五，载蔡定剑主编《监督与司法公正——研究与案例报告》，法律出版社2005年版。

位，使人大陷于琐事泥潭，有成为第二法院的危险。

二是监督时间不规范。主张人大个案监督的共识是监督应是事后的。但实际上什么时间介入监督的都有。有的在案件一审之前就介入监督，有在一审开庭时进行监督，① 也有在二审以前介入监督的。还有一审判决后当事人不上诉，待判决生效后再找人大申诉，也有相当多一部分是要求对判决执行的监督。还有案件生效判决被执行多年之后，连当事人也没有提起申诉，而是人大通过执行检查或其他途径发现案件有问题，主动提起监督。人大对案件的监督如此不规范地随时介入，会严重影响审判机关依法行使审判权以及法院的权威和判决的终局性。

三是监督的操作程序不规范。人大个案监督主要是人大的工作机构在操作。调查表明由人大工作机构直接进行监督的约占36%，领导个人直接批示监督案约占6%，真正由常委会进行监督的案件只有10%左右。而且常委会的监督也主要是常委会部分委员和代表对法院工作的评议，而不是真正意义上的常委会行使权力。常委会组织特定问题调查的案件在50件监督案件中只有2起，占4%。

人大工作人员实施个案监督本身就是不规范的。如工作人员介入监督要进行阅卷、听取办案人员的汇报、进行调查等，这些很难说是一个规范的取证听证过程，往往听申诉人的意见较多，很少听被申诉者特别是对方律师的意见，难免偏听偏信。而人大工作人员阅卷、调查取证行为是一种具有司法性的调查行为，其调查在法律上的合法性也颇值得怀疑。

四是监督的主体不规范。法律主体不到位，“配角”唱“主角”，监督主体泛化。现在人大从事监督的主体有：（1）信访机构。信访机构一般不采取监督手段，在少数情况下经请示领导，有时也会督办一些案件。（2）人大内司委或法制委是人大个案监督实际上的主体，常委会、常委会主任会议对案件的督办主要是这个机构进行。（3）常委会主任会议，是监督案的决定者，主任会议决定是否进行监督和发出监督意见。（4）常委会领导批示。虽然人大监督一直强调应集

① 如江西省宜丰县陶莹中毒死亡案，受害一方当事人在一审开庭时就到人大申诉，怀疑法院可能不公正审判。该县人大也进行了监督。

体监督不应是个人监督，而实际上常委会领导的批示更大程度上决定着监督。经领导批示的案件，往往是人大监督最有力的案件，而且也常常是人大监督最带有主观性的案件。（5）代表评议。由人大常委会组织部分代表或常委会委员参加对法院工作的评议，是近年个案监督的新情况。这样来自多头的监督，使本身脆弱和不独立的司法难以承受多头监督之重。

五是监督案的提起有很大的随意性和不规则性。虽然各地方性法规规定有几种进行个案监督的情况，但是在数百数千计的申诉案中决定监督哪一案件带有随意性。不可否认以下一些因素对提起监督有影响：（1）通过关系找到人大有关领导的，领导批示对提起监督有重要作用，一般由人大常委会主任，或分管副主任批示的案件，都要限期报告办理结果，不少都要作为重点案件进行督办。（2）单位、集体上访的案件，长期缠讼、老上访或采取激烈手段上访的案件，易引起领导重视从而提起监督。（3）媒体披露、报道，社会反映强烈的案件。（4）监督主办人员认为案件错误明显，容易得到纠正的案件。

人大个案监督主办者存在严重的人员不足和法律知识不足的问题。在市、县一级，甚至在省一级，从事个案监督的人员也就一两人、两三人，而这些人员很少是法律专业出身和有经验的法律工作者。所以他们监督起法律申诉案件都感到力不从心。所以，不少对案件的判断难免有误，其监督的正确性和公正性就受到怀疑。

3. 个案监督对法院审判的影响

第一，影响了司法程序的正常性。如果监督发生在终审以后，有的已经执行完毕的案件，监督结果若否定判决的话，程序又要推倒重来。如果监督发生在一审或二审之中，司法的正常程序也将会被打乱。不少监督的案件基于人大要求不断地重审，发回再审，出现可怕的司法“游戏”。

第二，影响了司法判决的终局性和法律关系的稳定性。用司法的方式来裁决社会矛盾，解决纠纷，就是要终结那些有争议、不稳定的社会关系，从而使社会关系稳定下来。如果不断有非制度化、不可预见的监督可以改变有效的终局裁决，司法制度的正当性和它的效力就会受到怀疑。有的案件已定多年，又被重新提起监督，会对稳定的社会关系造成新的破坏。

第三，会强化公民对司法的不信任观念。人大的监督应帮助公民建立对司法的信任，而不是损害这种信任。不少地方人大在监督案件时总想表现出自己的意见是正确的，要求法院依自己的意见去纠正案件，造成人大比司法机关更正确的印象。如果让人们都到人大寻求正义，就是对司法的信任危机，它会对现行的司法制度造成损害。

第四，人大的监督可能会扮演地方保护主义的角色。在有的案件中，下级人大为了保护当地利益，请求上级人大监督。有的地方人大或人大代表为保护本地法人（或本人）的利益监督外地法院的审判，形成旷日持久的监督，像重庆市全国人大代表根据重庆某企业的要求监督河南某法院的案例中，监督历时 6 年法院先后作出 14 个判决和裁定仍然没有解决问题。① 尽管这种监督对案件的公正性来说不无道理，但如果全国的人大代表都根据本地方当事人要求而监督外地法院的话，这将会以一种政治的力量来破坏法律的统一。

三、规范个案监督的建议

对人大个案监督的改革应分步考虑，第一步对现行做法进行规范化改革，这是承认现实的不得已而为之的做法。第二步再考虑从制度化方向改革。在当前人大个案监督还不能取消的情况下，应加强规范，提出监督的严格标准，极大限度地减少它对司法审判的干扰和对司法权威的影响。为此我们需要解决一些理论、观念和制度性问题。

1. 个案监督的理念和价值

人大为什么要监督司法？是因为司法不公，为追求正义？这里就要提出两个问题，第一，人大监督是否有利于维护司法公正？第二，即使能维护司法公正，这种监督是否有损司法制度？

什么是第一个问题的答案？不能认为人大对司法进行监督是因为人大对司法的判断比司法机关更正确。而是因为它是个民意机关，不能漠视民意。民意机关监督司法机关是否合适呢？我们需要对司法的特性做一些了解。首先，司法是个准确适用法律的过程，它需要有专门知识和对法律的精神理解，需要专业法律人员。同时，司法是一种

---

① 参见蔡定剑：《人大监督法院案例》案例一，载蔡定剑主编《监督与司法公正——研究与案例报告》，法律出版社 2005 年版。

理性思维活动，正确适用法律需要排除感情、人情和社会舆论等众多非理性因素的影响和干扰。司法还需要全面了解、调查、听取证据，特别是通过控辩双方对证据的质证才能最好地辨明是非，作出正确的判断。

可见，司法公正需要靠适应司法规律的制度安排。民意机关在判断、裁决是非问题上比司法机关更有优势吗？民意机关具有代表民意的广泛性，体量社会民情，但易为社会情绪所左右，并非比法官更富有理性、知识和法律的判断力。民意代表产生于选举，主要是各方面的利益代表，而非法律专业人才。人大工作人员在监督时，也难以全面地调查听证、听取申诉与被申诉方的辩论和质证，而更多地是听取单方面的申诉，易产生偏见。

从司法的特性与民意机关的特性比较看，很显然，民意机关没有比司法机关更正确地判断纠纷的能力和优势。民意机关的优势仅在于更好地反映民情、表达民意，对民众更富有同情心，并不擅长于理性的、专业性的司法活动。所以，人大个案监督能否实现司法公正就是一个问题。无论是从手段上，还是从知识技术和能力上，人大对司法判断都不会有优势。

对第二个问题的解答是，虽然人大监督有其维护司法公正的正当性。谁也不否认，由于当前我国有的地方法官素质太差，司法腐败较严重等因素，导致有些不应该错的案子出现错误，或者法官公然徇私枉法造成错案。这就使法官的某些优势和司法制度的合理性丧失，使外界对司法监督成为必要，而且能在简单明显错误的案件中作出比法官更正确的判断。这就是相当一部分人大监督还能纠正部分错案，维护司法公正的原因。所以，不能完全否认在中国当前司法状况下，人大对审判监督具有维护司法公正的作用。

但是，对任何制度的评价都必须考虑它的成本、它的正面作用与消极影响。

民意机关设立的目的是什么？它主要表达民意，决定政策和行为规范。我们应该看到，人大对司法的监督会影响正常的司法程序、判决的既判力和司法的权威性，还影响人们对司法的信任，动摇司法程序的基础等。尽管监督有益，但也会带来如此多的副作用，所以，完善制度的方向应着力去改革司法制度本身而不是加强外部监督。

目前，人大从事的个案监督还没有成为一种制度性的建设力量，而仅限于纠正某个案件，并没有通过个案监督找出法院审判和法院工作中一般性的问题，从而加强法官队伍建设和司法制度建设，“从各地个案监督的实践看基本上都没有达到上述监督目的。多数案件监督没有结果，少数即使有了结果，也只能到此为止。至于对违法办案人员的追究、推进司法改革、完善相关工作制度等远远谈不上”。① 这样的个案监督，在千千万万的案件中没有规则地监督极少几个案件，又不能举一反三地进行推进司法制度建设，即使能纠正一二起不公正的案件，也使人大个案监督追求司法公正的目的和意义大打折扣。

几年来，各级人大进行个案监督时总结了一些有益的经验，这就是强调：个案监督必须遵循事后监督原则，集体行使职权原则，不直接干预司法、监督主要是启动司法内部程序纠错等，这些原则是非常正确的。但问题是这些原则仍然不够具体，而且对此也有不同的理解，使之缺乏可操作性，不能有效地规范个案监督行为。

我认为，个案监督除了遵循上述原则外，还必须遵循司法和法治的一些基本原则。这些基本原则是司法制度的基础，也是法治社会的重要原则。这些原则包括司法的正当程序、私法自治、尊重当事人权利等。人大的个案监督的价值不仅应考虑个案本身是否公正，还应考虑对司法制度和司法程序正当性和合理性的尊重，以及对代表国家司法的法官的尊重。如果以损害司法的正当法律程序、破坏一些司法的基本原则和价值为代价，仅追求个案的公正是得不偿失的。如果对法官不满意、不放心，我们应该挑选好的、高素质的法官来审案，如果司法程序不合理、有碍公正，我们可以修改法律，改变司法程序。但是，不能因对个案的不满意，就把现行的制度和司法程序扔到一边，自己来取代或亲自指挥办案。人大作为权力机关，应该设法通过制度把法院建设得更好一点，让法官办好案而不是自己去纠正个案。

2. 个案监督规范化改革建议

谁都不能否认，人大监督案件不可能对公民的申诉包打天下、进行全面监督。只能突出重点抓个别典型案件。所以哪些案件监督，哪

---

① 参见甘肃省人大常委会研究室王力群调查报告，载 http：//www. e-cpcs. org/yhyj-readnews. aspx? id = 2460 & cols = 171511，2006 年 12 月 22 日浏览。

些案件不监督，除了避免随意性、人情关系以外，还有对监督与司法公正的代价、效率、监督的作用、影响和意义的考虑。如果不能明确地确定人大个案监督范围，那么，从这次个案调查案件的经验中，我们也可以提出一些对个案监督的禁止性规范。为此，特提出以下规范人大个案监督的建议。

总体上说，从人大的性质看，人大应把保障公民权利作为自己的主要职责。所以，人大监督的重点应放在涉及公民人身权保护的司法案件上。

（1）不监督民事经济案子。理由是：民事经济案件是私权纠纷，私权纠纷是平等民事主体间的纠纷。按私权自治、公权一般不干预私权的法治原则，如果当事人一方能请求强大的国家权力机关，向法院提出再审主张，就会严重地破坏私权自治原则，从而打破私权主体之间的权利平衡，等于国家在支持一方当事人的诉讼请求，对另一方是不公平的。

当然，公权不是绝对不可以介入私权，但必须是在严格限制的条件下进行。从维护法律实施的角度说，人大可以监督民事案件，但必须尊重司法制度和司法程序。只能是法官在审判中有违法行为或者是程序上违法的情况下，监督才是可能的。这是为了维护法制，而不是支持私权当事人一方。人大在提起监督案时应慎重考虑这个因素。

（2）不监督调解结案的案件。调解结案系当事人自愿达成协议解决纠纷的方式。根据有关法律规定，调解结案的案子法院也不能再受理。所以，人大个案监督应当遵循当事人自愿原则，尊重当事人权利。不能达成协议后一方当事人反悔，没有别的诉讼途径，找到人大申诉。不论申诉有多正确，人大如果对此也去监督，就会使监督成为当事人不信守承诺，钻法律空子的通道，使出尔反尔者获得鼓励。这会对调解制度造成损害。

（3）人大监督必须遵循不告不理的原则，不应主动发现案件监督。司法本身是被动的，专门监督机关可以采取主动行为。但人大不是专门的监督司法机关，它之所以监督司法是基于倾听民意的性质。所以它的监督必须带有被动性，监督必须建立在公民申诉的基础上。各级人大对现行的大量公民申诉都处理不了，为什么还要主动去发现案件，挑起已经平息的司法纠纷呢？

现在，人大个案监督通过执法检查和组织代表对法院工作进行评议是主动发现案件进行监督的途径。这不是说人大不能对司法机关进行执法检查和代表评议，而是不能去评议具体案件，去主动找案监督。这样既不符合司法不告不理的被动性原则，也不符合诉讼当事人原则。

本次个案监督调查的情况表明，一些主动监督的案件效果并不好。原因是有的当事人不主动，人大积极监督使监督出现尴尬局面。如广东怀集县人大对一起离婚财产不公案的监督中，该地市、县两级人大执法检查组执法检查时认为这一案件有错，主动监督，调动了市、县二级人大、二级检察院和两级法院，采用多种监督手段，迫使法院多次再审。当市中院提审该案时，当事人既不到庭也不交诉讼费，使这起监督案无果而终。① 这种监督简直有些开司法的玩笑。

人大对案件搞执法检查或代表评议的监督方式通常是组织代表对过去多少年已生效并执行了的案件，通过调查案卷、对案件重新进行点评监督。由于代表大多不懂法律，也没有听过当事人的辩论和质证，只是看案卷材料，就对案件发表看法，大有群众运动办案的味道。这种群众运动式的评议司法案件效果并不好，很多案件评了没有结果，有的重新纠正过的案件也没法执行回转。

（4）不对已过时的案件进行监督。什么是“过时”？民事权利有个时效限制，不能无限制地上诉。监督也应有时效，人大的监督不应对生效判决已执行两年以上的案件进行监督。这些案子有的事过境迁，虽不尽合理公正，但也已定案执行。有的当事人也因种种原因不愿重提旧案，如有的双方当事人现在还是合作伙伴，不愿意再翻旧账；有的案件过去许多年，虽在案卷上看起来不公正，但再审无法找到有关证据，难以判断是非；有的案件已执行，即使再审把不太公正的案件翻过来，但要执行回转是困难的，甚至是无法执行或没有意义的。

人们必须知道一个道理，司法公正性是相对的，不是绝对的。审判和裁决是一种解决社会纠纷的途径，它依赖于一定的条件和一定的

---

① 参见李焕新：《广东省人大监督法院案例》案例二，载蔡定剑主编《监督与司法公正——研究与案例报告》，法律出版社 2005 年版。

时期。如果不公正的裁决过了一定时间，从考虑社会关系稳定和司法判决的权威性出发，也应认可而不应否认这个裁决，这就是司法公正相对性的道理。有时个案的不公正要服从司法制度的安排而作出牺牲。为什么在民事和刑事诉讼中都有个诉讼时效问题？为什么犯罪分子过了一定时效也不追究？就是公正的相对性和社会关系的稳定性要高于个体的不公正的道理。

（5）不得事先监督、全程监督。坚持事后监督，是已经公认的一项人大个案监督原则。所谓事后监督就是只能对已生效判决进行监督，不得在案件判决生效之前进行监督，但对程序性问题的监督例外。什么是程序性问题？民众告状无门、依法该受理的案件法院不予受理，法院为了某种利益违法立案受理，法院违法先付执行，违法查抄、扣押财产，违法取证，拖延审判、超期羁押、超时审限等。对生效判决前的案件有上述明显违反程序的可以进行监督，但应仅限于要求纠正程序而不得介入实体问题。

在这次调查案件中，不少属于事前、事中监督的案例，如江西宜丰县陶莹中毒死亡案，一审审判之际人大常委会应受害一方当事人请求就介入监督。① 又如山西吕梁警察徇私枉法案，在被告二审上诉期间，4 位人大代表提出要进行监督。更有甚者，浙江杭州市黄小军要求返还捐款案，当地人大实行全程监督，在案件审理中，人大常委会主任会议要求法院审判委员会在讨论决定后、宣判之前要向主任会议汇报，主任会议以书面形式将两条意见送达法院。而且在审判过程中人大主任会议就一直跟踪监督，发表监督意见，直到法院按人大主任会议的意见办了才罢休。② 像这样的监督案件，不论人大的监督意见是多么正确，但这种做法是建立在对司法制度不信任基础上的，它会对司法制度造成深深的伤害，会强化人们对法院和法官的不信任，使法院失去权威和尊重，也影响、破坏正常的司法程序，让法院不断地向人大汇报，法院无法按自己的判断和正常程序进行审判。这种建立

---

① 参见蔡定剑：《人大监督司法案例》案例三，载蔡定剑主编《监督与司法公正——研究与案例报告》，法律出版社 2005 年版。

② 参见汤达金：《浙江省人大监督司法案例》案例八，载蔡定剑主编《监督与司法公正——研究与案例报告》，法律出版社 2005 年版。

在对审判制度不信任基础上的监督是不能允许的。如果人大不相信自己产生的法院和法官，可以换法院院长和法官，但不要亲自指挥审判。

（6）当事人未经上诉的案件不监督。给当事人上诉权，是司法制度设置给当事人寻求公正的途径。如果当事人不上诉，表明他承认判决的结果。如果当事人对判决结果不满意，而又不上诉，等于当事人放弃该权利。当事人等判决生效后又向人大申诉（有人认为这样比他本人上诉更有效，更省诉讼费用），如果人大支持这种申诉，等于支持公民规避正当司法程序，鼓励公民不相信法院，人大监督成为某些人规避法律的通道。所以，人大不应提起此种监督。

（7）不得对案件实体问题发表监督意见，监督只启动法院内部的程序。这是前任委员长李鹏提出的人大个案监督原则之一。这一原则是对的，但实际上没有做到。在调查的50起案件中，人大对监督的案件都不同程度地作出了判断，发表了对实体问题的监督意见，包括对认定事实和适用法律的意见。

如何把握提起监督建议与不干涉审判的界限？如果审判有重大的事实或法律错误，或新发现重要事实，可建议法院考虑这一事实，不可对审判结论发表意见。如果对案件判决生效前进行监督，只限于已发生的程序错误，不可对其他问题发表意见。把监督限于发生错误问题的本身，而不得借一个程序或事实或法律错误而对案件进行全面监督。人大的监督只能是针对事实问题或程序问题指出可能错误，而不对案件法律对错及如何裁决发表意见。对法官有违法违纪徇私枉法行为的监督，应要求检察院进行调查，人大只起督促作用，不必自己去办案。

人大监督启动法院的再审程序，就是保证法院对审判案件的事实调查和法律适用的独立性和完整性，保证司法程序的完整性。人大不能自行调查事实、评判案件和提出适用法律意见。

（8）避免个人进行监督。从人民代表大会的性质上讲，人大监督权必须由代表大会或常委会行使。而实际上让一个代议机关的议会去讨论一个案件是不可能的，也是可笑的、荒唐的，而现实中又存在人大多部门监督的混乱局面。为了解决这个问题，把监督案件的决定权暂时归于常委会主任会议也不妨是一种权宜之计。实际上在没有对人大制度大的改革情况下也只能做到这一步。如果监督案件真正做到由常委会主任会议讨论决定，也比现在的做法更规范，至少可以避免单纯的领导批示或工作人员的个人监督现象。

四、个案监督的制度性改革——监察专员化

人大个案监督要真正走上规范化、制度化的道路，就必须对这种监督作出制度性安排。而建立这样一种议会监督法院的制度唯一可以借鉴的国外经验就是瑞典的议会监察专员制度。这一制度在瑞典监督法院至少有200多年的成功经验。而这一制度在对法院的监督理论和理念上与我国有许多相同或相似之处。在瑞典的宪政理论中，也奉行议会是最高国家权力机关，法院也应该受到监督的理论。他们认为，司法独立不是绝对的，法官也是人，也会犯错误，所以作为民意机关的议会，有必要为维护公众对司法的信心而采取必要的措施。这些理论与我国监督法院的理论几乎是相同的。我认为，借鉴瑞典议会监察专员制度是中国人大个案监督制度改革的最好途径。因此，有必要对瑞典监察专员对法院的监督制度做一介绍。

2002年5月，我专门就议会监察专员监督法院和法官问题访问了瑞典。瑞典首席议会监察专员 Claes Eklundh 先生向我详细地介绍了这一制度。他说由议会监察专员来监督法院是非常少见的，只在瑞典和芬兰等很少的国家有这一传统。

1. 瑞典议会监察专员的法律地位

议会监察专员的作用具有宪法性质。瑞典宪法规定，瑞典议会（Riksdag）应当选择一个或多个议会监察专员去监督公共服务方面的法律和其他成文法的实施。根据《议会监察专员法》的规定，议会监察专员尤其要确保法院和公共权力机构在它们的活动中遵守宪法关于客观、公正及公民基本权利和自由不受公共行政管理部门侵犯。议会监察专员虽然产生并属于议会，但完全独立于政府，与议会的关系也具有很大的独立性。瑞典议会不能命令监察专员去调查某一特定案件，也不能以任何方式影响议会监察专员的决定和建议。议会监察专员根据议会制定的法律行事。

2. 议会监察专员的理论基础

当然，在瑞典也有一些反对议会监察专员对法院进行监督的意

见，他们认为这种监督与法院的独立性不一致，从而会导致与“法治上的政府”这一重要原则相冲突。但是，支持的观点认为，如果一个人认识到法院也像其他人一样受制于法律，法官也是人，不可能不犯错这一事实，认识到由某个系统采取行动制裁那些没有恰当履行职责因此削弱公众对司法体制的信心的法官是必要的，那么，以下结论就是显而易见的：法院独立原则不能阻止这些维护司法领域公众信心的必要措施的采取。尽管1810年以来，瑞典的行政和司法体系已经发生了重要变化，但从未认为有必要把法院从议会监察专员的监督权中排除出去。

3. 监督法院与司法独立

议会监察专员的活动在任何情况下都不可以侵犯法院的独立性。瑞典的议会监察专员对法院的监督基于法院依法独立，而不能凌驾于法律之上。因此，议会监察专员不调查法院在一个案件中认定证据的方法或如何解释法律（只要这种解释被认为是可接受的）。但是，如果一个判决或裁定明显地违反了法律，如被告被判处的刑罚已超过该犯罪的刑罚最高刑，议会监察专员可以采取行动。

当被申诉的案件仍处于悬而未决状态时，议会监察专员一般不对法院进行调查。因为这可能被看做是过分干扰法院的活动。但如果有关申诉是关于诉讼迟延的则是例外，即可以就程序违法问题对诉讼过程中的案件进行监督。

监察专员对法院的监督是非常谨慎的。这是由于议会监察专员具有良好的法律素质，监察专员必须是司法事务的专家，因为在他的这个领域的报告中不能有任何错误。大部分瑞典的议会监察专员有司法背景，事实上，很多曾被选为最高法院的法官。

4. 议会监察专员监督法官的范围

主要有：一是法官的错误行为（如法官错误发出羁押令，未审而判决，同意非法取证等），通常被监察专员以过失使用公共权力的罪名指控而被罚款或纪律处分；二是对法官判决中的错误提出指责，包括判决中不当的表述，有时法院也因为没有按照诉讼法典所要求的方法陈述判决理由而受到批评；三是在大多数有关法院的案件中，议会监察专员的活动是关于程序问题的，如议会监察专员经常因案件的审理过于延误而发表声明谴责法官，对程序错误、偏袒和法官的粗鲁行为展开调查。

5. 对法院监督的方式

议会监察专员根据宪法所赋予的权力，具有作为特别检察官的角色可以启动法律程序来对抗任何一个无视其职责而违反纪律或触犯刑法的法官和官员，即监察专员被赋予了检察官的职权，具有对法官和官员的调查权和起诉权。虽然检察权的使用目前不很频繁，但一般认为这是一种非常重要的确保议会监察专员的决定被各国家机关遵守的有效方法。这也意味着在一些重大的案件中，不是议会监察专员而是法院有最终的发言权。如果一个法官所犯的错误可能导致纪律处罚，议会监察专员只是通知有权处罚的部门作出处理。

公民向议会监察专员申诉虽然没有时间限制，但议会监察专员一般不对两年前的案件进行调查。

议会监察专员有权查阅各个国家机关的所有文件，每个官员和机构都有义务提供所有信息及其他协助。议会监察专员调查的方法通常第一步是通过电话要求法院提供口头信息和相关文件。一般情况下，他就可能判断一些申诉是否有充分理由。第二步（有时是第一步）要求法院对被申诉的案件提供一个书面的解释。这种要求直接向法院院长传达，法院院长有义务查明事件真相，向议会监察专员汇报，并表明自己对所查明的事实的观点。

如果在调查的过程中，议会监察专员发现有理由认定法官有罪，例如，过失行使公共权力，议会监察专员像总检察官（唯一有权力起诉法官的检察官）一样有职责去启动一项刑事调查。

议会监察专员虽然主要是受理申诉，但也有权力自行启动一项调查。议会监察专员可以实地检查法院或其他机构的工作。如检查那些长时间悬而未决的案件以查明法院是否履行了职责，程序是否已经停止。他们也研究判决以确定这些判决以一种可以被执行的方式陈述，案件中的原告和被告的观点是否被恰当地表述，判决的理由以一种可被接受的方式给出等。①

---

① 2000～2001 工作年度，议会监察专员对 360 个与法院相关的案件作出判断，大约占案件总数的 8%。在其中 14 个案件中，议会监察专员发现法官及有关法院应受到指责。只有一个法官被议会监察专员起诉。

6. 议会监察专员对法官监督的作用

Claes Eklundh 先生认为，议会监察专员在司法领域中发挥广泛和重要的作用，它在解释程序法和为法院建立道德规范方面作出重大贡献。公民向议会监察专员申诉法官行为的权利也具有安全阀的重要社会功能。议会监察专员使每个公民感到被一个独立、公正、高质量的机构保护以防止法官的偏袒或其他不适当行为的侵害，因此，议会监察专员对维护司法领域中的公众信心也是至关重要的。

从这一制度介绍中可以看出，我国人大的个案监督面临着与瑞典议会监察专员相类似的问题，它们的一些理念和采取的一些监督手段有类似之处，只是我国人大的个案监督缺少法律性和规范性。我国人大从事的个案监督实际上缺乏合理性和合法性。

根据我国的宪政理论，人大可以监督法院，但合法的原则是常委会应集体行使职权。而从监督法院审判的性质上讲，作为一个民意代表的议会机关，监督法院去审判一个案件既不可行，也不能保证其司法的公正。议会擅长表达民意而不擅长判断适用法律，司法是法律专业性的活动，需要具有法律素质的人才能从事，而民意代表则偏向公众情绪和感情，不适合作理性的、专业性的法律判断。调查表明，我国当前人大的个案监督实际上是人大的专门工作机构的少数工作人员在做。它说明议会作为一个议事群体不适合监督，如果真的让全国人大常委会来讨论一个案件是非常可笑的。所以改革最好的选择是使监督向少数精通法律的专业性人士授权的方向发展。既要体现民意机关尊重民意，尊重公民的申诉权，监督司法机关，又要使监督规范、合法，并且能够在能力上胜任、在手段上有效的监督机制。瑞典监察专员制度就提供了很好的范例。

所以，我强烈主张，人大个案监督的改革应该直接借鉴瑞典议会监察专员制度。具体的改革设想是，由全国人大常委会立法授权在设区的市以上（或省以上）的人大常委会设立几名监察专员，监察专员从资深的法官、检察官、律师和教授中选任。主要受理并处理公民向人大的申诉，人大常委会的信访部门成为监察专员的办公室。

监察官员有权就下列方面监督法官：（1）对法官违纪和徇私枉法行为的控告进行了解和调查。（2）对公民对已经生效判决提起的申诉进行审查，认为必要时可要求法院或有关部门报告信息、提供情况，要求自己复查并报告处理结果。如再不满意时可进行必要的调查。若再认为必要时，可提请有权部门对案件提起再审。（3）对公民提出的司法审判中的程序违法或拖延的申诉，监察官员可以及时了解调查，指出违法行为并要求其纠正。

监察官员有相当于检察官的法律调查权，有关机关有提供信息和协助调查的义务。必要时建议有关部门对法官作出纪律处分或提请人大常委会免去法官职务。监察官员认为对违法法官需要起诉的，可以提请检察院起诉。检察院除非有正当理由驳回的，应予起诉。监察官员有一项有效的权力就是公开批评违法的法官，向社会发表每年的监督年度报告。

人大个案监督改革总的思路是要使监督专门化、专业化，设立专门的人大监察官员，并通过立法给予它适当的地位、权力、职责范围、监督手段，这样达到统一规范人大监督的目的，免去人大个案监督的多头开花、领导权力干预、个人监督的现象，把人大的信访都纳入这个处理轨道。又可避免名曰人大常委会集体行使职权，而实际上又不能到位的局面。把人大的个案监督通过法律机构规范化、制度化，把监督权名副其实地赋予少数真正精通法律的人来进行，并授予一定的司法性调查权和处理权，也解决人大的信访处理长期没有手段和监督不力问题。

设立人大常委会的监察专员制度，确实涉及我国的众多监察机构的职责交叉和整合问题。我认为，现行行政机关的监察部门基本没有发挥太大的作用，应予以撤销，部门职能转移到人大常委会的监察专员之手。对于检察院与人大监督专员的关系，检察院仍然依法行使它对诉讼过程的司法监督职能，现在很多向人大投诉的问题和人大进行的个案监督问题，大都是检察机关监督职责行使不到位造成的，如很多对法院程序违法的投诉，都是检察机关可以监督的事，对法官违法也是检察机关可以监督的而没有监督。所以检察机关应依法把它的职责行使到位。人大的监察专员是从民意机关处理公民投诉的角度，来监督法院和行政机关官员。它的监督比检察机关更超脱，它不像检察机关那样是一种严格的法律监督职能。它不能监督所有的哪怕是合理的投诉，而只能有限地监督部分有典型意义案件的投诉。它的监督应该更多地依靠检察机关、督促检察机关、与检察机关合作进行，只有在检察机关没有监督或不能有效地监督时，才由人大的监察专员进行监督，但在监督过程中也尽量让检察机关去从事具体的调查，监察专员只是在必要的时候才采用司法调查手段。

只要我们认同人大个案监督改革的这一思路，至于监督制度的具体设置可以进一步研究。

一个人大研究者的探索

人大自身建设研究

制定议事规则势在必行①

——七届全国人大一次会议后的思考②

举世瞩目的第七届全国人民代表大会第一次会议已结束，这次会议以它的民主、开放赢得了国内外的赞誉，大会将以它在我国人民代表大会制度建设方面取得的突破性进展载入史册。然而，正是由于这次大会民主、开放的新尝试，给今后如何进一步开好人民代表大会提出了许多新问题，认真总结一下这次和以往开会的经验，深感在人民代表大会工作中，除已制定《人大常委会议事规则》外，制定人民代表大会会议规程也是十分必要的。

制定议事规则有利于发扬民主

在人民代表大会会议上，允不允许代表发表不同意见和投反对票，是民主的重要标志，这方面七届全国人民代表大会一次会议已取得令人满意的成就。但是，能不能在会议中保证代表充分行使自己的权利，让代表充分考虑自己的意见，并提供充分发表意见的机会，这是会议开得是否民主的重要条件。这里，“允不允许”取决于领导的

---

① 原载《法制日报》1988 年 7 月 27 日第 3 版。原标题为《制定人大开会规程势在必行》。

② 在这次会议上，有一位台湾省的人大代表黄顺兴在大会全体会议举手表决法律草案时，突然要求发言，引起了会上的骚动，很多记者立即围上去，成为新闻。这种情况在全国人民代表大会会议上还是第一次。在人民代表大会会议表决前能不能发言，法律没有规定。按过去习惯，大会主持人会问，代表还有什么意见？过去从来没有人会在这时发言的。但由于黄顺兴代表是来自台湾，并在台湾担任过“立法会”的“议员”，打破了过去的习惯。本文是针对这一情况写的。本文发表半年多时间后，七届全国人民代表大会二次会议制定了议事规则。

决心和客观条件的成熟。“能不能”把代表的意见按照民主的程序集中体现到国家政策中去，则是民主的更深刻的要求，这需要程序来解决和保障。例如，本次代表大会最后一天表决议案和法律草案时，有位代表发言说，我想应弄清楚，代表们在审议中提出的意见哪些被采纳，哪些没有被采纳，希望作出说明。这里提出了一个如何按民主程序集中代表意见的问题。没有用法律规定适当的程序，就很可能出现代表的意见虽好，但被束之高阁的情况。科学的程序可以使会议民主地集中代表的意见。又如，还有的代表在七届全国人大通过《工业企业法》时抱怨法律草案修正案发给代表太迟，以致没有时间研究。这种做法实际上影响了发扬民主，要保证代表对议案进行实质性审议，就应在程序上规定，任何议案必须在表决前的一定时间内交到代表手中。① 另外，现在大会主席团对大会起着某种决定性作用，但是法律对大会主席团的地位、职权和活动方式缺乏明确具体的规定，主席团会议在大会议程上也得不到反映，这样就可能增加人民代表大会会议人为操作的可能性。

以上情况表明，只有通过制定开会规程才可能使上述问题得到解决，从而推动会议的民主化和公开化。

制定议事规则有利于提高效率

现在人民代表大会开会大约20天左右，需要审议通过10多个议案，还包括酝酿人事选举和休息日。时间本来已十分紧张，可就这样，每次开会还得为准备工作和议程问题开半天预备会，需要选举时，一般要花2天左右时间讨论通过选举办法。像这次七届全国人大会议在选举办法上颇费了一番精力。情况表明，人民代表大会开会的议事内容、议事程序都没有较固定的范围和规律，尽管每次会议前都重复确定议程和选举办法也是可以的，但如果能总结经验把可以固定的东西制度化就更好了。对代表来说，如果每次开会的程序和选举方

① 1989年制定的《全国人民代表大会议事规则》第6条规定，“全国人大常委会在全国人大会议举行的1个月前，将开会日期和建议会议讨论的主要事项通知代表，并将准备提请会议审议的法律草案发给代表”。

法都要临会才能决定，就很难做到事先准备，胸中有数，也难以做到一开会就集中精力考虑会议的实质内容。可见，将会议规则程序化、制度化，可以大大提高会议的效率。

议事规则的指导思想和主要内容

制定我国人民代表大会议事规则的指导思想是，保证代表充分行使代表权利，保证会议充分贯彻民主集中制原则，提高会议议事效率。

根据我国宪法和法律，总结我国人民代表大会开会经验，开会规程可考虑规定以下几方面内容。

1. 明确规定人民代表大会开会内容和议事范围。全国人大议事范围一般可包括：①审议通过宪法修正案和关于制定、修改法律的议案；②审议决定国家重大事项；③讨论和通过人事任免事项；④审议批准由全国人大产生的国家机关的工作报告，国民经济发展计划，国家预决算，以及需要听取审查的其他专项工作报告，等等。

2. 根据议事内容的需要，规定开会的各种形式。就经验而论，全国人大开会一般有以下几种方式：

大会全体会议。主要听取、审议各种工作报告，说明各种议案，通过或表决各种报告议案和人事任免事项。

代表团小组讨论和代表团会议。小组讨论主要是讨论、审议各种报告，议案，说明和酝酿人事事项。代表团会议主要是集中讨论某些重要问题，传达有关会议精神，讨论提出本代表团的议案，听取询问和质询等。

主席团会议。法律规定主席团的职责是主持大会，审议决定提交大会讨论表决的各项议案，提出国家机关组成人员候选人名单，等等。

大会预备会。其任务是选举本次会议的主席团和秘书长，通过会议议程和其他准备事项。

专门委员会会议。主要是研究、审议、拟定和提出有关议案。

3. 根据前述人民代表大会议事范围，可规定各项议事的具体程序。例如，听取、审议各项工作报告的一般程序可规定为：听取报告，小组或联组会议审议，大会发言（必须是不同意见的代表者），根据代表意见作出修改和修改说明，小组或联组会讨论，交付批准。审议通过法律的一般程序可为：提出草案和作出说明，专门委员会审议说明。代表团审议，大会发言或辩论，修改和修改说明，代表团审议交付表决。

4. 规定选举、决定、任命人事的具体办法，开会规则可对选举办法作专章规定。拟提出下列几点为规定选举办法参考。关于候选人提名，可考虑修改全国人大组织法第 13 条，只能由主席团提出候选人的规定，代表团和一定数量代表可提出非正式候选人。根据法律规定的一个代表团和 30 名以上代表，可提出属全国人大职权范围内的议案这一精神推论，代表团和代表联名也应完全有权提出候选人。关于介绍候选人，可规定采用大会或电视介绍候选人方法，让候选人与代表见面，每人作 5～10 分钟的发言并用书面自我介绍。

5. 规定质询及罢免案的具体程序。

6. 规定代表的权利和义务。依法律规定应明确规定代表下述权利：联名提出议案；提出批评和建议；联名提出质询案；发言权和表决权，发言和表决不受法律追究，取得适当的补贴和物质上的便利，等等。现行法律对代表在开会期间的义务没有明确规定，在会议规程中应规定代表的守则，如，代表必须反映民意，必须遵守开会规程，不得妨碍其他代表权利的行使，等等。

概而言之，通过开会规程对上述内容作出具体明确规定，将会使我国人民代表大会会议更加规范化，也将大大推进它的民主化、公开化和议事的效率化。

加强对人民代表的监督①

选民或选举单位对人民代表的监督，是社会主义民主代议制度的关键。我国实行人民代表大会制度，人民代表是否认真、负责地行使权力，关系到人民是否当家作主的问题。因此，加强对人民代表的监督，使他们能依法履行职权，是完善人民代表大会制度，发展社会主义民主的重要环节。

我国《宪法》和《选举法》对代表的监督罢免有以下一些原则和程序规定：各级人民代表应当和原选举单位和选民保持密切的联系，听取和反映人民的意见和要求；选民或者选举单位有权随时罢免自己选出的代表。罢免代表，由选民直接选出的，须经各该级人民代表大会过半数的代表通过，在代表大会闭会期间，须经常委会组成人员过半数通过；被罢免的代表可以出席上述会议或者提出书面申诉意见。罢免的决议须报送上一级人民代表大会常委会备案；罢免代表的具体程序，由省、自治区、直辖市人民代表大会常委会规定。

目前，我国法律对人大代表监督的规定没有得到很好的实施。其主要原因：一是法律规定不完善，使一些监督权难以行使。法律对代表监督罢免的原则规定不够具体化，以保证法律的贯彻。法律虽然授权省级人大常委会规定具体监督程序，但实际作出规定的地方并不多。二是认识上存在障碍。也许是由于“专政”年代的影响，监督常常使用在对“坏分子”的身上，使人们至今对“监督”两字存在抵触心理。所以，在实际中只有代表违法犯罪被党纪或法律追究责任后才可能提出罢免。而对一个不负责任、不胜任职务的代表提出罢免是困难的。三是监督意识淡薄，选民和下一级人大对代表的监督和代

① 原载《法制日报》1989年1月2日第3版。

表接受监督的意识都不强。这一点与人民代表大会制度实际发生的作用有密切关系。由于人民代表大会不能发挥应有的作用，人们对代表在国家政治生活中的作用持怀疑态度，所以对代表的监督也就不很感兴趣。

加强对人民代表的监督，需解决以下问题：

1. 在理论上，解决代表与选民或选举单位的关系，也就是解决代表利益归属问题。这个问题面临两种选择：代表是代表所谓的“国家利益”还是仅代表他的选民或选举他的地方的利益。

笔者认为，实际上，并不存在一个什么抽象的“全体人民”的意志和利益。全体人民的意志和利益存在于每个部分或地方的意志和利益之中，每个地方和部门的人民意志和利益糅合在一起，就是全体人民的意志和利益。所以，来自每个地区和部门的代表真实、充分地反映本地区、本部门人民的利益和要求，通过各种不同意志和利益的碰撞、调和，就构成全体人民的意志和利益。这样，对代表应以是否反映自己所代表的那部分人民的意志和要求作为是否履行好代表职责的标准。对选民和选举单位，也以代表是否反映了自己的意见和利益作为对代表实施监督的标准。这样，监督和被监督者的标准都明确，并容易掌握，监督就好实施。这种监督标准会大大增强选民和选举单位对代表的监督热情。让代表对选区和选举单位真正建立起负责关系，向他们报告工作。

但是，主张代表就是反映他的选民或选举单位利益的理论，在我国有一个问题难以解决，即由上一级人民代表大会指派下级人民代表大会选举的代表到底反映谁的意志，怎样实行对他们的监督呢？被指派下级人大选举的代表常常和选民或选举单位没有什么联系，他们不了解选举他的选民和单位的利益和要求，选民和选举单位也不了解代表的活动，因而无法对其实行监督。最终的解决办法是取消上级指派代表的做法，这需要对代表结构做些改革，如不能把人民代表大会作为党政机关领导干部退休的中途站，现任政府官员不再成为人大代表，这样才有可能大大减少或取消上级指派下级人民代表大会选举的代表。

2. 实行人民代表大会和人大代表活动的公开化。人民代表大会会议和人大代表活动的公开化，是对代表实行监督的前提条件。就代议机构的性质而论，人大会议及代表的活动没有任何秘密可言，也不应有秘密。在所有国家机关活动中，其活动应是最透明的，也最便于人民群众监督。如果说我国目前人民代表大会活动还不能做到完全公开，只能说是客观条件和技术原因（如旁听受场所限制，公布会议记录受记录技术限制等），而不能说是活动内容有什么保密可言。所以说人民代表大会活动的公开，只要客观允许，应该是无保留的，没有公开就没有监督。

实行人民代表大会活动公开当前至少可以做以下事情：（1）充分发挥各种新闻媒介的作用，允许记者旁听各种人大会议和采访各位代表。同时，人民代表大会应积极创办自己的刊物报纸，将人民代表大会的各项活动及时充分地反映出来，报刊应向社会公开发行。（2）建立人民代表大会旁听制度。各级人民代表大会应在条件许可范围内设立旁听席。（3）逐步公布会议记录和简报，如不能普遍散发，至少应做到保证索要者的供给。

3. 完善具体监督制度。第一，明确罢免范围，罢免不仅限于个别违法乱纪的代表，还应包括不认真履行代表职责、漠视民意、脱离选民的“官僚代表”。第二，健全监督机构。可考虑将各级人大代表资格审查委员会变成常设代表资格审查和监督机关。它们应经常保证同本级人大代表和本级人民代表大会选举的上一级人大代表的联系，了解他们的活动情况；受理选民和其他公民及单位对代表的批评、控告和罢免建议，并将对代表的批评意见转告给代表本人，对控告进行调查，并将调查结果报告本级人民代表大会或常委会，通报控告的选民和选举单位；受理和初步审查经法定程序提出的罢免、撤职案，并向人民代表大会或它的常委会报告审查结果。第三，扩宽监督渠道。选民和选举单位对代表不仅可以采用罢免的方式，还可以借鉴苏联、东欧国家的经验，建立“召回”代表制度，对那些参政议政能力差，不认真履行职责或不当表达甚至违背选民或选举单位利益的代表，把他们“召回”更容易被接受。第四，改变代表视察制度，建立代表向选民或选举单位报告工作、听取群众意见的制度，建立代表接待选民制度。

4. 制定人民代表大会代表法。其任务是：第一，明确、具体、系统地规定代表的权利。让代表知道自己的职责是什么，并懂得如何履行自己的职责。第二，规定代表行使权利的程序和物质保障。只有给代表创造行使权利的充分条件，选民或选举单位对代表失职的监督才是合理的。第三，规定对代表监督的内容、范围和方式。特别要对各种监督方式程序加以具体化，使之真正便于实施操作。

对代表视察制度的思考①

代表视察制度是人民代表大会建设实践中创造的一项保持代表同人民群众联系的重要制度。与西方国家议员制不同的是，西方国家议员是专职的，国会议员要经常定期回选区听取选民意见，解决选民的问题，向选民报告自己在国会的活动。我国人大代表是兼职的，开会时间很少，大部分时间在自己的工作、生产岗位上，应该说是经常联系群众的。但是，代表受工作环境局限，对全局甚至对本行政区域内的全面情况了解是有限的。由于代表大部分时间忙于工作，也没有专门时间去广泛走访接触各方面群众，视察制度的建立就是为了解决这个问题，它成为人民代表大会工作的一项重要制度。

一、视察制度的由来

视察制度的产生有一定的特殊历史原因。代表视察制度发端于政协委员的视察。中华人民共和国成立初期，中国人民政治协商会议代行人民代表大会的职权，由于这些政协委员主要来自各民主党派、无党派爱国人士，很多是旧社会的上层人士，为了让他们了解社会，接触人民群众，同时也为了让他们了解人民政府的工作和监督政府，毛泽东主席曾提议，让政协委员到全国各地去视察走走，了解情况，后来就形成了制度。人民代表大会建立以后，政协委员的视察就移植到了人大代表中来。

1955 年，一届全国人民代表大会二次会议召开前夕，全国人大常委会正式通知各省级人民委员会和全国人大代表，在大会召开前，抽出时间到原选举单位地区、原籍或其他地区视察。视察范围可以包

① 原载《江西人大工作》1994 年 8 月。

括工、农业生产，互助合作，社会治安等方面情况。要求代表在视察中挑选比较好、比较坏和中等三种类型。全国人大常委会视察组由常委会委员组成，设组长一人，必要时设副组长一人，并配备工作人员若干人。视察组视察前应拟定计划，视察结束后应向常委会提出报告。视察组在视察地区可以向人民委员会、人民法院、人民检察院有关人员了解情况，可列席地方各级人民代表大会会议，人民委员会会议，可接见人大代表，访问人民群众，视察组不直接处理问题。对所发现的问题，应分别报告常委会处理，或直接交当地人民委员会、人民法院、人民检察院处理。

1956 年，周恩来曾经谈到，为“使人大代表经常去接触人民。我们的人大代表，还有政协委员，每年应有两次到人民中去直接视察工作。他们可以从与政府不同的角度去接触广大人民，接触实际，看我们的工作是否做得恰当，做错了没有，有什么缺点，有什么偏差。就是说可以去找岔子。我们不怕，我们有信心，不仅敢让党员，还敢让非党员，民主人士和资产阶级代表看我们工作中的缺点、偏差。只要不是恶意的，即使看错一点看偏一点也不要紧。这种方式已采用一年半了，要继续坚持下去”。① 可见，视察制度在人民代表大会建立之初就搞起来了。视察带有让代表接触社会、了解情况和监督政府工作等多种功用，这一制度由此延续下来至今。

后来，代表视察制度在实践中逐步形式化。有的地方视察搞前呼后拥、走马看花，甚至搞吃喝迎送，效果不很好。1985 年，当时的党中央总书记胡耀邦同志对全国人大代表视察问题提出了改进的要求。全国人大常委会机关党组根据胡耀邦同志的指示，总结过去组织代表视察的经验，提出了《关于改进全国人大代表视察办法的意见》，对视察的方式、内容、时间等问题，作出一些规范化的规定。② 在此基础上，1987 年全国人大常委会办公厅又制定了《关于全国人

① 《周恩来选集》（下卷），人民出版社 1984 年版，第 207 页。

② 参见刘政等：《人民代表大会工作全书》，中国法制出版社 1999 年版，第 287 页。

大代表持视察证视察的意见》。① 这是为进一步贯彻前述意见，将视察制度从集中组织转变为以个人或小组为单位的经常化、制度化视察的措施。上述两个文件的基本精神经代表法确认，构成我国现行人大代表视察制度的基本内容。

二、视察制度的基本内容

全国人民代表大会视察制度包括以下几点：

1. 视察方式。过去主要是由人大常委会组织代表集中视察。现在已变为组织代表集中视察与代表持证分散视察相结合。每年在代表大会召开前，由全国人大常委会统一部署，各省、自治区、直辖市人大常委会组织全国人大代表在各地进行视察。同时，代表可以持证，利用业余时间或结合工作就地、就近进行经常的分散的视察活动。代表持视察证视察采取小型、分散、灵活多样的方式。

2. 视察内容。每次大会前统一安排的视察，一般都是了解宪法和法律实施情况，国民经济计划和预算的贯彻执行情况，全国人大常委会决议、决定贯彻执行情况，政府和法院、检察院的工作情况，了解群众的意见和要求。代表持证视察可结合人大常委会和政府的工作重点自定题目。

3. 视察的组织。集中的视察，由全国人大常委会办公厅统一安排，委托各省级人大常委会具体组织。代表单独持证视察的，具体内容、单位和日期，由代表自行确定。可个人单独视察，也可以两三个人或几个人一起视察，可自行联系视察，也可由当地人大常委会协助联系。代表持证视察采取就地就近的原则，一般应在其居住的地、市范围内就地视察。

4. 视察方式。代表在尽可能范围内经常进行不脱产的视察活动，同选举单位和人民群众保持密切联系，听取人民群众的意见和要求。同时，可自行安排脱产进行视察，脱产视察的时间一般为半个月。代表一般到基层单位视察，直接同群众联系，由被视察单位比较熟悉情况的干部或负责人如实介绍情况。代表如需约见地方政府负责人，可

---

① 参见刘政、于友民等主编：《人民代表大会工作全书》，中国法制出版社1999年版，第287页。

请当地人大常委会协助联系安排。地方政府领导人亲自会见，也可指定专人接待，回答问题。

5. 视察结果。代表视察不直接处理问题，如有意见和建议，可书面提出。其中凡地方可以处理的，交地方人大常委会转有关部门研究处理，需中央有关部门亲自处理的，交全国人大办公厅转有关部门研究处理，各有关部门应认真处理，并答复代表。

6. 有关事项。代表持视察证进行经常的分散视察，不报销差旅费和伙食补助费。但应给参加组织视察的代表给予物质上的便利，所在单位照发工资和奖金。对代表视察，各级领导和群众不要组织迎送，不举行宴会，不得赠送礼品，不组织专场文艺晚会。

上述规定，是为力图改变代表视察中的讲排场的形式主义倾向，使代表视察工作向小型、分散、灵活、讲实效、规范化方向发展。

三、视察的性质和作用

代表视察是一种什么性质的制度，仍然是值得研究的问题。我认为，视察至少具有以下性质和功能。

首先，视察具有联系群众、接触社会、了解民情的性质。组织视察和个人视察，就是给代表一个广泛接触社会、了解各种情况的机会。强调代表深入基层单位视察，就是为了听取人民群众的意见和要求，了解群众情绪，把他们的意见和要求带到人代会上，从而使人民代表大会制定的法律和作出的决定，充分体现人民的意志和利益。

其次，视察具有了解情况、调查研究的性质。每次大会之前组织进行的视察，都是由人大常委会办公厅就会议议题统一布置题目或规定范围，这就是有目的地了解情况、调查研究。视察规定要求，被视察单位应派熟悉情况的干部如实介绍情况，代表有权约见当地政府领导人，政府领导人可亲自或派人回答问题。这就是保证代表了解情况的措施。了解情况主要是为大会审议议案作准备。

再次，视察具有一定的监督性质。视察制度建立初期，具有很强的监督性质，从前面周恩来同志的话中可以看到，视察是为了代表们包括民主党派和各非党人士去看政府工作中的缺点和偏差，从而帮助政府纠正错误。后来视察的这种监督性质虽有所减弱，但还是有一定监督性质的。代表们通过视察发现“一府两院”工作和执法中的问题，可以通过适当的方式和途径，督促有关方面处理和纠正，或提醒有关方面注意偏差。视察还可以形成一定声势，给被视察单位造成一定压力，促使其在视察前后主动改进工作。

四、对视察制度的思考

应该肯定，代表视察制度对代表联系群众，了解“一府两院”的执法和工作情况，并监督它们的工作，使代表在会议期间更好地行使职权，是有作用的。

但是，代表视察制度仍有一些理论和实践问题没有解决。理论问题就是，从法律角度说，人大代表对他的选民和选举单位进行“视察”是否合适？我国县以上的人大代表是由下一级人民代表大会选举产生的，在法律上，代表应对产生他的区域的人民负责，并受之于监督。因而，代表唯一的义务就是倾听人民的呼声。反映他们的意见与要求，并向人民经常汇报履行代表职责的情况。他们怎么有权力对选举和产生他的选举单位及其选民进行“视察”呢？从法律关系上讲，这似乎有点本末倒置。按理说，代表可以视察本级“一府两院”的工作，了解它们执行法律和决定的情况，但无权去视察产生他的机关和公民的执法和守法情况。

就“视察”这个词义分析，也不适合于代表在他的选举单位的活动身份。从词义上解释，“视察”，就是巡视察看，还不是一般的巡视察看，而是带有一种居高临下察看的意思。古代皇帝下去用视察，现在领导干部下去也可以称为视察。中华人民共和国成立初期让政协委员去视察也带有这个意思。因为这些委员都是些很有名望的社会上层人士，毛泽东同志比较尊重他们，当时就用了“视察”这个词。视察制度移植于代表以后，“视察”的味道似乎就不对了。这并非完全是咬文嚼字，因为这个词义实际对这种制度产生了影响。例如，过去视察为什么总搞得轰轰烈烈，前呼后拥，走马看花呢？不能说与“视察”这一意义没有关系。假如对代表用的不是“视察”，而是用回选区或选举单位汇报工作，听取意见，恐怕情况就不一样了。

我们也应承认，视察虽收到了一定成效，但视察中形式主义的东西还存在不少。个人持证视察也没有广泛开展，并且效果也不是很理想，其原因也与“视察”的意义有关。因为视察不过是居高临下地巡视察看，因而没有一种明确的内在义务和责任去约束视察者，去达到一定要求。视察与不视察，以及视察的效果并不讲究，当然视察制度的作用也就有限。

可见，视察制度本身决定了它的局限性。作为人民代表大会建设的一项制度，它仍可继续保留下去，但是，在加强代表同人民群众的联系方面，有待于拓展新的有效制度。

人大会议表决计票方法研究①

表决，是人民代表大会及其常委会行使职权不可缺少的手段，是民主的必要程序。如何确定一个表决议案的通过，是法律性和技术性很强的问题。科学的计票方法，有利于发扬民主，提高议事效率。不科学的计票方法，可能导致很少的人就可以通过或否决一个议案的不合理现象。科学的计票方法对人民代表大会及其常委会行使好职权是至关重要的。

根据宪法和有关法律，全国人民代表大会及其常委会采用两种计票方式：一是宪法议案和延长全国人民代表大会任期的议案，要以全体代表的2/3以上的多数赞成通过。二是其他所有议案，以全体代表或常委会组成人员的过半数赞成通过。全国人大出席会议的法定人数是全体代表的2/3以上，常委会出席会议的法定人数是全体组成人员的过半数。这种计票方式是我国强调民主广泛性和真实性的一种表现，它对保证人民代表大会通过议案的权威性和严肃性有重要意义。

但实践中这种计票方式的缺陷也暴露出来。突出表现是，以代表大会或常委会全体人员为计票基准，会使缺席者、到会但未参加表决者和参加表决而投弃权票这三者对通过议案的作用等同于反对票。这可能导致在反对票很少的情况下否决一个议案。② 于是，人们对此种计票方式提出了疑问，有人主张改变上述表决计票方式，采取以到会

① 原载《法学》1994年第9期。

② 1999年4月29日，九届全国人大常委会第九次会议对国务院提请审议修改公路法的议案进行表决，结果以77票赞成，6票反对，42票弃权，2人未按表决器，27人缺席未参加表决，使该项法律议案被否决。这个事后的案例证明了这一点。

人员过半数的方法通过议案。如何看待这一问题是很值得研究的。

据《世界各国议会》提供的有关资料，国外议会在表决普通议案时，绝大多数国家采取过半数作为通过议案的法定人数，很少的国家规定以2/3的多数通过议案，也有相当一些国家以相对多数票通过议案，同时规定通过议案的最低法定票数。

看来，采取过半数作为通过议案的法定票数是最普遍的。然而，过半数以什么为基准计算，各国却大不一样。计票基准主要有以下四种：

一是以法定议员或实有议员数为计票基准，而不问是否出席或参加表决。这是一种较为严格的计票方法，对普通议案采用这种计票方法的国家很少，但对特殊重要的议案采用此种计票方法的国家却很多。如国家的宪法修正案一般都以全体议员为基准计票，并且要求特别多数通过。对其他一些重要议案也采用此法的，如德国议会通过选举案、不信任案和弹劾案，法国国民议会通过不信任案、弹劾案，意大利议会选举两院议长的头两轮投票、弹劾案和现行法令的修正案，古巴议会的批准任命案，塞浦路斯众议院对总统的弹劾和涉及议会程序变化的议案（如举行秘密会议）等，都以全体议员为计票基准。这一计票方式比较严格，要求议员出席会议并参加表决。

二是以出席会议的议员为计票基准，不论其是否参加表决。许多国家普通议案都采用这种计票基准，以过半数或相对多数通过。这类国家不胜枚举。甚至有的国家对一些重要议案也以出席议员为计票基准。如阿根廷弹劾总统以出席议员的2/3多数通过，奥地利投不信任票和弹劾政府成员以出席议员过半数通过，等等。

三是以出席会议并参加投票的议员为计票基准，出席不参加投票的不计算在内（有的国家把弃权作为不参加投票处理）。这类国家也不少，如芬兰议会通过普通议案，爱尔兰议会通过普通议案、选举案、批准人事任命案、议会程序的改变，比利时议会通过选举案，等等，都以出席并参加投票的议员为基准，以过半数或相对多数通过议案。

四是以投票的有效票为计票基准，即以赞成票和反对票计算，无效票和弃权票不计算在内。以有效票计算一般是以相对多数票通过，只要赞成票比反对票多，议案即通过。但这类计票方法一般要规定通过议案的最低法定票数，通常是全体议员的1/3或1/4（极少的国家没有规定），赞成票和反对票相等时，除少数国家视议案为否决外，一般由议长或主持人投决定票。

各国议会根据自己不同的情况，采取上述不同的计票方式，但一国议会并不单纯采用一种计票方式，大多数国家都是根据议案的重要性不同而采用不同的计票方式。

以上介绍可以看出以下一般性的东西：第一，就普通议案而言，绝大多数国家采用以出席议员或参加投票的议员为计票基准的方法，只有某些重要的议案在一些国家才采用以全体议员为计票基准的方法。第二，计票方法依议案重要程度不同而不同，重要议案采用严格的计票方法——以全体议员为计票基准或以特别多数为计票基准。所谓重要议案，各国的看法不同，总的说大致有以下议案：计划和预算财政案，选举和批准任命重要的国家领导人，不信任案和弹劾案，推翻总统或另一院的否决，议会程序的改变等。

从技术角度看，毫无疑问，我们完全可以学习借鉴国外议会普遍采用的表决计票方法：只要符合法定开会人数（一般是议员的半数）以出席议员的半数可通过议案。但我们也必须弄清楚我国人民代表大会与国外议会之间的不同情况，只有这样才能正确地学习借鉴别人的东西。

我国人民代表大会与国外议会在开会和表决计票方面的不同可以概括为：国外议会是“外松内紧”，我国人民代表大会是“外紧内松”。怎么解释？所谓“外松内紧”，就是说从法律上看，国外议会对开会和表决计票的规定比较松，但实际上有各种内在制度约束议员，使议会在通常情况下能保证较高的出席率。法律虽规定以出席人员为计票基准，若出席率高，则可实际避免由少数人决定议案的情况。这些约束议员出席会议的因素主要有：

（1）政党的竞争。国外议会是两党制或多党制，议会是政党竞争的舞台，谁也不会轻易放弃这个舞台。再说不少国家有议会党团协调投票或有党团纪律约束。

（2）议员直接选举，议会活动公开。这样议员是否出席和投什么票，都处于选民和社会舆论的监督之下，有不少国家议会对缺席议员要公开挂牌。

(3) 议会纪律约束，不少国家议会纪律规定，议员不得无故缺席，否则要受纪律处分。还有不少国家规定了议员投票的义务，必要时对议员实行强制投票。以上这些因素保证议员出席会议，即使有的议员可偶尔不参加会议，但不敢不参加投票。

既然议员的出席投票率较高，为什么还对议员出席会议的法定人数和计票基准规定得较低呢？主要是因为国外实行两党制或多党制，有时政党在议会的力量势均力敌，若对出席会议和通过议案的基数规定得太高，就容易导致反对党议员稍加抵制，就开不成会或通不过议案的状况。采取“两个过半数”（全体议员出席会议合法，出席议员过半数通过议案）或相对多数的计票方法，可保证在万一情况下，议会多数党也能开会和通过议案，从而保证议会正常运转。

所谓我国人民代表大会的“外紧内松”，就是说从表面上看，我国法律对通过议案要求很高，而实际上缺少对代表或常委会组成人员出席会议和投票的内在约束机制，有时缺席率较高，导致表决时会出现一些困难。我们不但没有像国外议会那样约束议员出席投票的因素，反而有诸多影响代表或委员出席会议的因素，如过多把老同志安排进人民代表大会及常委会，有的体弱多病，影响到会；代表和委员大多是兼职的，有的有繁忙的工作和社会活动，也不能到会；代表的间接选举和会议的公开性有限，没有形成对代表或委员的直接监督。

在上述两种完全不同的背景下，如果简单照搬国外议会“两个过半数”的计票方法，就可能导致人民代表大会通过议案的民主性大大降低。如可能出现全体代表或常委会组成人员1/4的人同意就通过议案，即使有2/3的人员出席会议时，全体人员的1/3也可以通过议案。在人民代表大会及其常委会有时缺席率较高的情况下就可能导致少数人决定问题的状况。

目前，造成人大常委会可能出现不合理决定议案的主要原因是什么呢？很明显：一是缺席率太高，二是弃权票太多。缺席率高的原因前面已说明，弃权票多的主要原因是表决者对议案的了解不够。如果不重视解决缺席率问题，而采取一味降低计票基数的办法来消除表决议案的不合理现象，就会对缺席率迁就、放任。而只要认真解决缺席率问题，表决中不合理的否决因素也就在主要方面得到消除。同时，要增加表决议案的透明度，减少投票者的盲目性，这也是减少弃权票的一个重要方面。

如果排除其他的考虑，仅仅从计票的科学性和合理性出发，以赞成票和反对票之比（不算弃权票、废票和出席未参加投票者）来决定议案是否通过，则更为科学。因为，弃权是一种既不同于赞成，也不同于反对的一种中立态度，它具有独立的法律地位，应该受到尊重。如果以全体人员或出席人员为计票基准，就自觉不自觉地把弃权者放到与反对者同样的地位。而投票表决的目的，是要了解赞成与反对者的多少，是否有多数人赞成或反对一个议案。所以，从民主的角度考虑问题，应采取措施，提高会议的出席率，并尽量使投票者表示明确的态度。从科学的角度考虑问题，计票时应不要把弃权、废票和出席未投票者算在计票基数之内，应扣除中立以及其他非真实的意思表示，才能真实地反映投票态度。今后计票的发展趋势就是上述两者的结合，以适当措施提高出席率，以赞成票与反对票之比来决定议案的通过。

但是目前，在我们还没有较可靠的法律和制度保障高投票率的情况下，我们就不能完全采取以赞成票和反对票之比来决定议案。但我们也不是不可以对现行的计票制度从法律上作些改进，主要的改进是区别议案的重要程度，采取不同的计票方法。

从我国的实际情况出发，可将议案分为三种：

（1）特别重要的议案，如修宪议案、改变代表大会的任期和召开临时会议的议案等。

（2）比较重要的议案，可包括通过政府工作报告、国民经济计划和预算案、选举案和罢免撤职案、决定战争与和平问题、宣布战争状态、戒严和国家的总动员、涉及边界领土等重要的国际条约和协定的批准等议案。

（3）普通议案，主要指一般的立法案和决议案。至于人事批准任命案算哪一类？在国外，恐怕多数国家都不算重要议案。但我国的情况还不一样，任免权是人民代表大会的重要职权，也是人民群众很重视和关注的问题，特别在那些没有立法权的地方人民代表大会，批准任命政府组成人员是件大事，所以还不能说它不是重要议案。任免案也应区分层次。决定政府组成人员列为较重要的议案，批准任命法院检察院的审判、检察人员以及外交人员，可列为普通议案。非惩罚性的罢免和免职案，也可作为普通议案。

根据议案的性质对特别重要的议案采取特别严格的计票方法，如以全体组成人员2/3以上的多数通过议案。对比较重要的议案，采用比较严格的计票方法，如以全体组成人员1/2以上赞成通过议案（若以出席人员计票，则应有提高到会率的措施）。对普通议案，采用一般的计票方法，以出席人员或以赞成反对票之比为计票基准，赞成票过半数通过。

我国人民代表大会的表决计票方式是实行较严格的计票，如果缺席或弃权者多时，很容易否决议案。在缺少代表对选民负责和选民不能监督代表投票的情况下，加强对代表表决的外在纪律约束也许是必要的。

发挥乡镇人大在保障农民权利中的作用①

《地方人大和政府组织法》第9条规定，乡镇人民代表大会的职权之一是保障公民的人身权利、民主权利和其他权利。可见，保障农民的权利是乡镇人民代表大会的重要职权。

农民负担过重是当前侵害农民权利最突出的问题。近几年来，中央三令五申要求地方政府减轻农民负担，并采取了一系列措施。但农民负担过重仍然是当前农村中最突出的问题。在一些地方，农民负担不但没有减轻，反而加重。

产生农民负担过重的原因并不是国家直接从农民手里收了多少税费，而主要是一些基层干部法制观念淡薄和腐败现象造成的。这种腐败现象包括自我膨胀起来的庞大的机构，县、乡、村三级机构臃肿，行政人员太多，国家机构精简也简不了他们。因为他们相当一部分机构和人员不是吃“国家粮”，而是吃“农民粮”，限制国家机构编制还限制不到他们。即使是吃“国家粮”的基层干部，国家给的基本工资并不高，而他们的奖金、福利待遇大部分仍来自农民。造成农民负担过重更为严重的是相当一些基层干部的违法乱纪、吃喝成风、多拿多占。上述额外行政人员经费和吃喝挥霍的钱多数是通过乱收费、乱摊派等方式向农民索取的，把沉重的负担转嫁到农民身上，严重侵犯了农民权利。为了收取这些非法的集资、摊派，一些基层干部不惜采取非法手段弄虚作假和借法侵民。如国务院明文规定，向农民收取的各种提留统筹款不得超过农民上年纯收入的5%。但是，一些地方领导为了争“政绩”和多向农民敛取，多报农民收入，把一说成二，这样，农民的负担就增加了一倍。由于非法负担过重，出现一些地方

① 原载《全国人大工作通讯》1996年第12期。

农民抵制收费现象，甚至产生集体抗议行动。少数乡村干部为了收取费用，假借执法名义，动用专政工具，包括警察、保安人员和车辆、枪支、警棍，抓人、扣人、打人，拉走农民家中什物，甚至逼死人命。① 本来乱收费、乱摊派就属违法，然而还要用非法手段去获取。可见，农民权利受到侵害，农民负担过重，少数基层干部腐败和违法乱纪是多么严重。

完善基层民主，发挥乡镇人民代表大会的作用，是解决农村问题的重要措施。解决农村的上述问题，一要靠体制和制度的作用，二要依靠农民自己。最根本的一条就是要发扬基层民主，使农民真正有权利通过制度监督和约束基层政府及其人员，从而解决农民负担过重和一些干部腐败以及违法乱纪问题。发扬基层民主的途径主要有两条：一是发挥乡镇人民代表大会和人大代表的作用；二是完善和强化基层群众自治。基层民主是我国民主制度中十分重要的方面。彭真同志认为我国社会主义民主，人民当家作主有两个最基本的方面：一方面是人民通过选出的代表组成全国人民代表大会和地方各级人民代表大会，行使管理国家的权力。另一方面就是“在基层实行群众自治，群众的事情由群众自己依法去办，由自己直接行使民主权利”。“没有群众自治，没有基层直接民主，村民、居民的公共事业和事务不由他们直接当家作主办理，我们的社会主义民主的健全即还缺乏一个侧面，还缺乏全面的巩固的群众基础。”② 搞民主离不开基层民主，不能忽视广大农民的民主权利。

发扬基层民主最重要的是要真正发挥人民代表大会的作用。乡镇人民代表大会是基层直接民主的形式，由农民直接选举自己的代表来决定乡镇要办的事情。这些事情都是直接同农民的切身利益相关的，而且要从农民手中拿钱来办这些事，为什么不让农民按自己的意愿来决定呢？发挥乡镇人民代表大会的作用就是让农民自己掌握、决定自己的命运。因此，乡镇的大事都要交由代表大会来决定。作为乡镇人

---

① 参见《干部横征暴敛，老农服药身亡》，载《法制日报》1996 年 4 月 10 日。

② 《发展社会主义民主 健全社会主义法制》，法律出版社 1988 年版，第 265 页。

民代表大会本身也要有这种意识。乡镇人民代表大会既然是直接代表农民意志和利益的机构，它就应该从维护农民的根本利益出发，当前，从减轻农民负担问题入手来开展工作。通过行使重大问题决定权特别是对乡镇政府和乡镇干部依法行使监督权，有效制止向农民乱收费、乱摊派等违法行为。只有切实维护了农民的利益，反映了农民意志，乡镇人民代表大会才能得到农民的信任和支持，提高人民代表大会在农民心目中的地位。

乡镇人民代表大会要以减轻农民负担为重点，以加强财政监督为突破口来行使自己的职权。宪法和地方组织法规定乡镇人民代表大会有若干职权，目前由于种种原因，人民代表大会的职权还没有全面履行。在这种情况下，发挥人民代表大会的作用，只能抓关键问题和群众关心的热点问题，批准行使职权的突破口。这个突破口就是加强财政监督。围绕切实减轻农民负担这个重点履行职权，要发扬基层民主，让老百姓来决定自己的事情。目前最重要、最基本的方面就是要让人大代表在乡镇财政问题上真正有发言权。各地乡镇人民代表大会要督促政府把乡镇财政管理制度建立起来，使乡镇政府的一切收入（包括提留、集资等）都要经过财政计划，一切支出也都要经过财政体现出来，由人民代表大会来监督、控制财政；每年财政要收多少，收来做什么，都要由人代会来决定；每年财政支出多少，钱都用到什么地方去了，政府也要通过人民代表大会向农民讲清楚，并通过适当的形式将收支情况公布于众，接受群众监督。乡镇财政只有真正得到代表大会的有效监督，才能控制住农民负担和防止干部的腐败。乡镇人民代表大会必须在监督财政方面有所作为，而且也应该在这方面有所作为。